U0358415

俞辛焞著作集

第二卷

辛亥革命期の中日外交史研究（下）

俞辛焞　著

南开大学出版社

天　津

目　　次

第六章　第二革命期の中日外交

　第二革命は辛亥革命期の一大転換点であり、この革命を契機として辛亥革命期を前期と後期に区分することが出来る。この革命の勃発によって、中国情勢は袁と孫との妥協による一時的統一の時期から南北分裂・袁孫対立の時期に突入した。この時期の対立は武昌蜂起後の対立より一層激しいものであった。これによって日本も統一した中国への対応から分裂した南北と対立する孫と袁への対応を迫られた。中国の国内情勢の激変は日本の対孫政策に大きな変化をもたらし、孫文が訪日中に約束した日本との政治的連携と経済的提携は泡沫のように消え去った。孫文は自分の政敵袁を平和的或いは軍事的な方法で中国の中央政権から排除するため、時局の変化に伴ってさまざまな要望を日本に提出し、日本の支援を期待した。袁は逆に日本の支援を阻止しつつ、三つの事件の発生によって悪化した日本との関係を改善し、北京政府の承認を獲得するため懸命であった。本章では、袁と孫のこのような対日姿勢を考究し、日本政府・外務省・軍部が自国の国益を中心としながら、どのように対袁・対孫両政策のバランスをとり、対中国外交を推進したかを、宋教仁暗殺事件、第二革命の勃発、孫・黄の訪日と日本における活動、兗州・漢口・南京事件、北京政府承認問題等を通じて究明すると共に、中日外交をめぐる日本と欧米列強との二重的外交

関係を検討する。

一　宋教仁暗殺後の対応

　辛亥革命の結果、孫文と袁の妥協により清帝が退位し、統一的な中華民国が成立したが、南北間の政治的・軍事的対立が依然として存在した。その対立が日増しに激化する中、一九一三年三月二十日上海駅頭で南方国民党の重鎮であった宋教仁が暗殺される事件が発生した。宋教仁は議会政治と政党内閣を共和国体制の基盤とすることを主張し、辛亥革命後の第一回国会議員選挙（一九一二年十二月から一三年三月まで）において大活躍をしたので、国民党は与党の共和党を押えて大勝利を収めた。共和国体制と国民党に反対する反動勢力は、彼を最大の敵と見なして暗殺したのである。これは共和国体制に対する反動であり、国民党に対する挑戦でもあった。この反動勢力の代表は袁世凱だったから、袁世凱を中国政治の舞台から排除し、共和国体制を維持・擁護するのが第二革命の目的であった。これに対して袁は優勢な軍事力を行使し、南方の国民党勢力を武力で鎮圧しようとしたので、国民党側も武力で対抗しようとした。こうして中国大陸では妥協によって一時的に収まっていた南北間の大戦が勃発することになった。本節では、この決戦において北方の袁と南方の孫が日本に何を期待し、これに日本政府・外務省と軍部がどう対応し、民間が政府・外務省の対応をどう非難したか等を究明すると共に、日本政府・外務省と軍部の「中立不偏」の本質とその客観的効果を検討する。

　宋暗殺事件が起こった時孫文は訪日中であった。事件の発生を知った孫文は三月二十三日長崎を出発し、二十五日上海にもどった。その夜孫文は黄興宅で国民党の主要な幹部の会議を開

き、事件への対応策を講じた。孫文は議会政治を信じそれを主張する政治家として、議会において袁を弾劾し排除しようとした。帰国の翌日孫文は有吉明上海総領事を訪れ、有吉に訪日の折の日本朝野の歓迎と歓待への多大の謝意を表すると共に、この意向を伝えた。孫文は「袁ニシテ大統領ノ栄職ニ在リテ尚此種卑劣ナル手段ヲ執ルニ於テハ到底他ノ看過スル所トナラサル」ものだと袁を非難し、「昨日来党ノ有力者ト協議シテ飽迄正当ノ手段ニ依リ世界ノ公議ニ訴ヘ袁ヲ排斥センコトニ決意セリ即チ議会ハ予定ノ通リ之ヲ招集セシメ此劈頭袁を弾劾シテ之カ立場ヲ失ハシメン考ナリ」[1]と有吉に述べた。当時国民党は一九一二年十二月から始まった衆参両院の選挙において三九二議席を獲得していた。共和・民主・統一等の与党は二二三議席にとどまっていたため、国民党が議会における第一党であり、四月八日北京で開催される予定になっていた第一回議会において袁の弾劾が実現する可能性があった。しかし孫文は時局を憂慮し、これによって南北が乖離し北方においては紛擾が起こる可能性があることを指摘し、場合によっては国家のため自ら大総統に就く決意があることを表明した[2]。この時期孫文は議会における自己の勢力で袁を排除しようとしたため、日本には特に要望を提出せず、ただ「此際十分注意ヲ払ハレ警戒ヲ加ヘラレタキ」[3]旨を申入れた。

　この時北京公使館付武官青木宣純少将は、上海の国民党が秘密会議を開き、袁世凱と国務総理趙秉鈞を暗殺するため数名の

---

① 大正2年3月26日、在上海有吉総領事より牧野外務大臣宛電報、第30号。防衛研究所・外交史料館所蔵。

② 大正2年3月26日、在上海有吉総領事より牧野外務大臣宛電報、第30号。防衛研究所・外交史料館所蔵。

③ 大正2年3月26日、在上海有吉総領事より牧野外務大臣宛電報、第30号。防衛研究所・外交史料館所蔵。

刺客を北京に派遣するとの情報を軍に打電した①。これに対し
三月二十七日牧野外相は有吉総領事に、至急孫文と面談し、「党
員ニ対シ決シテ軽挙盲動セサル様充分注意アリタキ旨切言セラ
レタシ」②と訓令した。有吉は翌日孫にこの旨を伝えたが、孫
は刺客派遣を否認して「自分及国民党ノ方針トシテハ曩ニ明言
セル如ク飽迄公明正大ノ手段ニ依り議会ニ於テ袁世凱ヲ弾劾シ
公人トシテ立場ヲ失ハシメントスルニアリ」と述べ、もし袁が
武力で議員を弾圧するならば、「我方モ亦武力ヲ以テ之ニ対セサ
ルヘカラス南方一帯既ニ其覚悟アル」③旨を伝えた。有吉は黄
興とも面談したが、黄興も孫と同様の意見を述べた。有吉は孫
文と黄興との会談を通じて「彼等（孫文ら―筆者）ハ刺客手段
ニ依ラス兎モ角議会ニ於テ袁世凱ノ罪状ヲ具陳シ之ヲ弾劾排斥
スルヲ第一策トシテ之カ結果如何ニ依り更に武力其他ノ対抗策
ヲ講スル計画ナルモノノ如シ」④と判断し、これを牧野外相に
打電した。日本は孫文のこの第一策に賛成していた。

　この頃宋暗殺の加害者武士英は既に逮捕されてフランス租界
内の会審衛門で審問を受け、袁や趙らが謀略によって宋を暗殺
した事実が明らかにされていた。袁・趙は犯人と彼らとが連絡
していた証拠の湮滅を図ると共に、英・仏の公使に運動して上
海の英・仏総領事に対し穏便な処置をとるように訓令してほし
いと懇願した⑤。日本に対しても、趙は二十八日高尾書記官に
「上海会審裁判ノ結果ニシテ万一袁世凱及自分ニ関連シ北方ニ

<hr>

① 大正2年3月27日、牧野外務大臣より在上海有吉総領事宛電報、第21号。外交
史料館所蔵。
② 大正2年3月27日、牧野外務大臣より在上海有吉総領事宛電報、第20号。外交
史料館所蔵。
③ 大正2年3月29日、在上海有吉総領事より牧野外務大臣宛電報、第33号。外交
史料館所蔵。
④ 大正2年3月29日、在上海有吉総領事より牧野外務大臣宛電報、第33号。外交
史料館所蔵。
⑤ 外務省編『日本外交文書』大正2年第2冊、333頁。

不利ナル判決ヲ下サルルカ如キコトアラハ由々敷大事ニシテ袁
世凱及自分ノ致命傷ナレハ伊集院公使及英国公使ノ斡旋ニ依り
何トカ事前ニ抹消スノ方法ハナキモノニヤ内密ニ公使ト相談セ
ラレ切ニ尽力アランコトヲ乞フ」①と要望した。伊集院公使は
イギリスのジョルダン公使と相談し、「此際揉消策ヲ講スルコト
ハ却テ不利ヲ招ク虞アリ」②と考え、趙の要望に応じようとし
なかった。この時期、中国駐在の日本外務省の出先機関は宋の
事件の真実に対する明確な認識を有していた。それに、フラン
ス租界の会審衙門において犯人を審理する際、その証拠が公表
されるので、事実を揉消せる可能性はなかった。牧野外相も伊
集院の意見に賛成し、二十一日に「時局ニ顧ミ此際総テ苟モ新
ニ北京政府ニ累ヲ及ボスガ如キ嫌疑ヲ招クノ虞アル行動ハ最モ
之レヲ避クルニ注意スルコト必要アル」③旨を直接または趙を
通じて袁に好意的に勧告するよう訓令した。四月四日、伊集院
は高尾書記官を通じて趙に訓令の意を伝えた。趙は日本側の好
意に深く感謝して早速袁に取次ぐと答え、江蘇都督程徳全を上
海に派遣して孫・黄らとの妥協に当らせていることや、黄興の
代理が密かに北京に来て袁との協議に応じつつあることなどを
述べ、「宋教仁暗殺事件ハ格別大事ニ至ラザルモノノ如シ」④と
語った。また趙は四月八日に国会が開催されれば、十中八九袁
が当選すること疑いなしと述べ、新内閣の組織や平和的な人物
の入閣等に関する意見を高尾に表明した。伊集院はここから受
けた印象として「北方ニテハ南方ノ意気込ミニ反シ余程楽観シ

① 外務省編『日本外交文書』大正 2 年第 2 冊、334 頁。
② 大正 2 年 3 月 31 日、在上海有吉総領事より牧野外務大臣宛電報、第 38 号。防衛
研究所所蔵。
③ 大正 2 年 3 月 31 日、牧野外務大臣より在北京伊集院公使宛電報、第 164 号。外
交史料館所蔵。
④ 大正 2 年 4 月 5 日、在北京伊集院公使より牧野外務大臣宛電報、第 252 号。外交
史料館所蔵。

居ルモノノ如ク又宋教仁暗殺事件に対シテモ……実際ニ於テハ案外静穏ノ状態ナリ」①と牧野外相に打電した。伊集院の印象は有吉の報告と対照的であって情勢判断において相違点があった。しかし事態の悪化を避け、現状を維持しようとした点では、双方は一致していた。

　北方の袁世凱は暴力で国会と孫文に対抗しようとした。このような情況の下で孫文は、国会が開会される前に袁が暴力を行使して、弾劾案を提出しようとする議員を暗殺する可能性があるため、この案を提出することは不可能であり、たとえ提出したとしても円満な解決を見ることは出来ないと判断し、開催される国会に対する懸念を抱き始めた。孫文は議会に対する信念が動揺し始めたので、三十日有吉総領事に一時中国の政局を避けて再度渡日したい旨を申出た。孫文は有吉に「時局甚憂慮スベキ」を説き、「自分ハ大勢ニ照ラシ南北双方ノ中間ニ立チ出来得レハ和平ニ時局ヲ収拾シタキ考ナルモ当地ハ御承知ノ如ク……北京対抗策ノミノ中心トナリテ之ガ渦中ニ投ズルノ結果トナリ大局上甚面白カラズ寧ロ暫ク当地ヲ離レ南北双方ノ情勢ヲ卓観敦レヘモ注意忠告ヲ与ヘテ成ベク平和ニ解決スル方案ヲ講ズルコト得策ナリ」②と述べた。その頃孫夫人盧慕貞が訪日中東京で車の事故によって負傷し、入院中であった。孫文はその見舞い或いは出迎えという名目で四月四日に渡日したいとの意向を表し、渡日の上は「東京ニテ一寸立寄り妻ヲ同伴シ箱根又ハ軽井沢辺ニ引込ミ南北双方ヨリノ情報ト右ニ対スル自分ノ考ハ之ヲ日本当局者ニモ時々相伝ヘ度キ考ニテ全ク変名ヲ用ヒ極メテ秘密ニ旅行シ来月八日議会開会後二週間時局ノ何レ

---

　①　大正2年4月5日、在北京伊集院公使より牧野外務大臣宛電報、第252号。外交史料館所蔵。

　②　大正2年3月30日、在上海有吉総領事より牧野外務大臣宛電報、第37号。外交史料館所蔵。

カニ転換スル迄避ケ居リタシ」①と語り、この意向を日本側に伝言するよう要望した。この渡日の目的について、駐上海の加藤大佐・増田中佐らは日本側の援助を得るためであると述べているが②、この発言の内容から見る限りでは中国南北の闘争を避けようとする消極的なものであった。

　この孫文の渡日の要望に対し外務省の出先機関は承諾するよう上申した。有吉総領事は、孫は「単ニ暫時政争の渦中ヲ離レ公平ニ何等カノ手段ヲ執ルノ考案ニ止マリ我方ニ対シ差当リ別段期待スル所アルモノトモ見ヘザルニ付強テ差止ムル必要モ之レ無カルベシ」③と牧野外相と伊集院公使に上申した。これに対し伊集院公使は「孫ノ日本行ハ日本人中ニ同情ヲ得ル運動ノ為ナリトモアリ之モ昨今ノ事態ニ照ラシ一応の理由モアル如クニ思考スル」が、「若シ民間各種ノ人士等ニ接触スルトキハ日本人間ニ種々議論ヲ生シ我政府ノ政策上面倒ヲ惹起スコトナキヤノ懸念アリ）と躊躇し、また「孫ハ日本行クコト不可ナレバ何レニカ避ケントスルモノナレハ寧ロ日本国ニ引付ケ置キ帝国ノ方針ニ基キ之ヲ利用スルハ又一策ニシテ或ハ帝国政策運用上得策カト思考セラルルガ日本行ノ場合ニハ変名ナドスルモ決シテ露見ヲ防ク能ハス却テ内外人ノ嫌疑ヲ増スヘキニ付其妻ノ容体是非至急見舞ヲ要スル旨ヲ披露シ微行トシテ赴日スル方可然カ」という意見を上申した④。日本の対中国政策上、伊集院は孫を利用するため、彼を日本に引付けておこうとしたのである。

---

　①　大正2年3月30日、在上海有吉総領事より牧野外務大臣宛電報、第37号。外交史料館所蔵。
　②　大正2年4月11日、在上海加藤大佐秘書官より斎藤海軍大臣宛。防衛研究所所蔵。
　③　大正2年3月30日、在上海有吉総領事より牧野外務大臣宛電報、第37号。外交史料館所蔵。
　④　大正2年3月31日、在上海有吉総領事より牧野外務大臣宛電報、第39号（在北京伊集院公使より在上海有吉総領事宛第16号電報）。外交史料館所蔵。

　駐中国の軍部の将校らも孫文の来日を認めるよう上申した。駐上海の加藤大佐は孫の渡日の要望を拒絶しないよう海軍大臣斎藤実に上申した。その理由として加藤は、(一)断然拒絶の態度に出れば彼を失望させ、他に助力を求むる事態になること、(二)過日孫訪日の時日本朝野が孫に与えた優遇は全く虚偽となり、南方派は大いに鼓を鳴らして我が不信を責め、日本経済界はこれにより多大な損害苦痛を受けること、(三)経済的関係より論ずれば、寧ろ南を助けること利多く、北方に利薄きこと等を挙げた①。だが加藤大佐は孫の来日を受入れることは「列国環視ノ裡ニアリテ我国カ公然南方ヲ援助スルヲ得サルトナリ」と懸念し、この際孫に対し「不就不離ヲ以テ要訣トス」②という意見を付加えた。北京の日本公使館付武官青木宣純少将も四月二十九日参謀総長長谷川好道に「袁世凱趙秉鈞カ宋教仁暗殺ノ主謀者タル事ハ略ホ明瞭トナレリ外国人ハ尚袁世凱ヲ以テ今日ノ時局ヲ救フニ欠クヘカラサル人物トナシ之レヲ庇護シアルモ吾人ハ公徳上最早斯ノ如キ卑劣漢ヲ助クル能ハス」、「袁世凱ニ政権アル間ハ却テ絶間ナキ騒擾ヲ起スナラン」として、「此際ハ人道及正義ノ上ヨリ南方国民党ニ同情シ出来得レハ之レヲ援助シ少ナクモ之ニ便宜ヲ与ヘラルルヲ至当ト思ウ」③と上申した。軍部の将校は明確に反袁的であったので孫に同情し、彼を援助することを主張したのである。しかしこれらの主張は軍中央に採用されなかった。

　政府・外務省と軍部は上述のような上申を受入れようとせず、

---

　①　大正2年4月11日、在上海加藤大佐秘書官より斎藤海軍大臣宛。防衛研究所所蔵。

　②　大正2年4月11日、在上海加藤大佐秘書官より斎藤海軍大臣宛。防衛研究所所蔵。

　③　大正2年4月29日、在北京青木少将より長谷川参謀総長宛電報、受第2452号。外交史料館所蔵。

これと反対の決議を採択した。三月三十一日午後、山本内閣は
閣議を開き、「孫逸仙来朝の希望あるも可成は他に往かしむる方
に勧告する事」①と決定した。この決定には孫を他に赴かせて
南北の武力的衝突を避けようとする狙いがあった。同日、この
決定に基づき牧野外相は有吉に「帝国政府ハ申ス迄モ無キコト
ナガラ全然中立不偏方針ニシテ且此紛争ニ乗シテ何等特殊ノ利
益ヲ獲得セントスルノ意図ナキ」②と日本政府の方針を訓令し
た。軍部も政府と同様の方針をとった。四月一日陸軍次官本郷
房太郎は漢口駐屯の中支派遣隊司令官与倉に「帝国政府ハ此ノ
際不覚不堂ノ態度ヲ執ルノ方針ナレハ貴官ハ将来特ニ右方針ニ
準拠シテ行動ヲ律セラルルヲ要ス」③と命令した。参謀次長大
島健一も同日駐上海の斎藤少佐に「政事問題ニハ決シテ関係ス
ルナ」④と訓令した。政府・軍部は対立する中国南北に対して
中立的姿勢をとる方針を採択したのである。

　この方針に基づき、同日牧野外相は孫文渡日の要望に関して
有吉総領事に「彼我ノ為メ不得策ニ付目下再来ノ義ハ是亦思止
ラシメタシ」⑤と指示した。その理由として牧野外相は「孫氏
ハ過般来遊歓迎ヲ受ケ帰後親日論ヲ鼓吹セル関係モアリ宋事件
ノ為メ世間ノ耳目上海ニ集注シテ同紙ノ動静最モ留意セラレ居
ル此際突如再ビ来遊スルニ於テハ到底内外ノ誤解及猜疑ヲ避ク
ルニ由ナク」⑥と述べた。これは孫の来日がイギリス等欧米列
強と袁世凱に及ぼす影響を考慮したことを物語る。牧野外相は

---

　① 原奎一郎編『原敬日記』第3巻、福村出版、1981年、302頁。
　② 大正2年3月31日、牧野外務大臣より在上海有吉総領事宛電報、第23号。外交
史料館所蔵。
　③ 大正2年4月1日、本郷陸軍次官より在漢口与倉司令官宛電報。外交史料館所蔵。
　④ 大正2年4月1日、大島参謀次長より在上海斎藤少佐電報。外交史料館所蔵。
　⑤ 大正2年3月31日、牧野外務大臣より在上海有吉総領事宛電報。外交史料館所
蔵。
　⑥ 大正2年3月31日、牧野外務大臣より在上海有吉総領事宛電報。外交史料館所
蔵。

有吉に、孫文にこの意見を伝えると同時に、「日本政府ハ成ルベク速カニ支那新制度ノ確立ヲ希望シ出来得ル丈之カ為メ援助ヲ与フルコトヲ方針トシ必要ノ場合ニハ支那ノ為メ列国ニ対シ斡旋ノ労ヲ執ルヲ辞セサルノ意ナル」①ことも説明するように指示した。これは袁が君臨する下での新制度・新秩序の確立を希望し、中国に新たな動乱が発生するのを避けようとしたことを示し、この時期の中国情勢に対する日本の政府・外務省の基本方針を示したものであった。

　三十一日、有吉は牧野外相の意向を孫に伝えた。孫はその意を了解し、「何レニ赴クトシテモ兎モ角暫ク延期スルコトトスヘク日本ニ赴カサレハ広東香港方面ニ向フヘキ希望ナリ」②と述べ、いずれにしても行動が決定したら直ちに通知すると有吉に約束した。有吉は黄興にも牧野外相の意向を伝えた。黄興は孫文の渡日に対し「自分モ余り賛成セス」③と述べた。この時孫文は既に正金銀行から三万円を引出して日本と香港の各地に送金していたが、これらの事情により暫く上海にとどまることにした。これは孫文の日本・列強に対する新たな期待とも関係していた。

　日本と欧米列強は南北の武力的衝突を避けるため、平和的に対立を解決しようとした。孫文は彼らのこのような姿勢を利用しようとして、三十一日有吉に、日本と欧米列強が「袁ニ『プレッシュア』ヲ与ヘテ退讓セシムルコト是ナリ」④と申入れた。有吉はこの申入れに対し、中国の内政に列強が干渉するのを希

---

　① 大正2年3月31日、牧野外務大臣より在上海有吉総領事宛電報。外交史料館所蔵。

　② 大正2年4月1日、在上海有吉総領事より牧野外務大臣宛電報、第42号。防衛研究所所蔵。

　③ 大正2年4月1日、在上海有吉総領事より牧野外務大臣宛電報、第42号。防衛研究所所蔵。

　④ 外務省編『日本外交文書』大正2年第2冊、335頁。

望するのと同じことではないかと反問した。すると孫文は、では「列強ヨリ『ヒント』ヲ与ヘラルレハ十分ナルヘク怯儒ナル袁ハ或ハ直チニ退譲ノ意ヲ洩ラスナルヘク左スレハ之ニ十分ノ名誉ヲ与ヘテ退カシメ円満ニ解決ヲ見ルヲ得ヘシ」①と答えた。黄興も孫と同様の意見を有吉に提起した②。しかし袁を支持する英米はもちろん、袁に警戒心を抱いている日本さえも孫文の要望通りに動こうとはしなかった。日本は親英米的な袁に好感を抱いていなかったが、彼が中国に君臨している現実とその背後で彼を支持する英米の存在を無視することは出来なかった。そこで、有吉は露蒙問題を取上げ、「大事（蒙古問題—筆者）ノ前ニハ小瑕（宋事件—筆者）ヲ咎メス国内問題ハ之ヲ他日ニ譲リ此ノ際一先一段落ヲ告クル」③よう孫文に勧告した。日本がこのような姿勢をとったため、日本と欧米列強の圧力によって平和的に袁を排除しようとした孫文の希望は実現されなかった。

　このような情況の下で孫文の方針は法的或いは平和的な解決から武力による討袁に転換し始め、日本に対しても財政的・軍事的援助を要望するようになった。四月七日孫文は横浜正金銀行上海支店長に南北乖離の傾向の大略を説明し、中日合弁の日華銀行の開設を条件として資金の供給を要請した④。二十五日には有吉を通じて再度この要請を提出した⑤。黄興もごく内密に日本商人に一〇〇〇（一〇〇〇万か—筆者）以上の軍資金の

---

① 外務省編『日本外交文書』大正2年第2冊、335-36頁。
② 外務省編『日本外交文書』大正2年第2冊、342頁。
③ 外務省編『日本外交文書』大正2年第2冊、336頁。
④ 大正2年4月7日、在上海有吉総領事より牧野外務大臣宛電報、第48号。防衛研究所所蔵。
⑤ 大正2年4月25日、在上海有吉総領事より牧野外務大臣宛電報、第67号。防衛研究所所蔵。

提供を要請した①。しかし日本側はこの要請に応じようとしなかった。一方北京政府も日本側が孫ら南方派に借款を提供することを牽制しようとして、四月下旬伊集院に「外交総長ハ支那現政府ノ借款契約調印ニ必要ナル総テノ権限ヲ有スルモノナルコトヲ日本国公使ニ通告」②した。

　孫文と黄興は日本軍部にも援助を要請した。四月五日黄興の部下の楊廷溥が日本に派遣され、参謀本部の第二部長宇都宮太郎少将らに中国の南北情勢を説明して軍部の援助を仰ごうとした③。しかし軍部はその要請に応じようとしなかった。黄興は「日本当局カ袁ヲ以テ東亜ノ大局ノ上ニ欠クヘカラストシ袁カ位置ヲ保持センカ為欧米ヲ支那ニ引入レテ東亜ノ害ヲ為サントスルニ気付カレス又我等ノ決心ヲ疑ハルルハ如何ニモ残念ニ堪ヘサル」と考えて、彼自ら渡日し、「彼等（孫・黄の革命勢力──筆者）ノ真意ヲ我（日本側──筆者）当局元老ニ伝ヘテ日支両国ノ諸懸案ヲ解決スヘキ密約ヲ結ヒ裏面的有力ノ援助ヲ得テ真ノ両国提携ヲ為サン」④と決心した。五月八日参謀本部の大島健一次長と外務省の松井次官は黄興来日の件について相談したが、この来日は実現しなかった。

　この時期孫文は、南方に強固なる政府を樹立して北方の袁政権と対抗する計画を立てていた。その際には「日本ノ貨幣制度ヲ其儘採用シ貿易ノ進長ヲ謀ル等両国親近ノ政策ヲ講」ずることを考え、有吉総領事に日本「政府ノ速ニ南方ヲ承認セラルル」⑤

---

　① 大正2年4月4日、在上海増田中佐より軍令部宛。防衛研究所所蔵。

　② 大正2年4月29日、在北京伊集院公使より牧野外務大臣宛電報。防衛研究所所蔵。

　③ 大正2年4月5日、在上海有吉総領事より牧野外務大臣宛電報、第46号。防衛研究所所蔵。

　④ 大正2年5月6日、在上海斎藤少佐より宇都宮参謀本部第二部長宛電報。外交史料館所蔵。

　⑤ 外務省編『日本外交文書』大正2年第2冊、340-41頁。

ことを要望した。これは日本が袁政府を承認することを牽制する対策でもあった。この時期アメリカが北京政府の承認に踏みきったため、日本もイギリスと承認についての交渉を始めていた。これを契機に趙秉鈞は北京政府に対する承認を日本に要請し、外交において有利な地位を獲得しようとしていた。このように孫と袁は共に日本や列強の承認を獲得しようとしたが、日本は袁側に傾き、孫文の要望に応ずる姿勢を示さなかった①。

　南北の対立、袁孫の対立は日増しに激化した。有吉総領事は「南北ノ紛擾ハ目下ノ処到底免レ難キ所ト推測スルノ外ナシ」②と判断し、これを牧野外相に数回報告した。牧野外相は「中立不偏」の方針を唱えながらも干渉しようとした。四月九日、牧野外相は有吉に「努メテ紛擾ヲ避クルコトニ尽力スルコト肝要ナル」③旨を重ねて孫・黄に勧告するよう訓令した。牧野外相は「正式国会モ将ニ開会セラレ新制度ノ折角其緒ニ就カントスル際列国ノ最モ注視セルノ時意外ノ変事ヲ見ルカ如キハ大局ノ維持上甚タ不得策」④等と理由を挙げ、現状維持の重要性を再度強調した。しかし有吉総領事は「此際更メテ彼等ニ忠告ヲ与フルモ到底何等ノ用ヲ為サザルベキノミナラズ却テ彼等ヲシテ我方ニ対シ何等カノ疑念ヲ生セシムベキヤノ虞アリ時局如何ニ発展スベキヤモ明白ナラザル際将来ノ為面白カラズトモ思考セラレ」⑤ると考え、牧野外相の訓令に賛成しなかった。有吉はこれまで何度となく忠告した経緯から、孫・黄らも時局の重大

---

①　外務省編『日本外交文書』大正 2 年第 2 冊、341 頁。
②　外務省編『日本外交文書』大正 2 年第 2 冊、339 頁。
③　大正 2 年 4 月 9 日、牧野外務大臣より在上海有吉総領事宛電報、第 28 号。外交史料館所蔵。
④　大正 2 年 4 月 9 日、牧野外務大臣より在上海有吉総領事宛電報、第 28 号。外交史料館所蔵。
⑤　大正 2 年 4 月 10 日、在上海有吉総領事より牧野外務大臣宛電報、第 57 号。防衛研究所所蔵。

なことを悟っているので、「宋ノ暗殺ハ即チ自家（孫・黄の革命勢力―筆者）危険ノ前兆ナリトシテ袁ニ権力ヲ有セシムルコトハ自家ノ存立ト両立セサルモノト見做シ……飽迄正当ナル争ヒヲ為シ其上袁ノ出様次第ニテハ已ムヲ得ス対抗セサルヲ得サルコトアルヘシトテ預メ備ヘ居レルモノト認メラレ」、孫・黄の武力討袁策は「我（孫・黄の革命勢力―筆者）ニシテ備ヘザレハ彼ニ制セラルヘキヤノ杞憂ヲ生セシムル結果彼等ガ着々万一ノ場合ニ備ヘントスルモ一理由ナキニアラザルガ如ク」[①]と牧野外相に具申した。これは孫文の武力討袁策について外務省とその出先機関との間に意見の相違があったことを示している。

　牧野外相は孫・黄に紛擾を避けるよう勧告したが、四月二十六日イギリス・フランス等四ヵ国と共に北方の袁に対する二五〇〇万ポンドの所謂善後大借款の契約に調印した。この時に早急に調印したのは、アメリカの北京政府承認を牽制しようとしたためでもあったが、客観的には袁に南方の孫・黄らを討伐するための財政的援助を提供したことになった。中国興業株式会社はある意味においては孫文がこの五ヵ国銀行団による借款に対抗するための措置でもあった。帰国後孫文は討袁策を模索する一方で、前述のようにこの会社の設立準備を進め、それによって財源を確保しようとした。また孫文はこの会社の関係者を通じて渋沢栄一と山本条太郎に書簡を寄せ、五ヵ国が借款を提供すれば「南北の抗争倍々劇烈となり、其結果南方不利に陥り、延ひて東洋の平和を蠹毒する」[②]と警告し、日本が借款の提供に応じないよう要請した。渋沢は山本首相と牧野外相に前後三回面会して孫文の意向を伝え、考慮するように要請した。二十

---

　　①　大正 2 年 4 月 10 日、在上海有吉総領事より牧野外務大臣宛電報、第 57 号。防衛研究所所蔵。
　　②『渋沢栄一伝記資料』第 54 巻、渋沢栄一伝記資料刊行会、昭和 39 年、531 頁。

五日孫文は有吉に南方の都督はこの借款を承認せず、香上銀行・横浜正金銀行等関係銀行をしてこれをボイコットをさせる計画であると警告した①。しかし日本は孫の切望と警告を顧みず、二十六日袁への借款契約に調印した。

　袁への借款契約の調印は孫文ら国民党員の猛烈な反対を受けた。二十八日孫文は日本外務省にこの借款によって袁を援助しないよう打電し、下旬には各国政府と人民に打電して袁が宋教仁暗殺を使嗾したことをあばき、袁が外国借款を受ける目的を告発した②。国民党員である張継・王正延を正副議長とする参議院は契約の無効決議案を採択し、各省に借款反対を通電した。各地に借款反対運動が起こった。袁との借款契約締結により日本国内にも波紋が生じた。三井関係者らは借款払込延期運動を起こした。日本政府・外務省はこの借款を払込むか否かの選択を迫られた。伊集院公使は南方が借款に反対していることを理由に契約実行を中止することは「日本ノ利害ニ由々敷影響ヲ及ホサンカト懸念サルル」③と述べて反対した。牧野外相も「三井ノ希望ヲ取上グルガ如キ意思毫モ無之」④と拒否した。しかし日本国内では世論が「北方袁政府ノミニ便益ヲ供シテ南方ヲ抑フルモノナリ」⑤と非難した。日本政府はこれに対し「帝国政府ハ南方ト北方ト云フ如キ別ヲ設ケテ行動スルモノニアラス支那ノ時局保全責任者タル支那仮政府ソノモノニ対シテ借款ヲ約シタルモノニシテ偶々袁政府之レカ相手方タリシカ故ニ恰モ袁ニ援助ヲ与ヘタルカノ如キ観ヲ呈シタルノミ」だと弁明し、

　　① 外務省編『日本外交文書』大正2年第2冊、175頁。
　　②『孫中山全集』第3巻、中華書局、1984年、56−57頁。
　　③ 外務省編『日本外交文書』大正2年第2冊、204頁。
　　④ 外務省編『日本外交文書』大正2年第2冊、211頁。
　　⑤ 大正2年4月下旬外務省が起草した5ヵ国銀行団の善後借款参加に関する声明草案。外交史料館所蔵。

「帝国政府ニ於テハ支那政府ヨリ右借款ノ使途ヲ誤ラス速ニ国内ノ秩序安寧ヲ確立スルニ至ランコトヲ衷心希望シテ已マサルモノナリ」①という声明案を起草したが、正式発表には至らなかった。それはこの弁明が理屈に合わないからであった。

袁世凱は五ヵ国と借款契約を締結すると同時に、この外交上有利な機会を利用して四月三十日中南海で軍事会議を開き、武力で南方を制圧する準備を進めた。このため袁は日本からの支援を要請した。四月二十六日陸軍総長段祺瑞は秘書を青木宣純武官の下に派遣し、「此際日本国ヨリ最新式山砲百門至急買入タキ」②との要望を提出した。これに対して伊集院公使は「此ノ際斯ク多数ノ大砲ヲ注文セントスルカ如キハ其ノ真意ニアラスシテ南方側カ日本国ヨリ助力ヲ受クルコトアルヘキヲ懸念シ之ヲ制肘スルト同時ニ我ニ好意ヲ表シ置カントスル策ナランカ」③と推測し、袁は日本の南方支援を牽制しようとしており、三井が孫文に四〇〇万両ばかりの借款を提供しようとしていることに対して警告を発した④。袁総統府秘書長であった梁士詒も五月四日有吉総領事を訪れ、袁は南方派に対して「断乎タル制裁ヲ加フル筈」との意向を伝え、長江一帯の日本人有志らが「猥リニ不穏分子ニ与ミセサル様配慮アリタキ」⑤旨を表明して日本を牽制しようとした。

五月六日袁は第二回軍事会議を開き、対南方作戦計画を立案した。このような情況のドで日本は袁側にも南北衝突を避ける

---

① 大正2年4月下旬外務省が起草した5ヵ国銀行団の善後借款参加に関する声明草案。外交史料館所蔵。

② 大正2年4月27日、在北京伊集院公使より牧野外務大臣宛電報、第347号。防衛研究所所蔵。

③ 大正2年4月27日、在北京伊集院公使より牧野外務大臣宛電報、第347号。防衛研究所所蔵。

④ 大正2年4月27日、在北京伊集院公使より牧野外務大臣宛電報、第347号。防衛研究所所蔵。

⑤ 外務省編『日本外交文書』大正2年第2冊、349-50頁。

よう警告した。五月十九日牧野外相は駐漢口の芳沢謙吉総領事に対し、黎元洪に「此際決シテ局面維持ノ必要ナルコトヲ説カレ下流ニ派遣シタル将卒ニ対シ篤ト訓戒ヲ加ヘラレ可然旨ヲ勧告セラルル」①よう訓令した。芳沢は二十日黎にこの意向を伝えた②。また牧野外相はイギリスの袁に対する影響力を利用しようとして、二十日伊集院公使に、イギリス公使と協議の上、「英国公使ヲシテ梁（士詒）ヲ呼寄セ南北融和ノ必要ヲ説キ……之ヲ袁世凱ニ伝ヘテ以テ警告ヲ与フルコト最モ有効ナラン」③と訓令した。伊集院はジョルダンと協議した。ジョルダンもこれに同意し、「此際一地方限リニモセヨ武力ヲ用フル如キコトアリテハ甚夕大局ニ不利ナルヘシ」④と語った。この時前外務大臣の加藤高明が北京に到着した。袁は五月二十一日加藤の招待の宴において孫文ら南方派を攻撃したが、加藤は袁に「時局ヲ平和的に収拾スヘキ」⑤よう注意した。これらの事実は、日本は借款と承認問題において袁に傾いていたが、主観的には袁を支援して孫文ら革命派を制圧しようとはしなかったことを示している。

　日本は南方側にも同様に勧告した。五月二十日牧野外相は有吉総領事に「帝国政府ハ大局ノ決裂ニ至ランコトヲ最モ憂虞シ種々配慮スル次第」であるとして、黄興に「江西都督等ニ対シ

---

　　①　大正2年5月19日、牧野外務大臣より在漢口芳沢総領事宛電報、第35号。防衛研究所・外交史料館所蔵。
　　②　大正2年5月21日、在漢口芳沢総領事より牧野外務大臣宛電報、第78号。外交史料館所蔵。大正2年5月26日、在漢口芳沢総領事より牧野外務大臣宛電報、第90号。防衛研究所所蔵。
　　③　大正2年5月20日、牧野外務大臣より在北京伊集院公使宛電報、第271号。外交史料館所蔵。
　　④　大正2年5月22日、在北京伊集院公使より牧野外務大臣宛電報、第432号。外交史料館所蔵。
　　⑤　大正2年5月22日、在北京伊集院公使より牧野外務大臣宛電報、第432号。外交史料館所蔵。

其部下ノ将卒ヲ戒メテ事変ノ発生ヲ予防スル様注意セシムル」①
ように指示した。有吉も南北を融和させるため努力した。五月
中旬に唐紹儀が上海に来て南北妥協を試みていた。有吉はこの
チャンスを利用して南北を融和させようとした。十五日有吉は
孫文に「南北融和時局収拾ノ得策ナル所以」を説き、「唐紹儀ヲ
シテ使命ヲ全クセシムルノ利益ナルベキ」②旨を述べた。これ
に対し孫文は「円満ナル解決ハ自分モ最モ希望スル所ナルモ南
北融和ノ必要条件ハ袁世凱ノ退譲ニ在リ袁ニシテ現在ノ儘ナラ
ンカ吾人ハ坐シテ死ヲ待ツノ外ナク……袁ノ退譲ヲ見ルヘシト
ハ見做シ難キカ故徐々ニ自滅センヨリハ雌雄ヲ此一挙ニ決スル
外ナキ」旨を述べ、「今や干戈ニ訴フルヤ否ヤ単ニ時期ノ問題ニ
シテ直ニ事ヲ挙ケンカ今暫ク隠忍スヘキヤハ考慮中ニ在リ」と
し、「当地ニ於テ唐紹儀ト一応会見ノ上ハ直ニ広東ニ赴キ其辺ノ
打合ヲ為サン計画ナリ」③と袁と対決すべき決心を再度表明し
た。十九日有吉は黄興にも同様に勧告したが、黄興も「袁ハ有
ユル口実ノ下ニ其兵カヲ動カシ南方ヲ圧迫センノ計画ヲ建テ居
ル」も、「自分ハ自衛上万已ムヲ得サル場合ニ立到ラサル限リ成
ルヘク平和手段ヲ以テ終始セン」と考え、「国家ノ為平和ニ解決
ヲ希望セラル」④旨を語った。孫・黄と面談後有吉は「袁世凱
トノ緩和ハ差当リ余地ナキモノト認メラレ」⑤ると牧野外相に
打電し、また黄興については「大体ニ於テ比較的穏当ナル意見

---

　　①　大正2年5月20日、牧野外務大臣より在上海有吉総領事宛電報、第37号。外交
史料館所蔵。
　　②　大正2年5月15日、在上海有吉総領事より牧野外務大臣宛電報、第86号。外交
史料館所蔵。
　　③　大正2年5月15日、在上海有吉総領事より牧野外務大臣宛電報、第86号。外交
史料館所蔵。
　　④　大正2年5月19日、在上海有吉総領事より牧野外務大臣宛電報、第90号。外交
史料館所蔵。
　　⑤　大正2年5月15日、在上海有吉総領事より牧野外務大臣宛電報、第86号。外交
史料館所蔵。

ヲ認メ……平和解決ヲ切ニ希望シ……最近ノ孫ノ猪突論ニ対シ黄興ハ自重説ヲ取リ其間多少融和ヲ試ミツツアルモノノ如シ」①と報告した。これまで孫・黄の対袁策は当初から相違していたとされていたが、有吉の報告から見ると、五月中旬頃から相互の意見に相違が生じたようである。

　宮崎滔天は孫・黄の知己であった。日本政府はこの関係を利用して、滔天に孫・黄の説得工作を依頼した。滔天は五月十九日に日本から上海に来て北方の袁との融和と平和的解決を勧告したが、孫・黄はこれを了承せず、日本政府に「宮崎ヘ伝言ノ件感謝ニ堪ヘス恨ラクハ妥協ノ余地ナク我レ起タサルモ彼レ必ス来リテ圧力ヲ加ヘン危機目睫ノ間ニ在リ若シ日本ノ援助アレハ積極的行動ヲ執ランモ之レナケレハ背水ノ陣ヲ張リテ応戦ス援助ヲ乞フ」と打電した②。これは孫・黄の討袁の決意と日本政府からの援助に対する切実な期待を吐露したものである。

　この頃革命派内部にも袁と融和しようと主張する勢力があった。老革命党員であった譚人鳳は岑春煊・王芝祥らと共に南北の融和を図ろうとした。譚・王は上京して袁に対する工作をし、岑や章士釗らは武昌に赴いて黎元洪に対する工作をした。日本側はこの妥協工作を利用した。駐漢口の芳沢総領事は二十一日岑春煊に「既ニ数日来南方ノ形勢日ニ非ニシテ全ク袁世凱ノ威力ニ圧倒セラレタル感アリ如斯ニシテ経過セハ孫黄等ノ立場甚夕困難トナルコト必然ナルヲ以テ孫黄ノ面目ヲ保ツ様尽力セラレテハ如何」③と働きかけた。岑はこれに同意して袁・孫双方

---

①　大正 2 年 5 月 19 日、在上海有吉総領事より牧野外務大臣宛電報、第 90 号。外交史料館所蔵。

②　大正 2 年 5 月 24 日、牧野外務大臣より在上海有吉総領事宛電報、第 39 号。外交史料館所蔵。

③　大正 2 年 5 月 22 日、在漢口芳沢総領事より牧野外務大臣宛電報、第 80 号。防衛研究所所蔵。

を妥協させる意図を表明した。

　五月二十五、六日頃伊集院と公使を交代する予定になっていた山座円次郎が再び孫文に袁との融和を勧告した。これに対し孫は「自分ハ袁ニ私怨ヲ抱クモノニアラス只袁ノ態度ニ照シテ其共和政体ヲ破壊スルニ至ルヘキヲ憂ヒテ之ヲ排斥セントスルニ止マル」と述べて、山座に「共和政体ヲ安全ニ存続シ而カモ妥協ノ余地アレハ教ヲ請ハン」と問い、「平和策ニテハ到底袁ニ拮抗シ得サル」[①]旨を繰返した。孫文は日本の一連の融和と妥協の勧告に不満を抱き、山座に「日本ノ援助ヲ求ムルカ如キサシテ予期シ居ラサル」と語り、また「他国ヲシテ袁ヲ援クルカ如キコトナキ様尽カヲ得ハ十分ナリ」[②]と述べて、日本や他の列強の対袁援助を牽制しようとした。しかしこれは孫文が日本に対する期待を放棄したことを意味するものではなかった。

　上述のように日本は終始孫・黄に南北の融和を勧告していたが、それは無条件の妥協と融和であり、具体的内容が欠けていた。黄興は五月下旬有吉が再度融和を勧告した時、有吉に次のような平和的解決の具体案を提起した[③]。

　　一「共和政体ヲ存続シ議会ニ干渉セス」。

　　二「宋教仁事件之ヲ公平ナル法庭ノ裁判ニ委任」する。

　　三　五ヵ国「借款ハ議会ニ附議」する。

　　四「北方ヨリ派遣シタル兵ハ之ヲ撤退シ同時ニ南方モ兵備ヲ解キ総テヲ常体ニ復スル」。

　この案は公平かつ合理的であり、一触即発の中国南北問題を

---

　①　大正2年5月27日、在上海有吉総領事より牧野外務大臣宛電報、第99号。防衛研究所所蔵。

　②　大正2年5月27日、在上海有吉総領事より牧野外務大臣宛電報、第99号。防衛研究所所蔵。

　③　大正2年5月27日、在上海有吉総領事より牧野外務大臣宛電報、第99号。防衛研究所所蔵。

平和的に解決し得るものであった。黄興は日本公使が率先して
アメリカ公使らと共に袁世凱にこの案を承諾させるように要望
した①。有吉はこの意見を山座円次郎に打電したが、山座はこ
れに応じようとしなかった。

　六月一日孫文・黄興の要望により北京から上海に来ていた前
外相加藤高明が両人と会見した。加藤は北京での袁世凱との会
談の模様を語ると同時に、また「此際十分ニ忍耐シ時局ヲ和平
ニ解決シ永遠ノ策ヲ講スノ得策ナル」②旨を孫・黄に勧告した。
孫文は「最近袁ノ態度ニ徴シテ飽迄我方ヲ圧迫掃尽セン意志ト
認メラレ……或は江西都督ヲ交迭スル等何等力動機ニ依リテ事
ノ勃発スルヲ必シ難シ」③と正確に袁の動静を分析し、もし南
方に革命が勃発したら日本はどのような態度をとるかと加藤に
質問したが、加藤は日本人は個人的には革命派に同情的であろ
うが、政府は列国と協調して袁政府の安定を確保するよう一貫
して努力するであろうと答えた④。これは日本側が孫・黄に平
和的に時局を収拾するように勧告した一つの目的が、袁世凱政
権の下で安定を確保し、客観的には袁政権を擁護することに
あったことを物語っている。これがために孫・黄は日本の勧告
を受入れなかったのである。

　六月に至り南北の対立は一層激化した。孫・黄は軍資金調達
のため日本の民間企業と借款を交渉した。六月二日上海の黄興
宅で孫・黄と江西都督李烈鈞の代理が東亜興業株式会社取締役
白岩竜平及び台湾銀行支店長江崎らと南潯鉄道借款の継続交渉
をおこなった。東亜興業株式会社は既に南潯鉄道に投資してい

　①　大正2年5月27日、在上海有吉総領事より牧野外務大臣宛電報、第99号。防衛
研究所所蔵。
　②　外務省編『日本外交文書』大正2年第2冊、359頁。
　③　外務省編『日本外交文書』大正2年第2冊、359頁。
　④　臼井勝美『日本と中国—大正時代』原書房、1972年、32頁。

た。孫文らはこの機会に一〇〇〇万円の借款を要求した。白岩
はこの会談の模様を大倉組に報告して、「此際孫逸仙、黄興等に
多少の同情を示し、吾が対南方経済政策の助けとなすと同時に
兼ねて吾政府の大方針たる江西に於ての根本政策を確立するに
は得難き好機会」①であると献言したが、この言葉は借款の目
的を露骨に表している。しかしこの借款交渉は日本政府の干渉
によって実現しなかった。

　上述のように日本は第二革命勃発前に所謂「中立不偏」の方
針を唱えて南北に再三勧告し、双方を融和・妥協させて南北分
裂と武力衝突を避けようとした。日本はなぜこのような政策を
とったのであろうか。第一に大正政変によって山本内閣が桂内
閣に交代し、日本の対孫・対袁外交政策が転換したことを挙げ
ることが出来る。もし桂内閣が継続していたならば、桂内閣は
孫・桂会談の内容通り、孫を支援して袁を排除する対中国外交
を推進したと思われる。第二に山本内閣は桂内閣の外交を継承
せず、ある意味においては善後借款や北京政府承認交渉等を通
じて袁との関係を改善し、袁の政権に接近し、袁を中心とする
北京政権と新たに開催される国会を基本として、中国の平和・
安定の現状を維持しようとした。これより見れば「現状維持」
がこの時期の日本の対中国政局における基本方針であり、「中立
不偏」は［現状維持］の手段であったといえよう。「現状維持」
はまず中国国内の平和的安定を維持しようとすることである。
もし中国において南北が武装衝突して動乱が起これば、武昌蜂
起後のように日本の対中貿易は激減し、それによって日本が蒙
る損害は莫大なものになる可能性があった。そこでまず中国国
内の安定を図ることが日本の国益に相応しかったのであった。

---

① 臼井勝美『日本と中国—大正時代』原書房、1972 年、33 頁。

これはまた客観的には、日本が好感を抱いていなかった袁世凱
とその政権の擁立につながったのである。袁との関係からいえ
ば、武昌蜂起後、特に十二月の南北和議後日本は借款提供の名
目で南方の革命党を「支援」したから、北方の袁との関係は従
来より悪化していたが、孫文の譲位によって袁が統一中国に君
臨している現状では袁との関係改善に気を遣わざるを得なく
なった。このため日本は既にこの時期、裏では欧洲列強と共に
袁の大総統の地位と北京政府の合法性を承認する準備を進めて
いた。そのためこの時期に至り、袁と対立する孫文派を支援す
る外交政策をとらなかったのである。またこれに加えて日本は
最初から袁より軍事力の劣る孫文ら南方の革命党勢力が、袁と
の戦いに勝利するとは信じていなかった。南北戦争において敗
北が濃厚な孫文派を仮に「支援」したとしても日本は得をする
ことなく、逆に勝利した袁との関係を一層悪化させる可能性が
あった。

　しかし袁を支援して孫文ら南方革命派を制圧することも、孫
文らと日本との歴史的関係から考えると得策ではなかった。こ
の時期日本の孫に対する袁との融和・妥協の勧告は客観的に袁
に有利な面もあったが、袁を支援して孫を鎮圧しようとしたわ
けではなかったし、孫ら革命勢力に悪意を抱いていたわけでも
なかったので、その「現状維持」はある面においては孫文ら南
方革命派を維持するために有利な点もあったといえよう。この
ことは五月二十一日の芳沢総領事の岑春煊への南北融合の勧告
や有吉が孫・黄両人に「背水ノ陣ハ孫黄ノ為メ並ニ民国全般ノ
為メニ取ラス……両人ガ深ク大局ノ利害ニ顧ミ隠忍妥協以テ
徐々ニ革命事業ノ大成ヲ期センコト」①を切望したことからも

---

① 在上海有吉総領事より牧野外務大臣宛電報（期日不明）。外交史料館所蔵。

窺うことが出来る。それは孫文ら革命派の勢力を維持すること
が、日本の長江流域における勢力拡大に大変有利だったからで
あった。

　この頃民間の世論は主に南方革命派支援に傾いていた。日中
両国国民の連携を主張する民間人は日華協会・日華実業協会・
日華国民会等の団体を組織し、対袁借款を非難すると同時に南
方革命派への支援を訴えた。六月上旬尾崎行雄は憲政擁護会の
晩餐会において「袁氏は昔より我国に対して敵意を有するもの
にして之れを援助するも我国の益する処は皆無なりと云ふを妨
げず之に反して南方の革命党首領は我国に最も関係深く是等南
方派の民心を繋ぐことは我国にとって最も有益なることなり」①
と述べて、孫文ら南方派を支援すべきことを訴え、日本の南北
に対する貿易比率が七対三である実情からも日本の国益は南方
にあると強調した。犬養毅もこの会合においてほぼ同様の趣旨
を発言し、袁が「強人」で中国を統一する能力があるという見
方を否定し、外務省の「援袁外交」と「南北融和説」を非難し
た②。尾崎・犬養は頭山満・中野武営（東京商業会議所会頭）
と共に在京代議士並びに新聞記者五十余名を集めて対支外交協
議会を開き、政府をして南北の紛争に対して厳正中立の態度を
とらしむること、借款前渡金使途の監督を厳にすること、今後
の借款交付を延期せしむること等を決議した③。民間世論は政
府を不偏不党ではないと非難したが、実際には南方を支援しよ
うとしたのであった。

　このように当時日本の政府・外務省は北方の袁からは孫文ら
南方派を「支援」すると見られ、国内の民間からは北方の袁を

①『東京朝日新聞』大正2年6月4日。
②『東京朝日新聞』大正2年6月4日。
③『東京日日新聞』大正2年6月7日。

［支援］すると非難され、内外の板挟みに遭っていた。これに対し外務省は政府声明案を起草し、六月九日午後「此ノ如キハ全然誤解ニ属シ政府ハ固ヨリ支那ノ南北ニ依テ恩怨親疎別ヲ設ケ或ハ党争ニ就テ軽重偏頗ヲ為サントスルモノニ非ズ」、「吾政府ハ固ヨリ厳正中立ヲ持シ一般局外者ト共ニ動乱ノ再発ヲ欲セザルノ希望ヲ一ニセリ」①との声明を発表せざるを得なくたった。

　日本政府・外務省は南北・孫袁の双方に対して不偏不党・不即不離の態度を標榜したにもかかわらず、なぜ世論の囂囂たる非難を招いたのであろうか。当時中国沿海に派遣されていた第三艦隊司令長官名和又八郎中将はその原因について次のように分析した②

　　一　我邦人一般ニ袁氏ノ性格ヲ悪ミ従来我国ニ対スル彼
　　　　ノ政策ニ嫌焉タラス之ヲ排斥セントスル者多キ事
　　二　我邦人ノ有志者ト称スル者、実業家、若クハ浪人輩比
　　　　較的中南支那ノ事情ニ通シ南方人殊ニ国民党ノ人士ニ知
　　　　己関係多キヨリ自カラ南軍ニ同情ヲ有スル事
　　三　我国ニ留学セシ支那人ハ概シテ中部南部ノ者ニシテ
　　　　之等ハ今日官野共ニ枢要有力ノ地位ヲ占メ一般ニ此際我
　　　　国ノ援助ヲ得ントスル事
　　四　我国ノ対支貿易ハ中南部ヲ主トシ利権等特殊ノ関係
　　　　アルモノ亦同方面ニ多キヲ以テ其ノ人気ヲ損シ貿易等ニ
　　　　影響スル事ナカランコトヲ欲スル事
　　五　伊集院公使ノ在任長ク袁氏ト特殊ノ関係アリト伝ヘ
　　　　ラレ誤解ヲ招キ居ル事
　　六　北京公使館ノ情報蒐集時局観察ハ北ニ密南ニ疎ニシ

---

① 大正2年6月9日、日本政府声明。外交史料館所蔵。
② 大正2年7月11日、名和又八郎第三艦隊司令長官より斎藤実大将宛。防衛研究所所蔵。

　　テ中南部ノ実情ニ通セストノ説アル事
　七　北京外交団ハ支那ノ国情ニ通セス袁氏ヲ唯一ノ統一
　　　的技倆アル政治家ト過信シテ彼ニ善意ヲ示シ我公使モ之
　　　ニ随従シタリト信スル者多キ事
　八　五国借款成立ノ時機適当ナラザリシ事
　これは当時の複雑な情勢に対する的確な分析であったといえ
よう。

二　第二革命勃発前後の対応

　六月九日袁世凱はまず孫文の革命派に属する江西都督李烈鈞
を罷免し①、次いで広東都督胡漢民と安徽都督柏文蔚を罷免し
た。これが第二革命の導火線となった。罷免された李烈鈞は七
月十二日江西省湖口で挙兵して江西省の独立を宣言し、第二革
命の火蓋を切った。本節では、この第二革命において、孫と袁
が日本に何を期待し、日本はこれにどう対応し、当初の対応が
後期にはどのように転換して行ったか、考究すると共に、この
革命をめぐる日本とイギリスの外交を検討する。

　李の罷免は李個人の問題にとどまらず中国の南北情勢に大き
な影響を及ぼし、また李と日本軍人との関係から日本もかかわ
ることになり、袁・孫と日本の三者は共にこれを重視した。袁
は日本との関係が密接である李烈鈞の罷免に先立ち、梁士詒及
び趙秉鈞を通じて公使館の高尾書記官に「江西ノ李烈鈞ハ依然
屈服セス今日ノ儘ニ拾置カハ衝突免カレサルニ付先ツ彼レノ面
目ヲ立テ和平解決ヲ計ル手段トシ昨今黎元洪ヨリ辞職勧告中ナ
ルカ……若シ聞入レサレハ時機ヲ見計ヒ断然交迭ヲ行フ積リナ

---

① 『申報』1913 年 6 月 10 日。

ル」①旨を示唆し、日本側の意向を打診しようとした。しかし、
高尾はこれに対し何の意見も示さなかった。南方では有吉総領事
が李罷免後の南方革命派の動向を把握するために十一日孫・黄と
面談し、李免職に対する彼らの見解を確めた。黄は「飽迄平和主
義ナルヲ以テ昨日特使ヲ派シ円満処理方勧告シ置ケリ」と述べ、
孫は「自分ハ飽迄猪突主義ニテ一挙袁ヲ排斥セン考ハ始終変ルコ
トナキ」と述べて、「李ノ交迭ハ多少自党ノ勢力ニ影響スルカ如
キ観アルモ世ノ同情ハ之ニ反シ漸次我党ニ帰セントスル傾向ア
ル」②と語り、李の免職について日本に特に要望を示さなかった。

　罷免された李烈鈞は孫文と同様に一時訪日して日本の支援を
受けることを期待し、日本側にこの意向を申入れた。駐漢口の
芳沢総領事は牧野外相に李のこの意向を打電した③。しかし外
務省はこの要望を受入れようとしなかった。六月十一日牧野外
相は「若シ李烈鈞カ本邦ニ出奔シテ其将来ノ計画ニ付我援助ヲ
期待スルカ如キ意図アリト認メラルル場合ニハ直接間接ヲ問ハ
ス此際政府カ支那ノ内争ニ関与シテ斯ル援助ヲ与フルコトハ断
シテ為サザル意味ヲ通ズル」④ように芳沢に訓令した。芳沢は
この訓令を湖口駐在の書記生八木元八に伝え、八木は十六日李
烈鈞に面会した。李は「武力ヲ用フルハ徒ニ北方ニ口実ヲ与ヘ
大局ヲ破壊スルモノナルニ付之ヲ避ケタリ……十二年在外国
悠々遊フヘク」⑤と述べ、上海で孫・黄と面会した後日本に赴

---

　①　大正2年6月8日、在上海有吉総領事より牧野外務大臣宛電報、第111号。防衛
研究所所蔵。
　②　大正2年6月11日、在上海有吉総領事より牧野外務大臣宛電報、第114号。防
衛研究所所蔵。
　③　大正2年6月10日、在漢口芳沢総領事より牧野外務大臣宛電報、第116号。外
交史料館所蔵。
　④　大正2年6月11日、牧野外務大臣より在漢口芳沢総領事宛電報、第43号。外交
史料館所蔵。
　⑤　大正2年6月17日、在漢口芳沢総領事より牧野外務大臣宛電報、第128号。外
交史料館所蔵。

き、その後欧米に外遊したいという意向を表明した。これに対
し、八木は牧野外相の意見を伝えたが、李は「之ヲ諒シ日本国
ハ自分ノ留学地ニ付再遊セントスルモノナリ」①と述べた。日
本が李の訪日に敏感だったのは、李は日本陸士出身で日本の軍
人や大陸浪人と多く交際し、また現役或いは予備役の軍人ら十
数名が李指揮下の部隊で活躍していたからである②。日本は、
李が訪日することで、袁や他の列強から、日本が李を使嗾し
て挙兵させようと画策しているとの誤解を招き、それにより
迷惑を蒙ることを恐れていたのである。六月十八日、陸軍次
官本郷房太郎は中支派遣隊司令官に李周辺の日本軍人の活動
に対し厳に注意するよう命令し、芳沢総領事も八木に慎重に
行動するよう指示した③。しかし李周辺の日本軍人青柳・林大
尉らは、日本の軍艦に搭乗して十五日南昌から上海に赴く便
宜を李に提供すると同時に、李に袁軍の軍事情報を通報した④。
中国の新聞も日本軍人と日本の艦艇が革命派を支援している
事実を報道した⑤。

　袁世凱は孫文や革命党との従来の関係から、日本が彼らを支
援することを非常に警戒していた。袁は李と日本軍人に関する
上述の情報をキャッチし、李盛鐸を通じて有吉総領事に李が日
本軍艦に搭乗して上海に赴いたことについて尋ねた⑥。六月三
十日袁は坂西利八郎にこの件について再度尋ね、日本軍人の南

① 大正2年6月17日、在漢口芳沢総領事より牧野外務大臣宛電報、第128号。外交史料館所蔵。
② 大正2年6月10日、在漢口芳沢総領事より牧野外務大臣宛電報、第116号。外交史料館所蔵。
③ 大正2年6月10日、在漢口芳沢総領事より牧野外務大臣宛電報、第116号。外交史料館所蔵。
④ 大正2年6月21日、在九江八木元八書記生より芳沢総領事宛電報。外交史料館所蔵。
⑤ 『申報』1913年7月17、18、20日。
⑥ 大正2年6月20日、在上海有吉総領事より牧野外務大臣宛電報、第123号。外交史料館所蔵。

方派への支援を阻止しようとした①。袁は坂西との会談におい
て「徐宝山暗殺ノ重ナル関係者陸恵生目下遁シテ日本ニ在ルコ
ト」、「彼レノ為メニ爆弾ヲ製造シタルモノ日本人ナルコト」等
を取上げて、「日本人ノ行動頗ル疑フヘキモノ多シ」と断じ、ま
た「日本側ノ一部ノ斯ノ如キ態度殊に日本軍人又ハ軍艦ニ種々
ノ風説ヲ耳ニスルハ事実ノ有無ハ別トシテ其タ好マシカラサル
コトナリ現ニ支那人間殊ニ北方人士中ニハ近来日本ニ対シ疑念
ヲ挟ムモノ増加シ来リ既ニ新聞紙中之レヲ論議スルモノ尠ナカ
ラサル所斯ノ如キ現象ハ両国ノ関係ニ取リテハ痛心スヘキコ
ト」なりと述べ、伊集院公使に「伝言ノ上何トカ取締ノ方法ヲ
講セラルル様相談方」②を依頼した。また袁は坂西に、漢口で
蜂起を組織した革命党員詹大悲・季雨霖らが日本の岳陽丸で長
江を下った旨の黎元洪からの電文を提示し、伊集院公使と相談
の上中国側に引渡すよう依頼した③。詹と季は二十日岳陽丸で
漢口を出発し上海に赴いたのである④。しかし伊集院は坂西を
通じて袁に「其ノ辺ノ事ハ帝国政府ニ於テ不断厳重ニ取締リ居
リ政府ノ関スル限リ何等曖昧ナルコトハナキ筈」⑤だと返事し、
事実を否定した。牧野外相も芳沢宛の電報で上述の事実を否定
した。これは日本政府と軍部が南方の革命党を援助して事件を
起こそうと画策していると誤解されるのを恐れたためであった。
　六月十四日袁世凱は広東都督胡漢民を罷免した。南北情勢は

---

　① 大正2年6月30日、在北京伊集院公使より牧野外務大臣宛電報、第502号。防
衛研究所所蔵。
　② 大正2年6月30日、在北京伊集院公使より牧野外務大臣宛電報、第502号。防
衛研究所所蔵。
　③ 大正2年6月30日、在北京伊集院公使より牧野外務大臣宛電報、第502号。防
衛研究所所蔵。
　④ 大正2年6月29日、在上海増田中佐より伊集院五郎海軍軍令部長宛電報。外交
史料館蔵。
　⑤ 大正2年6月30日、在北京伊集院公使より牧野外務大臣宛電報、第502号。防
衛研究所所蔵。

一層緊迫化した。孫文はまず広東を挙兵・独立させる戦略を立て、六月十七日汽船ビーオー号で、上海から香港経由で広東に赴いた①。外務省の出先機関は孫文の広東行きの動向を注視し、その動静を即時外務省に報告した。十八日有吉総領事が黄興と面談した時、黄は孫文が密かに広東に向ったことを伝えた。この時黄は有吉に対して日本への不満を述べ、「独り南方ニ援助ヲ与ヘサルノミナラス五国借款ハ伊集院小田切両氏ノ特別斡旋ニ依り成立セルモノナリ」②と日本を批判した。孫文は二十日に香港に到着した。駐香港の今井忍郎総領事は官員を派遣して面会時間を打合せたが時間が合わなかったので③、孫文は馬君武を派遣して、広東訪問の目的は娘の病気見舞い（その後死去）と胡漢民罷免後の広東の後片付けをするためであると伝えた。孫文は澳門海域の軍艦上で広東の新都督陳炯明と討袁問題について協議し、その後香港に帰って胡漢民と共に今井総領事と会談した。馬君武は今井に、孫は武力討袁を主張したが、陳炯明は当地商人の意向を挙げてこれに反対し、胡漢民も賛成しなかったと語った④。当時広東には二個師団と一個旅団の兵力があったが、その師団長や旅団長は既に袁に買収されて北伐・独立に反対していたからであった⑤。孫文は広東訪問の目的を達することが出来ず、二十九日パナマ丸で上海に戻った。

　この時点で孫文の武力討袁の方針は大いに動揺し始めた。孫文は同日李烈鈞と面会したが、「同人モ南昌ト気脈ヲ通シ機会ヲ

① 大正2年6月17日、在上海有吉総領事より牧野外務大臣宛電報、第120号。防衛研究所所蔵。

② 大正2年6月18日、在上海有吉総領事より牧野外務大臣宛電報、第122号。防衛研究所所蔵。

③ 大正2年6月21日、在香港今井総領事より牧野外務大臣宛電報、第30号。防衛研究所所蔵。

④ 大正2年6月24日、在香港今井総領事より牧野外務大臣宛電報。防衛研究所所蔵。

⑤ 辛亥革命史叢刊編輯組編『辛亥革命史叢刊』第6輯、中華書局、1986年、33－34頁参照。

観望シ居レルニハ相違ナキモ江西単独ニテ徒ラニ乱ヲ起スカ如
キコト殆ト無謀ノ挙」①であると語った。三十日孫文は有吉総
領事に「差当り議会ニ於テ相対峙スル外他ニ策ナク之トテ素ヨ
リ多ク望ミ難ク先ツ以テ現状ノ儘ニ時勢ヲ観望シ他日の機会ヲ
俟ツノ外ナシ」②とその心境を語った。孫文は「南下前ト異り
全ク自派ノ勢カヲ悲観シ居」り、「自分等ノ勢力失墜ヲ一ニ五国
借款ニ帰シ袁ノ巧妙ナル籠絡手段ハ同借款ニ依ル資金ニ伴ヒ驚
クヘキ迄ニ地方ニ及ヘリ」③と述べて暗に日本ら五ヵ国に不満
の意を表し、日本に対し特に要望を提出しなかった。

　しかし陳其美ら中堅層は依然として武力による討袁を主張し、
李烈鈞も七月六日以来江西に潜伏して挙兵を計画していた。第
二革命は目前に迫っていた。日本は芳沢総領事が語ったように、
「若シ何レカノ方面ニ事変勃発シ仮令一部タリトモ支那ノ秩序
ノ紊ルルコトモアラハ列国ハ之ニ対スル責任ヲ我ニ嫁スルニ
至ランカト懸念」④し、それに対する準備を講じていた。芳沢
は牧野外相に駐中国の「我文武官憲ハ何人タルヲ問ハス総テ
専心一意帝国国是ノ外交方針ニ導拠スル様戒飭ヲ加ヘラレン
コトヲ希望」⑤した。牧野外相と参謀総長・陸軍大臣らが打合
せた結果、陸軍中央は与倉司令官に命じて江西で活動中の将
校らを一旦漢口に引揚げさせると同時に、中部中国にいる陸
軍将校に対して「政府ノ方針ヲ親敷訓諭セシムルコト」⑥を決

---

① 大正 2 年 6 月 30 日、在上海有吉総領事より牧野外務大臣宛電報、第 128 号。防
衛研究所所蔵。
② 大正 2 年 6 月 30 日、在上海有吉総領事より牧野外務大臣宛電報、第 128 号。防
衛研究所所蔵。
③ 大正 2 年 6 月 30 日、在上海有吉総領事より牧野外務大臣宛電報、第 128 号。防
衛研究所所蔵。
④ 大正 2 年 7 月 3 日、在漢口芳沢総領事より牧野外務大臣宛電報。外交史料館所蔵。
⑤ 大正 2 年 7 月 3 日、在漢口芳沢総領事より牧野外務大臣宛電報。外交史料館所蔵。
⑥ 大正 2 年 7 月 6 日、牧野外務大臣より在上海有吉総領事宛電報、第 55 号。外交
史料館所蔵。

定した。

　この頃伊集院公使が帰朝することになり、山座円次郎が七月
下旬から駐中国公使に就任することになった。公使の交代は対
中国政策の転換を意味することでもあった。七月九日伊集院は
袁を訪ねたが、袁は伊集院に、彼の帰朝に伴って日本政府の対
中国政策に変更を及ぼすことなきやとの口吻を洩らした[①]。伊
集院は「断シテ然ルコトナキ」旨を述べ、「山本首相ハ……貴国
ノ時事ニ留意シ飽迄既定ノ方針ノ支持ニ努メ両国親善ノ実ヲ挙
ケンコトヲ期待シツツアリ」と言い、さらに一部世論と長江一
帯の日本人が「言行兎ニ角南方ニ偏シ甚シキニ至リテハ直接乱
党ニ与スルモノアルカ如シト雖斯ノ如キハ全然政府ノ意図ニ反
スルモノニシテ（二字不明）随時必要ノ弾圧ヲ加ヘツツアリ」[②]
と語って、日本政府が南方の孫文派を支援しない方針をあらた
めて袁に表明した。中国の新聞も公使の交代によって日本の対
中国政策に変更がないことを報道した[③]。しかし袁世凱は日本
の南方支援を恐れ、これを牽制するため、奉天における中日合
弁の銀行設立に賛成の意を表し、日本の東北における鉄道敷設
計画にも原則的に賛成した。同時に袁は彼が日本に派遣した孫
宝埼・李盛鐸に対する日本の歓待に謝意を表した。袁は日本に
対する「好意」を表して日本の対南方政策を牽制しようとした
のである。

　七月十二日李烈鈞が江西で挙兵して独立を宣言すると、十五
日南京、十七日安徽、十八日上海・広東、二十五日湖南も続続
と独立を宣言し、第二次革命が勃発した。李が挙兵する直前、

---

　　① 大正2年7月11日、在北京伊集院公使より牧野外務大臣宛電報、第516号。防
衛研究所所蔵。
　　② 大正2年7月11日、在北京伊集院公使より牧野外務大臣宛電報、第516号。防
衛研究所所蔵。
　　③『申報』1913年7月1日。

九江駐屯の江西軍第二師団長劉世鈞は八木に対して、戦争を避ける手段として「領事団ハ居留民保護ノ為九江附近十里内ニ於テ衝突ヲ避ケル様希望スル」①旨の要請を劉と九江に進駐した袁軍第六師団長李純に発してほしいと要望した。八木はイギリス領事と相談の上、この要請を起草した②。芳沢総領事もこれに賛成したが、第二革命の勃発を阻むことは出来なかった。これは日本が第二革命勃発直前まで南北の軍事衝突を避けようとしたことを物語っている。

　革命に対する日本と欧米列強の姿勢は革命の成否にかかわることであった。第二革命勃発後、孫文は日本と欧米列強の反応を重視した。十四日孫文は有吉に「日本側ノ意向ト諸外国人ノ感情」③はどうかと質問した。有吉は「日本ヨリハ事変発生後未タ（脱字？）得ス何等知ルトコロナキ」旨を告げ、「居留地附近ハ可成静謐ヲ保タサルニ於テハ延テ諸外国人ノ反感ヲ招クヘク依テ江南機器局ニ於ケル北兵ノ処置ノ如キハ尤モ慎重ヲ要スヘシ」④と勧告した。袁世凱は背後から南方革命派を牽制するため、七月六日に先手を打って袁軍の第四師団の一個連隊を派遣して江南機器局を占拠していた。これは孫文派にとっては背後からの脅威であった。南方革命派に属する部隊は七月二十三日からこの拠点に数回にわたって攻撃を加えたが、撃退することが出来なかった。孫文は外国の力を利用して、この袁軍を撤退させようとして、有吉に「領事団ヨリ北兵ノ撤退ヲ勧告セラ

---

① 大正2年7月12日、在漢口芳沢総領事より牧野外務大臣宛電報、第157号別電。外交史料館所蔵。
② 大正2年7月12日、在漢口芳沢総領事より牧野外務大臣宛電報、第157号別電。外交史料館所蔵。
③ 大正2年7月15日、在上海有吉総領事より牧野外務大臣宛電報、第135号。防衛研究所所蔵。
④ 大正2年7月15日、在上海有吉総領事より牧野外務大臣宛電報、第135号。防衛研究所所蔵。

ルル様ノ都合ニハナル間敷ヤ」[①]と要望したが、有吉はこれに
応じようとしなかった。

　日本政府は第二革命の勃発に際して従来の所謂中立不偏の方
針を堅持した。七月十八日山本総理の官邸で長谷川参謀総長・
楠瀬陸軍大臣・牧野外務大臣らが会合し、第二革命に対する政
府方針を決定した。この方針に基づき、同日牧野外相は駐中国
の出先機関に「今回中部支那ニ於テ再ヒ騒乱ノ発生ヲ見ルニ至
リタルハ甚タ遺憾ノ次第ナルカ帝国政府ノ方針ハ従来ノ通り不
偏不党公正ヲ持スルニ在リテ断シテ我文武官吏ノ支那内乱ニ加
担スルヲ許サズ」と訓令し、在中国居留民に対しても「心得違
ノ者ハ政府ノ保護ヲ期待スルヲ得サル旨預メ懇切ニ諭告シ尚必
要ノ場合ニハ職権ニ拠り在留禁止ノ手段ヲ取ル事ニ躊躇セラレ
サルヘシ」[②]と指示した。軍中央心同様の方針をとり、長谷川
好道参謀総長は同日駐中国の与倉司令官・坂西利八郎・多賀少
佐・斎藤少佐らに「両軍衝突スル今日殊ニ茲ニ注意シ偵察ノ派
遣等モ目下ニ必要ナルモノニ限リ且ツ南北ヲ問ハス其軍ノ処在
地ニハ長ク滞在セシム可ラス要ハ我軍人ノ毫モ南北征戦行為ニ
関与セサルヲ明ニスルニ在リ」[③]と指示した。しかし李烈鈞周
辺の十数名の日本軍人は依然としてその軍事行動に関与し、七
月二十七日の沙河鎮の戦闘で福岡県久留米出身の平山某が戦死
した[④]。彼らの行動は政府・軍中央の訓令に対する違反行為で
あり、個人の意志によるものであった。しかしこうした行動は
北京政府と欧米列強に日本が革命派を「支援」しているという

　　①　大正2年7月15日、在上海有吉総領事より牧野外務大臣宛電報、第135号。防
衛研究所所蔵。
　　②　大正2年7月18日、外務省より在漢口芳沢及び各地総領事・領事宛電報。防衛
研究所所蔵。
　　③　大正2年7月18日、長谷川参謀総長より在漢口与倉司令官及び坂西大佐ら宛電
報。外交史料館所蔵。
　　④　大正2年8月1日、在九江八木元八書記生より牧野外務大臣宛電報、第45号。
外交史料館所蔵。

印象を与えた。

　日本や他の列強による孫文ら南方革命派への「支援」を阻む
ため、北京政府の外交部は七月二十一日日本や他国の公使・領
事に「貴国政府ニ於テ叛徒ヲ援助スルカ如キコト之ナキハ勿論
ナリト雖商人ニ在ツテハ営利ノ為斯ル挙動必無ナルヲ保シ難キ
ニ付公使ヨリ商船へ転達シ叛軍軍隊ノ輸送又ハ軍器ノ供給ニ従
ハサル様命令セラレタク若シ違背スル者アラハ領事ニ於テ処分
セラルル様措置相成タシ」①という覚書を提出した。これは実
際には日本に対する要求であった。

　この時期、欧米列強も日本が南方の革命派を「支援」してい
ると思いそれを牽制しようとした。

　二十二日の『チャイナ・プレス』紙は十六日武昌発の通信と
して、黎元洪が日本政府は日本人の「反徒ヲ助クルヲ黙認シ日
本船舶ハ武器ヲ各所ニ供給シ資金モ日本ヨリ支出セラルトシテ
湖南ニ於ケル一千＄ノ借款談ヲ掲ケ……其商船又ハ軍艦ハ常ニ
反徒ノ遁走ニ便宜ヲ供スル多数ノ実例ヲ挙ケ得ヘシ」と指摘し
て、「日本ノ方針ハ支那分裂ヲ希望シ」②ていると非難している
という記事を掲載した。外務省とその出先機関にとってはこの
ような誤解を解消することが何よりも重要であった。同日牧野
外相は、黎が果してこのような談話を発表したか否かを芳沢総
領事に確認すると同時に、「支那官憲ニシテ日本ニ対シ此種ノ事
ヲ誣フルモノハ国交上重大ナル責ヲ負ハサルヘカラサル」③と
文書で警告するように指示した。『セントラル・チャイナ・ポス
ト』も二十六日に黎元洪の上述の談話を詳しく報じたので、漢

---

　①　大正 2 年 7 月 22 日、在上海有吉総領事より牧野外務大臣宛電報、第 163 号。外
交史料館所蔵。
　②　大正 2 年 7 月 22 日、在上海有吉総領事より牧野外務大臣宛電報、第 156 号。外
交史料館所蔵。
　③　大正 2 年 7 月 22 日、牧野外務大臣より在上海有吉総領事宛電報、第 62 号。外交
史料館所蔵。

口商務総会の会員らは日貨ボイコットを主張した。このような
情況の下で、七月二十七日午後芳沢は黎元洪と三時間にわたっ
て会談し、一部の日本軍人や民間人が李烈鈞の軍事行動に参与
していることを認めたが、これは政府の指示によるものではな
く、政府はその参与を禁止し、取締っていることを説明した①。
また芳沢は黎が新聞に発表した談話の内容を逐一問いただし、
「本件ノ如ク幾多ノ誤解ヲ基礎トセル意見ヲ発表セラレタルハ
本官ノ遺憾ニ堪ヘサル所ナリ」②と抗議の意を表明したが、黎
は日本軍人が作成した江西軍の作戦地図を証拠として提示し、
これに反駁した。北京では袁世凱が坂西と会談し、海軍司令官
李鼎新からの来電として江南機器局の攻撃に日本人が参加し、
水雷・地雷の敷設にも参与していることを指摘した③。この時
北京の『ディリー・ニュース』や袁世凱派の漢字新聞は④、山
座公使が語ったように「論旨ハ総テ排日的主義ニ満サレ」⑤て
いた。山座はこれは「日支両国ノ親交上甚タ好シカラサル結果
ヲ来スヤニ憂慮セラルル」⑥旨を袁に申入れた。上述のように、
ごく一部の日本人が革命派の軍事活動に参加していることを袁
と黎が大きく取上げたのは、対外政策上日本が革命派を支援す
ることを予め阻止しようとしたからであった。

　日本が孫文ら革命派への支援を否定し、袁がその支援を牽制
しようとする一方で、孫文は日本と銀行団の袁に対する借款を

---

　① 大正2年7月31日、在漢口芳沢総領事より牧野外務大臣宛。外交史料館所蔵。
　② 大正2年8月2日、在漢口芳沢総領事より牧野外務大臣宛電報、第218号。外交
史料館所蔵。
　③ 大正2年8月3日、在上海有吉総領事より牧野外務大臣宛電報、第219号。防衛
研究所所蔵。
　④『申報』1913年7月17、28日。
　⑤ 大正2年8月7日、在北京山座公使より牧野外務大臣宛電報、第608号。外交史
料館所蔵。
　⑥ 大正2年8月7日、在北京山座公使より牧野外務大臣宛電報、第608号。外交史
料館所蔵。

非難しつつ、依然として日本に政治・外交的協力を要請していた。七月二十一日孫文は有吉総領事と会談したが、孫は各省独立の情況を意気軒昂と説き、得意の様子で「袁ヲ退クニアラサレハ到底平和ヲ望ムヲ得ス」と断言し、袁に退讓勧告の電報を発する意志を表明し、さらに公然と日本ら五ヵ国の借款の名目による援袁を非難して「五国借款成立ニ際シ各方面ヘ向ケ其内乱ノ原因タルヘキヲ予言シタルモ何レノ国モ耳ヲ傾クルモノナク中立ノ名ヲ仮リテ各国何レモ自己ノ都合好キ政策即チ陰ニ袁ヲ援助スルノ方針ヲ執リ来リタル」と述べ、また日本に対して「所謂南方ハ挙テ日本国ニ信頼シ殆ト准日本ノ観アリテ之ニ多キヲ期待スルニ方リ列国ト斉シク依然トシテ都合好キ中立ノ態度ヲ守ランカ遂ニハ一般ノ信望ヲ失フニ至ルヘ」①と語った。孫文はこのように日本を非難しながらも日本に期待を寄せ、日本が「此際尠クトモ袁ニ対シ退讓方ノ友誼的勧告位英国其他十二ノ国ヲ勧誘シテ先ンシテ之ヲ試ミラルル」②ように懇願した。孫文は「外国ヲ恃ミトスル袁ハ此種ノ勧告ニハ案外速カニ服従スヘク」と考えて、もし「他国ニシテ狐疑セハ日本ノミニテ勧誘ヲ与ヘラルルモ可ナラスヤ」③と要望した。しかし有吉はこの要望には応ぜず、「斯ノ如クシテ列国容喙ノ端ヲ啓カンヨリ外援ニ依ラス内部ニ於テ事ヲ収ムルノ必要ナルヘキ」ことを説いたが、孫文は「袁ノ飽迄外援ヲ生命トセル」ことを指摘し、「彼ハ遂ニハ蒙古等ヲ餌トシテ露国ニ依ル等ノコトアルヘク何レ外国ヨリノ容喙又ハ干渉ハ現状ヨリシテ事実免レサルヘキニ

① 大正 2 年 7 月 21 日、在上海有吉総領事より牧野外務大臣宛電報、第 152 号。防衛研究所所蔵。

② 大正 2 年 7 月 21 日、在上海有吉総領事より牧野外務大臣宛電報、第 152 号。防衛研究所所蔵。

③ 大正 2 年 7 月 21 日、在上海有吉総領事より牧野外務大臣宛電報、第 152 号。防衛研究所所蔵。

付吾人ノ希望スル時機ニ於テ寧ロ日本国ニ於テ『イニシアチーブ』ヲ執ルノ利益ナルヘキヲ」①主張し、袁への勧告を強く希望した。このように孫文は武力討袁を開始したにもかかわらず、依然として日本と列強の力によって袁を排除しようとした。有吉は孫のこの要望を牧野外相に報告したが、牧野は断固として拒否し、「斯ル問題ニ付先方ニ対シ帝国政府トノ懸り合ヒヲ残シ置クガ如キ挨拶ハ好マシカラザルニ因リ……今後ハ貴官限リニ話ヲ止メ先方ヲシテ当然帝国政府ノ回答ヲ予期セシムルガ如キコトナキ様配慮セラレタシ」②と厳しく訓令し、日本が孫文らの要請に絶対応じない姿勢を示した。

　しかし孫文ら南方革命派は依然として日本に期待を寄せていた。独立した湖南省は軍資金調達のため三井の現地支店に二〇〇万円の借款を要請したが、芳沢総領事は「今日右ノ如キ借款ノ交渉ニ応セサル方得策」③だと三井に勧告した。その理由として芳沢は、今回の南北衝突は北の中央政府の勝利に帰するであろうが、中央政府は南方と締結した契約等を承認しないであろうこと等を挙げた④。牧野外相も「此際速カニ本件借款ニ応ズルカ如キハ軍資ヲ供給スルニ外ナラザルヘク現下ノ事態ニテハ帝国政府ハ是認ヲ与フルコトヲ得ザル」⑤旨を三井に警告するよう芳沢に指示した。黎元洪もこの借款を阻止しようとして『チャイナ・プレス』等の新聞にこの借款交渉を暴露し、七月三

---

　①　大正2年7月21日、在上海有吉総領事より牧野外務大臣宛電報、第152号。防衛研究所所蔵。

　②　大正2年7月22日、牧野外務大臣より在上海有吉総領事宛電報、第59号。防衛研究所所蔵。

　③　大正2年7月26日、在漢口芳沢総領事より牧野外務大臣宛電報、第212号。外交史料館所蔵。

　④　大正2年7月26日、在漢口芳沢総領事より牧野外務大臣宛電報、第212号。外交史料館所蔵。

　⑤　大正2年7月28日、牧野外務大臣より在漢口芳沢総領事宛電報、第67号。外交史料館所蔵。

十一日には芳沢にこの借款交渉が進展しているか否かを尋ねた①。こうして、結局この借款は実現しなかった。

　七月下旬、戦況は逆転して南方の革命派に不利になった。この時期に至り、所謂中立不偏の方針を標榜していた日本の南北政策は、明確に北の袁への支援に傾き始めた。日本の民間会社は袁軍の要望に応じて武器を輸送した。漢口の日清汽船は七月二十三日袁軍の大砲二門・小銃三〇〇挺を沙市から漢口に輸送した②。芳沢はこの件を牧野外相に報告して、「物品ヲ供給スルハ差支ナキ趣意ナラント思考スル」③と上申し、これを支持する意見を示した。一方、広東の胡漢民は「此際軍隊ノ陸送ハ長時日ヲ要スルニ付日本ノ商船ニテモ借リ得サル」やと駐香港の今井総領事に申入れたが、今井は「斯ノ如キハ絶対不可能ナリ」④と断固拒否した。南北・袁孫に対する日本の態度のこのような変化は、戦況が南方に不利になるに従って明確になった。それは南北衝突の結果、孫文ら南方革命派の敗北と袁の勝利が確定的になったからである。南北衝突の第一線にいた漢口総領事芳沢は七月二十八日に「本官ノ予想セル通り現下ノ戦争ニシテ北軍ノ勝利ニ帰シ中央政府ノ権力再ヒ南方諸省ニ確立スルニ至ラハ本人（本邦人——著者）等カ受クヘキ不利益尠カラサルベキハ勿論国交上甚タ面白カラサル」⑤と意見を牧野外相に上申した。三十一日にも同様の意見を具申し、日本人の南方への介入を猛烈に非難していた「黎元洪ヲシテ其胸中ニ抱懐セル排日的

　①　大正2年8月1日、在漢口芳沢総領事より牧野外務大臣宛電報、第213号。外交史料館所蔵。
　②　大正2年7月23日、在漢口芳沢総領事より牧野外務大臣宛電報、第208号。防衛研究所所蔵。
　③　大正2年7月23日、在漢口芳沢総領事より牧野外務大臣宛電報、第208号。防衛研究所所蔵。
　④　大正2年7月19日、在香港今井総領事より牧野外務大臣宛電報、第41号。防衛研究所所蔵。
　⑤　大正2年7月28日、在漢口芳沢総領事より牧野外務大臣宛電報、第215号。防衛研究所所蔵。

勧念ヲ速ニ除却セシメ以テ其中央政府ニ対スル今後ノ報告並ニ地方人士ニ対スル施措ニ影響セシムルガ如キ事ナカラシムルハ吃緊ノ事ニ有之候」①として、そのための策を講じるよう上申した。八、九月日本は袁に大砲等の兵器を売渡して公然と袁世凱派を支援した。その目的は芳沢総領事が牧野外相に上申したように「支那現状ニテハ中央政府ヲ支持シ之ヲ利用シテ我利権ノ発達ヲ計ルヲ得策」②だと認めていたからであった。この時期日本の対袁・対孫政策は反比例する関係にあった。日本の政策が袁に傾くにつれ、日本の孫文との関係は一層疎遠になりつつあった。このことは孫文の訪日と滞在に対する日本の姿勢から明確に窺うことが出来る。

　第二革命に対してイギリスはどう対応したのだろうか。四月初めから駐中国のジョルダン公使は、南北間の政治的見解の相違が原因で、袁と孫との間に戦争が勃発することを予測していた。この頃イギリスは袁こそ中国の統一と安定を保てる唯一の人物だと見なして依然として袁を擁護したが、だからといって袁を支援して孫ら南方の革命党を制圧しようとはしなかった。イギリスも対中国貿易上の利益に基づいて、南北が融和して平和と安定が維持されることを重要視し、袁にその旨を勧告したのである。

　イギリスは南方の孫文ら革命党とは直接的な関係はなかったが、袁に対する勧告と同様に南北の融和と武力衝突の回避を要望した。しかし上述したように、日本が孫文ら南方革命派を支援するとの噂が流布した時、(一)には南北の武力衝突を避けるために、(二)には孫文ら革命党を支援して自己の勢力圏内において利権を拡大しようとする日本の狙いを牽制するために、日

---

① 大正2年7月31日、在漢口芳沢総領事より牧野外務大臣宛。外交史料館所蔵。
② 大正2年7月3日、在漢口芳沢総領事より牧野外務大臣宛電報。外交史料館所蔵。

本の支援を牽制しようとした。駐日のイギリス大使グリーンは日本外務省に本国政府からの訓令として「多数ノ銃器日本ヨリ広東へ向ケ輸送中ナリ」①という情報の真偽を尋ねた。七月十五日北京の『ディリー・ニュース』の社説は、江西擾乱に日本人が参与していると報道した。同日ジョルダン公使は伊集院を訪ね、この事実を確認するよう要求した②。ロンドンの各新聞も北京からの通信として、上述したような記事を掲載し、イギリスの世論を喚起していた。これは日本の南方援助を牽制しようとしたものであると同時に、対日非難でもあった。

　江西省の李烈鈞軍に十数名の日本人が参与していることは事実であったが、これは国の命令によるものではなく、個人の意志によるものであった。個人の行動がイギリスと日本との国家間の外交問題になったのは、誤解もあったが、中国南方における日英間の争奪が反映されていたからである。牧野外相と伊集院公使はイギリス側に「日本官憲ガ何等関係セザルノミナラズ日本人ニシテ軍資又ハ武器ヲ供給セルモノナシ」と断言したが、一方で「南方ノ当事者中ニハ日本ニ留学シタルモノ多ク従テ日本ノ民間ニ知人少カラズ是等ノ輩ヨリ道義的援助ヲ受クルハ免レ難キ所ナリ」と説明し、「政府ノ方針ハ不偏不党」③であると述べた。しかしイギリス側はこれに納得しなかった。二十三日駐日イギリス大使グリーンは牧野外相にイギリス政府の七月二十二日付の覚書を提示した。覚書は「日本ノ私人等ガ南方諸省ノ袁世凱ニ対スル敵対的態度ニ対シ声援ヲ与フルノ結果漸ク支

　　①　大正 2 年 6 月 18 日、牧野外務大臣より在北京伊集院公使宛電報、機密送 143 号。外交史料館所蔵。
　　②　大正 2 年 7 月 16 日、在北京伊集院公使より牧野外務大臣宛電報、第 526 号。外交史料館所蔵。
　　③　大正 2 年 7 月 17 日、牧野外務大臣より在英国井上大使宛電報、第 123 号。外交史料館所蔵。

那ニ於テ日本ニハ著シク親南ニ傾キ毫モ支那ノ統一ヲ悦バザル
有力ナル一派アリトノ感想を惹起スルニ至レリトノ報道近頃
種々ノ方面ヨリ英国政府ニ達セリ」と指摘し、「日本国政府ニシ
テ其臣民ノ活動ニ対シ何等覊束ヲ加ヘ得ルニ於テ如上ノ感情ヲ
排除シ且平和ヲ増進スルニ資スル所アルヘシ」①と要望した。
この覚書はイギリスが日本の対南方外交に懸念を抱き、牽制し
ようとしたものであった。これに対し、二十四日外務省はイギ
リス側に日本政府の不偏不党の方針を説明すると共に、「一個人
力其意ヲ発表スルニ当り苟モ法令ニ抵触セサル限り当該官憲ニ
於テハ之ヲ管束スルニ由ナキコトヲ言明セザルヲ得ズ但シ帝国
内ニ支那ノ分裂ヲ希図スルカ如キ何等有力ナル団体ノ存立セザ
ルコトハ外務大臣ノ確信スル所ナリ」②とイギリスの覚書に反
駁した。外務省はこのような立場を堅持すると同時に、南方に
おいて不穏な行動が認められる日本人に対して退去を命ずる措
置をとっていることをイギリスに通告し、了解を得ようとした。
駐英の井上勝之助大使も七月二十二日グレー外相に日本側の方
針と立場を説明し、「此際関係国ハ更ニ一層協調ヲ固クシ以テ一
致ノ行動ヲ取ル事必要ナリ」③と述べて日英の協調を申入れた。
これに対しグレー外相は「全然同意スル所ナリ」と述べ、「此ノ
如キ証言ヲ得テ一層安心スル」④と満足の意を表し、これによっ
て孫文ら南方革命派に対する日本の単独行動を牽制することが
出来たと考えていた。
　しかし日本はイギリスに牽制されてはいたが、完全に制御さ

　①　大正2年7月23日、在東京イギリス大使より牧野外務大臣に提出した覚書。外
交史料館所蔵。
　②　大正2年7月24日、外務省より在東京イギリス大使に提出した覚書。外交史料
館所蔵。
　③　大正2年7月23日、在英国井上大使より牧野外務大臣宛電報。外交史料館所蔵。
　④　大正2年7月23日、在英国井上大使より牧野外務大臣宛電報。外交史料館所蔵。

れていたわけではなかった。日本はイギリス等欧米列強による
孫文ら革命派への抑圧的姿勢に対して異なる主張を唱えた。
孫・黄らは上海の租界を拠点として討袁活動を組織・指揮して
いた。イギリス等他の列強は租界と居留民の保護を口実に、二
十四日の領事団会議において会審衛門の審理を経て、孫・黄及
び陳其美が租界に居住することを許さないと表明したが、有吉
はこれに賛成しなかった①。二十五日租界の参事会は政治家及
び軍閥の領袖が租界を利用することを禁止し、今回の擾乱に与
する者は居留地より放逐し、この告示発表後も引きつづき参与
する者は逮捕する、と告示することにした。これも孫・黄ら革
命派を租界から放逐しようとするものであったが、有吉は「本
件ノ実行ハ不妥当ナルノミナラス討袁軍派ノ感情ヲ害シ種々ノ
危険ヲ惹起スルノ虞アリ」②と牧野外相に報告した。牧野外相
は「本件ハ頗ル『デリケート』ニシテ到底政治的色彩ヲ呈スル
ノ結果ニ相成ルノ虞アルニ付御意見ノ如ク貴官ハ賛否ヲ表スル
能ハザルノ態度ヲ執ラルベシ」③と指示した。これはある意味
において孫・黄ら革命派に同情を示したものであり、また彼ら
にも有利なものであった。しかし租界当局は告示に基づき、ま
ず陳其美らの閘北司令部の徹退を強要し、二十七日陳其美らは
呉淞に移転した④。有吉は租界の警察署長らに告示の実行を控
え、孫文を租界から追放しないように要望し、宮崎滔天らと打

---

① 大正 2 年 7 月 24 日、在上海有吉総領事より牧野外務大臣宛電報、第 171 号。防
衛研究所所蔵。
② 大正 2 年 7 月 25 日、在上海有吉総領事より牧野外務大臣宛電報、第 178 号。外
交史料館所蔵。
③ 大正 2 年 7 月 26 日、牧野外務大臣より在上海有吉総領事宛電報。外交史料館所
蔵。
④ 大正 2 年 7 月 26 日、在上海有吉総領事より牧野外務大臣宛電報、第 184 号。外
交史料館所蔵。大正 2 年 7 月 28 日、在上海有吉総領事より牧野外務大臣宛電報、第 189
号。外交史料館所蔵。

合せて、孫文らが自ずから広東方面へ赴くように工作した①。有吉はイギリスとの妥協策として、孫文ら南方派だけを特定の対象とせず、南北共に適用される告示を発布し、例えば租界内における南北双方の戦闘禁止等の字句を入れることに対しては賛同の意を表した②。これも客観的には戦況不利に陥っていた孫らにとって有利な面があった。

　第二革命をめぐる日本と袁・孫及びイギリスとの外交関係は複雑・多岐であったが、その核心は各国にとっての利益であり、各国にとっての利益の有無によってその対応策が決定されたのである。例えば袁はその軍隊を上海に上陸させて闇北に駐屯し、革命勢力が掌握している呉淞要塞を背後から攻撃しようとしたが、袁を支援するイギリスも袁に傾きつつあった日本も自己の権益が集中している上海の安定を維持するため、この要求を拒否した③。これは日本・イギリスの対袁政策の本質が各々の国益にあったことを物語っている。日本・イギリスの対孫政策も同様であった。

三　孫・黄渡日をめぐる対応

　七月十二日独立を宣言した江西省の討袁軍は、まず主力を構成した林虎部隊が袁軍の第六師団に猛烈な攻撃を仕掛けて一時勝利を収めたが、その後袁軍の反撃と江西軍の第九連隊の投降及び作成上の失敗によって袁軍に鎮圧された。江蘇省では第三

---

①　大正2年7月29日、在上海有吉総領事より牧野外務大臣宛電報。防衛研究所所蔵。
②　大正2年7月26日、在上海有吉総領事より牧野外務大臣宛電報、第181号。外交史料館所蔵。
③　大正2年8月10日、在上海有吉総領事より牧野外務大臣宛電報、第246号。外交史料館所蔵。

師団が袁軍に攻撃を開始したが、袁軍の増援部隊によって撃滅された。安徽省の討袁軍は袁軍の牽制と内部の紛争のため江西・江蘇省の友軍を支援することが出来なかった。上海では陳其美らが江南機器局を攻撃したが成功せず、その軍も半ば解散状態に陥った。湖南・広東・福建省の討袁軍も長江流域に出動して前線の部隊を支援することが出来なかった。このようか情況の中で、七月二十六日江蘇都督であった程徳全が独立を取消し、革命を裏切った。これによって討袁軍の敗北と瓦解に拍車がかかった。戦況がこのように急激に推移する中、孫文と黄興は広東で再挙兵する計画を立て、南方に赴くことになった。だが広東の形勢も急激に逆転し、孫文と黄興は計画を変更して日本に赴き、日本に滞在せざるを得なくなった。本節では、孫・黄の日本行きと滞在をめぐる日本政府・外務省とその出先機関及び軍部・民間の対応を考究すると共に、政府・外務省の方針が滞在阻止から滞在許可へと転換した原因を検討する。

　まず南下を決定したのは南京で戦闘を指揮していた黄興であった。黄興は日本側に南下の便宜を提供してほしいと要望した。七月二十七日夕方、黄興は第八師団の旅団長王孝縝を通じて現地の大和商会の野村に「形勢愈々不可ナルヲ以テ出来得ヘクムバ今夜日本軍艦或ハ商船ニ投シ一先ツ此地ヲ遁レ広東方面ニ赴キ再挙ヲ図リタキニ付可然助力ヲ請フ」①と申入れた。野村は中支派遣隊（漢口駐屯軍）付陸軍大尉伊集院俊彦と共に駐南京の船津領事と相談したが、船津は黄興ら革命勢力が最後まで袁と戦うことを願い、「黄興カ急遽狼狽此地ヲ去ル如キコトアラバ各地ニ於ケル同党ノ勢力モ相続テ瓦解ス」②るであろうが、

――――――――――

　① 大正2年7月28日、在南京船津領事より牧野外務大臣宛電報、第64号。防衛研究所所蔵。
　② 外務省編『日本外交文書』大正2年第2冊、381頁。

この際黄興が断固死を決して大いに活躍すれば大勢を挽回する
こともあり得ると黄興に勧告するように忠告した。船津は至急
牧野外相にこの旨を打電したが、牧野外相は黄興の要望を拒否
するように指示した。それは「帝国政府ガ累次声明シタル不偏
不党公正ノ態度モ全然其信ヲ失シ中部支那ノ動乱ハ我煽動又ハ
援助ニ基クトノ世間ノ風説ヲ確ムルガ如キ結果トナリ極メテ不
得策」①だったからである。しかし黄興周辺の日本軍人らは黄
に協力的であった。秋元少佐は南京に碇泊中の日本軍艦竜田の
艦長有馬中佐と相談の上、有馬と共に船津を訪れてこのことに
ついて相談した。船津は黄興に同情・協力の意を表したが、外
務省の出先機関の長としては牧野外相の訓令を執行せざるを得
なかった。船津は秋元・有馬に「黄ヲシテ帝国軍艦ヲ利用セシ
ムルコトハ甚夕好マシカラサルニ付可成丈ケ之ヲ避ケ日清汽船
及其他ノ汽船（三菱ノ大冶礦石船等）ヲ利用スル方法ヲ講スル
方然ルヘシ若シ万已ムヲ得サレハ黄興ヲシテ変装セシメ陸路安
全ノ地迄遁レシムルコト困難ナラサルヘシ」②と述べた。しか
し秋元少佐はそれは冷酷だと反対した。有馬中佐は個人的意見
として、黄興が軍艦竜田に搭乗することに賛成した。黄興は二
十九日午前一時頃参謀長黄愷元と共に竜田に乗込んだ③。この
電報に接した牧野外相は黄興ら革命党員が来日することを知り、
その渡日を事前に阻止するために懸命であった。同日牧野外相
は船津領事に「同人カ本邦ニ逃亡スルコトハ当方ノ甚夕迷惑ト
スル処ニシテ可成ハ香港又ハ他ニ安全ノ処ヘ落延フル」④よう
に竜田の艦長と相談するよう訓令し、黄興の渡日を事前に阻止

---

　　①　大正2年7月28日、牧野外務大臣より在南京船津領事宛電報、第10号。防衛研
究所所蔵。
　　②　外務省編『日本外交文書』大正2年第2冊、381頁。
　　③　外務省編『日本外交文書』大正2年第2冊、378−79頁。
　　④　外務省編『日本外交文書』大正2年第2冊、378頁。

しようとした。竜田は南京居留民保護のため現地を去ることは
不可能だったので、その夜黄興は蕪湖より上海へ急行する軍艦
嵯峨に乗換え、黄愷元と共に上海へ赴いた。三十日牧野外相は
上海の有吉総領事に黄興をして「可成ハ香港又ハ他ニ安全ノ処
へ落延フルコトニ致度若シ万已ムヲ得サルニ於テハ或ハ一時沖
縄辺ニ潜匿スルコトニ取計フヨリ外致方ナキ」[1]旨を指示した。

　外務省は黄興に対し上述のような厳しい態度をとったが、海
軍はこれとは別の政策をとった。七月二十九日、海軍次官財部
彪は名和又八郎第三艦隊司令長官と竜田の有馬艦長に「万一首
領ガ生命ノ危険ヲ脱センガ為メ身ヲ我艦隊ニ投シテ保護ヲ求ム
ルカ如キコトアル場合ニ於テハ事情已ムヲ得スト認メ外務令定
ニ依リ既ニ之ヲ収容シタルトキハ同首領等ヲ移スベキ地点等ニ
付テハ予メ大臣ニ請訓ノ上処置相成度」[2]と指示した。これは
黄興らに便宜を提供し得るという意見を表したものであった。
海軍は辛亥革命以来相対的に革命党に対して宥和的であった。
海軍と革命党の関係は陸軍より密接ではなかったが、革命党に
対する好感や国際慣礼により、革命党とその軍隊に便宜を提供
した。二十九、第三艦隊司令長官名和又八郎は斎藤海軍大臣
に、黄興らを「此上ハ日本ニ護送スルノ外ナシト思考ス至急駆
逐艦御派遣ヲ乞フ然ラザレバ竜田ヲ一時国内ニ回航セシメタ
シ」[3]と請訓した。しかしこの時海軍省が外務省と黄興らに対
する方針を協議した結果、外務省の方針に従わざるを得なく
なった。三十日財部海軍次官は第三艦隊司令長官に駆逐艦は派

---

　① 外務省編『日本外交文書』大正2年第2冊、379頁。

　② 大正2年7月29日、財部海軍次官より名和第三艦隊司令長官宛電報。外交史料
館所蔵。

　③ 大正2年7月29日、名和第三艦隊司令長官より財部次官宛電報。防衛研究所所
蔵。

遣しないことを通告した①。その理由は牧野外相と同じであった。しかし財部は「万一諸ノ事情ノタメ其途附キ兼ヌル場合ニハ一時竜田ヲ琉球ニ回航セシメ黄興ヲシテ一時同地ニ潜伏セシムル」②よう指示した。同日斎藤海相は日本軍艦が黄興を収容した事実が世間に漏洩した場合の対応策として、当時の情況に基づき次のように処理するよう電訓した③。

一「出来得ル限り収容ノ事実ヲ否認スルコト」。

二　もし全然否認することが不可能であれば、黄が竜田に来て保護を求めたが「当時ノ情況ハ危険急迫セルモノト認メラレサリシニ依リ帝国軍艦カ従来執り来レル公平ノ態度ニ照シ之ヲ拒絶シタル旨言明スルコト」。

三　もし黄興収容の事実世間に知られ、前項の言明をなすこと不利である時には「黄興カ急迫ノ危険ヲ免ル、為身ヲ竜田ニ投シテ保護ヲ依頼シタルニ依リ人道上ヨリ一時之ヲ保護シタルニ過ギズシテ幾干モナク同人自ラ立去リタル旨言明スルコト」。

この方針は黄興の南京脱出にとって有利であった。黄興も日本にこうした措置を期待し、そして十分に利用した。三十日午後、黄興は軍艦嵯峨で上海に到着した。有吉総領事は名和司令長官と協議した結果、同夜黄興を密かに日本郵船の静岡丸に移し、翌日朝香港に向うように手配した④。

南京を脱出した黄興が日本に行くのか或いは欧米に赴くのかをめぐり、外務省とその出先機関との間には意見の相違があっ

①　大正2年7月30日、財部次官より名和第三艦隊司令長官宛電報。防衛研究所所蔵。
②　大正2年7月30日、財部次官より名和第三艦隊司令長官宛電報。防衛研究所所蔵。
③　大正2年7月末、斎藤海軍大臣より名和第三艦隊司令長官宛電訓、第69号。防衛研究所所蔵。
④　大正2年7月31日、在上海有吉総領事より牧野外務大臣宛電報、第204号。防衛研究所所蔵。

た。牧野外相は香港の今井総領事に黄興の来日を避けたき旨を
電訓したが、今井は広東の「陳炯明ハ黄興孫逸仙ノ同地ニ来ル
ハ士気ヲ阻喪セシムトノ理由ニ依リ当地ヨリ直ニ日本国ニ遁カ
スコトニ決定シ転船方本官ニ依頼シ来レリ」①と牧野外相に打
電した。当時陳炯明は竜済光軍の外圧と配下の師団長・旅団長
らの裏切りによって時局をコントロールすることが出来なくな
り、彼自身も八月四日には香港に逃亡せざるを得なくなってい
た。八月二日、牧野外相は再度今井総領事に「此際同人ノ本邦
ニ渡来スルコトヲ絶対ニ許サ、ル」②旨を電訓した。このよう
な情況の下で、今井は日本郵船会社の支店長に依頼して、五日
発の同社の南丸で黄興をシンガポールに赴かせようとした③。
今井は在香港の張継・馬君武を通じて黄興に日本政府の趣意を
伝えたが、黄はシンガポール行きを欲せず、欧洲かアメリカの
いずれかに赴きたいと語った。黄興は福州からの孫文の返電を
待って決定する予定だった。八月三日夜、今井は黄興と面談し、
牧野外相の訓令通り黄にシンガポールに行くよう勧告したが、
彼はそれを望まず、日本経由でアメリカに赴くことに決定し
た④。しかし旅券が問題になり、今井は黄に日本人として旅券
を発給する便宜を提供してはどうかと上申したが、牧野外相は
「本邦人ニ非ザルモノニ対シ本邦人トシテ旅券ヲ発給スルコト
ヲ得ザル」⑤という理由で断るよう訓令した。黄興は八日にシ
カゴ丸で渡米する予定であったが、イギリス官憲の警戒が一層
厳重になったため、今井総領事は同地の日本郵船支店長・三井

---

　　① 大正2年8月1日、在香港今井総領事より牧野外務大臣宛電報、第52号。防衛
研究所所蔵。
　　② 外務省編『日本外交文書』大正2年第2冊、388頁。
　　③ 大正2年8月2日、在香港今井総領事より牧野外務大臣宛電報、第54号。防衛
研究所所蔵。
　　④ 外務省編『日本外交文書』大正2年第2冊、389頁。
　　⑤ 外務省編『日本外交文書』大正2年第2冊、390頁。

支店長らと協議の上、四日に第四海雲丸でまず日本に赴き、次に渡米することにした①。

　孫文も江西・江蘇の討袁軍が敗北・瓦解した上、上海租界当局によって租界から追放されたので、八月二日に上海からドイツのヨーク号に搭乗して香港・広東に赴こうとした②。三日、孫文は福州の馬尾港に到着した。孫文は張継・馬君武を前もって香港に派遣していた。彼らは今井総領事を通じて日本側に協力を求め、福州の日本領事館に孫文に次の文書を必ず手渡してほしいと依頼した③。

　許崇智（福建討袁軍総司令官—筆者）既ニ福州ヲ離ル諸君ハ上陸スルハ危険ナリ広東ノ形勢ハ不良ナリ又香港上陸ヲ禁シ居レリ八月四日発ノ撫順丸ニテ台湾ニ赴キ同地ニ於テ静岡丸ヲ待受クヘシ黄興モ同船ニ潜ミ居レリ

　三日、福州領事館の代理領事土谷久米蔵は領事館員の飯田を馬尾港のヨーク号に派遣し、張・馬に依頼された文書を手渡した。孫文は広東の形勢逆転を容易に信じようとしなかったが、飯田が再三勧告した結果、四日午前撫順丸に乗換えて胡漢民と共に台湾の基隆に赴いた④。三日の夜、多賀少佐は馬尾港で密かに孫と会見していたが、孫文は基隆で在神戸の宋嘉樹と連絡して今後の行き先を決定すると語った⑤。

　こうして香港で落合って広東で再挙しようとした孫文と黄興

　① 大正2年8月4日、在香港今井総領事より牧野外務大臣宛電報、第62号。防衛研究所所蔵。
　② 大正2年8月3日、在上海有吉総領事より牧野外務大臣宛電報、第217号。外交史料館所蔵。
　③ 大正2年8月3日、在香港今井総領事より牧野外務大臣宛電報、第55号。外交史料館所蔵。
　④ 大正2年8月5日、在福州土谷久米蔵代理領事より牧野外務大臣宛電報、機密第18号。外交史料館所蔵。
　⑤ 大正2年8月5日、在福州土谷久米蔵代理領事より牧野外務大臣宛電報、機密第18号。外交史料館所蔵。

の計画は泡沫のように消えてしまった。

　討袁の失敗により、革命党の領袖や党員は続々と日本に亡命しようとした。これは日本にとって外交上の大きな問題となった。山本内閣は八月五日の閣議で対応策について検討した。牧野外相は「帝国政府ハ内外ノ事情ニ鑑ミ今回ノ支那騒乱ニ関係アル領袖連ノ本邦ニ渡来スルヲ防グヲ得策ナリ」[①]とする案を提出し、閣議で決定された。さらにこの決議を孫・黄らにも適用し、彼らを他の地域に赴くようにすることが外交方針として正式に決定された。内務大臣原敬はこれに賛成であったが、「其やり方は巧妙ならざるべからず」と注意を与えた[②]。牧野外相は駐上海・福州・厦門・広東の総領事と北京の公使にこの決定を訓令した[③]。このような閣議決定は一部の軍人と民間人が李の江西軍に加担したことによって悪化した袁との関係を改善するために有利な措置であり、袁世凱にとって好ましいものでもあった。

　袁と孫は対立する勢力であったため、この時期の日本の対袁・対孫政策は対照的であった。孫・黄の日本への亡命と居留を拒否したのに対し、日本の対袁政策は転換し始めた。日本は袁を支援して関係を改善しようとした。それまで袁の排除を主張していた坂西利八郎も八月初め泰平組合を通じて袁に日本の大砲を売込み、袁の好意を得ようとした。主にドイツから武器を購入していた袁もこれによって日本との関係を改善し、日本に孫文ら革命党員の日本亡命を拒否させて彼らを日本から追放する目的を達成しようとして賛成した[④]。結局日本政府はこれ

　① 外務省編『日本外交文書』大正2年第2冊、391頁。
　② 原奎一郎編『原敬日記』第3巻、福村出版、1981年、329頁。
　③ 外務省編『日本外交文書』大正2年第2冊、391頁。
　④ 大正2年8月8日、在北京山座公使より牧野外務大臣宛電報、第619号。外交史料館所蔵。

に同意しなかったが、駐北京の山座はこれは「将来我方武器売込ノ引掛ケトナラントスル次第ナルヲ此際我ヨリ破談スルコトハ不利益ナルノミナラス或ハ面白カラサル印象ヲ与ヘンカ」と懸念し、「南方ノ擾乱ハ既ニ下火トナリ首領株モ四散シタルコトニモアリ」①、予定通り契約を締結するよう上申した。この結果は不明であるが、東京砲兵工廠は泰平組合を通じて工兵用方形黄色火薬五〇〇〇個、白金線信管三〇〇〇個、電気発火機十個等各種の軍用品を袁の北京政府に提供した②。また坂西は日本政府は孫文らの日本への渡航と日本滞在を許可しない方針であることを袁に伝え、好意を得ようとした。これに対し袁は「至極仕合ナリ」③と述べ、なるべく遠方へ追放するよう依頼した。このような袁との関係の転換は日本の対孫・黄政策に大きな影響を及ぼした。

　イギリスは袁を擁護し、南方と香港における権益を維持するため、孫文らの南下と渡日に反対の姿勢を示した。孫文が香港に赴いた後、モリソンは外交総長に対して孫文の香港上陸の拒否をイギリス政府に要求するよう勧告し④、その理由を述べて、孫は公然と叛乱に関与し、イギリスと友好的な国家に反対しているからだと述べた。モリソンはロンドンの新聞にも「今回ノ叛乱及ヒ其ノ以前ニ於テ〔日本ハ〕叛徒ノ総テノ行動に干与セシコトハ争フベカラサル事実ナリ資金及ヒ軍器弾薬ヲ供給シ各所ノ戦闘ニ於テ其ノ首領ト密切ナル関係アリ」と暴露し、「叛徒ノ首領ガ日本ヲ根拠トシ前ニハ揚子江ニ於テ今ハ広東ニ於テ叛

　①　大正2年8月8日、在北京山座公使より牧野外務大臣宛電報、第619号。外交史料館所蔵。
　②　大正2年9月26日。東京砲兵工廠宮田太郎提理より陸軍大臣楠瀬幸彦宛報告書。陸軍省「密大日記」大正2年第3冊。
　③　大正2年8月7日、在北京山座公使より牧野外務大臣宛電報、第616号。防衛研究所所蔵。
　④　駱恵敏編『清末民初政情内幕』下、知識出版社、1986年、219－20頁。

乱ヲ煽動スルニ於テハ英国ノ利益ハ如何ナル影響ヲ受クヘキ
ヤ」①という記事を掲載した。これらはイギリスの孫文らに対
する敵対感を生々しく示したものであったが、イギリスのこの
ような姿勢は日本の対孫政策に影響を及ぼし、日本はその牽制
を受けざるを得なくなったのである。

　八月五日、孫文は胡漢民及び二人の随員と共に基隆港に到着
し、台湾総督府の接待を受けた。牧野外相は孫文の渡日を阻止
するために必死であった。牧野は台湾総督佐久間左馬太に、帝
国政府は国内外の情勢に鑑み、中国の騒乱に関係する有力者が
来日するのは得策でないと考えているので、「孫ニ対シ結果本邦
以外他ノ方面ニ赴ク様勧告ヲ与ヘラレタシ」②と指示した。し
かし同日午後四時、孫文は日本郵船の信濃丸で日本に向った。
台湾総督府は職員の石井光次を門司まで孫一行に同行させた③。
胡は一時基隆に滞在することになった。八日午前九時、孫文は
門司に到着し、記者らに簡単な談話を発表すると、同日正午、
神戸に向って出発した④。同日牧野外相は兵庫県知事服部一三
に、孫文に対して「此際米国ヘ渡航スルコトハ至極時宜ニ適ヘ
ルモノ」⑤だと懇切に説示するよう指示した。九日午前七時、
孫文は神戸の和田岬に到着した。神戸は孫文の第一目的地で
あった。孫文は航海中から神戸のオリエンタル・ホテルに宿泊
していた友人の宋嘉樹と連絡をとっており、神戸で彼と今後の
計画等を相談しようとした。次いで黄興と神戸で再会して再挙
の計画を検討しようとした。

　　①　大正 2 年 8 月 16 日、在英国井上大使より牧野外務大臣宛電報、第 115 号。防衛
研究所所蔵。駱恵敏編、前掲書下、221−22 頁参照。
　　②　外務省編『日本外交文書』大正 2 年第 2 冊、392 頁。
　　③　石井光次『回想八十八年』カルチャー出版社、昭和 51 年、174−76 頁参照。
　　④　大正 2 年 8 月 8 日、福岡県知事南弘より牧野外務大臣宛電報、第 4047 号。外交
史料館所蔵。
　　⑤　外務省編『日本外交文書』大正 2 午第 2 冊、397 頁。

　孫文来神のもう一つの目的は、萱野長知ら日本の知己と密か
に会って今後の日本滞在について相談することであった。基隆
港から日本に向う途中、孫文は萱野に「遠く外遊することは我
党の前途の為め都合が悪い、是非日本に滞留したい、就ては神
戸の船中で密会協議したい」①と打電し、協力を要望した。大
陸浪人や犬養毅が積極的に協力した。萱野はこの電報を携えて
頭山満と面談した。頭山は寺尾亨を通じ三回にわたって孫文来
日の許可を山本首相に進言したが、山本は孫文の上陸さえ許可
しなかった。頭山は伊豆長岡で静養中の犬養毅に打電し、速や
かに上京して山本とこの件を相談するよう要請した②。即刻東
京に帰った犬養は山本首相を説得して孫文上陸の許可を得た。
孫文を迎えるため八日に東京から来神した萱野・寺尾・古島一
雄らが神戸港の埠頭に着いた時、犬養から「ヤマモトセウチシ
タソンニツタエヨ」との電報が届き③、孫文の神戸上陸が許可
されたことがわかった。航海中神戸の友人三上豊夷（三上合資
会社社長）と電信で連絡をとっていた孫文は、同日夜三上と川
崎造船所社長松方幸次郎の案内で神戸諏訪山の常盤花壇別荘に
泊まった④。同夜十一時に宋嘉樹が来訪し、二時間密談した。
一方、服部知事は牧野外相の指示通り、三上・松方らに孫文に
アメリカに赴くよう勧告させた⑤。しかし孫文はこれに応じよ
うとしなかった。中国の新聞も孫文がアメリカに赴くのを好ま
しく思っていないことを報道した。十四日夜、服部知事は自ら

---

　①　萱野長知『中華民国革命秘笈』帝国地方行政学会、昭和15年、198頁。
　②　頭山満翁正伝編纂委員会編『頭山満翁正伝』（未定稿）、葦書房、1981年、251－
52頁。
　③　古一念会編「古島一雄」日本経済研究会、1950年、923－24頁。
　④　大正2年8月9日、兵庫県知事服部一三より牧野外務大臣宛電報、第4076号（密）。
外交史料館所蔵。
　⑤　大正2年8月9日、兵庫県知事服部一三より牧野外務大臣宛電報、第4076号（密）。
外交史料館所蔵。

孫文を訪れ、「長ク日本ニ留マルノ得策ナラサル」ことを忠告したが、孫文は「支那南方ノ形勢今尚恢復ノ見込アリ故ニ暫ク日本ニ滞在シテ之ヲ観察シ其上ニテ己ノ進退ヲ決シタシ」①と答えた。これに対し服部は「日本ヲ以テ隣邦ニ敵対スル策源地トナサハ自然困難ヲ醸スヘキニ付十分注意スヘシ」②と警告した。

　黄興は八月九日に第四海雲丸で香港から門司に到着し、同日下関に上陸した③。中国の新聞は黄興の門司到着を報道した④。黄興の来日と日本における接待は三井物産が担当した。到着後、三井物産門司支店は黄興に一万円の生活費を提供し、同支店の河原林が世話をした⑤。黄興に対する日本政府の姿勢は孫文に対するものと同様であった。黄興は神戸に赴いて孫文と会合する予定であったが、慎重に考慮した結果神戸に赴くことを止め、上海から同志が来るのを待って渡米することに決め、暫くは下関市郊外の浜町天野布荘の別荘に、次いで山口県豊浦郡長府町にとどまり、渡米のための旅券等を準備していた。当時黄興の渡米の決心は固かった。宮崎滔天は上海から黄興に打電し、「余ハ目下病床ニアリ起臥ノ自由ヲ欠ギ面会スルヲ得ズ目下渡米ノ時機ニアラザレバ暫時日本ニ滞在セラレム事ヲ望ム」と切に日本に滞在するよう要望したが、黄興はこれに対して「好意ハ謝スルニ辞ナク又面会スルヲ得ザルヲ遺憾トスルモ既ニ渡米ノ決意ナシ又渡米ノ得策ナルヲ信スルヲ以テ近ク出発セントス」⑥

---

　① 大正2年8月15日、兵庫県知事服部一三より牧野外務大臣宛電報、第4234号(密)。外交史料館所蔵。
　② 大正2年8月15日、兵庫県知事服部一三より牧野外務大臣宛電報、第4234号(密)。外交史料館所蔵。
　③ 大正2年8月9日、福岡県知事南弘より牧野外務大臣宛書簡、高秘第2772号。外交史料館所蔵。
　④『申報』1913年8月12日。
　⑤ 大正2年8月9日、福岡県知事南弘より牧野外務大臣宛書簡。外交史料館所蔵。
　⑥ 大正2年8月19日、山口県知事馬淵鋭太郎より牧野外務大臣宛。外交史料館所蔵。

と返電し、宮崎の勧告に応じようとしなかった。黄興がこのように断固渡米しようとした第一の理由は、日本に対し強い不満を抱いていたからである。黄興は同地の警察署長に対して「日本ハ戦争ニヨリ東洋ニ於テ列国ニ先ンジテ覇権ヲ有スル……殊ニ昨年来民国ニ対スル日本政府ノ態度ハ外交上甚ダ宜シカラス」と述べ、また「日本ハ唯目前ノ利ヲ見テ永遠ノ利益ヲ思ハサルノ感アル」①と指摘して不満を表した。第二に黄興はアメリカに好意を抱いており、アメリカ側も黄興の渡米に協力的だったからである。アメリカは六ヵ国借款団から脱退して袁への借款にも参加しなかった。故に黄興は「米国ノ如キハコノ度民国ノ借款ニ加ハラス自己ノ欲スル処ニヨリ自己ノ利権ヲ世界ニ主張シ大ニ活動スルハ実ニ頼ムヘキ手段ニシテ自分モ暫ク米国ニ赴キ時局ノ成行ヲ窺ハントス」②と語った。アメリカ側も黄興に協力的であり、駐上海のアメリカ領事は他人の名義で黄興の渡米旅券の手続をし、アメリカのある大シンジケートも黄興に深い好意を示していた③。第三は第二革命の戦略問題をめぐって黄興と孫文の間に相違があったからであろう。しかし黄興はその後渡米の計画を変更して八月二十日静岡丸で門司を出発し、二十三日神戸、二十五日清水を経由して二十六日東京湾に入った④。その原因は不明だが、（一）に日本政府の孫・黄に対する政策に変化があり、（二）に八月十四日寺尾亨が下関に来たこと⑤と代議士伊東知也が下関で黄興と面会したことに関係

---

　　①　大正 2 年 8 月 18 日、山口県知事馬淵鋭太郎より牧野外務大臣宛電報、秘第 4321 号。外交史料館所蔵。

　　②　大正 2 年 8 月 18 日、山口県知事馬淵鋭太郎より牧野外務大臣宛電報、秘第 4321 号。外交史料館所蔵。

　　③　大正 2 年 8 月 19 日、山口県知事馬淵鋭太郎より牧野外務大臣宛電報、高秘第 5175 号。外交史料館所蔵。

　　④　『民国檔案』1987 年第 1 期、115−17 頁参照。

　　⑤　大正 2 年 8 月 16 日、山口県知事馬淵鋭太郎より内務大臣原敬宛電報、高秘第 5247 号ノ 2。外交史料館所蔵。

している可能性がある①。

　八月十二日前後、日本の対孫・黄政策に新たな変化があった。日本は孫・黄の渡日・居留を認めた。牧野外相が「若シ彼等ニ於テ勧告ヲ容レサル場合ニ強カヲ以テ追放スルハ得策ニ非ザルヲ以テ或ハ万一本邦ニ留マルコトトナルヤモ図り難ク其場合ニハ本邦ヲ以テ隣国動乱ノ策源地ト為サシメザル厳重取締ノ下ニ彼等一身ノ安全ニ対シ相当保護ヲ与フルヲ得ザル所」②であると述べたことが、この新たな変化を示している。

　日本政府の対孫政策の変化によって孫文は東京に居住することを決定し、八月十六日朝、菊池良一と神戸の警察官の監視の下に襟裳丸で横浜に向った③。孫文の東京入りは兵庫県・神奈川県と外務省・警視庁の綿密な計画と協力によって実行された④。古島一雄がその連絡に当っていた。東京では頭山満・古島一雄・前川虎造（立憲国民党幹事長）らが東京・神奈川の警察の協力の下で孫文を迎える準備を整えた。襟裳丸は十七日夜九時に神奈川県観音崎沿岸に到着し、前川と美和が神奈川県警察部長・水上警察署長と共に小型蒸気船で孫文を迎えて富岡海岸に上陸し、一行は翌日零時四八分に東京市赤坂区西霊南坂二十六番地の海妻猪勇彦宅に密かに到着した⑤。ここは頭山満の隣家で、裏門は頭山宅に通ずるようになっていた。孫文は一九一五年八月までここに居住し、同月末千駄ヶ谷町字原宿一〇八番地に移った。

　① 大正2年8月19日、乙秘第1182号（発者・宛共に不明）。外交史料館所蔵。
　② 外務省編『日本外交文書』大正2年第2冊、400頁。
　③ 大正2年8月18日、兵庫県知事服部一三より牧野外務大臣宛電報、兵発秘第302号。外交史料館所蔵。
　④ 大正2年8月18日、神奈川県知事大島久満次より牧野外務大臣宛、秘号外。外交史料館所蔵。
　⑤ 大正2年8月18日、神奈川県知事大島久満次より牧野外務大臣宛、秘号外。外交史料館所蔵。

　黄興は八月二十六日朝八時頃静岡丸で横浜港に着いた。黄興
上陸の計画も古島一雄と三井物産の社員が神奈川県庁と協議の
上決定し、深夜富岡海岸に上陸する予定であった①。同日夜黄
興はまず伝馬船に移り、防波堤の外でまた小型蒸気船に移乗し
たが、暴風雨のために予定を変更して長浜検疫所に上陸し、神
奈川県警部の監視の下、三井物産の石田秀二の案内によって二
十七日午前四時四十分密かに東京市芝区琴平町十三番地の信濃
屋に到着した②。二十八日黄興は家族と共に芝区高輪南町五十
三番地に移った③。

　日本政府はなぜ当初孫・黄の上陸と滞在を阻止しようとした
のだろうか。牧野外相は常に「政府ハ今回ノ支那騒乱ニ関係セ
ル南方領袖連ガ此際本邦ニ来往スルコトハ内外諸般ノ関係上我
利益ニ非ズト認メ」④たからだとその原因を説明していた。そ
れは第一に日本国内の政治情勢に相応しくないと思われたから
である。孫・黄は革命党の指導者であり、共和政治を主張して
帝政に反対していたので、日本は辛亥革命によって共和の嵐が
日本に波及することを大いに恐れていた。一九一三年の一、二
月には日本国内に第一次護憲運動が起こり、藩閥内閣打倒と政
党内閣・議会政治擁護の暴風が吹き荒れた。アジアにおける最
初の共和革命であった辛亥革命はこの運動の勃発に拍車をかけ
た。護憲運動の余波がまだ残っているこの時期に孫・黄ら多数
の革命党員が来日することは、日本の政局から考えて好ましい
ことではなかった。

***

　① 大正2年8月28日、神奈川県知事大島久満次より牧野外務大臣宛、神高秘第1203
号。外交史料館所蔵。
　② 大正2年8月28日、神奈川県知事大島久満次より牧野外務大臣宛、神高秘第1203
号。外交史料館所蔵。
　③「黄興ノ動静」乙秘第1163号、大正2年8月29日。外交史料館所蔵。
　④ 外務省編『日本外交文書』大正2年第2冊、400頁。

　第二に袁世凱との関係が悪化することを憂えていたからである。辛亥革命期に日本では三つの内閣が交代したが、どの内閣も袁を積極的に支援せず、彼に好感を抱いていなかったし、また彼からも信頼されていなかった。しかし袁は中国に君臨して最高実力者になったので、日本が中国においてその権益を拡大しようとすれば袁に頼らざるを得なくなった。袁の意向に沿って孫・黄らの来日を許可しなかったことは、袁に媚態を示すものであった。牧野外相・伊集院公使と坂西利八郎は、数回にわたって袁に孫・黄の来日を許可しない意向を伝え、袁もこれに満足していたのである。

　第三にイギリスら列強が日本を牽制し、日本も列強との協調を図ったからである。辛亥革命の時、欧米列強は袁を支持して孫を支持しなかった。彼らは日本が背後で孫を支持していると考えていた。袁と孫をめぐる日本と欧米列強のこのような関係は中国における日本と欧米列強間の争奪を意味するものであり、この争奪戦において日本は受動的地位に甘んじていた。欧米列強は孫文らが起こした第二革命に反対し、日本が裏で画策して李烈鈞らがこの革命を起こすよう挑発したとさえ考えていた。そのような情況下で孫・黄らの来日を許可すること自体が日本が彼らを裏から支援していたと証明することになるので、第二革命における日本と孫・黄らとの関係を否定するため、また欧米列強との協調を図るためにも、彼らの上陸・居留を禁止すべきであった。日本はこれらの原因によって拒否した孫・黄らの来日・居留を、数日たたずして許可した。その理由は何だったのであろうか。

　それは必然的なものであった。第一に、孫・黄とその革命運動と日本は特別な関係を有していたからである。日本は彼らとその勢力を利用して中国南方における権益を拡大しようとして、

一時的ながらも彼らの革命を「支援」したことがあったが、これは日本の彼らに対する期待を物語っている。この期待は孫・黄らの一時的失敗によっても完全に潰えるまでには至らなかった。なぜなら孫・黄は依然として中国政治の舞台における軽視出来ない勢力であったから、彼らを完全に見捨てることは出来なかったのである。これは日本の善意というよりも、寧ろ将来中国において自国の権益を拡大しようとする欲望から生じたものであった。

　第二に孫・黄が中国における強力な反袁勢力だったからである。日本は孫・黄を手中に収め、今後の対袁・対中国外交において彼らの反袁運動を利用することによって、袁を威嚇しようとしたのである。

　第三にこのように時と場合によっては利用し得る孫・黄らの渡日・居留を拒否した場合、彼らはアメリカ或いは欧洲に行かざるを得なくなるからである。列強の中国に対する争奪は中国の指導者に対する争奪と密接な関係があった。頭山満は「アメリカへやったらいかん」[1]と語って、犬養と山本首相に孫文の上陸許可を依頼し、神戸川崎造船所社長松方幸次郎も「毛唐に渡したら駄目だ」[2]と考え、当時袁から注文された船舶を建造していたにもかかわらず、孫の上陸を手伝ったのである。これは日本が欧米列強と孫・黄らを争奪しようとしていたことを示している。

　上述した孫文らの渡日・居留を拒否する理由と許可する理由の二番目と三番目は互いに対照的であり、また互いに矛盾するようにも見える。日本は当時外交政策において袁と孫、列強との協調と争奪という二者択一を迫られていたが、絶対的・基本

① 頭山満翁正伝編纂委員会編、前掲書、253 頁。
② 頭山満翁正伝編纂委員会編、前掲書、253 頁。

的な外交方針を設けず、両者のバランスをとり、両者の対立と
争奪を制御する方針をとった。この方法は孫・黄らに対する「保
護」・「監視」・「取締」に反映されている。日本は牧野外相が語っ
たように、「彼等一身ノ安全ニ対シ相当保護ヲ与フル」ことに
よって上陸・居留を許可した三つの目的を達することが出来る
し、彼らが「本邦ヲ以テ隣国動乱ノ策源地ト為サシメザル様厳
重取締」①ることによって上陸・居留を拒否した二つの原因を
解消し、これによって袁と列強との関係を調停することも出来
るのである。これは一石二鳥の方針であり、その後の日本の対
袁・対中国外交及び対列強外交に大いに役立つことになった。

　このような日本の孫・黄に対する二面的な外交政策は一九一
五年末までつづいたが、その後には孫ら革命党を支援して袁の
打倒へと転換して行った。

　四　孫・黄の在日活動

　日本に居留した孫文・黄興は日本を第三革命を準備する根拠
地として、日本と中国国内における革命運動を組織・指導した。
本節では、一九一三年八月から翌年の七月までの彼らの活動と
日本に対する期待を考究すると共に、これへの政府・外務省・
軍部・財界と民間の対応を検討する。

　孫・黄来日後、胡漢民・陳其美・張継・李烈鈞・柏文蔚・譚
人鳳・許崇智ら討袁軍の首領や革命党員らが続々と来日し、そ
の数は数百人に達した。彼らは東京を中心に京都・大阪・福岡・
長崎等で活動した。第三革命を準備するという彼らの理想と目
的は共通していたが、組織と行動においては統一と分裂が混在

---

① 外務省編『日本外交文書』大正2年第2冊、400頁。

していた。

　第三革命を準備するに当って何よりも重要なことは活動の資金を調達することであった。孫文は日本の財界から支援を受けようとして、辛亥革命以来密接な関係を有していた三井物産の森恪を通じて三井と交渉しようとした。孫文入京後、森恪は八月二十二、二十六、二十八日の三回にわたって孫文を訪問し①、二十九日夜、彼の斡旋により孫文は三井の元老益田孝を御殿山に訪ね、約三時間会談した②。その場には三井物産常務取締役の山本条太郎も同席していた。会談の具体的内容は不明であるが、借款と資金調達の問題についてだったと思われる。

　次に孫文は八月十一日に成立した中日合弁の中国興業株式会社の関係で、金融界の巨頭渋沢栄一と三回（九月十七日、十月六日、十月二十九日）ほど会談した③。会談の全容は不明であるが、十月六日の会談に関する簡単な記録によれば、孫は袁の第二軍の司令官馮国璋が南京攻撃の際に揚子江を渡江した時、「独英両国ノ態度ハ頗ル曖昧ヲ極メタリ」と述べたことを挙げて、袁に対する五ヵ国借款における利害関係に触れた後、渋沢に「現時清国ノ盛衰ハ直ニ貴国ノ浮沈ニ関スル則チ東洋問題ナレハ貴国ニ於テモ之レヲ対岸ノ大火視スルコト能ハス」と説き、「吾等同志ハ臥薪嘗胆ノ思ヒヲナシ軍資ノ如キモ漸ク調達ノ途ヲ得タレハ茲ニ再ヒ討袁軍ノ再挙ヲ企図シツツアリ本夜来訪セシハ貴下ノ力ヲ借り貴国ノ政府及殊ニ陸海軍省ヲ説キ此ノ再挙ニ後援ヲ与ヘラレン事ヲ希望センカ為メナリ」④と述べた。しかし渋沢は「自分ハ由来実業家ニシテ国際関係トカ又ハ政治上ノ事ニ

　　①　俞辛焞・王振鎖編訳『孫中山在日活動密録』(1913.8－1916.4)、南開大学出版社、1990年、8－10頁参照。
　　②「孫文ノ動静」乙秘第1173号、大正2年8月30日。外交史料館所蔵。
　　③　俞辛焞・王振鎖編訳、前掲書、19、29、39頁参照。
　　④「孫文ノ行動」乙秘第1415号、大正2年10月7日。外交史料館所蔵。

ハ縁遠キ者ナルガ唯今貴下ノ御希望ニ対シ或ハ貴下ガ反感ノ情
ヲセラルルヤ知ラザレトモ自分ハ親友ノ情義上只ダ貴下ノ意ヲ
迎フルカ如キ言ヲ呈シテ快トスルモノニアラズ自分ノ諫言ハ誠
心誠意アル徴表ナリ」として、孫文に「貴下刻下計画サル居ル
討袁軍ノ再挙ニ就テハ自分ハ不賛成ナリ」と述べ、さらに「貴
国ハ唯今不完全ナガラモ形式ハ立憲国トナリ代議機関モ備ハリ
居レバ戦ハスシテ勝筭ノ期遠カラズシ〔テ〕来ラレ之レ自分ガ
再挙ハ時機ニアラズトシテ賛成ヲ表スル能ハザル所以ナリ」①
と勧告した。しかし渋沢はまた「貴下今日ノ立場ハ大ニ同情ノ
念ニ堪ヘズ如何ニシテモ再挙ヲ計ラントセバ敢テ諫止スル次第
ニアラザレ〔ドモ〕其際ハ貴下目下ノ意気ヲ大ニ鼓吹シ折角御
自愛アレ」②と語って孫文に同情の意を表した。渋沢は孫文が
袁と列強との関係に触れたことに対し、「袁ノ執政方ハ自分モ大
ニ憂慮シツ、アル一人ナルガ元来袁ハ権謀術数ニ富タル人物ナ
ルヲ以テ貴下ノ言ノ如ク英、独、露等ヲ一時薬籠〔中〕トナシ
居ルモ誠意ナキ外交ハ何〔レ〕ノ日カ破綻スルノ時アラン」③と
語り、袁に対する不信感と列強との関係が将来必ず悪化すると
の意見を説いた。渋沢は一九二九年六月一日に当時の会談を回
想して、「孫先生は次の革命には失敗せられ、亡命的に日本へ来
られた時、私を訪ね、革命のために必要だから金の心配をして
くれと申されましたが、政治のことは私の領分でなく、その方
面に力がないからお断りました、そして事業経済上の事柄なら
心配し得られるが、戦争に使ふ金はどうもならぬ」④と述べて
いる。

　渋沢がこのように孫文の要望を拒否した裏には、中国興業株

①「孫文ノ行動」乙秘第 1415 号、大正 2 年 10 月 7 日。外交史料館所蔵。
②「孫文ノ行動」乙秘第 1415 号、大正 2 年 10 月 7 日。外交史料館所蔵。
③「孫文ノ行動」乙秘第 1415 号、大正 2 年 10 月 7 日。外交史料館所蔵。
④『渋沢栄一伝記資料』第 38 巻、渋沢栄一伝記資料刊行会、昭和 36 年、574 頁。

式会社そのものが既に袁との合弁によって中日実業株式会社へと変容し始めていたことがあった。渋沢らは孫文派の株主をこの会社から排除し、袁世凱派を取込んで客観的には袁を支援しようとしていたから、財政的に孫文ら革命党を支援しようとしなかったのである。

　孫文は南京臨時政府の時期に関係が密接であった三井物産にも期待を寄せ、そこからも財政的支援を受けようとした。孫文は三井物産の常務取締役山本条太郎とは益田・渋沢と会談した際に二回会っており、一九一三年十月五日と一九一四年三月二十一日にも単独で二回会談をおこなった①。会談の内容は不明であるが、一九一四年八月二十七日山本は「孫文借款ノ件ニ関シテハ昨年中渋沢男、安川敬一郎等有力家ト共ニ借款ニ応セントシタルコトアリシモ何分外務省陸軍等ノ当局者ノ意見区々ニシテ纏マラザリシタリ立消ノ姿トナリタリ」②と語り、孫への借款をめぐる財界と外務省・軍部の意見の相違を指摘している。この談話で山本は、その後孫文らと交流はあったが、それ以上の関係があるとの噂は誤解であり、事実ではないと否定しているが、また「自分ハ支那ニ関シテハ素ヨリ南方ニ同情ヲ有シツ、アリ大隈首相、加藤外相等トモ親シク会談シタルコトアリシガ何レモ袁政府ニ悦ハサルモノノ如シ然レ〔ド〕モ時局ノ推移ハ対支那策ニ如何ナル変動ヲ来スヤモ計リ知ル可カラズ故ニ政府トシテハ濫リニ方針ヲ明カニスルコト能ハサランモ自分ハ先ノ機会ヲ利用シ革命派ヲ援助シ以テ一挙ニ袁政府ヲ仆シ一日モ彼等ヲシテ民国政府ニ立タシメンヲ切望ニ堪ヘズ」③とも述べた。

①　俞辛焞・王振鎖編訳、前掲書、28、121頁参照。
②　「支那革命ニ関スル山本条太郎ノ談」乙秘第1655号、大正3年8月27日。外交史料館所蔵。
③　「支那革命ニ関スル山本条太郎ノ談」乙秘第1655号、大正3年8月27日。外交史料館所蔵。

これは三井の山本らに孫文ら南方の革命党を「援助」して袁政
府を打倒する意向があったことを示している。それは彼らに
とっては対中国貿易と対中国投資のためであったが、外務省と
軍部は袁との関係を考慮し、それに応じなかったのである。

　孫文は大倉組とも接触していた。同組の大倉喜八郎は中国興
業株式会社の発起人であり、また顧問でもあった。一九一四年
五月十一日の午後六時半頃、孫文は胡漢民・王統一・萱野長知
と共に大倉を訪問した。大倉は晩餐会を催して孫文と三時間余
り会談した①。

　孫文はまた日本鉱業株式会社取締役浅野士太郎及び豊田利三
郎とも接触していた。孫文は自由民権主義者であった大井憲太
郎とも接触しているが、その時に日中実業協会の成立等につい
て相談した。

　上述のように孫文は日本の財界から革命のための活動資金を
調達しようとしたが、財界は外務省と軍部の政策に従い、その
期待に応じようとはしなかった。これはこの頃財界の孫文への
対応が自己の意志によって決定されたのではなく、政府・外務
省と軍部の対孫政策如何によって決定されていたことを示す。

　このような情況で、孫文はアメリカのアトランティック・パ
シフィック鉄道会社の副社長ディートリッヒに五〇〇万及至一
〇〇〇万ドルの資金を提供してくれるよう要望した。アメリカ
は従来より孫文の運動に無関心であったから、この要望も満た
されなかった。

　孫文が日本財界から資金を調達しようとしたのは主に日本か
ら武器を購入するためであった。そのため孫文は財界と接触す
ると同時に軍部にも接近しようとした。孫文は辛亥革命期に彼

---

①「孫文ノ動静」乙秘第944号、大正3年5月12日。外交史料館所蔵。

の秘書であった池亨吉→鈴木宗言→飯野吉三郎のルートを通じ
て、陸軍省の経理局長辻村楠造と面会して軍部の支援を獲得し
ようとした。一九一三年九月二日の夜、孫文は宋嘉樹と共に小
石川区雑司ヶ谷町九八番地の鈴木宗言を訪問した[①]。鈴木は元
検察官であり、退官後旭製薬会社の社長を務めていた。次に孫
文は彼を伴って千駄ヶ谷町四二五番地の飯野吉三郎を訪問した。
その後孫文は鈴木宅を拠点として飯野と連絡をとっていた。九
月二日の夕方、孫文は随員と共に鈴木宅に二泊し、中国地図を
見ながら何かを相談した[②]。海妻猪勇彦の話によれば、孫文は
重大な計画を立て、一、二週間以内にそれを実行しようとして
いた[③]。その後孫文は十数回鈴木宅を訪ねているが、その目的
は鈴木宅を連絡拠点として一は池亨吉と、二は飯野を通じて軍
部の辻村と連絡をとるためであった。同時にまた孫文は秘密会
談の場所としても鈴木宅を利用したという。

　軍部との連絡において重要な役割を果したのは飯野吉三郎で
ある。彼は日本精神団総裁であり、軍部と関係する人物であっ
た。飯野はさまざまな理由によって故児玉源太郎大将や大島健
一参謀次長らと密接な関係を有していた[④]。孫文は飯野の軍部
とのこのような関係を利用しようとして、九月十三日彼と「誓
約書」を取交し、「全然貴国ニ信頼シテ永久ニ日支両国間ノ親交
平和ヲ図リ決シテ他外国ヲシテ擅ニ日支両国ノ国交ヲ損傷セシ
ムルカ如キ事無カラシメ若シ政治上或ハ経済上他国ト提携セサ
ルヲ得サルカ如キ場合ニ於テハ先ツ貴国若クハ貴国ノ指定セル
代表者ニ此事ヲ通告シ其同意ヲ得タル上ニテ是ヲ行フコト」[⑤]

---

①「孫文ノ動静」乙秘第 1193 号、大正 2 年 9 月 3 日。外交史料館所蔵。
②「孫文ノ動静」乙秘第 1202 号、大正 2 年 9 月 3 日。外交史料館所蔵。
③「孫文ノ動静」乙秘第 1193 号、大正 2 年 9 月 3 日。外交史料館所蔵。
④「要視察人ノ談片」秘受第 6639 号、大正 2 年 12 月 23 日。外交史料館所蔵。
⑤「誓約書」、『各国内政関係雑纂』第 11 巻。外交史料館所蔵。

と誓約した。これは国家主権にかかわることであったが、軍部
に接近するため、一時的にそうせざるを得なかったのである。
その後彼の紹介により、九月二十一日の夜に孫文は池亨吉と共
に辻村陸軍省経理局長と会見した。孫文は辻村に「支那南北ニ
対スル日本ノ輿論ハ民論ト政府側トハ互ニ相反シ居ル様ナルモ
聞ク処ニ依レバ政府部内ニ於テモ全然民論ヲ無視シ居ル次第ニ
ハアラズシテ唯タ時期ニアラズト云フニアリト聞ク日本陸軍ニ
於テハ遠カラザル将来ニ於テ民論ト意見合致スル時機到来スル
ヤ」①と質問し、軍部の南方に対する支援を期待する意向を示
唆した。辻村はこれに対して何も回答しなかった。辻村は軍部
を代表して孫文と接触したのではなく、個人的資格で孫文と面
会したのであろう。しかしこれは軍部が孫文らを支援しないこ
とを無言のうちに表明したものであった。

　飯野は表では孫文を「支援」していたが、裏では孫文の革命
運動に反対していた。飯野は十月十二日に原敬内相を訪れ、孫
文が日本を革命の根拠地にすることを阻止するよう要望し、「彼
は金なし、如何ともすること能はず」②と中傷した。十二月二
十三日、飯野は自分が孫に「要ハ第三次革命ヲ企ツルノ不利ヲ
説キシニアリテ彼ハ其説ニ服シ当分第三次革命ヲ断念シタルモ
ノト信ジ居レル」③ことを来客に語った。当時日本に亡命して
いたインドの愛国者バラカツラも中国との連携のため飯野に孫
文への紹介を依頼してきたが、彼は「之ヲ以テ世界大乱ノ基ト
認メ」④、仲介の労をとらなかった。一九一四年一月四日、飯
野は訪れた孫文に「革命ノ不利ヲ説キ今暫ラク隠忍シ静ニ時ノ

①「孫文ノ動静ニ関スル件」乙秘第 1348 号、大正 2 年 9 月 26 日。外交史料館所蔵。
②　原奎一郎編『原敬日記』第 3 巻、福村出版、1981 年、346－47 頁。
③「要視察人ノ談片」秘受第 6639 号、大正 2 年 12 月 23 日。外交史料館所蔵。
④「要視察人ノ談片」秘受第 6639 号、大正 2 年 12 月 23 日。外交史料館所蔵。

至ルヲ待ツベシ」①と説いた。これらは飯野の孫文の第三革命
に対する姿勢を端的に示したものであった。こうした事情を
知った孫文は一九一四年一月六日に再度飯野を訪ね、前に彼と
結んだ「誓約書」を取消した②。これによって軍部の支援を獲
得しようとする努力も水泡に帰した。

　孫文は政府・財界からの財政的援助は得られなかったが、民
間の実業家は個人的に孫文に生活費を提供した。九州の筑豊炭
田の炭鉱業者安川敬一郎は毎月一万円を提供し③、M香椎商会
社長であり、孫の知己でもあった梅屋庄吉も、一九一四年一月
に孫文に二〇〇〇円の生活費を提供した④。

　孫文と黄興は滞日中に二つの学校を設立し、第三革命に必要
な人材を養成した。

　第三革命のためには軍の将校が必要であった。このため一九
一三年十二月一日に軍事指揮官養成のための浩然盧が設立され
た。この学校の前身は西本願寺の僧侶水野梅暁が来日した革命
党員の子弟を収容して教育する塾であり、校舎は荏原郡入新井
村大字新井宿一二六〇番地にあった。この学校は黄興・李烈鈞・
陳其美らが中心になって設立し、殷如驪が直接管理した。中国
側の教官は石介石・呉仲常・陳勇・周哲謀であり、日本側から
は予備役の騎兵大尉青柳勝敏と一瀬斧太郎、予備役の歩兵大尉
中村又雄や中尉杉山良哉ら十二名が招聘されて軍事教育を担当
した。これらの退役軍人たちは日本軍部の指令ではなく個人の
意志によって、変名して中国の革命運動を支援していたのであ
る。その中の青柳大尉は第二革命の時に李烈鈞の江西討袁軍の
軍事行動に参加し、李の渡日に協力した人物であった。予備役

① 「孫文其他ニ関スル件」乙秘第23号、大正3年1月8日。外交史料館所蔵。
② 「孫文其他ニ関スル件」乙秘第23号、大正3年1月8日。外交史料館所蔵。
③ 頭山満翁正伝編纂委員会編『頭山満翁正伝』（未定稿）、葦書房、1981年、254頁。
④ 梅屋庄吉「永代日記」、「梅屋庄吉文書」。小坂哲瑯・主和子所蔵。

の軍人がこのように中国革命を支援したのは偶然ではなく、第
三革命を第二革命の継続と考えていたからである。現役の軍人
はこの学校に協力していなかった。学生数は七九名（五十三人
説もある）で、そのうち三分の一は革命に参加した体験者であ
り、他は在日留学生或いは革命党員の子弟であった。学校は全
寮制で、学生は毎月十円の学費を納めた①。授業課目には戦術
学・応用戦術学・野外要務令・兵器学・築城学・地形学・交通
学・体操・柔道・剣道・日本語・政治経済学・武術等があった。
彼らは軍事学を勉強すると同時に革命に必要な爆弾等をも製造
しようとした。しかし六月下旬、爆弾を製造している際に突然
爆発が起こり、予備役陸軍工兵中尉野口忠雄と学生趙堅が負傷
した。日本官憲は爆発事件を厳密に調査して裁判にかけた②。こ
れによって浩然盧は形式的に解散せざるを得なくなった。

　一九一四年二月九日には東京市神田区錦町三丁目十番地の東
京工科学校校内に政法学校が設立された。この学校は黄興・李
烈鈞・孫文らが中心となって設立したものであり、校長は法学
博士寺尾亨であった③。この学校は共和政治に適応出来る新幹
部養成が主な目的であり、政治経済専修科と法律専修科を設置
し、修学年限は二年であった。政治経済専修科は第一学年で政
治学・比較憲法・行政汎論・経済原論・財政原論・法学通論・
民法総論・国際公法・政治史・西洋史を、第二学年で行政各論
（地方自治法詳説）・経済各論（銀行貨幣）・応用経済（経済政策）・
財政各論（租税・公債・予算）・民法（物権・債権）・刑法・国
際公法・社会学・西洋史（中世・近世）等の講義をおこなった。
法学専修科は第一学年で法学通論・比較憲法・刑法・民法総論・

---

① 兪辛焞・王振鎖編訳、前掲書、627－29 頁参照。
②「浩然盧ニ関スル件」乙秘第 1291 号、大正 3 年 6 月 29 日。外交史料館所蔵。
③「黄興ノ学校設立ノ件」乙秘第 281 号、大正 3 年 2 月 2 日。外交史料館所蔵。

国際公法・経済学・論理学を、第二学年で行政法・民法（物権・債権）・商法・国際訴訟法・刑事訴訟法・裁判所構成法等の講義をおこなった①。学生数は一八〇人で、主に革命党員とその子弟及び在日留学生であった。教授には東京帝国大学の吉野作造・小野塚喜平次・筧克彦・河津暹・山崎覚次郎・立作太郎・牧野英一・建部遯吾・松本烝治・美濃部達吉及び早稲田大学の本多浅治郎・中村進午・慶応義塾大学の堀江帰一等著名な学者が招聘されていた②。これらの学者、例えば吉野作造らは孫文と直接面談したこともあり、中国の共和政治に同情的だった人が多数で大あった。講義は月曜日から土曜日の午後一時から五時までおこなわれた。政法学校は浩然盧と異なり制度が整った学校であり、二年間の成績を踏まえて合格した者には卒業証書が授与された。学生らはこの学校での学習を通じて近代政治・経済・法律を身につけ、中国革命の幹部として養成された。

　清末に中国人留学生か主に軍事と法政を学んで同盟会の活動と辛亥革命において大きな役割を果したのと同様に、この二つの学校が養成した学生らはその後の第三革命において活躍した。

　孫文は来日した翌日から新たな反袁闘争に取掛かり、挫折を恐れず、勇気を奮って国内における革命運動を指導した。この頃孫文は中国の南北から北京の袁政権を挟撃する戦略を採用し、特に東北と山東における革命勢力の組織化に力を注いだ。これまで孫文は主に南方を戦略の拠点として革命運動を展開していたが、これは北京政権にとっては間接的な脅威にしかすぎなかった。そこで北京に近接するこの地域を拠点として北京の袁政権に直接的な打撃を与えようとした。この地には日本の植民地であった関東州と満鉄付属地を利用し得る地の利があった。

①「政法学校簡章」、『各国内政関係雑纂』第11巻。外交史料館所蔵。
②「政法学校簡章」、『各国内政関係雑纂』第11巻。外交史料館所蔵。

関東州は渤海を隔てて山東に臨んでおり、東北と山東を連絡し
得るという条件もあった。

　関東州は日本管轄下の植民地であったため、第二革命失敗後
渡日が不可能な革命党員はこの地域に亡命した。その数は二〇〇
余名に上るといわれている。その中には中華実業銀行の支配人
沈縵雲も含まれていた。彼らは当時三つの派閥に分裂していた
が、一九一三年末に統一的組織を結成して孫文らに指導・支援
を要請した①。孫文はまず呉大洲を通じて一〇〇〇円の資金を
送り、次に陳其美・戴季陶と山田純三郎を大連に派遣した。一
行は一九一四年一月十九日に東京を出発し、二十六日に大連に
着き、満鉄病院を拠点として活動した②。関東州官憲は彼らの
活動を監視する一方で彼らを保護した。陳一行は関東州の「官
憲ノ保護周到ナリトテ深ク感謝」③していた。関東州当局は彼
らの活動情況を調査し、その結果を外務省に報告していたが、
その活動には干渉しなかった。当時孫文の方針は「南方、広東
雲南広西等ノ各省ニ於テ実力ヲ養成シタル暁ニアラサレハ満洲
ニハ着手セサルノ方針ニシテ今軽カロシク満洲ニ於テ事ヲ挙ケ
ルカ如キハ却テ不利益ナルノミナラス徒ニ日本ニ対シ迷惑ヲ懸
ケルノ結果ヲ生スヘキ虞アルヲ以テ深ク軽挙ヲ怪戒メ時期ノ到
来ヲ待テ決行スル方針」④であった。陳其美らは「彼等同志ノ
軽挙ヲ戒メ南方準備整フヲ待チ南北呼応シテ事ヲ挙ケントス
ル」⑤ことを現地の革命党員らに説いた。陳一行は三月十五日

　　①「大連在留革命党員及宗社党員等ノ動静」乙秘第289号、大正3年2月3日。
外交史料館所蔵。
　　②「大連在留革命党員及宗社党員等ノ動静」乙秘第289号、大正3年2月3日。
外交史料館所蔵。
　　③「陳其美一行ニ関スル件」、大正3年2月3日大連民政署長報告。外交史料館所蔵。
　　④「陳其美等ノ言動ニ関スル件」、大正3年1月27日大連民政署田中警視電話報
告。外交史料館所蔵。
　　⑤「大連在留革命党員及宗社党員等ノ動静」乙秘第289号。外交史料館所蔵。

に台南丸で大連を出発し、十九日に東京に戻った。

　孫文はつづいて東北に革命党員を派遣した。六月には陳中孚を大連に派遣し、奉天を中心として新民屯・本渓湖・撫順・法庫門・土門子一帯で革命活動をするようにした。七月には蒋介石（石田雄介と変名し満鉄職員と仮称）・丁仁傑（長野周作と変名し満鉄職員と仮称）と山田純三郎を北満に派遣した。蒋一行は七月六日に東京を出発し、朝鮮経由で十日にハルビン、二十四日にチチハルに到着し、黒竜江省巡防隊の反乱工作をおこなった。彼らは巡按使兼参謀長姜登選・独立騎兵旅団長芙順・師団参謀長李景林・旅団長巴芙額らと密かに面談して孫文の親書を伝えた①。

　南方では上海を中心に長江流域と華南地方で革命党員らが活躍していた。

　孫文は上述のような革命運動を展開すると同時に、一九一四年六月二十一日②に第三革命の準備を指導する中華革命党を組織し、七月八日に東京築地の精養軒でその創立大会を開催した。孫文は第二革命失敗の原因の一つは国民党の不統一だと考え、この従来からの病弊を克服するため、今回の立党においては、党の総理「孫先生に服従する」こと、生命・自由・権利を犠牲にして命令に服従し、生死を共にすること等の誓約を党員に義務づけた。これは党内の民主と統一、党首と党員の関係をどう考えるかにかかわる問題であり、この問題をめぐり革命派内部に激しい論争が起きた。李烈鈞・譚人鳳・張継らはこのような義務に反対した。一貫して孫文を擁護してきた黄興さえもこれ

---

　①「満鉄社員山田純三郎渡満ニ関スル件」機密第38号、大正3年8月5日、在哈爾浜川越茂総領事代理より加藤外務大臣宛。外交史料館所蔵。

　② 通説としては6月22日になっているが、これは21日の誤りである。拙文「1913年至1916年孫中山在日的革命活動与日本的対策」、『孫中山研究論叢』第3集、180-82頁参照。

に反対して入党しなかった。

　革命派内部のこのような論争と対立は孫・黄周辺の日本人に
も影響した。犬養毅はこれに対して「双方其理屈がある」とし
て、中間的態度をとった①。中華革命党員の入党誓約書を保存
していた萱野長知は双方の調和を図るために努力し、その著書
『中華民国革命秘笈』で孫・黄両人の主張について客観的に紹介
した②。宮崎滔天も孫・黄の調整に取組んでいたが、「孫氏は急
進説を採り黄は隠忍論を主張す」③と述べ、「根本から云へば、
其間に感情もありますが、是は私共孫が悪いと思ふ」④と自ら
の意見を明言した。滔天の孫文に対するこのような見方は両者
の関係にも影響を及ぼした。この頃滔天の孫文に対する姿勢は、
萱野長知や山田純三郎らに比べれば冷淡であったといえよう。
またこの時期孫文の大陸浪人に対する姿勢も同盟会成立前後の
時期に比較すれば大いに変化し、一人の日本人をも中華革命党
に参画させていないし、「革命方略」等第三革命の戦略問題を討
論する重要な会議にも彼らを招いてはいない。これは大陸浪人
に対する信頼感が薄くなったことを示している。

　中華革命党のもう一つの問題は反帝問題であった。同党の党
章第二条には「本党は民権・民生二主義を実行することをもっ
て宗旨となす」⑤とあり、民族主義は姿を消している。辛亥革
命後孫文は民族主義は既に達成されたと考えていたが、これは
この頃日本を革命の根拠地としていたこと、最大の政敵袁世凱
の打倒に全力を注いでいたこと、日本の援助を期待していたこ
と等とも密接な関係があったと思われる。しかし革命の方針と

---

①　萱野長知『中華民国革命秘笈』帝国地方行政学会、昭和15年、205頁。
②　萱野長知『中華民国革命秘笈』帝国地方行政学会、昭和15年、203－05頁参照。
③　『宮崎滔天全集』第5巻、平凡社、1976年、394頁。
④　『宮崎滔天全集』第4巻、平凡社、1973年、312頁。
⑤　『孫中山全集』第3巻、中華書局、1984年、97頁。

しては大きな欠陥だといわざるを得ない。

　この時期黄興は上述のように浩然盧と政法学校を設立して幹部養成に尽力していた。滞日中は前田九二四郎が黄興の世話をし、囲碁の相手をしていた。日本人では宮崎滔天と二十数回面談し、孫文とも密接な交流があった萱野長知と三十数回会っている。日本人との接触において注意すべきは、一九一三年十一月十五日の菊池良一・古島一雄・宮崎滔天・山田純三郎らとの会見であり①、次に一九一四年一月十日に犬養毅・頭山満・古島一雄・美和作次郎・萱野長知・小川平吉・瀬越憲作・柴田麟次郎らと午前十時頃から翌日夜九時まで二日間にわたって会合がおこなわれたことである②。四月二十三日夕方六時三十分、黄興は萱野長知と共に自動車で牛込区薬王寺町五十番地に外務省政務局長小池張造を訪問し、夜十一時に帰宅した③。この会談の内容は不明だが、四月二十五日午前十時頃、宮崎滔天・頭山満・安川（敬一郎？）らが来訪して地図を広げながら意見を交換し、午餐を共にして午後二時に辞去したことから④、何か重要な問題を検討したようである。黄興の滞日活動は史料の不足によりまだ十分に研究されていないので、これは今後の研究に委ねざるを得ない。

　黄興は六月三十日に横浜から渡米した。黄興は来日当初から日本を経由してアメリカに赴くことを明言していたが、一九一四年春には豊島郡高田村元巣鴨三六〇〇番地に家屋を購入し、そこを修繕して長期滞在の構えを見せていた。しかしこの修繕が完了した日に一泊しただけで渡米したのには、何か突発的な

---

　　①「黄興ノ動静」乙秘第 1627 号、大正 2 年 11 月 15 日。外交史料館所蔵。
　　②「黄興ノ動静」乙秘第 40 号、大正 3 年 1 月 11 日。外交史料館所蔵。「黄興ノ動静」乙秘第 48 号、大正 3 年 1 月 12 日。外交史料館所蔵。
　　③「黄興ノ動静」乙秘第 815 号、大正 3 年 4 月 23 日。外交史料館所蔵。
　　④「黄興ノ動静」乙秘第 825 号、大正 3 年 4 月 26 日。外交史料館所蔵。

理由があったようである。六月二十一日に中華革命党が成立し
たが、黄興は孫文のやり方に反対し、孫文の党協理に就任して
ほしいとの要請をも断固として拒否したことから、中華革命党
をめぐる孫文との対立の激化が渡米の一原因であったようで
ある。

　黄興渡米前の六月二十七日、孫文は黄興を訪れ、萱野長知・
田桐・鄧家彦らと午餐を共にして黄の渡米を送った①。二十六
日午後五時前には犬養毅・頭山満・古島一雄・宮崎滔天・美和
作次郎・寺尾亨・萱野長知・副島義一らが来訪し、夕食を共に
して黄興を送った②。

　黄興の渡米に関して、日本政府と外務省は加藤外相が語った
ように、「今回黄興渡米ノ計画アルヲ聞知スルヤ乗船等ニ付便宜
ヲ与へ退去ヲ容易ナラシメ」③る姿勢をとり、関係省庁と神奈
川県にこの旨を指示した。神奈川県知事はこの指示に従い東洋
汽船会社の井坂支配人と協議して、同社の天洋丸で渡米させる
ことにした。中日実業株式会社は黄興に一万七、八千円を提供
した④。これはかつての中国興業株式会社への黄興の出資金で
あった。横浜水上警察の署長と巡査一名が二十九日午後に黄興
宅を訪れ、同日夜八時に東京を出発して横浜までの保護・安全
を確保した。天洋丸にも私服の警察官が派遣されて警戒に当っ
ていた⑤。夜九時四十分、黄興は天洋丸に乗船した。これに対
し黄興は「深ク感謝シ満足ノ意ヲ表シ」⑥た。

　しかしこの時に緊急事態が起こった。井坂支配人が来船し、

---

　①「黄興ノ動静」乙秘第 1268 号、大正 3 年 6 月 28 日。外交史料館所蔵。
　②「黄興ノ動静」乙秘第 1261 号、大正 3 年 6 月 27 日。外交史料館所蔵。
　③ 外務省編『日本外交文書』大正 3 年第 2 冊、775 頁。
　④ 外務省編『日本外交文書』大正 3 年第 2 冊、775 頁。
　⑤「黄興ノ動静」乙秘第 1275 号、大正 3 年 6 月 30 日。外交史料館所蔵。
　⑥「支那亡命者黄興一行渡米ノ件」神高秘発第 1686 号、大正 3 年 6 月 30 日、神奈
川県知事石原健三より加藤高明外務大臣宛。外交史料館所蔵。

船長と共に一等船室の黄興の下を訪れて、遺憾ながら乗船を拒絶する旨を告げて下船を要求した。黄興は北京政府発行の旅券を持っていなかったため、アメリカの官憲が黄興の入国を拒否し、場合によっては搭乗の船舶まで没収される可能性があるとアメリカの代理店から通告が来たからであった。黄興は旅券を持参していなかったが、アメリカ官憲の有力者による入国許可の文書を携帯していた。水上警察署長はこれを知事に報告し、外務省ら当局側の黄渡米に対する配慮等を説明した。協議の結果再乗船することが決定し、三十日午前四時に黄興は横浜港を出航した①。七月三日、加藤外相は駐サンフランシスコの沼野総領事代理に、黄興は「旅券ヲ携帯シ居ラサルヲ以テ或ハ上陸拒絶等ノ問題ヲ生スルヤモ計り難キニ付其際ハ東洋汽船会社ノ迷惑トナラヌ様可然御配慮相成タシ」②と指示した。しかし黄興は七月十五日に無事サンフランシスコに上陸した。上陸した黄興は同地の日本総領事館を訪れ、日本「滞在中御配慮ヲ蒙リタリ」と謝意を表した③。

　元来日本政府・外務省は黄興の来日と滞在を阻止しようとしていたが、黄興の自主的渡米によってこの日本の対袁外交における「重荷」をアメリカに送った。これは日本と袁世凱にとっては非常に好ましいことであった。日本は黄興の渡米を通じて一石二鳥の外交的成果を挙げたのである。これは黄興にとっては有難いことであったかも知れないが、孫文と中華革命党にとっては孫・黄の分裂を公然と表すものであった。

　孫文と黄興の滞日活動は上述のように日本当局の厳重な監視の下でおこなわれた。警視庁と各道府県は外務省の指示に従い

---

　①「支那亡命者黄興一行渡米ノ件」神高秘発第 1686 号、大正 3 年 6 月 30 日、神奈川県知事石原健三より加藤高明外務大臣宛。外交史料館所蔵。
　② 外務省編『日本外交文書』大正 3 年第 2 冊、775 頁。
　③ 外務省編『日本外交文書』大正 3 年第 2 冊、804―05 頁。

彼らの活動を綿密に調査して①外務・内務大臣らに遂次報告し、主要人物の一挙一動を掌握していた。私服の警察官が二十四時間体制で孫・黄を監視して、来訪者の出入、孫・黄の外出等を詳細に記録し、毎日「孫文ノ動静」・「黄興ノ動静」として警視庁・外務省に報告し、外相・外務次官や局長らがそれに目を通していた。また孫・黄と交流のある政界・財界・軍部・大陸浪人らに対しても監視の目を向けていた。現在外交史料館に保存されている「各国内政関係雑集——支那ノ部——革命党関係」の第六巻から第十八巻は、当時日本の官憲が彼らの行動を監視した報告書で占められている。これは当時の日本当局の孫・黄ら革命党員に対する監視の模様を生々しく再現する証拠でもある。例えば一九一四年一月に外務省の小池政務局長は内務省の岡警保局長に政法学校と浩然盧に対して、（一）に実際の経営に当っている関係者の氏名、（二）に学校維持の方法、（三）に学生の種類、（四）に教育の方針並びに方法等について「極メテ内密穏和ノ方法ヲ以テ御取調ノ上御回報」②あるように要求し、警保局は詳細な調査報告を外務省に提出している③。

　日本当局はこのように厳重に監視する一方で、基本的には彼らの活動を黙認していたといえよう。牧野外相は袁と北京政府に、孫・黄らが「我領土ヲ根拠トシテ隣邦ニ動乱ヲ企ツルガ如キコトアルヲ許サズ……官憲ヲシテ特ニ亡命者ニ対スル取締ヲ十分切実ナラシム」④ことを数回にわたって保証したが、実際には彼らの反袁活動を抑圧しようとはしなかった。一九一四年

---

① 外務省編『日本外交文書』大正3年第2冊、756-57頁。
② 大正3年4月1日、小池政務局長より岡警保局長宛、機密送第41号。外交史料館所蔵。
③ 大正3年4月17日、岡警保局長より小池政務局長宛、警秘第234号。外交史料館所蔵。
④ 外務省編『日本外交文書』大正2年第2冊、415頁。

初めに袁世凱は坂西に対し、李烈鈞らが東京で軍事協会（浩然盧のことであろう—筆者）を組織して軍事教育をおこなっていることを抗議し、その取締を要求したが①、大島参謀次長はそれは全くの虚構であると否定し、要求に応じなかった②。その活動が限度を越えた時、例えば浩然盧の爆弾暴発事件のような場合には弾圧的手段を講じたが、その一週間後に青柳勝敏らが私塾として看板を替え、この学校を再開した時にはまたそれを黙認した。

　孫・黄らに対する二十四時間体制の監視にはまた保護の意味合いもあった。牧野外相は「厳重取締ノ下ニ彼等一身ノ安全ニ対シ相当保護ヲ与フルハ已ムヲ得ザル」③と語ったが、それは当時袁世凱が日本に刺客を派遣して彼らを暗殺しようとしたからである。日本官憲はこれに対して厳重に警戒した。例えば一九一四年に警視総監伊沢が松井外務次官に「孫逸仙暗殺陰謀ニ関スル刺客云々ノ件ハ本年二月十四日及本月二日朝鮮総督ヨリノ通報ニ接シ爾来孫逸仙身辺ノ警戒ヲ一層厳ニナス」④と回報していることはこれを立証する。袁の北京政府は日本政府に革命党員らの日本からの追放或いは逮捕・引渡し等を要求したが、日本はこれに応じようとしなかった。

　上述のように日本政府・外務省は孫・黄ら革命党員に対して支持・支援してはいなかったが、彼らの反袁を目指す第三革命の準備を抑圧しようとはせず、ある意味においては彼らを保護した。日本政府・外務省の彼らに対する微妙な不即不離の外交

---

　① 大正3年1月10日、在北京坂西大佐より長谷川参謀総長宛電報、坂極秘第1号。外交史料館所蔵。
　② 大島参謀次長より在北京坂西大佐宛（期日不明）。外交史料館所蔵。
　③ 外務省編『日本外交文書』大正2年第2冊、400頁。
　④「孫逸仙暗殺陰謀ニ関スル件回報」丙秘第308号、大正3年5月12日、伊沢警視総監より松井外務次官宛。外交史料館所蔵。

政策は牧野外相が語ったように「革命以来ノ如キ支那ノ状態ニテ政治上ノ勝敗及敵味方ノ区別定マリナキノ時」①。即ち混沌とした情勢の下での対応策であり、将来対袁・対中国外交において孫・黄ら革命党を切札として利用し得る機会があることを考えて完全に見捨てなかったのである。

五　兗州・漢口・南京事件交渉

　一九一三年八月に山東省で兗州事件が、湖北省で漢口事件が発生し、九月には江蘇省で南京事件が発生した。この三つの事件は第二革命と北京政府承認の中間で起こった事件であり、この二つの歴史的事件と密接な関係があった。本節では、この三つの事件をめぐる中日外交交渉の過程を通じて侵略国家日本の外交と被侵略国家中国の外交の実態を究明しながら、この三つの事件の発生と第二革命との関係及びこの事件の交渉と承認問題との関係を考究し、最後にこれらの事件と欧洲の列強との関係を検討する。

　第二革命期に日本政府は表面的には南北双方に対して中立政策をとっていたが、一部の現役・予備役の軍人及び浪人らが南方の革命派に加担し、一部はその軍事行動にも関与した。また日本と革命派との歴史的関係もあって、この時期日本政府と軍部が南方の革命派を支援するという噂が流布していた。そこで北の袁軍は日本軍を警戒し、両者の関係は緊張していた。そのような情況で日本の支那駐屯軍は南北の軍事情報を収集するめ、常に将校や下士官らを袁軍の駐屯地に派遣して軍事偵察をおこなっていた。これらが兗州・漢口事件発生の間接的或いは

---

① 外務省編『日本外交文書』大正2年第2冊、413頁。

直接的原因であった。南京事件は第二革命において袁軍が南京
を占領した際に発生したものであり、犠牲者は日本の民間人で
あった。このように第二革命が南方の革命派の武力による討袁
戦争であったのに対し、この三つの事件は日本軍と日本外務省
及び日本社会の世論による反袁的政治・外交戦として展開され
たのである。この両者はその性格を異にするものでありながら、
またその矛先が共に袁世凱と北京政府に向けられていたことは
特筆すべき現象であった。この点からも三つの事件と第二革命
との直接的或いは間接的な関係を窺うことが出来よう。

　兗州・漢口・南京の三事件はいずれも軍に関係する事件であ
るので、前二者と南京事件の外交交渉を比較しながら検討する。

　兗州事件は支那駐屯軍所属陸軍歩兵大尉川崎亨一が八月五日
に兗州で張勲麾下の武衛前軍兵営内に拘禁され、八日に釈放さ
れたという事件である。川崎は通訳を連れて八月三日に済南を
経て兗州に至り、滞在二泊の後、五日に津浦鉄道を利用して済
南に帰還せんとした際、車中で武衛前軍に属する袁軍の兵士に
捕えられたのである。川崎は支那駐屯軍司令官佐藤鋼次郎の命
令により「津浦線沿道地方ニ於ケル支那軍ノ情況視察」[1]のた
め済南・兗州地方に軍事偵察に赴いたのである。当時北の袁軍
は津浦鉄道に沿って南下していたため、この一帯は軍事的に重
要な地域であり、緊張した情勢下にあった。川崎は軍事偵察の
任務遂行のためには軍人の身分を隠すのが便利だと考え、携帯
した護照に身分を商人と記載し、小幡天津総領事もこれに同意
し、中国側官憲の副署を得ていた[2]。しかし川崎はやはり特権
を有する軍人という身分の方が好都合かも知れないと考え直し、

---

① 外務省編『日本外交文書』大正 2 年第 2 冊、449 頁。
② 外務省編『日本外交文書』大正 2 年第 2 冊、439、448 頁。

「日商ナル文字ノ上ニ紙ヲ張リ軍人ト記入シタ」①川崎が身分を隠したことと護照を改竄したことは、当時中国だけではなく日本においても不法行為であり、法的責任を問われるものであった。中国兵士がこの違法な改竄に疑問を抱き、彼を拘禁して取調べるのは法的に許されることであった。また川崎は当時軍人の制服ではなく平服を着用していたため、彼が日本軍大尉の名刺を出して自分の身分の真偽を確認させようとしても、中国兵士がそれを確認するには時間が必要であった。彼らは訊問・調査を経て、七日午後にその身分を確認した。当時武衛前軍側がとった措置は正当・合法的なものであった。山座公使も「大尉カ拘禁セラレタル原因ハ主トシテ護照ご訂正ニヨリ南方ヨリ入込メル間諜ナラスヤトノ疑ヲ懐カレタルニ依ルモノ」②と牧野外相に報告し、事件発生の原因が川崎にあることを認めた。しかし川崎は佐藤司令官への顛末報告書で上述の主要な原因に触れずに囚人のように取扱われたことだけを強調した。川崎は自身の法的責任を感じたからこそ真実を隠したのである。

　しかし日本政府・外務省は真実を歪曲し、北京政府に責任の追及を迫った。山座公使は事件の真相と責任の所在を知りながら、八月二十三日北京政府外交部に「速カニ責任者ヲ厳重処分スヘキ」③旨を文書で要求した。山座公使は「事態甚夕我ニ不利ニ付遺憾ノ次第」④だと考えていたにもかかわらず、このような要求を提出したのである。しかし日本はこの要求だけで満足しなかった。九月九日に山本内閣は閣議で南京事件と合せて次のような要求を決定し、十日に山座公使が袁世凱に面会し、

---

① 外務省編『日本外交文書』大正２年第２冊、448頁。
② 外務省編『日本外交文書』大正２年第２冊、448頁。
③ 外務省編『日本外交文書』大正２年第２冊、448頁。
④ 外務省編『日本外交文書』大正２年第２冊、448頁。

この要求を提出した①。

　一　直接責任者ヲ厳重処分シ其監督官ヲ免官スルコト
　二　当該軍隊最高指揮官親ラ我北支駐屯軍司令部ニ来り
　　　司令官ニ陳謝ノ意ヲ表スルコト
　三　別ニ支那政府ヨリ帝国公使ニ対シ公文ヲ以テ陳謝ノ
　　　意ヲ表スルコト

　これによって両国軍人間の紛糾は両国間の外交問題にエスカ
レートした。山座は袁に一切譲歩の余地なしと警告し、要求の
全面的承諾を迫った。北京政府外交部は天津交渉使が天津の支
那駐屯軍司令官に陳謝することは認めたが、他の要求は武衛前
軍が戦線に出動したことを口実に、実行困難であると拒否し
た②。これに対し山座は武衛前軍を現地に留め置かなかったこ
とに抗議し、公文書にて日本側の要求を全部承諾すべき旨を通
告するよう強く求め、同軍が現地で要求を実行するよう迫った。
しかし外交部は九月十五日に外交総長の名義で正式に「甚タ抱
歉ト為ス」③と陳謝するにとどめ、他の要求には応じようとし
なかった。北京政府は外交儀礼の範囲でこの問題を処理しよう
としたが、日本側は譲歩せず、その後に発生した南京事件を利
用して圧力を加えた。北京政府はこの圧力に屈し、兗州の正稽
査・副稽査を免職し、関係する兵士三名を笞五〇〇の刑に処し
た上で追放し、九月二十二日に武衛前軍の指揮官郭殿元が日本
の駐屯軍の天津兵営の営庭で謝罪した④。郭は営庭で「全然軍
法会議ニ於ケル被告人ト同様ノ取扱」⑤を受けた。こうして川
崎の護照改竄を正当に取調べた軍人らが免職或いは刑を受け、

①　外務省編『日本外交文書』大正2年第2冊、481頁。
②　外務省編『日本外交文書』大正2年第2冊、491頁。
③　外務省編『日本外交文書』大正2年第2冊、500頁。
④　外務省編『日本外交文書』大正2年第2冊、528−30頁。
⑤　外務省編『日本外交文書』大正2年第2冊、532頁。

事件を惹起した責任を負うべき川崎が逆に営庭で郭の謝罪を受ける結果になったことは、是非善悪を逆にするものであり、中国における日本の権益を保護する軍事的後楯としての支那駐屯軍の強権を生々しく具現すると共に、それに屈した半植民地政権である北京政府の無力と無能を体現していた。同時に袁と北京政府がこのような屈辱を受入れたのは、日本の南方革命派に対する支援を牽制しようとする狙いがあった。

　八月十一日、漢口で袁軍と現地駐屯の中支派遣隊の軍人との衝突事件が発生した。駐漢口の与倉中支派遣隊司令官の報告によれば、同隊付の歩兵少尉西村彦馬は同日午後六時兵卒一名と共に江岸停車場付近の袁軍の根拠地に赴いて軍事偵察をおこなった後、停車場構内の共同ベンチで休憩中に突然袁軍兵士三十四、五名に包囲され、身体検査を受けて帽子・上衣を脱がされ、刀を奪われ、地上に倒されて打撲傷を負い、約十分間停車場の柱に縛られた後、兵舎のバラック内の柱に吊しあげられて虐待され、午後十時頃に釈放されたとのことであった①。しかし袁軍側によれば同少尉と兵卒は第二師団長兵営警戒線内に侵入して軍事偵察をおこなったので、第二師団の兵士がこれを阻止したが立ちどまらず、さらに兵卒が短刀を抜いて当直士官を刺したため、正当防衛上やむを得ず同少尉と兵卒を一時拘束した上で送還したとのことであった②。軍事的衝突事件に対する双方の言い分は従来相当に食違うことが多いが、漢口事件の主な責任はどちら側にあったのだろうか。これが漢口事件をめぐる中日交渉を究明する前提条件である。

　当時江岸停車場付近に駐屯していたのは袁軍の第二師団であった。同師団は中国の南北関係が日増しに悪化する情況の下

① 外務省編『日本外交文書』大正2年第2冊、436-37頁。
② 外務省編『日本外交文書』大正2年第2冊、443、445-46頁。

で五月から現地に無数の天幕をはり、軍事的要衝の安全のため
この地域に戒厳令を施行し、停車場付近に歩哨を立て頗る厳し
く警戒していた。中支派遣隊は毎日平服或いは制服の将校を派
遣し、同師団の動静とその軍事情報を収集した①。中支派遣隊
が同地に駐屯したのは清朝政府との協約に基づくものであった
が、その目的は漢口を中心とする中部中国における日本の権益
と漢口租界等を保護するためであり、それ自体が侵略的なもの
であった。また同派遣隊が中国側の了解を得ずに第二師団の軍
事情報を密かに収集したことも軍事機密を侵害する違法行為で
あった。中支派遣隊は違法行為であることを知っていたからこ
そ平服の将校を派遣したのであろう。それに当時袁軍の将校に
は日本留学生がいたため、派遣将校らは、与倉司令官が話した
ように「該隊士官等日本留学生ニ面会シタシ抔ト称シテ歩哨ノ
注意ヲ顧ミス絶エス警戒線内ニ入込ミタルモノノ如ク之カ為銃
剣ヲ差向ケラレ危フク殴打ヲ免カレタル場合尠カラス」②とい
う状態であった。そのため駐漢口の芳沢総領事は「従来当停車
場ニ赴キタル派遣将校ノ動作モ亦遺憾ナカラ適当且穏当ト云フ
ヲ得ス」と述べ、与倉司令官或いは西村の報告書の内容は「直
ニ之ヲ真実ト認ムル能ハス」③と牧野外相に上申した。芳沢は
過去の衝突事件から、今回の遠因は日本側にあるが直接の原因
は不明であると述べながらも、「成ルヘク本件ヲ重要視スルヲ避
ケ我方ノ面目ヲ相当ノ程度ニ保持スルニ止メ支那側ヲシテ我方
ノ措置ノ公正ナルニ満足セント欲スル」④と具申した。これは
芳沢がこの事件の直接的原因が日本側にあると推測していたこ
とを窺わせる。芳沢は十八日に黎元洪の軍事顧問である日本将

---

① 外務省編『日本外交文書』大正2年第2冊、436頁。
② 外務省編『日本外交文書』大正2年第2冊、438頁。
③ 外務省編『日本外交文書』大正2年第2冊、437頁。
④ 外務省編『日本外交文書』大正2年第2冊、438頁。

校と池部書記生及び医師を同伴して現地の情況を視察し、日本
の兵卒に短刀で刺された第二師団の少尉武開疆にも面会した。
二十一日に芳沢は実地検証の結果を二回に分けて牧野外相に電
報で報告したが、その最後で「勿論断言ハ致難キモ実地調査ノ
結果本官ノ心証ニテ最初我方ヨリ切付ケノ結果支那兵ヨリ取押
ヘラレ殴打監禁セラレタルモノナリ与倉司令官ノ報告ヲ信用セ
サルノ嫌アルハ甚タ苦痛ニ感スル所ナルモ……本官ノ判断ハ多
分誤リナカラント思考ス」①と結論している。これは実地調査
で中国側の説明の大部分が事実であることを確認したからで
ある。

芳沢総領事はこのような結論の上に日本陸軍のこの事件に対
する主張を批判した。日本陸軍は軍服を着用した日本軍人に対
する侮辱だと主張していたが、芳沢はこれに対して「軍服ヲ著
用スルモノハ自己ノ軍規ヲ守ルト同時ニ他ノ軍規ヲモ尊重スヘ
キモノナルハ云フ迄モナク弱国ナリト侮リテ歩哨ノ注意ヲモ顧
ミサルカ如キ行動果シテ之レアリトセハ其曲寧ロ我ニアルノミ
ナラス甚タ好マシカラサルコトヲ仕出カシタルモノト云ハサル
ヘカラスト思考ス」②と述べた。これは良心的な意見であり、
日本陸軍に対する非難でもあった。芳沢総領事は漢口事件等の
処理について、このように数回にわたって日本陸軍を批判した
のである。これは中国のためというより、寧ろそのような不公
正な行為が中国側の反日感情を惹起し日本の対中国外交に悪影
響を与えるからであった。だが彼は事件そのものの真実を述べ
たのであり、当時の情況では容易なことではなかったのである。
芳沢は事件そのものには上述のような判断と見解を有してい
たが、日本帝国の総領事として断固として中国側を非難し、日

① 外務省編『日本外交文書』大正2年第2冊、442頁。
② 外務省編『日本外交文書』大正2年第2冊、439頁。

本軍人の違法行為を弁解し、日本軍の面目を保持し、中国にお
ける日本の特権を擁護したのである。これは内心と外交行為上
の矛盾であったが、このような矛盾は国益優先の名の下に無視
されたのであった。

　漢口事件については、まず袁政権が日本側に厳重な警告を発
し、加害者の処罰及び責任将校の謝罪を要求すべきであったが、
逆に日本側がこのような要求を先に提出した。芳沢総領事は西
村少尉の報告書等は「直ニ之ヲ真実ト認ムル能ハス」[1]と考え
ながら、この西村少尉の報告書を根拠として湖北省都督府交渉
員に第二師団兵士の処罰と責任将校の謝罪を要求した[2]。湖北
都督であり臨時副総統であった黎元洪はこれに抵抗し、八月二
十日に芳沢のこの要求を拒否して、もし「其曲該少尉（西村—筆
者）及随行兵士ニアラバ文明顕著ナル貴国ノコト故軍人全般ノ
名誉ヲ回復スル為メ素ヨリ適当ノ措置ニ出デラルベクト思考ス
ルニ付将ニ静カニ貴国ノ処置如何ヲ待ツベキノミ」[3]と回答し
た。これは穏便な言葉で日本に西村らの処分を要望したもので
あったが、牧野外相は「甚夕誠意礼譲ヲ欠クモノ」[4]として、
この回答の返却を指示したので、芳沢は二十七日にこれを返送
した。黎は二十八日に二十日の回答に新照会を添えて芳沢に再
度送付した[5]。黎元洪は事実に基づいて正々堂々と日本側に対
処し、無理な要求を受入れずに日本側の責任を追及しようと
した。

　日本陸軍側はただ帝国軍人の名誉と体面の問題だけを取上げ、
八月三十日に楠瀬幸彦陸軍大臣は名誉毀損の賠償として次のよ

① 外務省編『日本外交文書』大正2年第2冊、437頁。
② 外務省編『日本外交文書』大正2年第2冊、446−47頁。
③ 外務省編『日本外交文書』大正2年第2冊、443頁。
④ 外務省編『日本外交文書』大正2年第2冊、447頁。
⑤ 外務省編『日本外交文書』大正2年第2冊、455−57頁。

うな要求を中国側に提出するよう牧野外相に提案した[①]。

　　一　下手人及現場ニ在リシ将校ハ厳刑ニ処スルコト
　　　　但シ右刑ノ執行ノ時ニハ漢口ニ駐箚セル日本将校ノ立会
　　　　ヲ要スルモノトス
　　二　前項下手人ノ属スル直系長官ハ中隊長、大隊長、連隊
　　　　長、旅団長、師団長、軍司令官又ハ都督ニ至ル迄並ニ本
　　　　件ニ関与シタル漢口鎮守使錫鈞同参謀長張厚森ヲ直ニ免
　　　　職スルコト右ノ免職者ハ少クモ一個年以内ニ文武大小ノ
　　　　官ニ就クヲ許サス
　　三　謝罪使ヲ日本ニ送ルコト
　　四　被害日本将校及兵卒ノ損害及名誉毀損ノ賠償トシテ
　　　　左ノ件ヲ要求ス
　　　　イ　西村少尉ノ身体及物件ノ傷害及名誉毀損ノ賠償トシ
　　　　　テ支那政府ハ金若干円ヲ出スコト
　　　　ロ　兵卒ニ対シ金若干円ヲ出スコト
　　前各項ノ外従前ノ懸案タル左記ノ両件ヲ併セテ解決スルコト
　　一　漢口ニ在ル日本兵営敷地及之ニ属スル道路ヲ日本居留
　　　　地ニ編入スルコト
　　二　漢口ニ日本ノ軍用無線電信ヲ植立スルノ権利ヲ認ムル
　　　　コト

　楠瀬陸相が提出した最後の二項目の要求は、武昌蜂起以来漢
口で勢力の拡大を試みていた日本軍が要求していたものであり、
中国側の反対により実現していなかったが、これを機に実現し
ようとしたのである。

　楠瀬陸相は上記のような要求を提出する理由として、日本は
中華民国を承認していないので、民国が発布した戒厳令を遵守

---

① 外務省編『日本外交文書』大正2年第2冊、453頁。

する義務がなく、戒厳令を遵守するか否かは専ら帝国政府の好意と便宜によって決定すべきことであり、帝国軍人の江岸停車場付近への出入は何等の拘束を受ける根拠がないと述べた①。これは横暴で理不尽な理由であり、逆に日本側も中国の戒厳令を遵守すべきであるというのと同様であった。九月二日に首相・外相・海相らが出席した閣議は陸相の要求を不適当だと認め、別案を制定することにした②。その内容は次の通りである③。

　　一　侮辱行為ヲ直接ニ指揮又ハ下手シタル将校兵卒ヲ総テ厳重処刑スルコト並ニ右処刑ニハ我陸軍将校ヲシテ立会ハシムルコト

　　二　侮辱行為アリタル将卒ノ直属大隊長ヲ免官シ其監督上官即チ連隊長及旅団長ヲ厳重戒飭スルコト

　　三　右両項ノ各処分実行ト共ニ一面当該師団長又ハ司令官ヨリ親シク総領事館ニ来ツテ陳謝ノ意ヲ表シ一面黎都督ヨリ前記各処分実行ノ旨ヲ総領事及我派遣隊司令官ニ通告シテ陳謝ノ意ヲ表スルコト

　　四　別ニ支那政府ヨリ公然日本政府ニ対シ遺憾ノ意ヲ表スルコト

　日本軍人の違法行為と挑発によって発生した事件に対して正当な防衛措置をとり、日本兵卒に短刀で刺された武開彊らとその指揮官を処罰し、黎元洪都督と北京政府に国家の名で日本に陳謝するように要求したのは、日本の外交が横暴な強権外交であることを示している。

　この要求を袁政権に提出すべきか否かをめぐって日本政府とその出先機関との間には意見の相違があった。山座公使はこの

① 外務省編『日本外交文書』大正2年第2冊、454頁。
② 外務省編『日本外交文書』大正2年第2冊、453頁。
③ 外務省編『日本外交文書』大正2年第2冊、458−59頁。

要求が「峻厳ナル要求条件」なので、尋常な手段で貫徹させることはほとんど不可能だと考え、その提出を躊躇し、「帝国政府ニ於テハ武昌ノ現状ヲ危フシテ迄モ結局何等高圧手段ヲ執ラルル御決心ナリヤ」①と牧野外相に尋ねた。その理由として山座は、(一)に第二革命との関係から「今回ノ兵乱ニ際シ日本人カ南軍ヲ煽動幇助シ南方首領連ヲ庇護セルヤノ批難ハ支那人間ニ行キ渡リ居リ之ト同時ニ軍人等ノ日本ニ対スル反感ハ極メテ強烈ナルモノアリ商業社会モ亦日本ヲ憎悪セルカ如キ傾向」にあること、(二)にこれにより「黎元洪カ同意セサルヘキハ勿論ナルノミナラス仮令彼ヲ同意セシムヘク余儀ナクシ得ルトモ其実行ハ部下将卒ノ反抗ヲ招キ引テ武昌ノ現状維持ヲ困難ナラシムル虞アル」こと、(三)にもし日本政府が「進ンテ高圧手段ヲ執ラルルニ於テハ其手段次第ニテハ支那ノ一般民心ニ大動揺ヲ与ヘ『ボイコット』ハ申迄モナク日支両国関係全体ニ渉リテ忌ムヘキ影響ヲ及ホスコトナキヲ保セサル」こと、(四)にもし高圧手段をとれば「英国其他ノ列国モ亦必シモ傍観セサルヘシト懸念セラル」②ることを挙げた。これはもし中国側とイギリス等欧米列強が強硬な姿勢で日本側の要求に対応したならば、日本の要求を押え、公正に解決し得る可能性があったことを示す。

　袁政権内部においても北京の袁と漢口の黎との間に意見の相違があった。黎元洪は九月十日この要求を拒否した③。黎は頑強に日本に抵抗したが、袁世凱と北京政府は日本側の圧力に屈服し、速やかにこの問題を処理しようとした。十三日北京政府は「理屈ハ兎ニ角迅速ニ弁理スヘキ」④だと黎に打電し、同日二名の委員を黎の下に派遣して黎に圧力を加えようとした。こ

---

① 外務省編『日本外交文書』大正２年第２冊、459頁。
② 外務省編『日本外交文書』大正２年第２冊、459—60頁。
③ 外務省編『日本外交文書』大正２年第２冊、486—87頁。
④ 外務省編『日本外交文書』大正２年第２冊、500頁。

れは日本側の外交戦略に沿ったものであった。牧野外相は黎元
洪が日本に抵抗していたため、袁世凱を通じて黎に圧力をかけ
ようとしたのである。八月二十三日牧野外相は山座公使に、黎
元洪に注意を与えるよう袁世凱に申入れることを指示した①。
二十七日山座は袁に漢口事件に関して「速カニ黎元洪ヲシテ陳
謝ノ意ヲ表セシムルノ必要アル」旨を繰返し説明し、孫文・黄
興らが日本に武器・資金の供給を要求したが日本はこれを一切
拒否したこと等を述べた②。もしも袁が日本の要求を承諾しな
い場合には孫・黄らを支援することもあり得ると示唆したので
あった。これに対し袁は「必ス相当ノ措置ニ出ツヘキ」③旨を
答えた。袁は日本が孫・黄ら革命派を支持することを大いに警
戒していたため、漢口事件に対する譲歩によって日本の孫・黄
らへの支持を阻止しようとした。そこで牧野外相は、まず九月
二日の閣議で決定した四項目の要求を袁世凱に提出し、袁から
「大局ニ顧ミ速ニ我要求ヲ容ルル様黎元洪ニ注意」④させるよう
にした。九月十四日、袁は坂西大佐に、多少の困難が予想され
るが牧野外相の要求通り黎には「自分ハ是等ヲ押付ケ実行ノ積
リニテ着々其手段ヲ尽シツ、アル」⑤と語った。ここから袁が
黎に日本側の要求を受諾するよう働きかけたことを窺うことが
出来る。

　しかし黎元洪は日本と袁の圧力の下で一部譲歩したものの、
大部分の要求を拒否した。九月十五日黎は都督府交渉員を派遣
し、日本側要求の第一項に関しては十六日に軍事法廷を開廷し

---

　①　外務省編『日本外交文書』大正2年第2冊、447－48頁。
　②　大正2年8月28日、在北京山座公使より牧野外務大臣宛電報、第684号。防衛
研究所所蔵。
　③　大正2年8月28日、在北京山座公使より牧野外務大臣宛電報、第684号。防衛
研究所所蔵。
　④　外務省編『日本外交文書』大正2年第2冊、459頁。
　⑤　外務省編『日本外交文書』大正2年第2冊、607－08頁。

て武開疆らを軍事裁判にかけるが、日本軍将校の立会は法律上
不可能だと告げた。第二項の連隊長・旅団長に対する厳重戒飭
については、同部隊には連隊・旅団が存在しないから実行不可
能だと告げた。第三項に対しては司令官段芝貴が北京に帰った
ことを口実に実行不可能とし、処分実行については総領事館に
通告し、総領事館から派遣隊司令官に移牒するよう要求して、
司令官に直接通告することを拒否した。第四項は都督の関与し
難きことだとして拒否した①。同日交渉員と芳沢総領事は以上
の問題について論争したが、交渉員はそれ以上譲歩せず、逆に
「西村少尉及兵卒ノ懲罰並ニ今後ノ取締ヲ請求シ」②た。これは
当然の要求であった。漢口ではこのように日本に抵抗していた
が、北京では同日漢口事件を含む三つの事件について日本側の
要求全部を受諾し、「漢口西村事件ハ一時意気激スルニ依り遂ニ
隣邦将校ニ対シ失検ノ行為ヲ致ス殊ニ不合ト為ス」③と謝罪し
た。この時北京から派遣された二名の委員も武昌に到着し、黎
に日本側の要求全部を承諾するよう迫った。

　北京政府と袁の圧力の下で黎はその強硬な対日姿勢を改めざ
るを得なかった。十五日夜、黎は芳沢に日本側要求を全部承諾
する旨の書簡を送った④。十八日、日本側の第一項要求に従っ
て、武昌陸軍軍法処は湖北臨時陸軍刑法第九十三条に基づいて
「主犯」二名に有期徒刑六年四ヵ月、従犯二名に有期徒刑四年の
刑を下し、この四人が所属する大隊の隊長は免官され、小隊長
は処罰を受けた⑤。この軍事裁判には派遣隊の大隊長と参謀が

---

① 外務省編『日本外交文書』大正 2 年第 2 冊、500－01 頁。
② 外務省編『日本外交文書』大正 2 年第 2 冊、501 頁。
③ 外務省編『日本外交文書』大正 2 年第 2 冊、498 頁。
④ 外務省編『日本外交文書』大正 2 年第 2 冊、502 頁。
⑤ 外務省編『日本外交文書』大正 2 年第 2 冊、508 頁。

立会った。二十三日には武開彊を有期徒刑二年に処した[①]。九月二十二日には第三項の要求に従い第二師団長王占元が漢口の日本総領事館を訪れ、芳沢総領事に陳謝の意を表した。この謝罪を受けた芳沢は王占元を「無骨一片の人物」[②]だと軽蔑した。また第三項に従って黎都督は芳沢と与倉司令官に前記処分実行の次第を通告し、陳謝の意を表した。駐東京の馬廷亮臨時代理外交代表は北京政府の名で日本外務省に「貴国将校ニ対シ侮辱ノ挙アリタルハ本国政府ノ甚ダ遺憾トスル」[③]意を表した。これらは日本の中国侵略の急先鋒である日本陸軍とその出先機関及びそれらの行動を外交的に保障する外務省の強権的外交によっておこなわれたものであった。

　しかし中国軍将校武開彊が日本兵卒に刺された事実は絶対に否定出来ない。これは芳沢に同伴した日本人医師とフランス人医師も診断した確実なことであった。この責任は日本側が負うべきであって、西村らは軍事裁判で裁かれるべきであり、その上官と外務省も中国側に陳謝すべきであった。十月二十四日、駐日の馬廷亮臨時代理公使[④]は外交部の訓令として次のような要求を外務省に提出した[⑤]。

　　一　当直士官ヲ刺傷した凶悪犯ヲ厳重処罰シ其結果〔ヲ〕
　　　　公文ニテ外交部ニ照会スルコト
　　二　負傷者ニ対シ治療費ヲ賠償スルコト
　　三　漢口総領事該営長（大隊長—筆者）ヲ帯同シ副総統ニ
　　　　向テ遺憾ノ意ヲ表スルコト

---

　　①　外務省編『日本外交文書』大正2年第2冊、555頁。
　　②　外務省編『日本外交文書』大正2年第2冊、518頁。
　　③　外務省編『日本外交文書』大正2年第2冊、555頁。
　　④　10月6日日本政府が北京政府を承認したことにより、北京政府の駐日臨時代理外交代表は臨時代理公使に昇格した。
　　⑤　外務省編『日本外交文書』大正2年第2冊、565－66頁。

　この要求は日本側の四項目の要求と比較すると穏便なもので
あった。事件発生の主な責任と当直士官に刺傷を負わせた重大
な事実から、中国側の要求は日本側の要求より厳しくて当然で
あったが、このように寛容であった裏には袁と北京政府の無力
と日本軍に対する恐怖感等があったからであろう。なお、この
時期にこのような要求を提出したのは、北京政府承認の問題が
十月六日に既に解決されていたためであった。

　しかし日本側はこの要求を受入れようとはしなかった。十月
三十日、山座公使は曹汝霖次長に対して、武を刺した兵卒も打
撲傷を負ったことを口実に「此上処罰スルコトハ実際に於テ不
可能ナリ」[1]と拒否した。曹次長は加害事実すら否認すれば日
本の北京政府承認によって中日双方が融和しつつある感情を損
なう恐れがあり、大局のため甚だ好ましくないので、「兎モ角本
人ヲ軍法会議ニ付シ公平ニ裁断スヘシトノ言明ヲ与ヘラレ……
裁断ノ結果ハ強イテ通報ヲ求メストモ可ナリ」[2]という妥協案
を提出した。これは形式的な軍事裁判にかけるだけであり、実
際に裁こうとしたものではなかった。十一月三日、この意を汲
んだ山座は、関係者が帰国したことを口実に、東京で解決を試
みては如何かと尋ねた。曹はこれに同意した。しかし牧野外相
は交渉は北京と漢口においておこなうように指示した。これは
事実上中国側の要求を拒否したのと同様であった。山座公使は
この指示に賛成せず、牧野外相にこれは武を刺した事実さえ否
定することなので、「元来此点ハ事実ヲ隠蔽スルコトハ却テ面白
カラスト思料スルニ付貴方ニ於テ至急事実ヲ取調ヘラレタシ」[3]
と要望し、これに加えて、日本軍の兵卒が西村同様の虐待を受

①　外務省編『日本外交文書』大正2年第2冊、568頁。
②　外務省編『日本外交文書』大正2年第2冊、568頁。
③　外務省編『日本外交文書』大正2年第2冊、570頁。

けたと称しているのに、この被害に対する要求を当初から中国
側に提出しなかったのは、兵卒が武を刺した事実があったため
だと思うが、この点を与倉司令官はどう説明しているのかと尋
ねた①。山座は事実を承認し、軍法会議で一応取調べることに
しようとしたのであった。しかし陸軍と与倉司令官が兵卒が武
を刺したことを飽くまで否認したので、外務省の出淵政務局長
は「事実ノ真相ハ兎ニ角……今更本省ヨリ如何ニ陸軍側ニ談判
スルモ山座公使希望ノ如ク実ヲ吐カシムルコトハ頗ル困難ナル
ヘシ」②として、兵卒が武を刺したことさえ否認し、その件で
軍事裁判にかけることを拒否しようとした。出淵は「我ニ於テ
一応当該兵卒ヲ審理スベキコトヲ約スルコト可然ト思考ス（審
理ノ上無罪トナスモ差支ナシ）」と山座に伝えたが、「我ニ於テ
審理ヲ約スル際ニハ支那ヲシテ右ニテ本件ノ解決ト見做スベキ
コトヲ確約セシメ予メ問題ノ範囲ヲ局限スルコト必要ナルベ
シ」③と条件を付け、この審理によって本問題は解決されたと
中国側に知らせるべきだと提示した。

　しかし北京政府は依然として提出した三つの条件を承諾する
よう日本側に要求した。十一月十四日、駐日の馬臨時代理公使
は外交部の指示に従って「日本兵カ我将校武開彊ヲ傷ケタルニ
対シテモ亦速ニ厳懲ニ付スルニアラサレハ事理ニ合ハス」④と
外務省に再度申入れた。外務省はこの要求をあらためて拒否し、
ただ「陸軍法官部ニ於テ特ニ委員ヲ設ケ関係者ヲ取調ブベキ」
旨を中国側に通告した。中国側はこれに期待を寄せていたが、
一九一四年二月十四日に牧野外相は駐日の中国臨時代理公使に

---

① 外務省編『日本外交文書』大正2年第2冊、569—70頁。
② 外務省編『日本外交文書』大正2年第2冊、572頁。
③ 外務省編『日本外交文書』大正2年第2冊、572—73頁。
④ 外務省編『日本外交文書』大正2年第2冊、574頁。

「軍法上何分関係兵士ヲ処罰スヘキ廉ヲ発見致兼候間」①と公文
書にて回答し、中国側の要求を全面的に拒否した。これによっ
て漢口事件に関する外交交渉は終息した。事件を挑発した者は
法的処罰を逃れ、正当防衛の措置をとった者が刑を受けた。こ
のような事態は半植民地国家中国で起きた特異な現象であり、
日本外交の強権と中国外交の無力・無能を具現している。

　このように兗州・漢口事件に対する日本側の要求を袁世凱と
北京政府が全面的に承諾したのは、ある面においては南京事件
と密接な関係があった。南京事件とは袁軍が南京を攻略した九
月一日に日本の民間人三名が張勲軍の兵士に殺害され、南京居
留の日本人の家屋も掠奪された事件のことである。中国の新聞
もこの事実を報道した②。南京に入城した張軍の兵士は日本人
だけでなく中国人にも莫大な被害を与えた。張軍兵士による日
本人や中国人に対する暴行は法的に罰せられるべきことであっ
た。兗州・漢口事件と異なり、日本人に対する殺害・掠奪の責
任は袁世凱・張勲と北京政府側にあったから、九月六日に袁は
外交総長代理曹汝霖を日本公使館に派遣して陳謝の意を表し、
外交部も駐日臨時代理代表を通じて外務省に遺憾の意を伝
えた③。

　しかし南京事件は陳謝と遺憾によって解決出来る問題ではな
かった。九月九日、山本内閣は閣議において南京事件に対する
次のような要求を決定した④。

　　一　虐殺掠奪ヲ行ヒタル兵卒及直接之ヲ指揮シタル将校
　　　　ヲ其情状ニ従ヒ死刑又ハ其他ノ厳重ナル処罰ニ付スルコ
　　　　ト並ニ右処刑（継続的刑罰ニ付テハ宣告）ニハ在南京帝

---

① 外務省編『日本外交文書』大正2年第2冊、604頁。
②『申報』1913年9月5、13日。
③『申報』1913年9月10日。
④ 外務省編『日本外交文書』大正2年第2冊、480－81頁。

　　　　国領事又ハ領事館員ヲ立会ハシムルコト

　　二　張勲始メ前記将卒ノ直系上官ヲ厳重戒飭スルコト

　　三　張勲親ヲ在南京帝国領事館ニ来リ帝国領事ニ陳謝ノ

　　　　意ヲ表スルコト

　　四　死傷者其他一般被害者ニ対シ相当賠償金ヲ支払フコト

　　五　兇行ヲ敢テシタル連隊ヲシテ我領事館前ニ来リ謝罪

　　　　ノ意ヲ表スル為メ捧銃ノ礼ヲ行ハシムルコト

　日本側が要求を提出するのは当然のことではあるが、市街戦の最中に発生したという客観的情況を顧みると、このような要求を提出するのが適切であるか否かは別問題として考慮すべきであろう。しかし兗州・漢口事件の時とは逆に、山座公使は政府のこの要求に満足せず、江蘇都督の張勲を免職すること、日本人に対する傷害・掠奪事件に関する処分を公表すると共に、今後かかる行為のないよう戒め、日本との交誼を特に尊重すべきことを諭告する大総統令を発布すること等政府以上に厳しい要求を提出した①。駐南京の船津領事もこの機会を利用して実利的な権益を獲得することを主張し、浦口を開港すること、津浦鉄道停車場敷地の上流に日本人居留地を設けること、安慶を開港すること、中国の米輸出を解禁すること等を要求すべきだと牧野外相に具申した②。この要求は論外であったが、日本の中国における権益拡大の欲望を表明したものでもあった。

　袁世凱は南京事件に対する責任を感じ、十日山座公使に提出された要求については至急国務院会議で検討・解決すると回答し、陸軍部・参謀部・外交部より委員を南京に派遣して調査・処理することを伝えた。南京では張勲が、市街戦の際に南方軍のため二、三の被害者が出たことを取調べる理由はなく、日本

①　外務省編『日本外交文書』大正2年第2冊、484−85頁。
②　外務省編『日本外交文書』大正2年第2冊、488頁。

人を銃撃したのは日本領事館付近の民家からの銃撃に応射した
ものだから責任は日本側にあると主張し、調査さえも拒否し
た①。南京側はこのように強硬な姿勢で対応しようとしたが、
北京では十二日に曹汝霖が山座に大総統令の発布等の要求には
同意するが、連隊の捧げ銃や張勲免職等は困難だと述べた②。
同日北京政府は国務総理熊希齢が副署した南京事件に関する大
総統令を発布して、殺害・掠奪犯人の捜査・処罰、損害の賠償、
監督を怠った関係者の懲罰等を言明した③。しかし日本側は南
京事件に対する要求全部を受諾するように迫った。曹次長はこ
の旨を袁に報告した。袁は南京・兗州・漢口の三事件に関する
日本側の要求を全部承諾することを決意し、十三日に曹は山座
にこれを口頭で伝えた④。ただし張勲の免職については直ちに
実行することは困難だと語った。翌日牧野外相は張免職を至急
承諾するよう強く要求した⑤。南京事件の責任は中国側にあっ
たため、袁と北京政府は日本の圧力の下で、十五日に南京事件
に関する張勲免職以外の要求を全部承諾すると共に、上述のよ
うに兗州・漢口事件に関する要求をも全部受諾した⑥。南京事
件はこのように他の事件に対する要求の受諾に拍車をかけたの
である。

　中国における日本外交の最終目的の一つは政治・経済的権益
の獲得であった。外務省はこれを機に満蒙における日本の経済
的権益を拡大しようとした。この頃中日間で南満洲における鉄
道交渉が進められていた。牧野外相は張勲免職が早急に実行さ

① 外務省編『日本外交文書』大正 2 年第 2 冊、478 頁。
② 外務省編『日本外交文書』大正 2 年第 2 冊、489－90 頁。
③ 外務省編『日本外交文書』大正 2 年第 2 冊、492 頁。
④ 外務省編『日本外交文書』大正 2 年第 2 冊、493 頁。
⑤ 外務省編『日本外交文書』大正 2 年第 2 冊、495－96 頁。
⑥ 外務省編『日本外交文書』大正 2 年第 2 冊、498－99 頁。

れる見込がない場合には、次のような権益を北京政府に承諾さ
せて、張免職の問題を落着させようとした①。

　　第一　関東州ノ租借年限ヲ更ニ九十九年間延長スルコト
　　　　及ヒ南満鉄道（安奉線及一切ノ枝線ヲ含ム）ハ右延長期
　　　　間内之ヲ支那ニ還付シ又ハ売戻サザルコト
　　第二　予テ要求セル左記鉄道ニ関スル譲与（コンセッショ
　　　　ン）ヲ承諾スルコト但シ譲与ノ範囲ハ追テ商議スルコト
　　一　四平街ヨリ鄭家屯ヲ経テ洮南府ニ至ル線
　　二　洮南府熱河線
　　三　四平街奉天間ニ於ケル南満鉄道ノ一点ト洮南府熱河
　　　　線トノ連絡線
　　四　開原海竜線

これは南満洲における懸案と新たな要求を実現しようとした
ものであったが、山座公使はこれに賛同しなかった。山座はそ
の理由として、（一）に「新要求ヲ提出シ殊ニ其ノ条件カ南京事
件トハ何等縁故ナク且ツ張勲革職トハ実質上雲泥ノ差アルコ
ト……ニ於テハ帝国政府ハ益々不信ノ責ヲ免レサルニ至ルヘ
シ」ということ、（二）に新要求の提出により「列国ノ同情ヲ失
ヒ強テ貫徹セントセハ有力ナル反対モ起ルヘク」②、或いは日本
に倣う国も出て中国を分割する可能性があることを挙げた。山
座は「張勲問題ハ先方懇請ノ通り時ヲ仮シテ之ヲ実行セシムル
コトトシ満蒙鉄道問題ハ従来ノ経路ヲ追フテ迅速解決セシメナ
ハ事実ニ於テ双方トモ円満ニ我目的ヲ達ス」③ることが出来る
と一石二鳥の策を牧野外相に上申した。牧野外相はこの上申に同
意し、焦点になっている張勲免職に対しては「此際先方ヲシテ近

①　外務省編『日本外交文書』大正 2 年第 2 冊、505 頁。
②　外務省編『日本外交文書』大正 2 年第 2 冊、510 頁。
③　外務省編『日本外交文書』大正 2 年第 2 冊、511 頁。

ク張勲ノ革職ヲ断行スヘキ旨文書ヲ以テ誓約セシムルカ若又此
義不可能ナレハ確実ナル証言ヲ取付ケ」①ておくよう指示した。

　この時、張勲免職とは別に、第三・第五の要求を実行する上
での細目に関する交渉が船津領事と張勲の代理間でおこなわれ
ていた。交渉の焦点は、張が謝罪のため領事館に来る時に陸軍上
将の軍服を着用するか否か、及び領事館前で捧げ銃をおこなう人
数を何名にするかであった。張側は軍服は着用せず、人数は二〇
〇名にすることを要望したが、船津領事は軍服着用と九〇〇名
を要求した。交渉は双方の妥協に達せず、船津領事は二十四日
張勲に「貴官ハ帝国政府ノ要求条件ヲ実行スルニ付テハ誠意ナ
キモノト認ム之ニ依リテ何等重大ナル事態ヲ惹起スル如キコト
アラハ其責任ハ全ク貴官ニ在ルコトヲ警告ス」②という最後通
牒を発した。北京の日本公使館も北京政府外交部に南京事件に
対する要求の早急な実行を迫った。二十五日山座公使は高尾書
記官を曹次長の下に派遣し、事態は益々切迫しつつあるから速
やかに謝罪と捧げ銃を実行するように要求した。北京政府外交
部は日本陸戦隊による挑発を恐れて陸戦隊増援を見合せるよう
にすると同時に、総統府秘書次長と外交部特派交渉員を南京に
派遣し、謝罪や捧げ銃等を処理することにした。南京の張勲は
さまざまな口実を設けて日本の要求に抵抗する姿勢をとってい
たが、北京政府は張を説得してこの要求を速やかに承諾させる
ことにした。山座公使もこの対応に満足し、「中央政府ハ条件実
行ノ決心固ク有ユル手段ヲ尽シツ、アル」③と誉めた。

　しかし東京の外務省は張勲の抵抗に鑑み、問題を慎重に処理
しようとした。牧野外相は陸戦隊の増派等のため日支両国人共

---

① 外務省編『日本外交文書』大正 2 年第 2 冊、512 頁。
② 外務省編『日本外交文書』大正 2 年第 2 冊、521 頁。
③ 外務省編『日本外交文書』大正 2 年第 2 冊、528 頁。

に頗る興奮・対立する情況で何らかの行違いによって事件を惹起することを恐れ、北京外交部の特派員らが南京に到着するまで張側との談判を見合せ、捧げ銃の兵士数も減らすよう訓令した。日本は南京に陸戦隊を増派したが、これは軍事的圧力をかけようとしただけであり、武力に訴えて問題を解決しようとしたのではないことを物語っている。

しかし北京から派遣された総統府秘書次長と外交部特派交渉員の説得により、張勲は二十八日午前自ら日本領事館に来て船津領事に陳謝し、午後には陸軍中将白宝山が部下九〇〇名を率いて領事館の前で捧げ銃の礼をおこなって謝罪の意を表した①。他に殺害の主犯二名に死刑、その直属上官に禁固十年、掠奪犯の兵卒九十四名に禁固二ヵ月の刑が下され、関係士官が免職された②。日本外務省は強権外交によって所期の目的を達成したのである。

三つの事件、特に南京事件に関して日本外務省がこのように強権的な外交政策をとったのは、当時の日本の世論とも密接な関係があった。世論は一国の外交政策決定に影響を及ぼす。南京事件発生後、右翼団体を中心として日本の世論は沸騰し始めた。右翼団体は三つの事件、特に南京事件の発生と事件に対する交渉が容易に進捗しないのは、日本政府・外務省の姿勢が軟弱なためだと非難し、その責任者として外務省政務局長阿部守太郎の名が挙げられた。九月五日の夜、右翼の青年二名が阿部の腹部を刺し、阿部は翌日絶命した。この右翼の行動は外務省に対する政治的圧力となり、三つの事件に対する外交政策に反映されざるを得なかった。黒竜会・対支同志会・浪人会・大陸会等大陸強硬政策を主張する右翼団体を糾合して結成された対

---

①『申報』1913 年 9 月 29 日。
② 外務省編『日本外交文書』大正 2 年第 2 冊、544、556 頁。

支同志連合会は、七日に日比谷公園で山本内閣の対中国外交を攻撃する大会を開催して中国出兵を勧告する決議を採択し、首相官邸・外務省・外相私邸等に押掛けて威圧した。十日には日本橋の明治座と青年会館でも対中国問題有志大演説会が開かれ、外務省の門前に押掛け、中国に対して強硬な政策をとるよう要求した。このような世論と右翼の行動は外務省に強力なインパクトを与えた。

また外務省の強硬な姿勢には軍部、特に海軍の軍事的協力があった。南京事件発生後、海軍は第三艦隊から陸戦隊一〇〇名を南京に増派し、海軍艦艇九隻を南京に碇泊させていた①。その後第三艦隊はさらに陸戦隊一四〇余名・野砲二門・機関砲一門を上陸させ、南京に陸戦隊二九九名・野砲二門・機関砲五門の兵力を配置して外務省出先機関に協力し、軍事的圧力を強化した②。

日本の世論と増派は袁と北京政府の事件に対する姿勢にも直接的な影響を及ぼした。当時中国の新聞は上述したような日本の世論と民間右翼の行動を報道し③、海軍が南京に増派する記事を掲載した④。袁と北京政府は世論の圧力によって日本軍が出兵して南京を占拠するかと思い、三つの事件に対する要求を全面的に受諾したのである。

袁と北京政府が日本側の要求を受諾した第二の原因は、日本や列強から北京政府を対する承認を獲得するためであった。この頃北京政府を承認するか否かの問題をめぐって日本や欧洲の列強間と外交交渉がおこなわれていた。日本はこの問題におけるイニシアチブを握っていたから、袁と北京政府は日本側の要

① 外務省編『日本外交文書』大正 2 年第 2 冊、461 頁。
② 外務省編『日本外交文書』大正 2 年第 2 冊、522 頁。
③『申報』1913 年 9 月 9 日。
④『申報』1913 年 9 月 13、18 日。

　求を全面的に受諾することによって、北京政府承認に対する支
持を得ようとしたのである。袁はこれによって承認の目的を達
成した。

　第三の原因は、日本の要求を受諾することにより、袁と北京
政府は事件によって悪化した日本との関係を改善し、日本の孫
文と革命派に対する支持の可能性を阻止しようとしたことで
ある。

　南京事件の処理において残されたのは、賠償と張免職の問題
であった。十一月十九日、山座は外交総長孫宝埼に九八万七四
五五ドルの賠償金を要求した。牧野外相は六十乃至六十五万ド
ルでまとめるように指示し、北京政府は六十四万ドルで承諾し
た①。この賠償金は五ヵ国銀行団の借款から正金銀行を通じて
支払われた。袁は張免職については張の軍隊を処置した後で実
行するとして、即時実行には応じなかった。張は竞州・南京両
事件にかかわっていたため、日本外務省は断固としてその免職
を主張した。しかし外務省の出先機関はこれに賛成しなかった。
船津領事は従来から権益の獲得を主張していたから、張免職の
代替案として張軍に日本軍の顧問を招聘させるよう牧野外相に
具申したが、牧野は終始免職を主張した。しかし袁世凱はこれ
に応ぜず、十二月十六日に張勲の江蘇都督を免じ、長江巡閲使
に任命する大総統令を発布した②。これは日本側の要求を拒否
したものであった。これに対し牧野外相は「極メテ強硬ニ抗
議」③するよう山座公使に指示した。山座公使は一度大総統令
を発した以上、これを変更することは実際上不可能であり、た
とえ変更したとしても中国官民は非常な反感を覚えるから、「寧

① 外務省編『日本外交文書』大正2年第2冊、580−81、584頁。
② 外務省編『日本外交文書』大正2年第2冊、586頁。
③ 外務省編『日本外交文書』大正2年第2冊、587、590頁。

ロ張勲処分問題ハ之ヲ打切トシ唯熊希齢等ノ背信ヲ飽迄追窮シ
之ニ依リテ他ノ問題ヲ有利ニ措置スルコト適宜ナリ」①と牧野
外相に具申した。しかし牧野外相がさらなる追及を要請したの
で、山座は曹次長と熊希齢総理に張を巡閲使に任命したことに
対する説明を求めた。熊は巡閲使は閑職であって張を優遇する
ものではなく、その指揮下の軍隊を巡察するためだと弁解した。
十二月二十六日、牧野外相は山座の具申と熊の説明に鑑み、そ
れ以上は追及せずに、張免職問題は解決したと見なすことにし
た。

　こうして南京事件に対する要求を全部達成した日本は、一九
一四年一月十日には南京に上陸した陸戦隊を撤退させ、事件は
決着した。

　最後にこれらの事件に対する欧州の列強の反応とこの反応が
日本の対中国要求に及ぼした影響を検討してみる。一連の事件
をめぐる日本と欧州の列強の関係は従来通り二重的関係であっ
た。列強は一面においては日本の中国に対する要求に同情と支
持を示し、一面においては日本がこの機会を利用して中国にお
ける領土と権益を拡大することを警戒し、これを牽制しようと
した。これは南京事件におけるイギリスの対日姿勢に顕著で
あった。南京事件発生後、日本国内では右翼団体を中心として
対中国強硬論が高まった。ロンドンの『タイムズ』紙は九月九
日の社説で「吾人ハ支那人ニ対スル日本人ノ憤怒ハ決シテ不正
当ナリト云フニアラス」②と同情し、一般の新聞論調も「日本
ノ支那に対スル今回ノ要求ハ至極尤モナル者ニシテ支那ハ必ラ
ス之ニ応スルナラント信ス若シ支那ニシテ之ヲ拒絶センカ支那

---

① 外務省編『日本外交文書』大正2年第2冊、589頁。
② 外務省編『日本外交文書』大正2年第2冊、482頁。

ハ遂ニ全欧洲ノ同情ヲ失フニ至ルヘシ」[1]と日本の要求を全面
的に支持した。それは中国における利権と居留民の保護という
共通点があったからであった。日本はイギリス等欧洲の列強か
らこのような同情と支持を受けたために、中国に対する要求を
最後まで貫徹し、これを実現した。一方、中国側はこれとは逆
に列強から日本の要求を受入れるように強制されたので、日本
に譲歩せざるを得なかったのである。もし列強の支持があった
とすれば中国側もこれほど無抵抗で日本に譲歩しなかったであ
ろう。

　この時期、日本と欧洲の列強のもう一つの共通点は、袁世凱
の中国支配を支持し、中国国内の秩序を回復することであった。
十月六日、日本やイギリス等欧洲の列強はこの共同目的のため
に北京政府を承認し、袁の大総統の地位を承認した。だがこの
問題においてイギリス等欧洲の列強は、辛亥革命以来日本が袁
に好感を抱かず反袁的であったことから、日本がこの機会を利
用して彼に圧力を加え、その支配を転覆させることを警戒して
いた。九月九日の『タイムズ』紙社説は「若シ此際日本カ支那
ニ対シ海軍示威運動ヲ為シ遂ニ支那領土ノ占領トナルニ於テハ
折角叛徒ニ対シ勝利ヲ得タル袁モ恐ラク顚覆ヲ免レサルヘシ吾
人ハ日本ノ要求ガ斯ル高圧的ノモノナラサルヘキヲ信セント欲
ス」[2]と日本に公然と勧告した。『ディリー・クロニクル』も十
三日の紙上で「日本ニシテ袁世凱ヲ没落セシメ満洲ニ於ケル其
地歩ヲ鞏固ナラシメント欲セハ目下ハ正シク之カ最良ノ機会ナ
リ吾人ハ日本カ此際此挙ニ出テサルコトヲ希望スル」[3]と述べ
た。これらの要求と勧告はこの時期の日本の対袁政策に一定の

---

① 外務省編『日本外交文書』大正 2 年第 2 冊、494 頁。
② 外務省編『日本外交文書』大正 2 年第 2 冊、482 頁。
③ 外務省編『日本外交文書』大正 2 年第 2 冊、494 頁。

影響を及ぼし、日本の第二革命に対する中立不偏の政策も八月
下旬には北の袁の方に傾き始めたので、袁を打倒するような要
求と措置を避けたのである。例えば漢口事件と南京事件におい
て、形式的ではあったものの日本側関係者を陸軍法官部で審査
することを約したのも、袁の面子を立てようとしたのである。

　他の面においてはイギリス等欧洲の列強は日本がこの機会に
中国における領土と権益を拡大し、長江流域におけるイギリス
の権益等を侵害することを非常に警戒していた。九月二十九日
に駐日イギリス大使グリーンは牧野外相宛の覚書でこのような
懸念を表した。十月二日にイギリス外務次官補は「今回ノ支那
時局ニ際シ日本政府ガ或ハ揚子江流域ノ Statusquo ヲ攪乱スル
ガ如キ行動ヲ採ルニ非サルヤノ懸念」①があったから二十九日
の覚書を提出したのだと井上大使に述べた。井上大使も「当国
一般ノ人士ハ日本ハ今回ノ時局ヲ利用シ揚子江流域ニ於テ英国
ノ有スル至大ナル利益ヲ損傷スルヲ顧ミズ愈々同地方ニ於テ大
ニ活動センカ為メ其足場ヲ獲得スルニ非スヤトノ危懼ヲ抱キタ
ルモノノ如」②と牧野外相に報告した。これは揚子江の要衝
である漢江・南京に、日本海軍が陸戦隊を増派していたからで
あった。オーストリア＝ハンガリー帝国の『フレムデンブラッ
ト』紙は「日本ハ支那ノ独立ヲ妨害シ朝鮮同様領土トナサント
スルモノナリ」③と報じ、『フライエプレッセ』紙は「日本ノ此
ノ際先ツ欲スル所ハ経済上ノ利益及遼東半島租借期限ノ延長ニ
シテ之ヲ達センカ次テ満洲及蒙古ニ及フヘキハ当然ナリ」④と
報道した。ロシアの十月党の機関紙『モスクワ』は九月十三日
に「若シ日支間に戦争発生スル場合ニハ日本ハ南京ノ占領ヲ以

テ満足セス南満洲ヲモ併有スヘシ吾人ハ今ヨリ之ニ対シ相当準備スル所ナカルヘカラス」①という社説を発表した。牧野外相・船津領事と軍部はこの機会に中国における権益を拡大しようとしたが、公式に提出しなかったのは、イギリス等欧洲の列強に背後から牽制されていたからである②。そこで日本はその要求を事件そのものに限定することにより、列強の同情と支持を得て要求を実現したのである。これに対しイギリスの『モーニング・ポスト』紙は九月十六日の社説で「今回日本政府ノ態度極メテ穏健」であり、このような解決は「大ニ慶賀スル所ナリ」と述べ、その原因は日本が「或一国ガ支那ニ対シ軍事的干渉ヲ試ミシカ必ズ他ノ関係国ハ其利益擁護ノ為メ何等カノ行動ヲ取ルベキコトヲ知悉シ」③ていたからだと分析した。これは欧洲の列強による牽制の役割を述べたものである。

　しかしイギリスは日本がこの要求を実現した後も安心しなかった。九月二十九日の『タイムズ』紙社説は「此際日本ハ長江流域ニ於テモ他ノ方面ト同シク従来厳守シ来レル受動ノ態度ヲ変スル如キ意思ナキヲ更メテ声明」④するように要求した。これは依然として日本を牽制するものであり、また中国における日本とイギリスの権益争奪戦でもあった。同紙はこの社説で争奪戦勃発の可能性に触れて、「若シ外国ガ武カヲ以テ支那領ノ一部タリトモ新ニ占領」すれば、袁の没落とその政府の転覆を口実に「諸列強ハ久シカラスシテ干渉政策ヲ執ルニ至ルヘク

　①　大正2年9月14日、在露都田付代理大使より牧野外務大臣宛電報、第93号。防衛研究所所蔵。
　②　外務省編『日本外交文書』大正2年第2冊、510頁参照。
　③　大正2年9月16日、在英国井上大使より牧野外務大臣宛電報、第133号。防衛研究所所蔵。
　④　大正2年10月1日、牧野外務大臣より在北京山座公使宛電報、第18号。防衛研究所所蔵。

支那瓦解ノ結果ハ終ニ限ナキ国際争闘ヲ現出スヘシ」①と述べ、日本の領土拡大に警告を発した。

　上述のように、日本と欧洲の列強の二重的関係によって日本は中国に対する要求を実現し、中国は日本の要求を承諾したが、もし日本が領土占領・袁打倒・権益拡大の政策をとったとすれば、これによって日本と列強との競合と争奪が激化し、袁と北京政府がこれを利用して日本に対抗し得る可能性もあったといえよう。しかし日本はこれを予測して事件に対する要求を事件そのものに限定し、イギリス等欧洲の列強の同情・支持の下で所期の外交目的を達成したのであった。

六　北京政府承認をめぐる対応

　袁世凱の北京臨時政府が成立した後、一九一二年の春にこの政府に対する承認問題が取上げられたが、前述のように善後大借款をめぐる北京政府と列強の対立と列強間の相互矛盾によって棚上げにされた。だが一九一三年三月にアメリカが北京政府を承認しようと単独で動き出したことによって、この問題が中国をめぐる外交課題として再度取上げられることになった。日本の北京政府承認問題は日本の対中国外交でありながら、日本と列強間の外交問題になった。それは日本と列強が帝国主義国家として中国における既得権益を維持する必要上、共同一致して承認しようとしたためであった。だが日本や列強は中国における自国の権益を拡大するために他国と争奪していたので、この争奪が承認問題における意見の相違、行動の分裂として具現したのである。その上、北京政府も日本と列強間の相違と分裂

---

①　大正 2 年 10 月 1 日、牧野外務大臣より在北京山座公使宛電報、第 18 号。防衛研究所所蔵。

を利用して政権に対する早期承認を獲得するために奔走した。そこで承認するか否かという簡単な国際法上の行為が複雑・多様化し、第二革命の勃発による中国国内の動乱もあって一時膠着状態に陥ったが、十月に袁世凱が大総統に当選したことによって日本と欧洲の列強は袁の北京政府を承認したのである。

　承認問題は袁と北京政府の国際上における合法的地位を承認することであるが、その本質は袁と北京政府が中国における日本や欧米列強の植民地的権益を承認・保障することであった。中国における権益の維持・拡大をめぐり、日本や欧米列強は一面においては互いに協力し、一面においては互いに争奪し合っていたから、承認問題においても同様に、協力しながら互いに争っていた。本節では、この承認過程における日本や欧洲の列強とアメリカとの二重的外交関係を考究すると共に、これに対する袁と北京政府の対応を検討することによって承認の本質を究明する。

　アメリカ政府は一九一三年三月中旬に袁の北京政府を承認する意向を表明し、承認問題を再度対中国外交の課題として取上げた。この時期にアメリカがこの問題を取上げたのは偶然ではなかった。当時アメリカは進行中の善後大借款交渉において、新たに大統領に就任したウィルソンと新国務長官ブライアンの主張に基づき、三月十八日に対中国借款の条件が中国の行政的独立を脅かすという理由で六ヵ国銀行団から脱退した。この脱退は、ある意味においては借款をめぐるアメリカと列強の中国における争奪の結果でもあった。アメリカがこの時期に突然単独で北京政府を承認しようとしたのも銀行団脱退から継続する動向であった。

　外務省は銀行団から脱退したアメリカがつづいて他の列国に

先駆けて中国政府承認に踏切るのではないかと憂慮した。三月
二十日に駐米の珍田捨巳大使は「米国政府ハ近日支那共和国ノ
正式承認ヲ専行シ」ようとし、それによって「支那ニ好意ヲ表
シ以テ同国対外通商関係上米国ニ於テ何等特殊ノ便宜ヲ得ヘキ
地歩ヲ占メントスルノ意アル」①ものと牧野外相に報告した。
アメリカは銀行団から脱退したことにより、既に袁世凱から公
正・高潔・寛大な行動であると謝意を受けていたが、さらに率
先して承認に踏切ることによって、より一層の好感を袁と北京
政府に与え、これによって珍田大使が指摘したように中国にお
ける新たな権益を拡大しようとしたのである。

　アメリカのこのような外交行動を踏まえて日本外務省や欧洲
列強も対応策を講じ始めた。承認問題において日本がもっとも
重視したのは、牧野外相が述べたように「主動者ノ地位ヲ占
メ」②、その地位を保持することであった。それは北京政府承
認に対する外交のイニシアチブを掌握することであった。この
ため一九一二年二月に日本は率先して北京政府承認問題を他の
列強に提起し、そのイニシアチブを握ったのである。アメリカ
が突然承認問題を取上げたのは、この日本の主導的地位に対す
る挑戦であった。三月二十三日に牧野外相は珍田大使に、もし
昨年日本が承認問題において主導的地位に立って交渉した経緯
をアメリカが無視し、「独り支那政府ヲ承認スルガ如キコトアリ
テハ事態甚ダ面白カラサルニ付此際速ニ念ノ為米国政府ノ注意
ヲ喚起シ置」き、アメリカ政府が「常ニ腹蔵ナク帝国政府ト意
見ヲ交換セラル」③、よう要望することを訓令し、アメリカが
率先して承認することによって主導権を掌握することを阻も

---

① 外務省編『日本外交文書』大正 2 年第 2 冊、1 頁。
② 外務省編『日本外交文書』大正 2 年第 2 冊、3 頁。
③ 外務省編『日本外交文書』大正 2 年第 2 冊、2-3 頁。

うとした。

　次に外務省は英・仏・露・独諸国に対する外交を展開し、承認問題に関してこれら欧洲諸国とアメリカとの関係を分断し、日本の主導権の下で集団的に承認するための準備を始めた。元来日本は中国において確固とした政府が樹立され、憲法が制定された後に北京政府を承認しようとしていたが、アメリカの率先的姿勢を懸念し、「確定政府成立ノ後ヲ待ツテ我行動ヲ開始スルガ如キハ或ハ他ニ先鞭ヲ着ケラレ帝国ガ主動者タル地位ヲ失ヒ甚タ不利益ノ影響受クルノ虞アル」①ので、二十六日に牧野外相は駐北京の伊集院公使に「成ルベク速ニ再ヒ帝国政府ヨリ先ツ本件ニ関シ発言シテ以テ地歩ヲ占ムル」ため、駐英・仏・露らの公使に政府の訓令として「支那政府ノ承認ヲ決スベキ時機追々来ルベキ」②旨を伝え、承認実行の時期・方法及び条件等に関し内々で意見を交換するように指示した。二十七日には駐英・露・仏・独の大使に、任国外務当局に任国政府においても日本と同様に列強共同主義をとることを申入れるよう指示した③。その結果英・露・仏はそれぞれの駐米大使を通じてアメリカ側に日本の要望通りの勧告を申入れた。これらの国はアメリカとは異なり中国にかなりの権益を有しており、借款交渉においても日本と共同行動をとっていたため、承認問題においても日本と歩調を共にした。

　しかしアメリカは日本や欧洲の列強の勧告には耳を傾けなかった。四月一日にブライアンは珍田大使に「要スルニ本件ハ列国各自ノ自由行動ニ任スノ外ナシ」と述べ、その理由を「列国対支関係カ夫々利害関係ヲ異ニスルヲ以テ其間ニ協同ノ歩調

---

① 外務省編『日本外交文書』大正2年第2冊、3頁。
② 外務省編『日本外交文書』大正2年第2冊、3-4頁。
③ 外務省編『日本外交文書』大正2年第2冊、4頁。

ヲ取ラントスルハ到底実行スヘカラサルコト」①だと断言した。
これは北京政府承認問題における列強間の利害関係を率直に指
摘したものであった。アメリカのこのような強硬な姿勢に対し
牧野外相は、宋教仁暗殺事件に北京政府の官憲が関与していた
ため南北間に甚だしい紛争が起こり、国内秩序が再び乱れたこ
とを口実に「此際遽ニ北京政府ヲ承認スルガ如キハ南方孫黄等
ニ対シ袁ヲ助クル結果トナリ」、列強のためのみならず中国のた
めにも得策でないとして、日本は「米国政府ノ希望ニ応ジテ同
一ノ行動ヲ執ルヲ得ス」②と表明し、アメリカ政府は中国の事
態が平静に至るまで待つように要望した。しかしブライアンは、
アメリカ側が入手した宋教仁暗殺に関する情報は日本側の情報
とは全然一致しないし、またアメリカ政府においては「何人ガ
大統領トナルモ又如何ナル政治ヲ行フトモソハ米国ノ関スル所
ニアラズ只正式適法ナル議会ノ成立スルヲ以テ承認ノ充分ナル
要件トナス次第ニシテ其立場ハ最モ公明正大ナリト信ズ」と反
駁し、孫・黄ら南方派の問題に関しても「今日ニ当リ若シ南方
派ノ運動ヲ顧慮シ右予定ヲ変更スルガ如キコトハ却テ南方派ヲ
援護スルノ嫌アリ」③と批判した。これは終始北方の袁を支持
していたアメリカが、従来から革命派と関係があった日本に南
方を支援しないよう警告したものであった。

　こうして日本とアメリカが承認問題をめぐって対立している
時、イギリスとフランスは日本の主張に同意して支持していた
が、ドイツは意見を異にしていた。ドイツ外務大臣は「袁世凱
ガ宋暗殺事件ニ関係アルト否トヲ問ハス国会ニ於テ大統領ニ選

---

① 外務省編『日本外交文書』大正2年第2冊、7−8頁。
② 外務省編『日本外交文書』大正2年第2冊、9頁。
③ 外務省編『日本外交文書』大正2年第2冊、9−10頁。

挙セラルルニ於テハ直ニ支那政府ノ承認ヲ為ス」①方針をとった。この方針は議会開催時に承認するというアメリカの方針とは異なるが、早期承認という点では同様であった。ドイツも他の列強の同意を得ずに単独で承認する意向があることを示したのである。ドイツは従来より袁との関係が密接であり、武昌蜂起後に袁軍が漢陽を攻撃した時もドイツの軍事顧問が直接参加し、袁が政権の座に就いた時にも大量の兵器を提供していたので、「袁ハ兎ニ角支那唯一ノ人物」②だとして彼を支援したのである。またドイツはイギリスと比較すると相対的に中国における既得権益が少なかったため、承認問題においてはイギリスと異なる姿勢をとったのである。しかしイギリスは中国における最大の植民地権益の所有者であったから、袁を支持しながらも、承認の前提条件として自国の既得権益の再承認をドイツより重視し、日本と共にその承認を袁に迫ったのである。これはイギリスが袁の登場を支持したのは、中国における自己の権益を維持・拡大しようとする目的からであったことを物語っている。

　袁世凱と北京政府は自己の政権を強化するために一日も早く列強の承認を獲得しようとした。アメリカが率先して北京政府を承認したのも、その裏には袁と北京政府の要請があったからである。袁と北京政府はアメリカの単独行動を歓迎し、その早期承認を期待していた。しかし日本の反対によって認められなくなる恐れがあったので、日本に対する説得に取掛かった。四月六日、陸外交総長は書記官を日本公使館に派遣して「米国ト同時ニ若クハ之レニ先チ民国承認ノ手続ヲ執ラレンコトヲ切ニ希望」③した。七日、国務総理趙秉鈞も高尾書記官に同様の意

① 外務省編『日本外交文書』大正2年第2冊、13頁。
② 外務省編『日本外交文書』大正2年第2冊、13頁。
③ 外務省編『日本外交文書』大正2年第2冊、14頁。

を表した①。しかし伊集院公使は依然として単独承認に賛成せ
ず、集団的承認を主張した。国家或いは新政府の承認は個別的
におこなうのが通例であるが、このように日本が集団的承認に
固執したのは、主導権掌握以外に、北京政府の半植民地的性格
とそれに伴う列強の中国に対する共同侵略による共同権益の共
同保護にも起因していた。そのため英・仏・露らも日本と歩調
を共にしたのである。

　北京政府が早期承認を希望し、アメリカとドイツがそれに応じ
ようとする情況の下で、日本はその姿勢を改めて承認問題におけ
る主導権を確保しようとした。四月八日に牧野外相は「適当ノ機
会ニ成ルヘク早ク承認ヲ与ヘザルヘカラサル」②と早期承認の決
心を示した。承認の時期は、新国会が新大総統を選出し、中国の
国内情勢が平静を保ち異常なかった時とし、承認の条件として
「支那政府カ条約慣例等ニ基ク従来ノ国際責務ヲ尊重スル」③こ
と等を挙げた。日本がこの時期にこのように早期承認に踏切ろう
とした原因は、主導権掌握以外に、四月八日に北京で国会が開催
されたことと宋暗殺事件によって南北紛糾が日増しに激化し、動
乱が勃発する可能性が生じたことであった。当時日本や列強は中
国国内の安寧と秩序の保持を最大の外交課題としていたので、北京
政府に対する承認によってこの目的を達成しようとしたのである。

　牧野外相は上述の日本政府の意見をまずイギリスとドイツに
申出た④。イギリスは日本の意見に賛成すると同時に、条約及

　　①　大正2年4月7日、在北京伊集院公使より牧野外務大臣宛電報、第264号。外交
史料館所蔵。
　　②　大正2年4月8日、牧野外務大臣より在英国小池臨時代理大使宛電報、第59号。
外交史料館所蔵。
　　③　大正2年4月8日、牧野外務大臣より在英国小池臨時代理大使宛電報、第59号。
外交史料館所蔵。
　　④　大正2年4月8日、牧野外務大臣より在英国小池臨時代理大使宛電報、第59号。
外交史料館所蔵。

び慣行等に基づく国際的な責任を尊重するという承認条件を北
京政府に正式な声明において表明させることを提議した①。四
月十九日、イギリスの賛成の下で外務省は欧米各国に正式に第
二回目の承認提議案を提出した②。この案で日本は承認の時期、
承認問題に関する列国の決定を北京政府に通告する方法及び通
告時の公文書等は列国の駐北京代表による商議・共同建議を経
て決定・行使することを提案した。この提案には集団的承認か
らアメリカを排斥しようとする日本の意図が込められていた。
牧野外相はこの案について「例ヘバ列強中他国ト意見ヲ異ニ
シ……自己特殊ノ見地ヨリ何時迄モ承認ヲ躊躇スルカ如キモ
ノアル場合ニ其国ノ為全体ノ行動ヲ妨ケラレザルベキ」だと説
明した。四月十五日に伊集院公使がイギリスのジョルダン公使
と日本の早期承認について商議した時に「米国以外ノ列強ト歩
調ヲ一ニセンコトヲ希望」③する意を表したことも、この意図
を示すものである。それは四月十日にブライアンが珍田に「支
那政府ニ於テ機関ガ未ダ完備セザルヲ以テ暫ク措置ヲ見合ツツ
アル」④と述べ、駐北京のアメリカ公使館も孫文派に承認問題
を暫時延期する情報を洩らしたことがあったからであった⑤。
そのためアメリカを排斥することは日本が承認のイニシアチブ
をとる上で有利であった。

　上述のような承認に関する日本の提案に対し、英・仏・露・
伊・オーストリア＝ハンガリー帝国政府は賛同し、駐北京の公
使館にその意を訓令した。しかしドイツは「各国共同ノ態度ヲ
執リタキ」旨を述べながらも、国際的な責務を全部承認すべき

ことは国際法の原則であるので承認の条件として提出する必要
はなく、袁の当選と同時に承認すべしと主張し、日本の提案に
明確な回答を与えなかった①。

　日本は銀行団のメンバーと共に、承認問題においてアメリカ
と競争するための強力な手段として善後大借款を利用した。
五ヵ国銀行団は善後大借款交渉を急ピッチで進め、四月二十六
日には二五〇〇万ポンドの借款契約に調印して袁と北京政府に
巨額の資金を提供し、袁に好感を与えようとした。当時承認と
借款の問題において、袁と北京政府はどちらかといえば実際問
題としてまず借款を要望していた。駐米のフランス大使が珍田
大使に語ったように、アメリカが率先して単独承認することに
よって袁と北京政府に好意を示しても、現在の経済状況を考え
るとアメリカには到底巨額の資金を中国に投下出来る余裕がな
いため、この好意は現実的な効果を挙げることが不可能であり、
深く恐れる必要はなかった。一年間以上交渉しても進捗がな
かった借款が、アメリカが銀行団から脱退して単独で承認しよ
うとするこの時期に調印に達したことは、この競争の重要な側
面を物語っている。

　しかし日本と銀行団のこのような措置もアメリカの単独承認
を阻むことは出来なかった。アメリカも自国なりの対中国外交
を推進し、五月二日に正式に北京政府を承認した。この承認に
よりアメリカは袁と北京政府から一定の好意と信頼を得た。こ
の後アメリカのウィルソン政権と北京政府の関係は日増しに密
接になった。この意味ではアメリカは外交的に勝利したといえ
よう。

　同日メキシコが、五月八日にはブラジルとペルーが北京政府

───────

① 外務省編『日本外交文書』大正2年第2冊、30—31、33—34頁。

を承認した。

　アメリカが単独で北京政府を承認して競争相手が消えたため、日本や他の列強は互いの意見を調整し、南北紛糾の情勢を見守りながら、ゆっくりと承認の準備を進めた。承認問題の核心は北京政府に対する承認というよりも、北京政府が中国における列強の既得権益と国際的な責務を承認することであった。この問題についてイギリスとドイツは公然と対立した。牧野外相は承認問題の主導的立場にある者として両者の意見を調整しようとした。五月六日牧野は双方の意見を折中して、列強の既得権益と国際的な責務を承認・遵守することを承認の条件として公然と宣言することなく「支那政府ガ承認前自ラ進ンデ列国公使ニ対シ適当ノ声明ヲ文書ニテ行フヲ以テ列国ガ満足スルニ於テハ英独両者ノ見地共ニ相並行シ得ルコトトナル」[1]と主張し、これに対するイギリス政府の意見を打診した。ジョルダン公使は大総統選出の通知と同時に「支那政府ハ条約上ノ義務及存案セル慣行上外国人ノ有スル特権免除等ハ一切厳ニ尊重ス」[2]という声明を駐北京の各国公使館に送付することを提案し、依然として厳しい姿勢を示した。しかし伊集院公使は牧野外相の訓令の精神に沿って、大総統就任教書と北京政府外交部より列国の駐北京公使に大総統選出を通知する公文書の中に、「本総統ハ前清政府及ヒ民国臨時政府カ諸外国ト締結シタル条約協定及ヒ自余ノ国際契約ヲ恪守シ且ツ外国人カ国際契約国内法律及ヒ已成ノ慣行ニヨリテ支那ニ於テ享有セル権利特権及ヒ免除ヲ尊重スヘキコトヲ茲ニ声明ス」という一節を記入することを提案

---

　　① 大正2年5月6日、牧野外務大臣より在英国小池臨時代理大使宛電報、第86号。外交史料館所蔵。
　　② 大正2年4月30日、在北京伊集院公使より牧野外務大臣宛電報、第376号。外交史料館所蔵。

した①。

　これに対しジョルダンは全面的に賛同した。日本はこの一節を英文・漢文に翻訳して北京政府に内示することにした。大総統の就任教書と大総統選出の通知は国家の主権として当該政府が起草すべきであり、外国が干渉すべきものではなかったが、列強がここまで干渉したということはその国家の半植民地的性格と従属性を生々しく顕示したものであった。

　イギリスは中国において最大の利権所有者であり、この承認の条件に重きを置いていたので、中国側との事前交渉にはイギリスが当ることにした。五月十六日、ジョルダン公使はこの案文を袁の秘書長梁士詒に内示して北京側の意見を尋ねた②。二十二日に梁は「袁世凱モ大体ニ於テ賛成ナル」旨を伝えたが、二十八日になって案の中の「已成ノ慣行」は正式に記録されたものに限りたいという希望を出した③。これについて両者は三時間にわたって論議したが、両者共に譲歩しなかった。三十日に梁士詒は北京政府の漢文の対案をジョルダンに提示したが、その中に依然として「各項有公文之成例（公文上ニアルノ成例）」を記入することを主張した④。これは修辞上の修正問題ではなく、「実際上ノ利害関係多大ナルモノ」⑤であった。伊集院公使の私案の中の「已成ノ慣行」は広汎な「慣行」を指し、列強はこれを思いのままに解釈して「慣行」の適用範囲を拡大し、中国における権益を拡大することが出来たから、北京政府はこれを制限しようとしたのである。また対案の「公文上ニアルノ成例」の一句についても、北京政府が中国側が公文書にて認めた

① 外務省編『日本外交文書』大正 2 年第 2 冊、43 頁。
② 外務省編『日本外交文書』大正 2 年第 2 冊、42 頁。
③ 外務省編『日本外交文書』大正 2 年第 2 冊、42 頁。
④ 外務省編『日本外交文書』大正 2 年第 2 冊、42 頁。
⑤ 外務省編『日本外交文書』大正 2 年第 2 冊、42 頁。

慣行だと解釈するのに対し、列強側は外国官憲と中国官憲が公文書にて交渉した慣行だと解釈してその適用範囲を拡大し、中国における利権を拡大し得る法的根拠を得ようとした。ジョルダン公使は伊集院とこの件について商議し、列強側の解釈のような意を明記することは中国側の承諾を得られないことが明らかなるのみならず、却って中国側の解釈通りの意味を明確にすることになるとして、一応北京政府側の対案通りにしておくことにした。ここからも承認問題の本質は、承認を与える側の列強の中国における利権を逆承認することであったと窺うことが出来る。

　もう一つの問題は、中国において各列強が既成の慣例に基づいて主張した権益で中国側の同意を得ることが出来ずに懸案になっているものが多数存在していたことである。一部の国は北京政府承認の機会に一片の声明によって諸列強に有利な解決を得ようと要求していた。日本や他の列強はこのような好機に一気に多年の懸案を解決することを希望していたが、北京政府がこれを承認しようとしなかったため、この問題は以後各国が個別に北京政府と交渉することになった①。

　最後の文献として、日本外務省は北京政府を承認する諸外国の北京政府宛の同文の公文書案を起草し、その中であらためて大総統就任教書と大総統選出通知の中に記載されている列強の既成権益承認の意向を繰返すことにして、再度この意図を明確に強調した。

　このように北京政府承認に関する文献の起草工作と北京政府との事前交渉は、日本が主体となり、イギリスの協力を得てほぼ完了した。

---

　① 外務省編『日本外交文書』大正 2 年第 2 冊、46 頁。

　次に各国間の協議がおこなわれた。各国間の協議は主に駐北
京の各国公使の間でおこなわれた。六月十六日、牧野外相は伊
集院公使に「帝国政府ニ於テ適当ノ時機ト認メ次第貴官ヨリ
予テノ帝国政府ノ提議ニ基キ関係各国公使間ニ協議ヲ開始ス
ル」①よう電訓した。関係各国とは英・露・仏・独・墺・伊の
六ヵ国である。各国との交渉でまず問題とされたのは承認の時
期であった。牧野外相は依然として「大総統ノ正式選挙後ニ其
旨支那側ヨリ公然通牒シ来リタル後ヲ以テ（別段形勢ニ著シキ
変態ヲ認メサル限）適当」②だと指示した。しかし六月九日に
袁世凱は南方革命派に属する江西都督李烈鈞を罷免し、つづい
て安徽都督柏文蔚・広東都督胡漢民を免職とした。これによっ
て南北の対立が一層激化して中国は南北内戦寸前の状態となり、
大総統選が直ちにおこなわれる可能性はなくなった。このよう
な情勢下で、伊集院はイギリスの代理公使アルストン（ジョル
ダンは休暇のため帰国）と相談した結果、牧野外相に北京政府
承認に関する各国公使会議開催を暫く延期し、「大総統ノ選挙必
至ノ勢トナリタル時ヲ見計ヒ支那側ヨリ本使ヘ声明案（中国に
おける列強の権益を承認する声明―筆者）ヲ内示シ相談アリタ
ル体ニテ関係公使会議ヲ催シ一気ニ声明案ヲ是認セシムル方策
ニ出ヅル方可然乎」③という意見を上申した。それは大総統選
挙までにはかなりの期日があり、この間に右の会議を開催すれ
ば外国利権承認に関する中国側の声明を求めることが必然的に
討議されるが、その時に既に中国側と事前交渉が済んでいるこ
とを言出すのも考慮を要するし、事前交渉済みの声明案を私案
として各国公使に示せば、自然と他国公使より字句の修正等が

---

① 外務省編『日本外交文書』大正2年第2冊、45頁。
② 外務省編『日本外交文書』大正2年第2冊、46頁。
③ 外務省編『日本外交文書』大正2年第2冊、48頁。

提議されて予想外の事態を惹起する恐れがあるからであった。
これも中国における各国の利害が異なるために起きた現象で
あった。日本とイギリスはこのような事態を予期して両国で密
かに中国側と声明案を定めたのであるが、これは各国共同協議
という原則に違反するから、その内幕を公にすることは出来な
い状態だったのである。このような列強間の複雑な関係は、承
認問題をめぐる相違・対立の厳しさを物語ると共に、中国をめ
ぐる列強間の競争・争奪の一側面を具現したものであった。こ
れはこの時のドイツの主張からも窺うことが出来る。ドイツは
この時従来の主張を繰返し、「若シ列強カ協議ノ上大統領選挙以
前ニ於テ承認スルコトヲ得ル場合ニ至ラハ独逸国ハ喜ンテ之ニ
参画スベキモ若シ之ニ反シ右選挙後尚多少時日ヲ要スル場合ア
リトセハ独国政府ハ之レヲ肯ズルコト能ハサルニ付或ハ単独行
動ニ出ヅルヤモ計リ難シ」①と日本に警告したのである。

　承認に関して各国公使会議を開くか否かが問題になっている
時、七月十二日に李烈鈞が江西省の独立を宣言して第二革命の
火蓋を切った。これで承認問題は一時停滞状態に陥ったが、八
月十八日には北の袁軍が江西省の省都南昌を攻略し、九月二日
には南方革命派の大本営があった南京も攻略され、第二革命は
失敗した。これにより袁は完全に南北を統一して全中国に君臨
する勢力を築きあげた。そこで承認問題が緊急の外交課題とし
て再度提起されることになった。

　この時日本の駐北京公使が交替し、山座円次郎が七月二十七
日に公使として着任した。山座が新公使に着任したのはある意
味において日本が袁との関係を改善する意向を表明したことで
あり、日本が承認問題において主導的役割を果す上でも有利な

---

① 外務省編『日本外交文書』大正2年第2冊、49頁。

面があった。山座は第二革命後袁世凱の権力が強大となり、袁とその与党の希望通り存外速やかに袁が大総統に選出されることを予測して、承認問題を実際に解決する時期が迫ったと判断し、八月十二日に牧野外相に駐北京の各国公使と承認問題に当っての具体的手順を商議したい旨を上申した。山座は伊集院とアルストンが協議した手順を変更して、大総統選出の時期が確実に予見し得る時に、山座が英・露等六ヵ国の公使に七ヵ国公使会議を求め、北京政府の梁士詒と打合せ済みの声明案から"on record"の文字を削ったものを提示し、日本政府の提議として大総統就任教書中にこの声明を包含するよう北京政府と交渉し、北京政府が応諾したら各国は大総統当選就任の通知に対する北京政府外交部宛の回答中にあらためて声明案を摘記し、大総統が中国における外国政府と人民の利権を承認・保障したことを信任して北京政府を承認する旨を記することを提案しようとした①。山座は、公使会議でこの方法が採択されたら声明案を北京政府に提出し、もし北京政府がこの案に反対したら、北京政府に"on record"の文字を加えた修正対案を提出するよう内談し、この修正対案が七ヵ国公使会議において承諾されるよう日・英両国公使が説得するという案を提出した。牧野外相はこの方法をイギリス代理公使と梁士詒に内談するよう指示すると同時に、駐英の井上大使を通じてこの案に対するイギリスの姿勢を打診すると、イギリスは何ら異議なしと回答した。日本、特に山座がこのように"on record"を記入することにしたのは、北京政府の要望を受入れることによって袁と北京政府に好感を与え、その関係を改善しようとしたからであった。この

---

① 大正 2 年 8 月 12 日、在北京山座公使より牧野外務大臣宛電報、機密第 289 号。外交史料館所蔵。一又正雄『山座円次郎伝——明治時代における大陸政策の実行者』原書房、1974 年、82－84 頁参照。

ため山座は欧洲の列強と中国間に立ってこのような権謀術数を
弄したのである。

　承認問題に関する協議はこうして順調に進捗したが、漢口・
兗州・南京の三事件が起こって日本と袁世凱・北京政府との
関係は急激に悪化した。日本国内では反袁の世論が沸騰した。
北京政府に対する承認は袁世凱が中国に君臨するのを国際的
に承認することでもあったが、このような雰囲気の中で承認
するのは至難のことであった。そこで九月十七日に牧野外相
はイギリスのグリーン大使に、承認は「予定通り進行セシム
ルコトヲ得サルニ至ルヤモ料難シ」①と述べた。この時、山座
公使は承認問題と引換えに南京事件等に対する日本側の要求
を受諾するよう袁に迫っていた。日本は承認問題を引きのば
して三つの事件の解決に利用しようとしたが、イギリスは「日
本国ニ於テ承認ヲ延サントスルカ如キコトアルモ英国政府ハ
夫レカ為承認ヲ延スコト能ハサルヘシ」②と反対した。ジョル
ダン公使は山座公使案に沿って適当な措置をとるよう要求し
た。イギリスのこの牽制によって日本は承認の時期を引きの
ばすことが出来なかった。しかしこれは逆に袁と北京政府に
とっては三つの事件に対する日本の要求を受諾する外交的圧
力になった。

　第二革命の失敗は北京政府承認を促した。袁世凱が国会議
員に工作して、十月上旬大総統に当選・就任する予定となっ
た。北京の外交団は山座公使が計画した手順により、九月二
十七日にまず日・英・露・仏・独五ヵ国の公使会議を開き、
山座が"on record"の入っていない声明案を提出し、一同の
同意を得た。次いで山座はこの案を伊・墺の代理公使に示し

①　外務省編『日本外交文書』大正２年第２冊、58頁。
②　外務省編『日本外交文書』大正２年第２冊、59頁。

てその賛同を得た。山座はベルギー公使にも示してその賛同
を得た。当時外交団の首席公使はスペインの公使であったが、
日本は承認の主導権を掌握していたのでこのような核心的役
割を果したのである。

　このような予備的準備を経て、九月三十日外交団会議が開
催され、山座による手順通りに承認問題を進めることが決定
され、北京政府との交渉も山座に依頼された[①]。オランダとベ
ルギーの公使は上述の声明と通告が遅延する時には、自国政
府に関する限りは大総統選挙の事実によって承認するつもり
だと言明して他の列強と争った。この両国は五ヵ国銀行団か
ら排斥されており、ベルギーは単独で北京政府に借款を提供
する等、五ヵ国銀行団と対立する一方で、袁や北京政府との
関係が良好であった。それで承認条件をそれほど重視してい
なかったのである。

　次は北京政府との交渉であった。北京政府との交渉は非公式
におこなうことにしたため、外交部とではなく大総統秘書長梁
士詒と交渉して、直接袁世凱からの承諾を得ようとした。九月
三十日に山座は外交団会議を通過した声明案を梁士詒に示した
が、梁は飽くまで"on record"の文字を加えることに固執した。
十月一日に梁は「前政府カ直接ニ各外国会社人民ト明カニ訂結
シタル契約ハ当ニ承認スヘシ」[②]という表現の対案を提出し、
出来得る限り利益承認の範囲を制限しようとした。両者の論議
を経て、最後に「公文アル」という表現は使用しなかったもの
の「各項成案成例ニ依リ」[③]（傍点は筆者）という微妙な表現
を使用することで双方が妥協した。この「成案成例」だと公文

① 外務省編『日本外交文書』大正2年第2冊、63-64頁。
② 外務省編『日本外交文書』大正2年第2冊、64頁。
③ 外務省編『日本外交文書』大正2年第2冊、65頁。

に記されているものか否かが明確ではないので、今後権益をめ
ぐる紛糾が発生した場合は各自が解釈することが出来る余地が
残されたのである。これは列強の中国における利権の拡大とそ
れに抵抗する北京政府との対立を示すものであった。

　山座公使は十月二日の外交団会議で梁士詒と打合せた声明案
を提出し、会議は満場一致でこの案を可決した[①]。山座は大総
統選出と声明発表との間に数日の間隔があることを警戒し、こ
れによってドイツ・オランダ・ベルギーが先に承認することを
阻止しようとして、この声明は大総統選出済みの通知と共に外
交部より各国公使に送り、各国公使は日本が起草した同文の公
文書にて承認を通知すべきだと強調した。このように山座公使
は終始北京政府承認のイニシアチブを掌握していた。

　牧野外相は日本が承認問題において達成すべき目的をほぼ実
現したため、山座公使の活躍に甚だ満足し、十月三日に「貴官
ハ適当ノ時機ニ至リ帝国政府ヲ代表シ承認手続ヲ実行セラレ差
支ナシ」と電訓した。

　十月六日、北京の国会は予定通り袁世凱を大総統に選出し、
袁は臨時大総統から正式の大総統になった。各国公使館は同
日午後九時過ぎに大総統選出の通知や声明等の公文書を受
取った。山座公使は承認に関する同文の公文書を直ちに外交
部に送付して真っ先に北京政府を承認し、袁が正式な大総統
として中国に君臨することを承認した。同日東京では牧野外
相が天皇に承認の旨を上奏した。内閣は八日付の官報で「帝
国政府ハ本月六日ヲ以テ支那共和国ヲ承認セリ」[②]と公表した。
ここで国名を「支那」としたのは、山本内閣が七月上旬の閣
議において政府内部及び日本と第三国間における通常文書に

---

① 一又正雄、前掲書、87頁。
② 外務省編『日本外交文書』大正2年第2冊、69頁。

おいては「支那」の名称を使用し、条約または国書等では「中華民国」の名称を使用することに決定したからである。「共和国」という表現を使用したことは、従来立憲君主制を主張して来た日本が中国の国家政体として初めて共和体制を承認したことを示している。牧野外相が三月末に北京政府承認を検討した時に「共和政体ハ支那国論指導者ノ承服ヲ得ヘキ唯一ノ政体ナルヲ知ルベキ」①だと語ったことや、九月五日に孫宝琦が山座公使に中国の政体として立憲君主制は如何と打診したのに対して山座が「既ニ共和政体トナレル今日再ヒ旧政体ニ引戻スコトハ頗ル難事」②だと述べたことは、日本が北京政府を承認することはその共和制の国体を承認することであると自覚していたことを示している。

　袁世凱は大総統就任教書で日本や欧洲の列強が要求した中国における利権を承認し、次のような声明を発表した③。

　　　　本大総統ハ前清国政府及中華民国臨時政府カ各外国政府ト訂スル処ノ総テノ条約協約公約ハ必ス当ニ恪守スヘク又前政府カ外国会社或ハ人民ト訂スル所ノ正当契約モ亦応サニ恪守スヘシ次ニ各国人民カ中国ニ在リテ国際契約及国内法律並各項ノ成案成例ヲ按シ已ニ享クル所ノ権利、特権、免除等モ亦切実ニ承認シ以テ交誼ヲ連ネ和平ヲ保ツヘキコトヲ声明ス

　この声明により、列強は中国における従来の自己の権益を維持すると共に今後もその権益を拡大出来る保障を得た。六日に英・仏・独・露・墺・伊・西ら諸国も日本につづいて承認し、承認を通告する同文の公文書は翌七日に北京政府外交部に送付

---

　①　外務省編『日本外交文書』大正2年第2冊、3頁。
　②　外務省編『日本外交文書』大正2年第2冊、57頁。
　③　外務省編『日本外交文書』大正2年第2冊、75頁。

された。

　日本は終始北京政府承認に関する主導権を掌握し、対中国外
交のイニシアチブを掌握しようとしたが、日本がこれによって
得たものは他の欧洲列強が得たものと同様であり、これにより
辛亥革命以来受動的であった対中国・対袁外交を転換すること
は出来なかった。一方、北京政府と袁世凱は承認条件を受諾す
ることにより、その政権と大総統の合法的地位を国際的に確保
した。

第七章　第一次世界大戦の勃発と中日外交

　第一次世界大戦の勃発により中国をめぐる国際情勢は大きく
変化した。袁世凱と北京政府を支えて来たイギリス等欧米列強
は欧洲戦線に巻込まれて東方を顧みる余裕がなくなり、従来日
本の対中国政策を大いに牽制してきた最大の要因が弱くなった。
また中国における欧米列強と日本との対立と争奪を利用し、欧
米列強の支持と助力によって日本に抵抗した袁世凱と北京政府
の対日抵抗力も衰え、その対日姿勢も変化し始めた。辛亥革命
以来、日本の対中国政策は欧米の牽制と袁世凱・北京政府の抵
抗により停滞状態に陥っていたが、この二つの要因の変化は日
本が対中国政策を転換して積極的に中国を侵略する国際的環境
を整えた。日本はこれを「天佑」だと考え、この機会に大戦に
参加して対独開戦に踏切り、ドイツの租借地膠州湾と山東鉄道
（膠済鉄道）を占拠してこれを軍事的後盾として北京政府に二十
一ヵ条要求を提出し、中国における日本の利権を拡大すると共
に、中国における日本の覇権を確立しようとした。本章では、
日本の参戦・開戦と膠州湾・山東鉄道占拠及び二十一ヵ条交渉
をめぐる中日外交を考究すると共に、これらの諸問題をめぐる
欧米列強の二重外交と日増しに激化した袁・孫の対立及びこれ
らの諸問題をめぐる日本と袁・孫の相互の対応を検討する。

一　日本の対独開戦と膠州湾・山東鉄道の占拠

　八月三日のドイツのフランスへの宣戦と四日のイギリスのドイツへの宣戦により、第一次世界大戦が勃発した。第一次世界大戦は列強による世界再分割のための戦争であり、欧洲が主戦場であった。しかしドイツが中国に租借地を得ていたため、日本はこれを機にドイツ租借地の膠州湾と山東鉄道を占拠して辛亥革命以来停滞していた対中国政策を積極的に推進するため、変容した日英同盟を口実にこの大戦に参加してドイツに宣戦した。本節では、日本の参戦・対独宣戦及び膠州湾侵攻をめぐる中日外交と欧米列強との外交を論述すると共に、日本の山東鉄道占拠をめぐる外交交渉を考究する。

　日本の大戦参加を阻止しようとしたのはドイツであった。ドイツは日本がイギリス等協商国側に加担することを阻止すると同時に、東洋におけるドイツの植民地である膠州湾に対する日本の攻撃を阻止し、この地域におけるドイツの権益を維持しようとした。このため八月三日に東京のドイツ大使フォン・レックスは加藤外相を訪れ、戦争が東洋に波及することになれば日本は如何なる態度に出るかと打診した①。これに対し加藤外相はドイツの艦隊が香港を攻撃した場合、「日本ハ日英同盟条約ノ規定ニ準拠シ同盟国トシテ当然ノ責務ヲ果サベルヲ得ザルハ素トヨリ其所ニシテ特ニ自分ノ解説ヲ待ツ迄モナシ」②と明言し、参戦の意向を公然と表明した。当時元老山県らは軽率にドイツに対して武力を用いるべきでないと考えていたが、陸軍は協商国側の優位を予測して対独参戦を主張し、参謀本部では三日か

---

① 外務省編『日本外交文書』大正3年第3冊、94頁。
② 外務省編『日本外交文書』大正3年第3冊、94頁。

ら青島攻略に関する作戦計画の立案に着手して八日に対独作戦
要領を策定した。八月八日、日本は閣議において参戦を決定し
たがその風説が新聞から洩れた。日本の参戦決定はドイツに脅
威を及ぼした。ドイツは日本の対独参戦を阻止するため、まず
日本に強硬な姿勢を示した。ドイツ大使フォン・レックスは同
日午後松井外務次官を訪れて「欧洲ニ於ケル交戦カ結局独国ノ
勝利ニ帰スヘキ」①だと述べ、日本にとって参戦は得にならな
いと警告する一方で、「日本政府カ中立ノ態度ヲ保持センコトヲ
熱望シ」た。十二日にフォン・レックスは加藤外相を訪ね、「こ
の際戦争区域ノ局限又ハ某海面ノ中立ト云フ如キ何等カノ方法
ヲ講スル」②ことを提議したが加藤外相は耳を傾けなかった。
日本の中立化によってその参戦を阻むドイツの外交的努力は失
敗し、日本は大戦参加の第一の障害を除くことに成功した。

　しかし日本の対独参戦への最大の障害はドイツではなくイギ
リスであった。中国をめぐる日本とイギリスの関係は二重的で
あり、一面においては中国における既成権益の維持をめぐり列
強として互いに協力・協調し、また一面においては新権益の拡
大をめぐり互いに争奪していた。このような二重関係は日本の
大戦への参加とドイツへの開戦問題において、一面では列強の
共同的利益の見地から中国におけるイギリスの既得権益を維持
するため日本の参戦と援助を希望し、また一面においては互い
に争奪する対立的関係から日本の参戦と対独開戦により日本が
中国における権益を一層拡大することを恐れ、その参戦を阻止
し、或いはその作戦地域を制限しようとする形をとった。この
日本とイギリスとの二面的関係は日本の参戦・開戦外交におい
てどう展開されたのであろうか。

---

① 外務省編『日本外交文書』大正3年第3冊、107頁。
② 外務省編『日本外交文書』大正3年第3冊、128頁。

　八月四日に対独開戦を決定したイギリスは日本の協力と援助
を希望し、駐日大使グリーンを通じて加藤外相に「戦闘ガ極東
ニモ波及シ従テ香港及威海衛カ襲撃ヲ受クルコトアル場合ニハ
英国政府ハ帝国政府ノ援助ニ信頼ス」①との要望を申入れた。
この申入は中国におけるイギリスの既成権益を守るためだった
ので日本の援助の前提条件として地域的制限を設けたのである。
加藤外相はこの申入を承諾したが、その条件と制限に満足せず、
「其他ニモ例ヘバ公海ニテ英国船ガ拿捕セラレタリト云フガ如
キ種々ノ場合アルベシト思考セラルヽガ……此種ノ場合ニ於ケ
ル同盟条約ノ適用問題ニ付テハ英国政府ヨリ帝国政府ニ協議セ
ラルヽ様致度シ」②と要望し、条件と制限を撤廃しようとした。
加藤外相は日英同盟の義務を口実にイギリスと対等に自由に参
戦することを要求したのである。四日、外務省は欧洲大戦に対
する日本の姿勢を公示したが、そこでは「万一英国ニシテ戦争
ノ渦中に投スルニ至リ且ツ日英協約ノ目的或ハ危殆ニ瀕スル等
ノ場合ニ於テハ日本ハ協約上ノ義務トシテ必要ナル措置ヲ執ル
ニ至ルコトアルヘシ」③として、加藤外相の要求が公然と表明
されたのである。日本は参戦に当って中国における列強の権益
に制限を受けずに自由行動をとろうとする意向を表明したので
あった。

　イギリス外相グレーは加藤外相のこの意向を察して日本の参
戦を阻止しようとした。四日、グレー外相は駐英の井上大使に
「英国ハ日本国ノ援助ヲ求ムル必要ニ迫ラルルコトハ多分之レ
ナカルヘク又日本国ヲ今回ノ戦争ニ引入ルルコトハ英国政府ノ

---

　　①　外務省編『日本外交文書』大正3年第3冊、95−97頁。市島謙吉『大隈侯八十
五年史』第3巻、大隈侯八十五年史編纂会、大正15年、169頁。
　　②　外務省編『日本外交文書』大正3年第3冊、95−96頁。
　　③　外務省編『日本外交文書』大正3年第3冊、99頁。

避ケントスル所ナリ」①と語った。しかしイギリスは欧洲大戦
に巻込まれ、自力で中国とその沿海における権益をドイツから
守ることは不可能であったため、七日に駐日大使を通じて「日
本海軍ニ於テ独逸仮装巡洋艦捜索及破壊ノ為英国ヲ援助センコ
トヲ求ムル」②ことを加藤外相に要請した。これもまた条件と
制限付きであったため、日本はこれに同意しなかった。加藤外
相は「只日本ノ援助ヲ独逸仮装巡洋艦ニ対スル場合ノミニ限ル
コトハ如何アランカ」③と問い、不満の意を表明した。加藤外
相は日本海軍がドイツの仮装巡洋艦を捜索・撃破することは交
戦行為であり、対独宣戦布告が必要であるとして、九日イギリ
スに一旦日本が対独交戦国となる以上は「日本ノ行動ハ単ニ敵
国仮装巡洋艦ノ撃破ノミニ局限スルコト能ハスシテ必スヤ日本
ハ支那海ニ関スル限リ両同盟国ニ共通ナル目的ヲ遂行スルカ為
メ即チ東亜ニ於ケル日本及英国ノ利益ニ損害ヲ被ラシムヘキ独
乙国ノ勢力ヲ破滅センカ為メ成シ得ベキ一切ノ手段方法ヲ執ル
コトヲ必要トスルニ至ルヘシ」④と述べた。その上で対独開戦
の目的をドイツの仮装巡洋艦撃破に限定するのではなく、その
根拠を「日英同盟協約ニ記載セル広汎ナル基礎ノ上に置キ」、開
戦宣言に「英国ハ日本ニ援助ヲ求メ而シテ日本ハ其請求ニ応シ
タル」⑤旨を明記するように要望した。加藤外相はこの要望を
イギリスに提出するに当り、駐英の井上大使に「一旦独乙ニ対
シ開戦スル以上ハ英国希望ノ事柄ニ限ラス日本ハ交戦ニ必要ナ
ル一切ノ行動ヲ為サヘルヲ得サル」と述べ、さらに「英国ノ要
求ニヨリ戦闘ニ参加スルモノトナサヘレハ充分ノ理由トナラサ

---

① 外務省編『日本外交文書』大正3年第3冊、99頁。
② 外務省編『日本外交文書』大正3年第3冊、102－05頁。
③ 外務省編『日本外交文書』大正3年第3冊、102頁。
④ 外務省編『日本外交文書』大正3年第3冊、110頁。
⑤ 外務省編『日本外交文書』大正3年第3冊、110頁。

ル」①として、この意向を伝えるように訓令した。このような
照会と訓令は中国とその沿岸において日本が無制限に軍事行動
を展開する権利と意欲を表明したものであった。井上大使は同
日この意向をグレー外相に申入れたが、グレーは「最考量ヲ要
シ」②、翌十日に日本の対独宣戦を延期するよう要求した③。し
かし同日加藤外相は、日本は「最早其所決ニ対シ重大ナル変更
ヲ加フルコト能ハサル立場ニ至リタル」④として、即時対独宣
戦を要求する覚書をイギリスに提出し、強硬な姿勢で対応し始
めた。

　イギリスは日本の無制限な軍事行動、即ち中国における無制
限な勢力拡大を容認しようとしなかった。十日、グレー外相は
井上大使にドイツ仮装巡洋艦撃破のための日本海軍出動の要請
を取消すと申出た⑤。十一日、これに対し加藤外相は「英国外
務大臣ノ所決ハ帝国政府ノ極メテ意外トスル所ナリ」として、
日本がイギリスの依頼に応じて軍事行動に関する諸般の準備に
着手しているこの折に「今更英国ニ於テ協力ノ要求ヲ取消スト
アリテハ帝国政府ハ　extremely　embarassing　position ニ
陥ル義ニ」なるので、「是非共其所決ヲ翻ヘサレンコトヲ望ム」⑥
旨をグレー外相に要請した。グレー外相は「支那海ニ於テ敢テ
危険ナキコトヲ知リ援助ヲ請フ必要消滅従テ右請求ヲ取消シタ
ル」と弁明し、「世間ニ於テ或ハ日本国ハ此際領土侵略ノ野心ア
リト誤解スル者鮮カラサレ」ば、「戦闘区域ヲ局限シ日本国ハ支
那海ノ西及南并ニ太平洋ニ於テ戦闘ニ出テザルコトヲ声明」⑦

---

①　外務省編『日本外交文書』大正 3 年第 3 冊、111 頁。
②　外務省編『日本外交文書』大正 3 年第 3 冊、112 頁。
③　外務省編『日本外交文書』大正 3 年第 3 冊、113 頁。
④　外務省編『日本外交文書』大正 3 年第 3 冊、114−16 頁。
⑤　外務省編『日本外交文書』大正 3 年第 3 冊、116−17 頁。
⑥　外務省編『日本外交文書』大正 3 年第 3 冊、120−21 頁。
⑦　外務省編『日本外交文書』大正 3 年第 3 冊、122−23 頁。

するよう要求し、日本の参戦に対するイギリスの懸念を率直に述べた①。加藤外相はこの要求に同意しなかった。十三日、加藤外相は「戦地局限ノコトヲ布告中ニ声明スルコトハ断シテ不可能ナリ」として、「戦地局限ノコトヲ記載セサル宣戦布告ノ形式ニ対シ英国政府ニ於テ是非共同意」②するよう要望した。イギリスはこの要望に応ぜず、欧洲大戦においてロシアとフランスと提携していることを理由に、日本の軍事行動について日・英・仏・露四国が協議することを提案し、露・仏の関与により日本の軍事行動を制限しようとした。しかし、その後グレー外相の方針が変化し、十三日には「英国政府ニ於テハ強イテ宣戦布告中ニ戦地局限ヲ記載セラルヽヲ必要トスルモノニ非ラズ要ハ如何ナル形式ヲ問ハス戦地局限ニ関スル帝国政府ノ保障ヲ得ハ足レリ」③と譲歩的姿勢を示した。イギリスが譲歩した原因は(一)に日本側の強硬な反対、(二)にイギリスには中国とアジアを顧みる暇がないこと、(三)に威海衛等中国におけるイギリスの権益を保護するため日本の援助が必要であったこと、(四)に対独開戦以来の戦況が協商国側に不利であったことなどにあった。

　こうして日本は同盟国であるイギリスからドイツに宣戦し第一次世界大戦に参加する承認を得た。日本の参戦をめぐる対列強外交の目的は一応達成されたのである。だがその目的は完全に達成されたわけではなかった。

　日本は対独宣戦により膠州湾と山東鉄道をドイツから争奪するため、中国の領土である山東半島において戦闘を開始しようとした。これは中国の領土主権を侵害するので、間接的には対

---

① 伊藤正徳『加藤高明』下巻、加藤伯伝記編纂委員会、昭和４年、88－92 頁参照。
② 外務省編『日本外交文書』大正３年第３冊、131 頁。
③ 外務省編『日本外交文書』大正３年第３冊、136 頁。

中国戦争でもあった。大戦勃発後、中国の新聞は日本が青島を攻撃・占拠する準備をしていることを報道した。袁世凱と北京政府は日本の対独開戦と戦争の中国への波及を阻止するために、八月六日に中立を宣言し①、次いで対欧米外交を展開した。これに日本も対抗したので、北京政府と日本との間に日本の参戦と対独開戦をめぐる外交交渉が展開された。

　袁世凱と北京政府は従来イギリスに依存していたが、イギリスは欧洲大戦に巻込まれ中国を顧みる暇がないばかりか、日本との同盟関係により日本の援助を要請したので、イギリスに頼ることが出来なかった。袁と北京政府は日露戦争以後中国東三省における権益を拡大しようとして日本と対立していたアメリカが当時戦争に参加せず中立国であったことに注目し、アメリカの力を借りて日本の中国領内における対独開戦を阻止しようとした。中国と日本はアメリカの関与をめぐり外交上の攻防戦を展開した。八月五日、北京政府の駐米公使館の夏偕復はアメリカ国務省に「此際支那ハ米国政府ト共に欧洲各交戦国ニ向ヒ成ルヘク戦争ノ禍ヲ減シ殊ニ東洋ニ波及セシメサランコトヲ忠告スヘシ」②との旨を政府の訓令として申入れた。中国の新聞もアメリカがこの問題に関与していることを報道した③。こうして中国側は日本の対独開戦を阻もうとしたのである。日本はこれに対し敏感に反応した。加藤外相は「若シ右米国側ヘノ申出ニツテ果シテ事実ナリトセハ容易ナラサル次第」と考え、中国のアメリカへの接近と依存とを阻止しようとして駐中国の小幡酉吉臨時代理公使に北京政府に「厳重ニ其説明ヲ求メ」るよう指示した。翌九日、小幡が袁世凱に尋ねると袁は事実を認め、

　① 王蕓生『六十年来中国与日本』第6巻、生活・読書・新知三聯書店、1980年、34—39頁参照。
　② 外務省編『日本外交文書』大正3年第3冊、101、112頁。
　③『申報』1914年9月4日。

これは「単ニ人道上ヨリ考ヘ戦争ノ惨禍ヲ減スルコトヲ提言」①
したのだと弁明した。十日、小幡は孫宝琦外交総長に「日本国
ニ何等相談ナク米国政府ト接触ヲ試ミタルハ……帝国政府ノ極
メテ不満ヲ感スル所」②だと抗議した。同日、小幡は曹汝霖外
交次長にも「引米排日等ノ所作ニ出テラルルニ於テハ其結果ハ
重大ノ関係ヲ惹起スルニ至ルヘキ」③旨を警告した。

　日本はアメリカの対中国行動を牽制するためにイギリスを利
用した。十日、加藤外相は駐英の井上大使に、イギリス政府よ
りアメリカ政府に「同国ハ東洋方面ノ現今ノ事端ニハ何等関係
セサル態度ヲ持スル」④よう勧告してもらうことを訓令した。
同日、加藤外相はイギリスに、日英共同で北京政府に「日英両
同盟国ニ熟議セスシテ他ノ第三国（アメリカ―筆者）ニ援助ヲ
求ムルカ如キコトアリトスレハ時局紛糾ノ極形勢遂ニ収拾スヘ
カラサルニ至ラン」⑤と厳重に警告することを提議した。イギ
リスも中国においてアメリカと互いに権益を争奪する関係にあ
るため、アメリカが中国問題に介入することを恐れて日本の提
案に賛成し、十三日に駐北京のジョルダン公使に日本公使と協
議するように訓令した⑥。同日、加藤外相も駐北京の小幡臨時
代理公使にジョルダン公使と協議するように指示した。日英両
国は、中国の領土保全及び中立維持を保障するから第三国に援
助を求めないよう中国に共同で警告するための打合せを始めた。
ジョルダン公使はこの警告に「膠州湾ハ一時両国ニテ占領スル
コトアルモ戦局終了後ハ支那政府ニ還附スル」⑦との趣旨を明

① 外務省編『日本外交文書』大正３年第３冊、112頁。
② 外務省編『日本外交文書』大正３年第３冊、119頁。
③ 外務省編『日本外交文書』大正３年第３冊、120頁。
④ 外務省編『日本外交文書』大正３年第３冊、117頁。
⑤ 外務省編『日本外交文書』大正３年第３冊、118頁。
⑥ 外務省編『日本外交文書』大正３年第３冊、129、131−32頁。
⑦ 外務省編『日本外交文書』大正３年第３冊、142頁。

記するよう日本に要望した。イギリスは中国の領土保全を口実に日本に膠州湾の還付を要求し、日本の中国における権益拡大を制限しようとしたが、加藤外相はこの記入に反対した①。日英双方は膠州湾還付を両国の共同警告に明記するか否かの問題をめぐり五、六日間論争した。この論争は両国の中国に対する争奪を意味した。特にジョルダン公使は加藤外相が述べたように、「日本ノ行動ヲ制肘セントスルノ気味アル」ため、日本側に譲歩しようとせず、その記入に固執した。このような情況で日本はイギリスと共同警告を発するのは逆に不利だと考え、八月二十日加藤外相は駐日のイギリス大使に「時局ノ発展ト共ニ支那政府カ日英両国以外ノ第三国ニ援助ヲ求メントスルカ如キ懸念ハ今日ニテハ先ツ之レナキニ至リタルヲ以テ帝国政府ニ於テハ此ノ際尚日英両国政府ニ於テ支那政府ニ共同警告ヲ与フルノ必要ハ最早之ヲ見サルニ至リタル」②と述べ、日本が提案した共同警告の必要なきことを申入れ、この問題の交渉も終結した。しかしこの交渉は膠州湾をめぐる日英の対立の終結ではなく、その争奪の激しさを物語っていた。

　日英両国が膠州湾還付問題をめぐり論争している時、北京政府もドイツとその還付交渉をしていた。駐独公使顔恵慶は政府の訓令によりドイツ外務次官と海軍次官に膠州湾租借地の還付を要求した③。ジョルダン公使の話によれば、その条件は(一)に膠州湾租借地を中国に還付する、(二)に同地を通商港として開放する、(三)に同地の防備を撤回する、(四)に同地配備の軍艦を武装解除し戦争終結まで中国政府において保管する、(五)に同地ドイツ軍隊の武装を解除する、(六)に賠償問題は後日中

① 外務省編『日本外交文書』大正3年第3冊、144、174頁。
② 外務省編『日本外交文書』大正3年第3冊、201-02頁。
③ 顔恵慶『顔恵慶自伝』伝記文学出版社、1982年、88頁。

独両国政府間で協定する等であった①。ドイツはこのような条
件で膠州湾を中国に還付することによって日本の対独開戦を阻
止しようとし、北京政府も外交交渉でこの租借地を回収しよう
とした。しかし八月十一日に袁世凱は坂西利八郎大佐にこのこ
とを洩らし、中国政府としては「其ノ時機ニアラス」②として
ドイツの要望を拒否したと告げた。翌十二日、小幡は孫外交総
長にこの件を確認したがほぼ同様であり、小幡も「支那側ニ於
テ敢テ重キヲ措カサル次第カト察セラル」③と加藤外相に報告
した。しかしジョルダン公使とグレー外相は中独交渉は進行し
ており中国はこれを承諾すると日本側に伝えた。中独交渉は日
本の参戦を阻止する上でイギリスに有利であったため、ジョル
ダン公使はこの交渉を支持し、「支那ノ動揺ヲ防キ東洋ノ大局ヲ
保全スルハ此ノ方法以外良案ナシ」④と考えていた。彼は「膠
州湾ヨリ或ル一国ヲ排除シテ他ノ一国カ之ニ代ハルカ如キハ支
那ニ動揺免カレサル」として、「暗ニ日本国ノ青島攻撃ニハ頗ル
不満ノ意ヲ表」⑤していた。イギリスは日本が青島を占領し、
そこを拠点として山東省乃至中国における権益を無限に拡大す
ることを好ましく思っていないばかりか、独中交渉を利用して
これを牽制しようとした。小幡臨時代理公使もジョルダン公使
が何らかの活動を展開して「膠州湾還附ニ関スル独逸側ノ提議
ヲ速カニ支那政府ヲシテ容レシメ以テ戦局限制ノ美名ヲ博シ将
来ニ於ケル英国ノ立場ヲ善クセントスル考ヲ有シ居ル」⑥と加
藤外相に報告した。加藤外相は問題の重大さを認識し、ドイツ

① 外務省編『日本外交文書』大正3年第3冊、138頁。
② 外務省編『日本外交文書』大正3年第3冊、125頁。王蕓生、前掲書第6巻、
41頁。
③ 外務省編『日本外交文書』大正3年第3冊、126頁。
④ 外務省編『日本外交文書』大正3年第3冊、138頁。
⑤ 外務省編『日本外交文書』大正3年第3冊、139頁。
⑥ 外務省編『日本外交文書』大正3年第3冊、142頁。

の膠州湾還付の申出を絶対に拒否するよう中国側に強く要求した①。同時に加藤外相は中国が単独でこのような交渉を進めることは「極メテ重大ナル結果ヲ生スルニ至ル」と警告した②。八月十五目、小幡は孫外交総長にこの要求を伝え、袁世凱の意向を確認するように要求した。袁は日本側の警告に「感謝」し、孫総長も「支那政府ハ実行不可能ノ問題トシテ真面目ニ考量シ居ル次第ニアラス」③と答えた。事実上中国は当時膠州湾を回収しようとしてドイツ側と交渉していたが、イギリスからの確固とした支援を受ける可能性もなく、日本の反対とフランスの圧力によってこの交渉を中止せざるを得なかった。駐北京のフランス公使コンチイは中国が単独でドイツと膠州湾還付問題を議定するのは交戦国に対する中立違反に問われるのみならず、日本の国論を沸騰させる危険な行動だと孫外交総長に警告し、日本を支援して中国に圧力を加えた④。当時フランスは日本が協商国側に参加することを希望していたから、日本を支持するのは当然であった⑤。

　参戦・開戦をめぐる日本の外交は日本の希望と計画通り順調に進み、八月十五日に大隈内閣は御前会議の決定を経て、次のような「対独最後通牒文」を採択した⑥。

　　一　日本及支那海洋方面ヨリ独逸国艦艇ノ即時ニ退去スルコト

　　　退去スルコト能ハサルモノハ直チニ其武装ヲ解除スルコト

　　二　独逸帝国政府ハ膠州湾租借地全部ヲ支那国ニ還附ス

　①　外務省編『日本外交文書』大正3年第3冊、137－38頁。
　②　外務省編『日本外交文書』大正3年第3冊、138頁。
　③　外務省編『日本外交文書』大正3年第3冊、157頁。
　④　外務省編『日本外交文書』大正3年第3冊、178頁。
　⑤　外務省編『日本外交文書』大正3年第3冊、617－18頁。
　⑥　外務省編『日本外交文書』大正3年第3冊、145頁。伊藤正徳、前掲書下巻、100頁。市島謙吉、前掲書第3巻、171頁。

　　ルノ目的ヲ以テ一千九百十四年九月十五日ヲ限リ無償
　　無条件ニテ日本帝国官憲ニ交附スルコト

　そして「八月二十三日正午迄ニ無条件ニ応諾ノ旨独逸帝国政
府ヨリノ回答ヲ受領セサルニ於テハ帝国政府ハ其ノ必要ト認ム
ル行動ヲ取ルヘキコトヲ声明」①した。同日午後、松井次官が
この通牒を駐日のフォン・レックス大使に手渡した。

　日本はドイツに宣戦布告を発して開戦する計画であったが、
突然最後通牒の形式に変更し、また通常二十四乃至四十八時間
にすべき回答の期限を一週間以上に延長したのは、密かに膠州
湾の無血占領を企図していたからであった。

　この最後通牒は実際はドイツに対する宣戦布告であり、日本
がドイツに代って膠州湾を占拠するための侵略的行動であった。
しかしこの通牒に接した袁は「日本ノ態度ニ付頗ル安心シ殊ノ
外満足ノ意ヲ表シ」、各部総長に「日本国ヨリノ通告ヲ披露シ斯
ク日本国ニ於テ支那ニ対スル好意的態度ヲ宣明セル以上支那モ
亦誠意ヲ以テ之ニ対セサルヘカラサル」②旨を明言し、日本に
対し宥和的姿勢を示した。北京政府外交部も「日本政府ノ隆情
高誼共ニ東亜ノ大局ヲ維持スルノ感心言表ニ溢レ欣感ノ至リニ
勝ヘス」、日本政府の「高義厚徳ハ尤モ欽佩スル所ナリ」③と述
べた。

　袁と北京政府がこのような態度を表明したのは、最後通牒の
第二条にドイツが「膠州湾租借地全部ヲ支那国ニ還付スルノ目
的ヲ以テ」日本に「交附」することを記入し、また加藤外相が
駐日の陸宗輿公使にこの通牒を手渡す時に、日本は「決シテ土

　　① 外務省編『日本外交文書』大正3年第3冊、145頁。伊藤正徳、前掲書下巻、100
頁。市島謙吉、前掲書第3巻、171頁。
　　② 外務省編『日本外交文書』大正3年第3冊、178頁。
　　③ 外務省編『日本外交文書』大正3年第3冊、195頁。中央研究院近代史研究所編
『中日関係史料・欧戦与山東問題』上、1974年、57頁。

地ヲ占領スルノ野心ナク」、中国に内乱（孫文ら革命党の蜂起を
指す）が発生した時には相互に援助し合って乱を平定する意を
表明したからであったが、本質的には小幡が述べたように「戦
局ノ影響ヲ早計ニ悲観シ我将来ノ態度ヲ疑惧シテ」①、日本に
宥和的態度を示してその好意を得、対立と衝突を避けようとす
る外交辞令であった。

　通牒を発した後、日本軍部は直ちに戦闘準備に入った。

　日本の対膠州湾作戦が迫る中、依然としてイギリスは日本の
戦闘地域を出来る限り制限し、日本の山東乃至中国における拡
大政策を牽制しようとした。八月十七日、駐日のグリーン大使
は加藤外相に膠州湾における日本軍の作戦地域を五十キロメー
トル以内に制限するよう提案し②、駐北京のイギリス公使館は
日本軍の軍事行動地域局限に関する声明を発表した③。これに
対し加藤外相は、日本政府は「必要ノ場合ニハ日英両国政府間
ニハ交戦地局限ニ関シ何等約束ナキコト及英国政府ノ発表シタ
ルモノハ帝国政府ノ意志ヲ推察シタル同政府自身ノ解釈ニ過キ
サル旨ヲ明言スル」とグリーン大使に警告し、「所謂五十『キロ
メートル』ノ地域内ヨリ上陸スルコトハ到底不可能ニシテ是非
トモ大部隊ハ右地域外ノ北方海岸ヨリ上陸セシメサルヘカラ
ス」④と譲らなかった。日本側の強硬な姿勢にイギリスはあら
ためて譲歩せざるを得なかった。八月二十二日、グリーン大使
は本国の訓令として加藤外相に「日本軍カ膠州湾攻撃ノ為五十
粁ノ区域外ノ一地点ヨリ上陸スルトモ英国政府ニ於テハ何等異
議ナキ」⑤旨を伝えた。これはイギリスの譲歩であり、譲歩と

制限は日英の二重的外交関係の矛盾を表したものであった。

　イギリスの譲歩により日本は開戦外交を順調に進めて所期の目的を達したが、世論は日本を厳しく非難した。北京で発行されるイギリス系の『北京＆天津タイムズ』紙は八月十八日の社説で「日本カ今回ノ欧洲戦争ニ参加スルノ理由ナキ」ことを指摘し、「日本ノ此挙動ニ出テタルハ正シク日本カ此機会ヲ把握シテ何事カヲナサント欲スル意志ト外解スル能ハス」と論じ、「暗ニ難ヲ膠州ニ構フルハ日本ノ策源ニシテ英国ノ希望ニアラサル」①と諷して日本の膠州湾攻撃を非難した。駐北京の小幡臨時代理公使はこの社説はイギリス公使館筋の意向を受けて執筆・発表されたと推測し、駐北京のイギリス公使ジョルダンについて「日本ノ膠州湾攻撃ヲ喜ヒ居ラサルハ一点疑ナキ所ニシテ……同公使ハ内密支那側ニ日本ノ膠州湾攻撃ニ英国カ参加セシ由来及同地ヲ将来支那ニ還附スヘキコトヲ日本国ニ勧告シ最後通牒ニ其ノ旨記入セシメタル事情ヲ逐一洩ラシ是ノ間巧ミニ支那ヲ操縦シ英国ハ支那ニ対スル好意的態度ヲ仄メカシ著々英国ノ地歩ヲ確保セントシ居ルモノト信スルニ足ル十分ノ理由アリ」②と論じた。これは対独開戦と膠州湾をめぐる日英両国の争いを生々しく物語る。

　イギリスは膠州湾における日本軍の作戦地域拡大に対しては譲歩したものの、山東における権益の独占に対しては依然として牽制しようとした。このためイギリスはフランスとロシアに工作して八月十八日に英・仏・露三カ国の軍隊が日本軍と共に膠州湾攻撃に参加することを要求し、その準備を進めていた③。加藤外相は三カ国の意図を直ちに察知し、「其ノ必要ヲ認メサル

①　外務省編『日本外交文書』大正3年第3冊、192－93頁。
②　外務省編『日本外交文書』大正3年第3冊、192－93頁。
③　外務省編『日本外交文書』大正3年第3冊、190、193頁。

ノミナラス」、「戦後ノ協定ニ付テモ事態ヲ紛糾セシムル」[1]と
して反対した。小幡臨時代理公使も、これは「益々山東ニ於ケ
ル我独占的行動ヲ許ササルヘキハ尤モ明瞭ノコトト信ス」[2]る
と述べ、加藤外相に対策を講ずるよう上申した。しかしイギリ
スのグレー外相は「東亜ニ於ケル軍事行動ニ関シテハ四国ニ於
テ成ルベク共同動作ヲ執ルコトト致シタキ」[3]という意見を主
張した。これに対し加藤外相は駐英の井上大使に「英国政府ニ
於テハ何故ニ仏露両国軍ノ参加ヲ以テ特ニ利益アリトセラルヽ
次第ナルヤ」[4]とグレーの所信を質すよう訓令し、憤慨の意を
表した。グレー外相がイギリスの本意を吐露するわけもなく、
ただ日・露・英・仏は連合国であり、露・仏が不参加の場合、
この「両国ノ感情ヲ害スルノ不利ナルヲ虞ルル」[5]とのみ答え
た。八月二十五日、イギリスは日本の強硬な反対により仏・露
両国の軍隊を膠州湾攻撃に参加させる主張を取下げ[6]、イギリ
ス軍の参加によって日本を牽制しようとした[7]。

　膠州湾攻撃問題については北京政府も日本やイギリスと共に
作戦に参加することを要求し、山東方面に増兵した。これは適
切な措置であり、自力で膠州湾を回収しようとしたものであっ
たが、日本や他の列強の干渉と圧力により実現しなかった。八
月中旬、駐北京の英・露・仏公使は北京政府に中国の山東への
増兵「行動ノ結果ニ付又之ニ依リテ生スルコトアルヘキ中立違
反ノ行為ニ付重大ナル責任ヲ負担セサル可カラサル」[8]旨を警

---

① 外務省編『日本外交文書』大正 3 年第 3 冊、190 頁。
② 外務省編『日本外交文書』大正 3 年第 3 冊、193 頁。
③ 外務省編『日本外交文書』大正 3 年第 3 冊、198 頁。
④ 外務省編『日本外交文書』大正 3 年第 3 冊、211 頁。
⑤ 外務省編『日本外交文書』大正 3 年第 3 冊、217 頁。
⑥ 外務省編『日本外交文書』大正 3 年第 3 冊、225、357 頁。
⑦ 外務省編『日本外交文書』大正 3 年第 3 冊、358－59 頁。
⑧ 外務省編『日本外交文書』大正 3 年第 3 冊、187－88 頁。

告して圧力を加えた。八月二十一日に北京に着任した日置益公使も、二十六日に中国側の「増兵ノ動機如何ヲ問ハス日本ノ作戦計画確知シ難キ場合多ク支那兵力山東省内ニ駐屯スルコトハ不慮ノ事端ヲ生スヘキ危険ノ虞ヲ増スモノナルヲ以テ斯ル場合ニハ軍事上我ニ於テ膠州湾攻撃ノ外ニ不慮ノ事件ニ備フル為更ニ一団ノ軍隊ヲ増派スルノ必要アルヤモ計リ難シ」①と曹外交次長を脅迫した。北京政府は増兵とは逆に山東駐屯の軍隊を撤退させざるを得ない状況に追込まれた。

最後通牒を発した後の日本の開戦外交は、上述のようにイギリスの譲歩によって計画通りに進み、八月二十三日にはドイツから最後通牒に対する回答がないことを口実に対独宣戦を布告した。日本は久留米の第十八師団を中心とする五万一七〇〇名の青島攻囲軍（司令官神尾光臣師団長）と第二艦隊を出動させて作戦行動を開始した。

北京政府は既に八月六日に欧洲大戦に関して局外中立を表明し、二十三ヵ条からなる中立宣言を大総統令の形式で発表した②。日本の膠州湾に対する作戦行動は中国の中立を侵害し国際法に違反する行為であった。北京政府は日本側の圧力とイギリス等列強の日本の軍事行動支持により戦闘行動を黙認したものの、主権国家としては抗議をしなければならない立場にあった。八月二十四日、孫宝琦外交総長は日置公使に「日本国ノ中立侵害ニ対シテハ支那ハ……文書ヲ以テ一応抗議ヲナスヘキモ……日本国軍隊ノ動作ニ対シテハ支那ハ内密ニ能フ限リノ便宜ヲ計ル積リナリ」③と述べた。北京政府はこの抗議によって日本の膠州湾占拠が違法な軍事行動であることを世界に示し、

---

① 外務省編『日本外交文書』大正3年第3冊、366－67頁。
② 王蕓生、前掲書第6巻、34－39頁。
③ 外務省編『日本外交文書』大正3年第3冊、359－60頁。

戦後膠州湾を回収するために有利な法的根拠を整えておこうとしたのであり、これは適切な措置であった。

　しかし北京政府のこのような措置は日本の軍事行動の違法性を国際的に示すものであるから、加藤外相は二十七日にこの抗議を見合せるよう要求した①。これに対し孫外交総長と曹次長は「抗議提出ノ代リニ一片ノ声明ヲナス意嚮ナリ」②と回答した。その内容は「日軍ノ中立侵害ニヨリ生スヘキ事件ニ付テハ日本国政府其責ニ任セラレタシ」③とする予定であった。これは「抗議」を「声明」に替えたもので、中国はその国際法上の立場を堅持したまま、その「声明案」を日本側に手渡した④。この案は冒頭に「貴国ノ独逸ニ対スル最後通牒ニハ膠州湾租借地全部ヲ支那ニ還附スルコトヲ目的トスト声明シアリ」と記し、日本軍の軍事上必要な地点は「実ニ我国完全ノ領土ナルヲ以テ貴国政府ニ向テ将来交戦国カ若シ此レカ為メ別種ノ問題ヲ生スルコトアレハ貴国政府応ニ其責ヲ負ハサル可カラサルコトヲ声明セサルヲ得ス」⑤とあった。日置公使はこの声明は「実質ニ於テ毫モ抗議ト異ナラス」⑥として断固反対し、中国側に日本の要望に応ずるよう要求した。イギリスは日本の要求を支持し、北京側に日本の希望する通り「断然抗議ヲ見合ハスコト然ルヘキ」⑦と勧告した。北京政府は日本が膠州湾を中国に還付するか否かを疑い、その還付を保障する方法としてこの声明を発表しようとしていたが、九月一日に二つの案を提示した。第一案は日英両国公使の連名による照会を北京政府に発し、その内容

① 外務省編『日本外交文書』大正3年第3冊、365頁。
② 外務省編『日本外交文書』大正3年第3冊、370頁。
③ 外務省編『日本外交文書』大正3年第3冊、371頁。
④ 外務省編『日本外交文書』大正3年第3冊、372-73頁。
⑤ 外務省編『日本外交文書』大正3年第3冊、372-73頁。
⑥ 外務省編『日本外交文書』大正3年第3冊、371頁。
⑦ 外務省編『日本外交文書』大正3年第3冊、378頁。

には日本国は「独逸国ニ向ヒテ支那ニ還附スルノ目的ヲ以テ膠
州湾租借地ヲ日本国ニ引渡スヘキ旨要求シタル所独逸国ニ於テ
之ヲ承諾セサリシ為膠州湾攻撃ノ已ムナキニ至レリ就テハ山東
省ノ何処ヨリ何処迄(濰県諸城県以東ヲ指ス趣旨ト了解ス)ヲ中
立除外地域トセラレンコトヲ望ム」①旨を記載するよう要望し
た。第二案では前記の趣旨の書簡を中国政府より各国公使館に
送付し、自ら中立除外区域を定めることを要望した②。これに
対してジョルダン公使は第一案を選択するよう日置公使に勧め
た。それはイギリスの介入によって日本の行動を牽制すること
が出来るからであった。第二案では複数の列強が介入するため、
イギリスは新たな紛糾が発生することを恐れて同意しなかった。
しかしイギリス等他の列強の介入を排除するため、加藤外相は
翌日「二案共帝同政府ニ於テ同意シ難シ故ニ万已ムヲ得サレハ
出末得ルタケ文言ノ穏和ナル抗議ヲ提出セシメ之ヲ受領スルコ
トヽスル外ナカルヘシ」③と述べた。しかし同日北京政府側は
突然この二つの案を放棄し、中立侵害に関する抗議さえも見合
せる旨をジョルダン公使を通じて日置公使に伝えた。これは北
京政府の対日外交の大きな変化であった。

　ではどうして北京政府の対日外交にこのような変化が起こっ
たのであろうか。これは九月一日に袁世凱と日置公使による孫
文ら革命党についての会談と直接関係があった。会談において
日置公使は、日本政府が孫文ら革命党を支援している日本の大
陸浪人を取締っていることを袁に説明し、日本を拠点としてい
る孫文ら革命党の反袁活動を抑圧する意図を示唆し、日本を信

---

① 外務省編『日本外交文書』大正 3 年第 3 冊、379 頁。
② 外務省編『日本外交文書』大正 3 年第 3 冊、379-80 頁。
③ 外務省編『日本外交文書』大正 3 年第 3 冊、380 頁。

頼して日本と提携するように要望した①。これに対し袁は「支
那ハ日本ト同シク黄色人種ニシテ白哲人種タル欧米人ト到底相
親シムヘキモノニアラス黄色ハ飽迄黄色ト和シ以テ白人ノ圧迫
ヲ防クノ策ヲ講セサルヘカラス之レ自国ノ存立ヲ鞏固ナラシム
ル所以ナリ」②と語り、「親日」を説いた。これは孫文の黄白色
人種論と同様であって、対立する袁と孫が日本の支援或いは日
本から好意を得ようとする時に同様の論理を利用したことは注
目すべきであろう。袁は「貴国ノ軍事行動ニ対シテハ暗ニ能フ
限リノ援助ヲ与ヘ好意的中立ノ態度ヲ支持スヘキハ勿論ノ義ニ
シテ只中立宣布ノ手前ニ対シ世界ニ信ヲ失セサル丈ノ措置ヲ取
ルコトハ万止ムヲ得サル義ト容赦アリ度之ヲ要スル」③と述べ、
対策を講ずる意向を表した。袁は日本がこの大戦中に孫文ら革
命党を支援して国内において反袁蜂起を起こすことを恐れ、日
本が孫文ら革命党と彼らを支援する大陸浪人を取締ることを条
件に、日本の中立侵害に対し譲歩的姿勢を示したのである。こ
れは袁が日本の侵略よりも孫文ら革命党の取締りを優先したこ
とを示す。中国の新聞も日本と袁との間に革命党に関する密約
があったことを報道した④。

　九月三日、袁のこの譲歩に基づき曹外交次長は小幡に「抗議
ハ日英両国側ノ希望モアリタルコトニ付断然之ヲ見合ハスコト
ニ決定シ其代リ竜口莱州ヨリ膠州湾附近ニ亘リ交戦国ノ必要ナ
ル戦闘行為ニ鑑ミ之ヲ中立地域ノ外ニ置ク旨ヲ公然発表スル」⑤

　①　大正3年9月2日在北京日置公使より加藤外相宛電報、極密第648号。外交史料
館所蔵。
　②　大正3年9月2日在北京日置公使より加藤外相宛電報、極密第648号。外交史料
館所蔵。
　③　大正3年9月2日在北京日置公使より加藤外相宛電報、極密第648号。外交史料
館所蔵。
　④　『申報』1914年9月22日。
　⑤　外務省編『日本外交文書』大正3年第3冊、386頁。王蕓生、前掲書第6巻、49
頁参照。

案を提起した。小幡は中立区域除外に関する宣言の発表には賛
同したが、竜口・莱州・膠州湾地域を中国が単独で中立除外地
に決定したことに遺憾の意を表した。この中立除外地は日本側
の要望よりも狭隘だったからである。

　日本は膠州湾占領後、山東省において権益を拡大するために
作戦地域を一層拡大しようとした。八月二十一日、加藤外相は
山東省の黄河以南の地を作戦地域或いは中立除外地として設定
するよう要求した①。これに対し孫外交総長は「一旦中立条規
ヲ発布シタル今日除外地設定ヲ公布スルコトハ支那政府ノ至難
トスル所ナル」も、日本軍の軍事行動上必要な地域がわかれば
「地方官民ニ対シ日本軍隊ニ便宜ヲ与フヘキ旨内密ニ訓令シ得
ヘキ」であるが、黄河以南を除外地とすることを布告すれば中
国民衆が「日本軍隊ハ山東全部ヲ占領セントスルモノト思惟シ
一般ニ騒擾ヲ来スノ虞アリ」②なので、この要望に応ずること
は出来ぬと拒否した。こうして中日双方は中立除外地問題をめ
ぐり再び交渉を開始した。八月二十三日曹外交次長は次の地域
を中立除外地とし、そこでの日本軍の自由行動を認めようとし
た③。

　潍河口ヨリ潍河ニ沿ヒテ南行シ灰村ニ至リ潍河鉄道橋東端高
家庄ヨリ華耀南潍ニ至ル線ト海廟口ヨリ起リ掖県ヲ経テ下各舗
平度州ヲ過キ膠州湾警備区域境界ノ白河廟ニ至リ東折シテ古県
蒋家庄夏家庄ヲ経テ金家口ニ至ル線トノ中間ノ地域

　これは日本軍の行動地域を局限して日本の山東省内における
勢力拡大を牽制しようとしたものである。これに対し加藤外相

　①　外務省編『日本外交文書』大正3年第3冊、354頁。『申報』1914年9月24日。
　②　外務省編『日本外交文書』大正3年第3冊、364頁。王芸生、前掲書第6巻、
45頁。
　③　外務省編『日本外交文書』大正3年第3冊、367頁。王芸生、前掲書第6巻、
46－47頁参照。

は「支那側希望通リニ交戦地域ヲ局限スルコトハ帝国政府ニ於
テ断シテ承知シ難シ」と述べ、「濰県ト諸城県トヲ連接シ南北ノ
海岸ニ達スル一線以東」①を中立除外地にすることを提議した。
濰県は山東半島の要衝で袁軍一個旅団が駐屯していた。日本は
こうして濰県から中国軍を撤退させ、勢力圏の拡大に対する障
害を排除しようとしたのである。八月三十一日、小幡は曹外交
次長に加藤外相の提案を伝え、「支那政府ノ同意アルト否トニ拘
ラス我軍既定ノ計画ニシテ今更変更シ難キ次第」であり、「支那
側ノ同意不同意ノ回答ハ当方ニ於テ期待スル所ニアラス」②と
警告し、鉄道守備隊を含む濰県以東の中国軍の即刻撤退を要求
した。山東半島に上陸しようとする日本の軍事力を背景に、北
京政府に圧力を加えようとしたのである。同日、このような強
力な圧力の下で曹外交次長は小幡に会見を求め、日本の要求に
「大体同意スルコトニ決定シ濰県諸城県以東ニ於ケル日本軍ノ
軍事行動ヲ承認」③し、濰県以東の山東鉄道守備隊も引揚げる
意向を言明した。しかし濰県駐屯軍は撤去し難いと指摘し、日
本軍が同地方に赴かないよう要望した。翌九月一日、駐日の陸
公使もこれとほぼ同様の外交部の来電を松井次官に手渡した。
しかしこの来電には濰県・青島間の鉄道には日本軍を暫く便宜
上配置するとあり、濰県を境界にすることは明記されていな
かった。これはその後も交渉の余地を残そうとしたからで
あった。

　九月二日、日本軍は竜口に上陸を開始した。現地の芝罘道尹
兼交渉員は芝罘の松本領事代理に「今貴国カ中立領土タル竜口
ニ軍隊ヲ上陸セシメタルハ右条規（一九〇七年ハーグ条約陸戦

---

① 外務省編『日本外交文書』大正3年第3冊、369頁。
② 外務省編『日本外交文書』大正3年第3冊、374頁。
③ 外務省編『日本外交文書』大正3年第3冊、375頁。

中立条規を指す―筆者）ニ遅背スル所ナルヲ以テ速ニ法ヲ設ケ
テ禁阻シ以テ中立ヲ侵害セサランコトヲ希フ①」と公文で通報
した。これは地方当局者として当然とるべき措置であった。九
月三日、北京政府は中立除外地域に関する声明を発表して「竜
口莱州及膠州湾ニ連接セル附近ノ各地方ヲ以テ各交国軍事行動
最小限ノ地点タル」②ことを表明した。翌四日、曹外交次長は
日置公使に「其軍事行動区域ノ如キモ出来得ル限リ局限シ軍事
上実際不必要ノ地域ニハ決シテ立入ラサル様予メ出先軍隊ノ注
意ヲ喚起シ置カルル」③ように要求した。北京政府は竜口・莱
州・膠州湾を結ぶ一線を最小限の地域としながら、実際には濰
県以東の地域を中立除外地として認めた。日本はこれに満足し
た。九月七日、駐日の中国公使陸宗輿はこれらの中立除外地に
関する交渉内容について「互ニ永ク秘密ヲ守リ漏洩セランコト
ヲ切望」④する外交部の来電を手渡した。こうして北京政府は
日本軍の山東半島上陸に抗議せず、山東におけるその軍事行動
を容認した。

　北京政府のこのような姿勢はドイツ等同盟国側にとって不利
であった。これに対し独墺両国は共に北京政府に抗議した。九
月四日、両国は「今次日本軍竜口ニ上陸セルニ支那ハ之ヲ拒絶
スル手続ヲ執ラス右ハ明カニ中立条規ニ違反シタルモノナルヲ
以テ之レニ基ク独墺ノ損害ニ対シテハ支那政府賠償ノ責ニ任ス
ヘキモノナリ」⑤との抗議を発した。十四日にドイツ臨時代理

---

① 外務省編『日本外交文書』大正 3 年第 3 冊、385 頁。
② 外務省編『日本外交文書』大正 3 年第 3 冊、388 頁。王蕓生、前掲書第 6 巻、49
頁参照。
③ 外務省編『日本外交文書』大正 3 年第 3 冊、388 頁。
④ 外務省編『日本外交文書』大正 3 年第 3 冊、392 頁。
⑤ 外務省編『日本外交文書』大正 3 年第 3 冊、390 頁。王蕓生、前掲書第 6 巻、
49－50 頁参照。

公使は三回目の抗議を提出したが[1]、北京政府はドイツ側が先
に中立を侵害したと口実を設け、その生命・財産上の損害に対
して責任はないと反駁した。

　九月二日、竜口に上陸を開始した日本軍は山東半島を南下し、
青島から済南までの山東鉄道全線を占領しようとした。九月十
三日、参謀本部第二部部長福田雅太郎少将は外務省の小池張造
政務局長に陸軍側の山東鉄道全線を占領する作戦を通告し、外
務省に北京政府と交渉をおこなうよう要求した[2]。これは突然
の出来事でなかった。日本は開戦外交の当初から山東鉄道に注
目し、大隈首相は八月八日の元老と内閣との会合において「と
にかく済南鉄道だけは大いに有利なものだ」と語っていた。北
京政府もこの鉄道保護のために策を講じていた。山東鉄道会社
がこの鉄道全線をアメリカに譲渡するという噂が流布し、加藤
外相は日置公使に事実であるか否かを調査するよう指示した[3]。
これが事実であるか否かは不明確であるが、中日双方とも日本
の対独開戦を前に山東鉄道に注目していたことを物語っている。
北京政府外交部は日本と中立除外地の交渉をした時、この鉄道
は「飽迄支那ニテ之ヲ守護シ置キ之ニ依テ日本軍ノ便宜ヲ計ル」[4]
ことを主張し、加藤外相も中国軍のこの鉄道からの撤退を強
く要求してはいなかった[5]。しかし濰県・諸城県を結ぶ一線以
東を作戦地区に提案した八月二十九日に、加藤外相は両軍の
衝突防止を口実に中国の守備隊の撤退を要求し、もし不撤退
により両軍の衝突が発生した場合には、その責任は中国側に

---

① 『申報』1914 年 9 月 14 日。
② 外務省編『日本外交文書』大正 3 年第 3 冊、396－97 頁。
③ 外務省編『日本外交文書』大正 3 年第 3 冊、353 頁。
④ 外務省編『日本外交文書』大正 3 年第 3 冊、367 頁。
⑤ 外務省編『日本外交文書』大正 3 年第 3 冊、365 頁。

あると脅迫した①。これに対し北京政府は譲歩しながらも抵抗
し、三十一日に曹次長は濰県以東の鉄道守備隊は引揚げるこ
とにするが、濰県駐屯の一個旅団は撤去することが難しいと
日本側に伝えた。

　九月十二日、参謀本部は山東鉄道全線を占領することを外務
省に通告したが、外務省は外交上の紛議を惹起することを恐れ、
北京の日置公使にこの問題について北京政府と正式に交渉する
旨の訓令を発しなかった。しかし竜口に上陸した第十八師団が
参謀本部の命令に従って九月十五日から濰県以東の山東鉄道を
占拠すると、加藤外相は二十二日に日本軍が濰県から済南に至
る鉄道を占領し、日本がその管理・経営を掌握することについ
て北京政府と交渉するよう日置公使に指示し②、二十三日には
日本軍が二十八日から濰県及びそれ以西の鉄道を占拠すること
を日置公使に通報した③。日本のこのような軍事行動は、日本
の山東乃至中国における権益拡大を警戒・牽制していたイギリ
ス・アメリカの外交的反発を惹起する可能性があった。加藤外
相は駐英・米の日本大使に任地国の外相と内談して山東鉄道の
管理・経営についての了解を求めるよう指示した。しかし当時
中国の新聞や外国の報道機関では上陸した日本軍が「或ハ婦女
ヲ姦シ或ハ不当ノ価格ヲ以テ物品ヲ強買シ或ハ恣ニ家屋ヲ徴発
スル」④等のことが論議されていた。二十三日、曹外交次長は
中国側の非難を日置公使に伝えた。これは日本軍の行動に対す
る世論を伝え外交的抵抗を図ったのであった。このような情況
で二十四日に日置公使は加藤外相に日本の山東への「派兵其モ

　　①　外務省編『日本外交文書』大正3年第3冊、369頁。
　　②　外務省編『日本外交文書』大正3年第3冊、399頁。
　　③　外務省編『日本外交文書』大正3年第3冊、401頁。
　　④　外務省編『日本外交文書』大正3年第3冊、405頁。王蕓生、前掲書第6巻、
50−51頁参照。

ノカ既ニ中立違反タルハ争フヘカラサル……今日万一我ニ於テ灘県以西ニ兵ヲ進ムルカ如キコトアラハ忽チ支那側ノ反感ヲ招キ激烈ナル輿論ヲ喚起」し、その結果「青島攻撃上不便ヲ来スヘキハ勿論目下進行中ノ懸案ノ如キモ概ネ頓挫ヲ来シ延イテハ将来時局解決ノ際極メテ不利益ナル立場ニ陥ルニ至ルヘキハ必然ナル」①として、灘県以西は暫く現状を維持し後日適当な機会に処理することが得策だと上申した。加藤外相は軍による占領よりも外交交渉によって占拠する方が適切だと考え、二十六日日置公使に「廿八日ヲ以テ灘県以西ノ鉄道線路押収ニ着手スルノ義ハ暫ク其実行方ヲ見合ハセ其前先ヅ貴官ヲシテ本件同意方支那側ニ懇談ヲ遂ゲシムル」②ことに決定したことを通報し、中国側と会談して日本がこの鉄道を「押収」する理由を説明するよう指示した③。しかし二十五日午後、外交的交渉に先立って日本軍が灘県停車場を占領した④。翌二十六日、これに対し曹外交次長は中立地除外交渉において中日間で確定した規定により「速ニ灘県ヨリ其兵力ヲ撤退セラルル」⑤よう日本側に要求した。二十七日、孫外交総長は日置公使に覚書を手渡し、日本軍による灘県停車場の占領は「故意ニ中立ヲ破壊スルモノニシテ実ニ詫異ニ堪ヘサル次第ナリ」と抗議し、「膠州湾ハ東ニ在リ灘県ハ西ニ在リ行軍経由ノ道ニ非ス前キニ灘県ハ戦線内ニ在ラサルヲ声明シ已ニ貴国政府ノ同意ヲ得タリ」⑥としてその中立地帯なることを言明した。覚書は「膠済鉄道ハ元ト中徳公司

---

① 外務省編『日本外交文書』大正3年第3冊、404頁。
② 外務省編『日本外交文書』大正3年第3冊、408頁。
③ 外務省編『日本外交文書』大正3年第3冊、408—10頁。
④ 王蕓生、前掲書第6巻、51頁。『申報』1914年9月29日。
⑤ 外務省編『日本外交文書』大正3年第3冊、411頁。王蕓生、前掲書第6巻、51—52頁。
⑥ 外務省編『日本外交文書』大正3年第3冊、419頁。王蕓生、前掲書第6巻、53頁。

ニ属シ従来我完全ナル保護ニ帰セシモノナリ此種問題ノ解決ハ
戦後ヲ俟ツヘキモノニテ此際兵力ヲ煩ハスノ必要ナシ……濰県
ハ従来我兵駐屯ノ地ナリ倘シ日軍我軍人ニ対シ非理ノ挙動アリ
衝突ヲ生スルコトアラハ中国ハ其責任ヲ負フ事能ハス」[①]と声
明していた。しかし日本軍の軍事的圧力によって北京政府の外
交方針は急激に変化した。翌二十八日、孫外交総長は「濰県ニ
駐屯スル日本軍ヲ此上西進セシメサル様配慮ヲ請フ」と日置に
要請した[②]。北京政府は日本の濰県占領を承認し、それ以上西
方に進入しないように要望したのであった。十月一日、加藤外
相は日置公使に今後の交渉においては「濰県問題ニハ触レサル
方却テ得策ト認ムル」[③]と指示した。北京政府は抗議はしたが
日本の既成事実に譲歩する姿勢を示したため、日本軍は予定通
り二十八日から西進を始めた。

　日本軍の西進をめぐり中日双方は抗議と反論の攻防戦を展開
した。焦点は次の三つの問題であった。

　第一は山東鉄道の所有権である。日本側は山東鉄道会社はド
イツ政府の特許命令により成立した公的性質を有する特殊会社
であって、通常の合弁会社ではなく純然たるドイツの会社、ド
イツの鉄道であり、地理的には租借地外の中国領土を通過する
がその敷地は法律上の性質において租借地と一体をなし、これ
を分離して考えることは出来ないから、膠州湾租借地と同様に
日本が占領すべきであると主張した[④]。

　これに対し中国側は山東鉄道は膠州条約第二条及び山東鉄道
章程第一条の規定に基づく中国商人とドイツ商人との合弁会社

　① 外務省編『日本外交文書』大正3年第3冊、419-20頁。王藝生、前掲書第6巻、53頁。
　② 外務省編『日本外交文書』大正3年第3冊、415頁。
　③ 外務省編『日本外交文書』大正3年第3冊、435頁。
　④ 外務省編『日本外交文書』大正3年第3冊、434、449頁。

であって商人の財産であり、また中国商人が出資しているから
ドイツ政府の官有財産ではなく、膠州湾租借地と同一の性格の
ものではないので日本がこの鉄道を占拠することは違法である
と主張した①。

　第二は国際的中立法に違反するか否かの問題である。中国側
は国際的中立法の規定に基づき、仮にこの鉄道がドイツの公的
資産だとしても、この鉄道が既に中立国領土内に存在する以上
これを占領することは出来ない上に、これは中独合弁会社の資
産であるから占拠する法的根拠がないと主張した②。

　これに対し日本側には正面から反駁出来る理由がなく、ただ
「山東鉄道ハ中立ト認ムル能ハサルヲ以テ其ノ管理ヲ我手ニ収
ムルハ中立ニ違背スルモノト云フ可カラス」とし、中国側が重
要な論拠として提出した、濰県以西は中日双方が画定した作戦
地域外に属するという問題に対しては、山東鉄道の本質論とそ
の管理・経営問題は別個の問題であり、混同すべきではないと
反駁した③。

　第三は山東鉄道がドイツ軍に利用される危険性があるか否か
の問題である。中国側はこの鉄道は既に膠州湾との連絡が断た
れていてドイツ軍に利用される危険性はなく、また中国側にお
いて極力その利用を防いでいるので、軍事的に日本がこれを占
領する必要はないと主張した④。

　日本側はただ「攻囲軍ノ立場ヨリ見レハ其背後ニ密接シ且シ
現ニ敵国人ニ依リ経営セラルヽ鉄道ヲ放任シ置クカ如キハ頗ル
危険ニシテ作戦上忍フヘカラサルコトナリ」と主張し、中国側
が鉄道によるドイツ軍支援行為を阻止し得なかった幾多の実例

---

① 外務省編『日本外交文書』大正3年第3冊、423-26頁。
② 外務省編『日本外交文書』大正3年第3冊、423-26頁。
③ 外務省編『日本外交文書』大正3年第3冊、436-37頁。
④ 外務省編『日本外交文書』大正3年第3冊、423頁。

を挙げた①。

　上述の中日双方の主張を比較してみると、中国側の抗議は作戦地域画定の上でも、戦況の実情からも法的に筋の通ったものであったが、日本側の反論はこの鉄道を占拠するため詭弁を弄したのであり、法的に筋の通ったものではなかった。

　日本は山東半島に上陸した日本軍の軍事力により山東鉄道全線を占領しようとした。日本軍は十月三日以降濰県から西進を開始した。このような緊急の情況下で北京政府は武力で抵抗するのではなく、外交的譲歩により日本軍の武力占領を阻止しようとした。十月三日、曹外交次長は日本側に（一）「濰県ニ占拠セル日本軍隊ハ三日乃至五日間其前進ヲ見合ハスコト」、（二）「其間ニ於テ昨日ノ案ニ基キ平和的手段ヲ以テ日本最終ノ希望ヲ達シ得ヘキ方法ヲ秘密ニ協定スルコト」②という案を提出した。「昨日ノ案」とは、中国政府が「将来戦争終結ノ後ニ於テ膠済鉄道ニ対シ日本国ト独ト如何ナル協定ヲ取結ブトモ支那政府ハ異議ヲ有セサル」③旨の声明を発表したことにより、日本軍の鉄道占領を阻止しようとしたことを指す。翌四日、加藤外相は「支那側ノ提案ニ同意シ難シ」と述べ、昨三日に日本軍一個中隊約一〇〇名が予定通り前進を開始して西方約七里の朱里店に達したことを通告した④。これに対し北京外交部は六、七、九日に日本に抗議し、日本軍の即刻撤退を要求したが⑤、日本はこれに耳を貸さなかった。北京政府の曹外交次長は日本軍の占領とその影響を最小限に押えるため、（一）済南における停車

———————

① 外務省編『日本外交文書』大正3年第3冊、449頁。
② 外務省編『日本外交文書』大正3年第3冊、442－43頁。
③ 外務省編『日本外交文書』大正3年第3冊、442－43頁。王蕓生、前掲書第6巻、56－57頁。
④ 外務省編『日本外交文書』大正3年第3冊、444頁。
⑤ 王蕓生、前掲書第6巻、58－59頁。『申報』1914年10月13日。

場の管理は東車站と称する山東鉄道停車場に限り、西站と称する津浦鉄道停車場には断じて干渉しないこと、(二)鉄道押収兵員は出来得る限り兵器を携えないこと、(三)各停車場に配置する兵員数は大停車場では約三十名、小停車場では一五名乃至二十名にとどめること、(四)押収兵員は1ヵ月程度の期間内に純然たる鉄道員と交替させ、然らざれば兵員に平服を着用させること、(五)鉄道に関係あるドイツ人と雖も日本軍の行動に差支えない限り干渉しないこと等を要求した[①]。これは日本の軍事力による占領に対する重大な譲歩であり、事実上日本の鉄道占拠を認めたものであった。北京政府は日本軍の占領と中国側の抵抗運動によって軍事的衝突が発生し、事態が拡大することを恐れていたからである。この頃日置公使が、袁「大総統ヨリ日本軍ニ抵抗スルモノハ国賊ト看做スヘシト云フカ如キ最厳格ナル訓令サヘ発シタル」[②]と語ったことはこれを物語っている。日置公使は袁世凱と北京政府のこのような内実を洞察し、「支那政府ニテハ今ヤ体面上依然我措置ニ対シ反対ヲ声言シ居ルモノノ内実既ニ其已ムヲ得サル事態ナルヲ諦メ只管時局ノ紛糾ヲ防止スルコトニ腐心シ居ル状況ナリ」[③]と数回加藤外相に報告した。このような情況で日本は青島を占領する前に予定通り十月六日に済南の東停車場を占領し、山東鉄道全線を占拠した。

　北京政府外交部は十月十三日に再度抗議を提出し、山東鉄道の管理を中国政府に委任するよう要求した。日本はこれに耳を貸さないばかりか、各停車場より速やかに鉄路巡警を撤退させ、鉄道守備兵を線路より二〇〇メートル以遠に撤退させるよう中

---

① 外務省編『日本外交文書』大正3年第3冊、445-46頁。
② 外務省編『日本外交文書』大正3年第3冊、451頁。
③ 外務省編『日本外交文書』大正3年第3冊、451頁。

国側に要求した①。北京政府外交部は十月三十日に鉄道巡警撤
退不承諾の通告を日置公使に提出し、少数の巡警を停車場にそ
のまま残していた。

　日本が山東鉄道全線を占拠したのは、国際的にはイギリスの
支持とも関係があった。イギリスは日本が山東鉄道を占拠する
のは山東省と中国における日本の権益拡大のためであることを
知り、それを牽制しようとはしたが、欧洲における戦争のため
顧みる暇がなかった。しかし北京政府はイギリスの力を借りて
国際的に日本を牽制しようとして、外交部参事官の顧維鈞が
ジョルダン公使に日本軍の濰県停車場占領を通報した。これに
対しジョルダン公使は「誠ニ悲ムヘキ問題発生シタルモノト思
料ス」②と遺憾の意を表したが、対応策を講じようとはしなかっ
た。日本政府もイギリスの支持を得ようとして、九月二十九日
に加藤外相は駐英の井上大使に、山東鉄道と青島租借地とは分
離すべからざる関係にあることを理由に日本軍が濰県以西の鉄
道を占拠したことをイギリス側に通報し、その支持を得るよう
指示した③。翌三十日に井上大使がグレー外相にこの旨を伝え
ると、グレーは山東鉄道は「独逸国政府ノ公的財産ニ属シ且独
逸側ニ於テ既ニ之ヲ軍事上ニ使用シ居リタリトセハ日本国政
府カ此際之ヲ占領セントスルハ強チ無理ナラサル様思考セラ
ル」④として支持した。しかしイギリスはこの鉄道の戦後の処
理について「支那ニ於ケル他ノ鉄道同様其見積価格ヲ日本ヨリ
支那側ニ対スル借款トシ鉄道ハ支那ノモノトシテ経営スル」⑤
ことを提案した。北京政府はイギリスの姿勢に不満を抱きなが

①　外務省編『日本外交文書』大正3年第3冊、485、487頁。
②　外務省編『日本外交文書』大正3年第3冊、417頁。
③　外務省編『日本外交文書』大正3年第3冊、422頁。
④　外務省編『日本外交文書』大正3年第3冊、433頁。
⑤　外務省編『日本外交文書』大正3年第3冊、442、450頁。

らも抗議するまでには至らず、十月十日に孫外交総長の名で公
文書を送り、日本の山東鉄道占拠に対する抗議と中国側の立場
を表明し、「日英両国連合シテ軍事行動ヲナシ居ルニ顧ミ前記ノ
次第ヲ貴公使（イギリス公使―筆者）ニ通牒シ本国政府ニ転達
ノ上回答アランコトヲ望ム」①と要望した。これは日本の占拠
を支持したイギリスへの間接的抗議であった。しかしイギリス
は十四日に「今回日本国ニ於テ之ヲ押収シタルハ已ムヲ得サル
事態ナリ」②と認める旨を回答して依然として日本を支持した。
山東においてイギリスと日本は互いに争奪しながらまた列強と
して共同で侵略するという二重関係にあったが、当時は膠州湾
に対する共同作戦のため後者の関係が主になっていた。

　アメリカも日本の山東鉄道占拠に警戒を示したが、直接干渉
しようとはしなかった。十月一日に駐米の珍田大使は国務長官
ブライアンに山東鉄道占拠の意図を通告したが、ブライアンは
これは「永久的ノモノナリヤ将又膠州湾ト共ニ支那ニ引渡サル
ヘキ筈ナリヤ」③と質問しただけであり、牽制しようとしなかっ
た。アメリカの世論もニューヨークの『サン』紙が指摘したよ
うに「華盛頓ノ多数ノ人々ハ日本カ亜細亜大陸ニ益々注意ヲ払
ヒテ太平洋諸島及米大陸ニ注意ヲ少ナクスルコトハ憂フヘキ事
態ニ非ラスト見做シ居レリ」④というものであり、その占拠に
はアメリカの利益から見れば有利な一面があるとして黙認或い
は容認する姿勢を示した。

　山東鉄道を占拠した日本軍は十一月七日に青島を攻略して膠
州湾を占領した。これには九月二十三日に青島付近の崂山から
上陸したイギリス軍一五〇〇人が参加しており、名目的には日

---

① 外務省編『日本外交文書』大正 3 年第 3 冊、462、466 頁。
② 外務省編『日本外交文書』大正 3 年第 3 冊、479 頁。
③ 外務省編『日本外交文書』大正 3 年第 3 冊、438 頁。
④ 外務省編『日本外交文書』大正 3 年第 3 冊、484 頁。

英両軍の共同軍事行動であった。イギリスの参加は軍事的意義よりも戦後の山東問題処理における外交的発言権を強化することにあった。

　膠州湾占領で日本軍の作戦行動は終結した。十一月三十日、北京政府は小幡書記官に日本軍の中立除外地からの撤退を要求し①、一九一五年一月七日には日英両国に覚書を発し、北京政府の中立除外地に関する声明は戦闘の終結により無効となることを通告して、日本軍が山東鉄道等から膠州湾租借地に撤退するよう要求した②。これは正当な要求であったが日本はこれに応ぜず、逆に山東各地に自国の行政機関である民政署を設置して軍用電線を架設し、青島税関の中国人を追放し③て長期的に占拠する姿勢を示した。

　上述のように、それまで日本の中国における権益拡大を牽制していたイギリス等欧米列強は、欧洲における戦争のため逆に日本の権益拡大を支持し、北京政府は日本と欧米列強の中国における争奪・対立を利用して欧米列強の力を借りて日本に抵抗したが、大戦という情況下でこれが不可能になり、日本の軍事的占拠に政治的・外交的・国際法的に抵抗したものの、行動上は譲歩して日本による軍事的占拠の事実を承諾せざるを得なかった。しかし大戦が終結した後、欧米列強は再び中国に関心を寄せ、ワシントン会議において山東鉄道と膠州湾の中国への還付を提議し、日本は世界大戦を機に占拠したこれらの権益を中国に還付せざるを得なかった。日本の膠州湾と山東鉄道占拠は一時的占拠であり、大戦という特殊な情勢の下で生じた特異な現象であった。しかし軍国主義国家日本の得意は戦争外交で

---

①『申報』1914 年 3 月 1 日。
② 王蕓生、前掲書第 6 巻、65－66 頁。
③ 王蕓生、前掲書第 6 巻、62－63 頁。

あり、その参戦・開戦外交は正に「参戦に優る外交上の良策無し」①という意気込みで推進されたといえよう。

二　中華革命党の反袁活動と日・袁の対応

　第一次大戦勃発後、中国をめぐる国際情勢は大きく変化した。対立していた袁世凱・北京政府と孫文・革命党は変化したこの国際情勢を踏まえて行動した。孫と革命党は日本の膠州湾侵攻と山東鉄道占拠に伴い激化した日・袁の対立を利用して、日本の支援の下で反袁の第三革命を起こそうとした。袁は逆に日本の侵略を譲歩・黙認する政策によって日本との対立を緩和し、またこれを条件に日本が日本滞在中の孫と革命党の反袁活動を鎮圧するように要請した。この両者の対立をめぐり日本は二者択一を迫られた。本節では、この三者間の外交関係がこの時期どう展開したかを考究すると共に、その原因を究明する。

　第二革命敗北後に来日した孫文ら革命党員は、日本を根拠地として中国南北における反袁闘争の準備を進めた。一九一四年七月上旬、孫文と密接な関係があった王統一は「第三次革命ニ関シ吾々同志ハ臥薪嘗胆焦慮シツヽアリシガ近時漸々機運熟シ袁総統ノ旗下ニアル湖北、湖南、広東、江西省等ノ各軍隊トハ連絡相成リ之等軍隊ハ何時タリトモ軍資金未タ整ハサルヲ以テ隠忍シ居ル次第ナルガ当初ノ計画ハ支那全土ニ渉リ一時ニ革命ノ旗ヲ揚クル筈タリシモ軍資金意ノ如クナラザルヲ以テ先ヅ南方支那ニ旗ヲ挙ゲ漸次全土ニ発展スルコトニナツ」②たと語った。これは誇張した表現であったとはいえ、孫文らが第三革命の準備を大いに進めていたことを物語っている。

---

①　伊藤正徳、前掲書下巻、80 頁。
②「支那亡命者王統一ノ談話」乙秘第 1303 号、大正 3 年 7 月 4 日。外交史料館所蔵。

　あたかもこの時第一次世界大戦が勃発し、中国をめぐる国際
情勢は大きく変化し始めた。大戦の主戦場はヨーロッパであり、
イギリスを中心とした欧洲の列強はこの戦争に巻込まれ袁政権
を援助する余裕がなかった。袁は対外的にはイギリス等欧洲の
列強の支持によりその政権と国内支配を維持してきたが、大戦
の勃発によりその支持・支援を失ってしまった。その上、八月
二十三日に日本がドイツに宣戦を布告してドイツ租借地の膠州
湾を占領しようとした。これは袁政権にとって一大外圧となら
ざるを得なかった。袁と北京政府は外交上非常に不利な状態に
陥った。これとは逆に孫文らの反袁闘争にとっては好機であっ
た。孫文は「目下欧洲ニ於ケル戦乱ハ支那革命ニ採リテハ所謂
空前絶後ノ好時機ナレバ過般来支那内地ハ勿論南洋及ヒ米国方
面等ノ情勢ヲ調査シタルニ何レモ革命ノ気勢昂リ居リテ此際旗
ヲ挙クルハ有利ナリト信ジ愈々事ヲ挙クルニ決シ目下其準備中
ナル」①旨を犬養毅に語った。孫文の片腕陳其美も好機到来と
考え、その準備に協力した。戴季陶も「欧洲ノ戦乱ハ支那第三
次革命ニ取リテハ絶好ノ機会ナリト信ス」と語ったが、慎重な
姿勢を示し、「然ル〔ニ〕革命ハ容易ノ業ニアラザレハ軽挙妄動
ハ容サズ四囲ノ状況其他等ヨリ周密ナル考慮ヲ費リヽサルヘカ
ラス」②と述べた。

　孫文ら革命党に協力していた頭山満らも情勢に対し孫文と同
様の分析をしていた。頭山は「刻下ノ時局ニ際シ支那第三次革
命ノ旗ヲ翻ス事ハ最早既定ノ事実ニシテ動スベカラサル者ノ如
シ彼等革命党員等ノ活動モ目醒シキモノアリ既ニ第一歩ノ準備
ハ成シ竣リタル者ノ如シ第二歩即チ実行ノ期ハ何時ナルヤ知ル

---

　①「犬養毅ト孫文会見ノ件」乙秘第 1651 号、大正 3 年 8 月 27 日。外交史料館所蔵。
　②「支那革命党員戴天仇ノ談話」乙秘第 1615 号、大正 3 年 8 月 24 日。外交史料館
所蔵。

ヲ得サルモ余ノ見ル所ニテハ目下支那ノ天地ニハ既ニ革命ノ曙光現ハレ居ルガ如クナレバ其時機蓋シ遠キ将来ニアラザルモノト見テ間違ヒナカラン」[1]と語った。しかし彼ら大陸浪人の意見も一致して楽観的であったわけではなかった。寺尾亨は「孫文一派ノ革命党員等ハ今回ノ欧洲戦乱ヲ以テ第三次革命ノ挙ニ出ツルハ実ニ千歳ノ一遇ナリトシ大ニ謀議計画ヲ為シツヽアルモノヽ如ク予亦革命其モノニ対シテハ好時機ナリト信スルモ目下ノ時局ニ於テ支那内地ニ動乱ヲ起サシムルハ我帝国ト英国外交関係ニ於テ帝国ノ為メ甚ダ得策ナラズ随ツテ彼等ノ革命其モノモ亦成功不可能タルヲ免カレザルノ事情アルヲ以テ彼等愈々此挙ヲ敢行スルコトヽナラバ予ハ断然之ヲ抑止スル積リナリ」[2]と主張した。その後の事実から見て寺尾のこの主張は客観的情勢に適合していたといえよう。浩然盧で教官を担当していた青柳勝敏も同様に「近来支那第三次革命ノ機大ニ熟シ今回ノ欧洲動乱ヲ機会ニ今ニモ勃発スル様説ク者アルモ事実ハ全ク之ニ反シ現今革命党ノ内状ハ全ク資力ヲ得ルノ望ミナク首領株モ多クハ各地ニ散在シ……今日ノ処帝国政府モ革命ヲ幇助スルガ如キコトハ万ナカルベク……堂々ト革命ノ旗ヲ翻スニハ今ヤ一モ望ミナキ状態」[3]であると述べ、「自分ハ徐ニ時機ノ至ルヲ待チ支那学生ノ教養ニ努メン」と語った。このように革命党周辺の日本人の情勢に対する分析にも相違があった。

　当時、孫文と革命党は反袁闘争を展開する一条件として日本の支持・支援に大きな期待を寄せていた。孫文はこの支援を獲得するため犬養・頭山・板垣らを訪問して中国をめぐる国際情勢と国内情況を説明し、彼らを通じて日本政府・軍部を説得し

---

[1]「頭山満ノ談話」乙秘第 1802 号、大正 3 年 9 月 9 日。外交史料館所蔵。
[2]「寺尾博士ノ談話」乙秘第 1548 号、大正 3 年 8 月 20 日。外交史料館所蔵。
[3]「青柳勝敏ノ談話」乙秘第 1536 号、大正 3 年 8 月 19 日。外交史料館所蔵。

ようとした。八月十二日に孫文は陳其美・戴季陶と共に菊池良一・犬塚信太郎と大戦勃発後の対応策を検討し、十三日に菊池を犬養毅の下に派遣してその意見を尋ねさせた。犬養は「慎重ノ態度ヲ執ランコト」①を望んだ。二十二日に孫文は犬養に書簡を寄せて面会を要望し、犬養は二十四日午後に孫文を訪れた②。孫文は犬養に大戦は中国革命の空前絶後の好機であることを説明し、「此際是非共革命ニ対シ日本政府ノ後援ヲ得タク此点ニ就キ貴下ノ配慮ニ預リタ」③いと述べた。この会談において孫文は中日の連携を主張したが、その理由として第一に黄白色人種闘争論を説き、「世界ノ大勢ヨリ説キ起コシテ東亜問題ニ及ビ結論シテ東亜ノ解決ハ詮スル処人種問題ニ帰スルニ外ナラサルヲ以テ黄色人種ハ団結シ白人種ニ当ラサル可カラズ」④と述べた。これは袁世凱が日本の好意を得ようとして主張した黄白人種論と同様であった⑤。第二の理由として欧洲大戦の戦況から「英仏ハ到底独逸ノ敵ニアラス只タ露ハ独ニ取リテハ強敵ナルモ結局ハ独逸ノ勝利ニ帰スルナラン戦局終熄シ日独両国モ平和光復ノ上ハ日本モ対独対支ノ外交上複雑ナル事情ヲ惹起スルコトナランガ此ノ時ニ際シ日本ハ支那内地ニ於テ動乱ノ発生スルコトアラバ外交上至極好都合ナラント察セラルル」⑥と説いた。これは大戦初期における孫文の国際情勢に対する見通しであったが、その後の事実から見て正確な判断ではなかった。大戦初期に孫文はドイツが勝利すると信じ、日本がドイツと連携してイギリスと対抗することを主張していた。これは袁とそ

---

①「孫文ノ行動」乙秘第 1631 号、大正 3 年 8 月 2 日。外交史料館所蔵。
②「孫文ノ動静」乙秘第 1628 号、大正 3 年 8 月 25 日。外交史料館所蔵。
③「犬養毅ト孫文会見ノ件」乙秘第 1651 号、大正 3 年 8 月 27 日。外交史料館所蔵。
④「犬養毅ト孫文会見ノ件」乙秘第 1651 号、大正 3 年 8 月 27 日。外交史料館所蔵。
⑤ 本書第七章第一節参照。
⑥「犬養毅ト孫文会見ノ件」乙秘第 1651 号、大正 3 年 8 月 27 日。外交史料館所蔵。

の政権を背後で支持するイギリスに対抗するための主観的希望
からの主張だったようである。これに対し犬養は何ら意見を示
さず、ただ「四囲ノ状況相許セバ此際革命旗ヲ□スハ好機ナラ
ント思ハルル」と説き、「資金調達ノ件等ニ就テハ篤ト頭山トモ
相談ノ上御答ヲ致サン」[1]と答えただけであった。二十六日午
後、犬養は再び孫文を訪れて一時間面談しているが、その内容
は不明である。犬養は主観的には孫文らに同情していたが実際
にはどうしようもなかったのである。

　八月二十一日午後、孫文は戴季陶と共に頭山満を二回訪問し
て一時間半会談している[2]。その内容は不明であるが、その後
頭山は「目下支那ノ天地ニハ既ニ革命ノ曙光現ハレ居ルガ如」
しだと述べ、「我政府ハ今ニ於テ南方ニ今少シク力ヲ傾ケ置カン
コトヲ我国家ノ為メニ希望スル次第」[3]だと同情・支持の意を
表明した。

　孫文は九月二十日に戴季陶・萱野長知と共に板垣退助を訪問
し、「支那革命ニ関シ現内閣ノ援助ヲ受ケントシ其斡旋方ヲ乞
フ」[4]と要請した。これに対し板垣は大隈首相と相談したが確
実な回答を得ることが出来ず、孫文ら革命党と関係ある日本側
の主立った者と意見をまとめた上で一考すると回答した[5]。十
月一日、戴は孫にこの旨を報告し、同日中に頭山・寺尾らを訪
れて板垣の意向を伝えた[6]。同日夜、板垣は赤坂三河屋で頭山・
寺屋・的野半介ら七人と会合し、この件について相談したが、
その内容は不明である[7]。

---

①「犬養毅ト孫文会見ノ件」乙秘第 1651 号、大正 3 年 8 月 27 日。外交史料館所蔵。

②「孫文ノ動静」乙秘第 1576 号、大正 3 年 8 月 22 日。外交史料館所蔵。

③「頭山満ノ談話」乙秘第 1802 号、大正 3 年 9 月 9 日。外交史料館所蔵。

④　外務省編『日本外交文書』大正 3 年第 2 冊、829 頁。

⑤　外務省編『日本外交文書』大正 3 年第 2 冊、829 頁。

⑥　外務省編『日本外交文書』大正 3 年第 2 冊、829 頁。

⑦　外務省編『日本外交文書』大正 3 年第 2 冊、829 頁。

　この時期日本滞在中の革命党員は分散していた。東京では孫文・陳其美らが中心であったが、京都では譚人鳳が、長崎では柏文蔚が中心になっていて行動の統一性が欠けていたため、日本との支援交渉も各自によりおこなわれていた。八月九日に柏文蔚が、八月十六日に譚人鳳が上京して東京で会合し、孫文とは別に日本財界・軍部と支援について問題を交渉した。柏・譚は九月二十三日の午後に日本産業株式会社社長辻嘉六を訪問し、「支那革命ハ是非日本政府ノ援助ヲ受クルニアラサレバ絶対ニ目的ヲ達スル事ヲ得サルヲ以テ貴下ノ尽力ニ預リ日本政府ノ援助ヲ受ケ差向キ軍資金五十万元ト別記（……）銃器ノ貸与ヲ受ケタシ」[1]と申入れた。これに対し辻社長は「貴下等ノ目的ヲ達スルコトニ尽力セン」と答え、陸軍省と参謀本部内の意向を探ったところ、明石参謀次長は「革命党ニ対シ最モ熾烈ナル同情ヲ持チ居ル者ノ如クシテ銃器ノ如キモ陸軍部内ニテ都合出来得ル模様ノ如ク」[2]と述べたものの、政府・外務省が反対だったので、実現されなかったと語った。これに対し十月十二日に長崎に帰着した柏文蔚も「参謀本部ハ声援ノ意思充分ナレトモ大隈伯加藤男ノ意見ハ全然反対ニシテ遂ニ政府ノ賛同ヲ得ルニ至ラス」[3]と語った。ここから推測すれば、当時軍部と政府・外務省との間には革命党支援問題をめぐって、部分的ながらも政策上の相違があったようである。

　大戦勃発後、日本は二者択一を迫られていた。（一）孫文ら革命党の支援の要望に応じて袁世凱に外交的・軍事的圧力を加え、袁を排除する政策と、（二）袁の要望に応じて孫文ら革命党を弾圧し、イギリスに代って袁を擁立してその政権を日本の手中に

---

[1]「支那革命ニ関スル件」高秘第 1909 号、大正 3 年 9 月 24 日。外交史料館所蔵。
[2]「支那革命ニ関スル件」高秘第 1909 号、大正 3 年 9 月 24 日。外交史料館所蔵。
[3]「亡命支那人帰着ニ関スル件」高秘特受第 2787 号、大正 3 年 10 月 13 日、長崎県知事李家隆介より大隈重信内相等宛。外交史料館所蔵。

収める政策があった。政府・外務省と軍部は基本的に後者を選択したが、一部の民間人や大陸浪人らは前者を選んだ。これは外交政策としては対立・矛盾するようであるが、その最終目的は共に中国における日本の勢力と権益を拡大することにあった。

十月二十九日、大陸浪人の大本営であった黒竜会は外務省の政務局長小池張造に「対支問題解決意見」を提出し、孫文ら革命党の支持を訴え、意見書で「革命党及不平党ヲ蜂起セシメント欲セバ今日ハ容易ニ得ベカラザル最好機会ナリ。唯ダ現在革命党及不平党ノ起ツベクシテ未ダ起タザル所以ノモノハ一ニ資力ノ足ラザルガ為メニ外ナラザルガ故ニ我帝国ニシテ窃ニ之ニ貸スニ其資力ヲ以テセバ仮令些少ノ助力ト雖モ彼等ヲシテ一斉之ヲ蜂起セシメ」①得ると進言した。十一月七日、国民外交同盟会幹事小川平吉も小池政務局長に中華革命党等の「彼等ノ党与ハ水ノ地中ニ在ルガ如ク四百余州ニ浸潤シテ潜伏シ其幹部ハ則チ我邦ニ在リ彼等ハ実ニ支那ノ改造者ニシテ最モ進歩セル政治上ノ意見ヲ有シ且ツ我邦ト特殊ナル関係ヲ有スルモノナリ我今彼等ニ仮スニ一挙手一投足ノ力ヲ以テセハ彼等ハ蜂起」②するであろうと述べた。孫文は小川のこのような態度を観察し、十一月十六日に萱野を小川の下に派遣して対中外交と革命党の近況を説明した。小川は加藤外相にも革命党の支持・利用を進言した。二十九日、孫文は和田瑞を派遣して小川に革命党の準備情況を伝えた③。

在野の勢力や大陸浪人らが上述のように孫文と革命党の支援を主張したのは、小川が語ったように「彼等ハ蜂起シテ直チニ袁ヲ排斥シテ支那ノ政権ヲ執リ局面一変支那ハ我ト共ニ提携抱

① 外務省編『日本外交文書』大正3年第2冊、940頁。
② 外務省編『日本外交文書』大正3年第2冊、950頁。
③ 小川平吉文書研究会編『小川平吉関係文書』一、みすず書房、1973年、229頁。

負シテ唇歯輔車ノ実ヲ挙ゲ」①、満蒙・山東・福建における日本の権益を拡大し得るからであった。彼らは袁は狡猾な人間で権謀術策をもって外交の要訣とし、遠交近攻策によって日本の対中国政策を妨害していると考え、その排除・打倒の目的を達するために孫文と革命党の支持・支援を主張したのである。

　しかし日本政府と軍部は孫文と革命党を支援しようとはせず、逆に彼らを弾圧或いは追放しようと考えていた。その理由は日本はイギリスに代って袁世凱を擁護し、袁の北京政権を強化して袁と日支協約或いは日支経済同盟・日支兵器同盟等を結び、中国における日本の覇権を確立しようとしていたからである。このため九月二十一日に駐北京の陸軍少将町田経宇は松井外務次官に「日本内地ニ潜伏セル支那革命党員等ヲ充分取締」②ることを進言した。大島陸軍次官は孫文ら革命党員をして「小異ヲ捨テテ現政府ヲ幇助センコトヲ誓約セシメ……孫黄若シ我提唱ニ従ハサランカ是支那国民ノ安寧ヲ害シ其独立ヲ危クスルモノナレハ断然之ヲ帝国領土外ニ追放シ益々故国ヲ遠サカラシメ以テ民国政府ノ危懼ヲ除キ袁ヲシテ中心帝国ノ指導ニ信頼セシムルヲ要ス」③と主張した。

　日本政府・軍部のこのような主張は袁世凱の革命党取締要求と合致していた。大戦勃発前の三月二日、北京政府外交部は日本に陳其美の引渡を要求し④、七月一日には駐日の陸公使が松井外務次官に革命党取締に関する覚書を提出した⑤。七月十七日に北京政府外交総長孫宝琦は日本滞在中の黄興・陳其美ら革命党員とそれに協力している日本人の取締を要求する覚書を日

---

① 外務省編『日本外交文書』大正3年第2冊、950頁。
② 外務省編『日本外交文書』大正3年第2冊、921頁。
③ 外務省編『日本外交文書』大正3年第2冊、908頁。
④ 外務省編『日本外交文書』大正3年第2冊、738−39頁。
⑤ 外務省編『日本外交文書』大正3年第2冊、774頁。

本側に提出した①。大戦の勃発後、袁と北京政府は日本滞在中の革命党員がこの機会を利用して反袁の第三革命を引起こすことを事前に弾圧するため、日本の外務省にその対策を一層強く要望した。九月九日、陸公使は松井次官に（一）革命党の「日本ニ寄寓スル者ニ対シ正式ニ放逐スルコトヲ発表シ永遠ニ日本国境内及其属地ニ居留スルコトヲ許サス其正式ニ日本ヲ退去スル者ニハ再ヒ上陸ヲ許サス未タ日本ニ在ラサル者ニハ一切日本ニ来ルコトヲ拒絶スルコト」、（二）「中国政府ヨリ引渡ヲ請求スルトキハ日本ハ直ニ之ヲ引渡スコト」、（三）日本人が革命党員と「秘密共謀ノ挙動アルトキハ日本政府ハ（日本人ヲ）厳密ニ取締リ且ッ法律ニ依リ懲罰スヘ」②きこと等を要求した。十月二十八日、孫宝琦外交総長は何海鳴・劉玉山らが大連を根拠地にして本渓湖一帯で暴動を組織し、それに日本人六名が参加していると日本側に通告し、その中国人指導者の引渡と日本人参加者に対する告発を要求した③。十一月六日、曹汝霖外交次長は浙江一帯の暴動に日本人が参加していることを指摘し、日本側にこれらを厳重に懲罰するよう要求した④。

　北京政府のこれらの強硬な要求に対して日本外務省はどう対応したのであろうか。日本外務省は袁と北京政府の要求に応じてというよりも、寧ろ当時の日本の対袁・対中国政策、特に膠州湾占領のために革命党の活動に対する監視を一層強化し、本渓湖における陳中孚らの蜂起を鎮圧した。日本の官憲は「日本ノ租借地付近ニ於テ事ヲ起スハ日本ニ如何ナル損害ヲ及スヤ計ラレズ之ガ為メ支那ト物議ヲ起ス如キ事アリテハ御互ニ不利益

①　外務省編『日本外交文書』大正3年第2冊、804頁。
②　外務省編『日本外交文書』大正3年第2冊、816－17頁。
③　外務省編『日本外交文書』大正3年第2冊、838－39頁。
④　外務省編『日本外交文書』大正3年第2冊、840－41頁。

ナリ」①として、この組織に解散を命じた。これは大戦勃発後革命党の行動を一層厳しく取締ったことを示している。これに対し孫文は「我々ノ運動ニ対シ日本政府ハ兎角悪感情ヲ持チ居ル模様ナリ」②と非難し、陳其美も「欧洲戦乱前日本政府ハ我等亡命者ニ対シ好意ヲ以テ保護シ呉レタルモ戦乱後非常ニ圧迫主義ヲ執リ其実例枚挙ニ遑アラス元来政治犯タル亡命者ニ対シ或ル範囲内ニ於テ保護ヲ与フルハ国際公法ノ認ムル所ナリ然ルニ日本現政府ハ之レヲ無視シテ我等同志ヲ圧迫シ袁老人ニ援助ヲ与ヘントト欲スルハ甚ダ其当ヲ得ズ」③と非常に憤慨し、日本の政策を非難した。

　日本政府はなぜ孫文と革命党に対してこのような政策をとったのだろうか。それには二つの原因があった。第一は大戦へ参加するためイギリスと取引をしたためである。イギリスは戦争のために袁世凱を支援する余裕がない間隙を利用して日本が自国を拠点とする革命党を「支援」し、袁を打倒することを恐れていた。もし袁が打倒されればイギリス等欧米列強は中国における忠実な手先を失い、中国における争奪において大変不利な立場に陥るのである。イギリスは日本の参戦条件の一つとして、当時革命党員らが暴露し、また大養毅が議会において質したように、「日本政府ガ英国ニ対シ此際支那内地ニ革命騒乱ノ起ルガ如キ事アリタル場合ハ責任ヲ以テ之レヲ鎮圧ス云々ノ協約ヲナシ」④たのである。日本は参戦して中国における権益を拡大するため、革命党からの支援要求を犠牲にした。しかし孫文らの革命を支援しようとした頭山満・犬養毅らは日本政府の対英妥

①「支那亡命者陳中孚ノ談話」乙秘等 1965 号、大正 3 年 10 月 2 日。外交史料館所蔵。
② 外務省編『日本外交文書』大正 3 年第 2 冊、825 頁。
③「陳其美ノ言動」乙秘第 1561 号、大正 3 年 8 月 21 日。外交史料館所蔵。
④「頭山満ノ談話」乙秘第 1802 号、大正 3 年 9 月 9 日。外交史料館所蔵。

協策に反対して非難した。犬養は議会においてこの問題を追及
し、頭山は「徒ラニ英国政府ノ干渉ヲ受ケ姑息ノ策ヲ施シ革命
党ノ感情ヲ拭フハ策ノ得タル者アラサル可シ」①と非難した。

　第二に袁世凱も日本がこれを機に革命党を「支援」して自分
を排除することを恐れて対日外交を強化したためである。第二
革命失敗後、孫・黄ら革命党員が多数渡日し、日本を根拠地と
して反袁の第三革命を準備し始めた時、袁は対策としての対日
外交の重要性を認識し、対日外交の経験者である曹汝霖を外交
次長に任命した。一九一四年九月一日、日置公使が袁に「双方
ノ意思ヲ充分ニ疏通スル為貴総統ノ最モ信頼セラルヽ適当ノ人
ヲ指名セラルヽ様希望スル」旨を述べたのに対し、袁は列席し
ていた曹を指して「此人ハ予ノ最モ信頼スル者ナル」②と推薦
し、日本との外交を密接にする意向を表明した。大戦勃発後、
曹汝霖は『報知新聞』北京特派員桑田豊蔵との談話で「日本ニ
在ル亡命客ノ始末ニ対シ支那政府頗ル不安ノ状態ニ在ル」と語
り、「此際貴国政府ニ於テ断乎タル処置ヲ取ラルヽコト出来難キ
モノニヤ是ニ対スル交換条件トシテ支那政府ハ貴国カ十数年来
ノ希望ニ係ハル政治的意味ヲ含メル経済上ノ大問題ヲ解決スル
ニ於テ各カナラサルベク」③と明言した。曹はまた浩然盧爆発
事件に関する日本政府の措置に衷心から感謝の意を表したが、
さらに「此際何トカシテ彼等ノ策源地ヲ根絶スルノ必要アリ往
年慶親王ヨリ時ノ伊藤内閣ニ懇請シテ亡命客ヲ放逐セシ先例
（一九〇七年三月孫文を追放したこと―筆者）ノアルコトナレハ
何ニカ方法ノアルヤニ考ヘラル」④と要請し、孫文の日本から
の再追放を要求した。これに対し桑田は中国政府が彼ら革命党

①「頭山満ノ談話」乙秘第 1802 号、大正 3 年 9 月 9 日。外交史料館所蔵。
② 外務省編『日本外交文書』大正 3 年第 2 冊、812 頁。
③ 大正 3 年 8 月 9 日、桑田豊蔵より大臣宛。外交史料館所蔵。
④ 大正 3 年 8 月 9 日、桑田豊蔵より大臣宛。外交史料館所蔵。

員に旅費を出して海外に旅立たせるのも一策だと提言したが、曹は検討するとだけ答えた。桑田はこの談話の記録を外務大臣に送付した。外務省の政策にどう反映したかは不明だが、小池政務局長はこの記録に目を通し、サインをしている。しかし日本はこうした極端な政策はとらなかった。

　前述のように、袁世凱は山東半島の東部を中立除外地とし、日本軍が上陸して自由に軍事行動をなし得る条件を承諾し、さらに山東鉄道の占拠を黙認することによって、日本が自国滞在中の孫文と革命党員に圧迫を加え反袁の第三革命の勃発を押えるように運動した①。日本政府と軍部は膠州湾における対独開戦と山東鉄道占拠のため袁のこの要求を受入れた。

　しかし上述の理由によって日本政府・軍部はイギリスと袁世凱の要求を承諾はしたものの、彼らの要求を完全に実行したわけではなかった。日本は孫文や革命党員に対する監視を一層強化し圧力を加える一方で、彼らの活動を黙認する態度をとった。山県・寺内らの元老は民間人らが革命党を「支援」したら如何かとの意見を表明した②。軍部の一部には予備役の軍人を訓練し、革命党員らと共に中国に赴いて反袁闘争を「支援」した者さえいた③。しかしこれらは個人的或いは局部的なことであり、日本政府・軍部の方針ではなかった。

　孫文と革命党員らは日本からの「支援」を得られない条件の下でも依然として国内における反袁闘争を計画し、一部の地域で蜂起の準備に取掛かった。蜂起に必要なのは軍資金であった。日本政府は革命党に軍資金を提供しないことによって彼らの反

　①「陳其美ノ言動」乙秘第 1561 号、大正 3 年 8 月 21 日。外交史料館所蔵。
　②「亡命支那人帰着ニ関スル件」高秘特受第 2787 号、大正 3 年 10 月 13 日、長崎県知事李家隆介より大隈重信内相等宛。外交史料館所蔵。
　③「革命軍ニ関スル件」神高密発第 50 号、神奈川県知事石原健三より加藤高明外相宛。外交史料館所蔵。

袁の第三革命の勃発を抑圧しようとした。そこで孫文は軍資金の調達に力を注いだ。孫文は中国興業会社に出資した六万円を引出し、アメリカからも三万円[①]、マニラから二十万元[②]、南洋の華僑から総計五十万元（マニラの二十万元を含む？）を調達した。孫文はこの資金でまず東京・大阪などに居留していた少壮革命党員三〇〇余名を国内に派遣し、次いで国内の軍隊に対する工作に利用した[③]。

　警視庁の調査によれば、孫文ら革命党の蜂起計画は三段階より成っていたようである。第一段階で日本に滞在する革命党員を帰国させて各地で革命を鼓吹し、革命軍の根拠地から離れた各省で小蜂起を起こして上海・広東駐屯の袁軍を牽制し、第二段階で長江沿岸の各地でも同様の蜂起を起こし、南京その他に駐屯する袁軍をその鎮圧のためこの方面に向わせて兵力を分散させ力を弱らせ、第三段階で日本の膠州湾攻略を機に真の革命の旗を挙げるというものだった[④]。

　孫文はこの計画を実施するため上海に総司令部を設置し、蒋介石と陸恵生を上海に派遣した。当時孫と蒋との交流は大変頻繁であった。蒋は八月三十日夜に孫を訪れ、翌日横浜から春日丸で上海に向った[⑤]。

　中国国内では江蘇省・広東省・江西省・東北等で反袁蜂起が勃発した。十月下旬の杭州における蜂起には予備歩兵大尉一瀬斧太郎・予備歩兵中尉小室敬次郎ら六、七名が直接参加してい

---

　①「孫文ノ行動」乙秘第 1656 号、大正 3 年 8 月 27 日。外交史料所館蔵。
　②「支那革命党ノ軍資金ニ就テ」乙秘第 2104 号、大正 3 年 10 月 19 日。外交史料館所蔵。
　③「孫文ノ行動」乙秘第 1656 号、大正 3 年 8 月 27 日。外交史料館所蔵。
　④「支那革命運動計画ニ関スル件」乙秘第 1925 号、大正 3 年 9 月 26 日。外交史料館所蔵。
　⑤「支那亡命者帰国ノ件」甲秘第 144 号、大正 3 年 8 月 31 日、警視総監伊沢多喜男より加藤高明外相宛。外交史史料館所蔵。

た①。上海には日本から来た予備役将校と下士官十数名が待機していた。これらの予備役軍人らは東京において一瀬斧太郎が陳其美・許崇智らと協議して召集した人々であった②。許崇智は彼らに月給・被服費・旅費等を支給していた。当時孫文の側近であった王統一は革命に必要な予備役の海軍将校と下士官を日本で募集していた③。横須賀重砲兵連隊では陸軍砲兵予備役将校一〇〇余名を三十五日間演習に召集していたが、そのうち五名は日本軍の青島攻略後、現地で革命軍の軍事教育に従事する予定であった④。日本当局は警察或いは県知事らの報告により、革命党員が日本で人員を募集していることを知ってはいたが、阻止する対策を講ぜずに黙認していた。彼らが杭州蜂起に関与して、それが袁側から暴露されて抗議を受けた後で初めて彼らに帰国を勧告した。⑤ここから孫文と第三革命に対する日本の微妙な政策を窺うことが出来る。

三　二十一ヵ条の形成と交渉

　膠州湾と山東鉄道を軍事的に占拠した日本はこれを後盾に一九一五年一月十八日北京政府に二十一ヵ条の要求を提出し、その全面的承諾を迫った。本節では、この二十一ヵ条の要求が日本軍の膠州湾と山東鉄道の占拠と並行して作成された事実を究明すると共に、この要求をめぐる中日外交交渉の過程を簡明に

---

① 外務省編『日本外交文書』大正3年第2冊、846－47頁。
② 「支那革命運動ニ関スル件」乙秘第1908号、大正3年9月24日。外交史料館所蔵。
③ 「支那革命ニ干シ在郷軍人募集ノ件」乙秘第2102号、大正3年10月19日。外交史料館所蔵。
④ 大正3年10月14日、宮城県知事俵孫一より大隈重信内相宛、機密発（字）第72号。外交史料館所蔵。
⑤ 外務省編『日本外交文書』大正3年第2冊、846－51頁。

述べ、主に袁世凱・北京政府及び日本外務省と山県ら元老の対応を考究し、この要求に関連する条約と交換文書が国際法に違反し無効であったことを立証する。

　前述のように日本の大戦への参加とドイツへの宣戦布告は単に膠州湾と山東鉄道の占拠だけを目的としたのではなく、この機会を利用して停滞状態に陥った対中国外交を一変させ、中国問題を根本的に解決しようとしたのであった。参謀本部は日本の参戦動機について「今ヤ列国ハ自国ノ戦争ニ汲々トシテ東顧ノ余裕ナキ情況ナリシヲ以テ……此ノ渋滞セル対支政策ニ一段落ヲ画シ、帝国ノ勢力ヲ増進確立スルヲ必要ト為シタルニ因レリ」[1]と率直に述べている。これは(一)に大戦の勃発により日本と中国における権益を争奪していた欧米列強が中国を顧みる暇がなくなって、その日本の対中国政策に対する牽制力が大幅に減少し、(二)に中国における欧米列強と日本との争奪を利用して日本の中国における勢力拡大に抵抗していた袁世凱と北京政府が国際的に孤立し、その対日抵抗力が弱体化したからである。日本はそれまで対中国政策を牽制してきた二つの障害がほぼ排除されたと考え、さらに膠州湾と山東鉄道の占拠によって日本の中国における軍事力が強化されたので、これを背景に対中国政策を積極的に推進する可能性が生じた。このように日本の対中国政策は大戦の勃発と日本の参戦に密接な関係があり、日本の中国政府に対する根本要綱であった二十一ヵ条も日本の対独開戦外交と対独宣戦による参戦及び膠州湾・山東鉄道占拠と並行して作成されたのである。この頃日本は表面では開戦外交を通じて膠州湾・山東鉄道を占拠し、裏では対中国政策根本要綱＝二十一ヵ条提出の準備を推進していた。前者は局所的目

---

① 参謀本部『秘日独戦史』上巻、21-22 頁。平間洋一「対二十一ヵ条の要求と海軍」、『軍事史学』第 23 巻第 1 号、35 頁。

的であったが、ある意味においては後者の手段でもあり、後者
は前者の目的であったともいえよう。

　日本外交史研究における困難な問題は、外交政策の形成と決
定の過程の究明である。二十一ヵ条についても同様である。当
時日本の外務省・陸軍・元老・民間から数十件の対中国政策案
が提出された。二十一ヵ条は、これらの諸案が集大成されて形
成されたのであろうが、その統合過程には不明な点が多い。こ
こでは、まず各案の内容を検討することにする。八月二十六日
に駐中国の日置公使が「中国ニ対スル我要求条件ニ関スル件」
を加藤外相に建議し、八月七日に参謀本部第二部部長の福田雅
太郎少将が「日支協約案要領」を、八月二十四日に大島健一陸
軍次官が「欧洲戦乱ノ帰趨ト我対華政策ニ関スル件」を、九月
二十一日に駐中国公使館付武官町田敬宇陸軍少将が「欧洲大戦
ニ当リ我国ガ中国ニ於テ獲得スベキ事項ニ関スル意見」を関係
当局に提出した。元老の山県は八月下旬に「対支政策意見書」
をまとめて首相・外相に提示し、九月二十四日に山県ら四元老
が大隈首相と「支那ニ対スル根本的方針」を決定した。民間で
は九月一日に東亜同志会が「我国ガ中国ヨリ獲得スルヲ要スル
権利ニ関スル意見書」を、十月六日に対支連合会が「対支根本
政策ニ関スル意見書」を、十月二十九日に黒竜会が「対支問題
解決意見」を、十一月七日に小川平吉が「対支外交東洋平和根
本策」を提出した。これらはその代表的な案であるが、時期的
に八月から十一月の四ヵ月間に集中していることは日本の参戦
と膠州湾・山東鉄道占拠と同時に提出されたことを物語ってお
り、日本の参戦の根本的目的が対中国政策を積極的に推進し、
中国問題を根本的に解決するためであったことを立証している。

　上述のような対中国政策案が如何に総合されて二十一ヵ条要
求にまとめられたかは従来から問われてきたが、加藤外相が外

務省による一元外交の維持・強化に強い熱意を持ちつづけていたこと、及び外務省の政務局長小池張造がこの要求の原案を作成していることから、外務省が核心的役割を果して各方面から提出された案を調整し、集大成したのであろう。まず二十一ヵ条交渉の主役であった日置公使の「中国ニ対スル我要求条件ニ関スル件」を検討する。日置公使は北京に着任する前に既に加藤外相から中国に要求条項を提出する機会を捉えるようにとの密命を受けていたため①、着任後直ちに小幡ら公使館の書記官と今後の対中国政策を検討し、二十六日には中国側に提出すべき次のような案を作成し、交渉を開始すべきだとの意見を加藤外相に上申した②。

第一　関東州租借期限ヲ更ニ九十九年間延長スルコト

第二　南満洲鉄道ハ右延期期間内之レヲ還付又ハ売戻サザルコト

第三　安奉鉄道ハ一切ノ関係ニ於テ南満洲鉄道ニ準スルコト

第四　日本ノ援助ニヨリ南満洲及東部内蒙古ノ軍政及一般内政ヲ漸次改善スルコト

第五　南満洲及東部内蒙古ノ地域内日本国臣民ノ居住及営業ノ自由ヲ認メ且之レカ為メ必要ナル一切ノ便宜ヲ与フルコト

第六　日本国ヨリ借款ヲ起シ九江武昌間及南昌衢州杭州間ノ鉄道ヲ建設スルコト

　　将来南昌撫州（？）光沢福州厦門間及福州三都澳間ノ鉄道并ニ前記南昌厦門線ト南昌杭州線等ヲ連絡スル鉄道ヲ建設セントスル場合ニハ必ス先ツ日本国ニ協議スルコト

（註　第四及五ニ付テハ支那側ノ態度如何ニヨリ結局多少譲歩ヲナスコト）

---

① 伊藤正徳『加藤高明』下巻、加藤伯伝記編纂委員会、昭和４年、154頁。
② 外務省編『日本外交文書』大正３年第３冊、545頁。

この案は主に満蒙における日本の権益を維持・拡大し、さらに中国東南部における権益をも確保しようとするものであった。当時駐北京公使館書記官であった出淵勝次はこの案が二十一ヵ条問題の発端となったと語った。日置公使がこのような案を提出したのは、北京側が「日本国カ近ク山東ノ一角ニ兵ヲ上クル暁事態如何ナル発展ヲ視ルニ至ルヘキヤニ付大ニ疑惧ノ念ヲ懐キ今ヤ専心我カ態度ヲ注視シ只管我ノ感情ヲ害ハサランコトヲノミ顧慮シ居ル情勢」であって、「此ノ時機ハ対支交渉案件解決上絶好ノ機会ナリ」①と判断したからであった。日置はこのように武力による山東半島の一角の占拠を後盾にその要求を北京側に承諾させようと考え、その交換条件として次のような条件を提出した②。

　　第一　膠州湾租借地占領ノ上ハ追テ之ヲ支那ニ還附スルコト

　　第二　日本国ニ在住スル主ナル革命党員ハ直ニ之ヲ国外ニ立去ラシメ且再ビ帰来セサル様取計フコト

　　　　　支那ニ於ケル日本居留地其他日本国権下ニ在ル地域ニ於テモ右同様取計フコト

　　第三　支那政府ニ対スル革命的性質ヲ有スル一切ノ企画ニ関シ厳密ナル取締リヲ行フコト

　　第四　満蒙開放ニ附随シテ発生スヘキ日支人間ノ交渉按件ハ親切公平ニ処理シ支那政府ニ煩累ヲ及ボサザル様努ムルコト

この条件を提出したのは、イギリスら列強から参戦の同意を得ることが出来、同時に袁から対日譲歩をも得られるからであった。

---

① 外務省編『日本外交文書』大正3年第3冊、544頁。
② 外務省編『日本外交文書』大正3年第3冊、546頁。

　この日置公使の上申に対し、加藤外相は大体異議なきも「膠州湾攻撃モ未ダ進捗セズ欧洲ノ戦局亦十分前途ノ見据付カス且支那ノ人心モ我ニ対シテ尚多大ノ不安ヲ表白シツツアル」等を理由に「時機稍早キニ過グト認」め、「暫ク形勢ノ推移ヲ看望シ十分ノ見込付キタル上ニテ之ヲ提出スルコト」①と訓令した。これを契機に外務省では従来対中国政策に積極的で軍部とも密接な関係があった小池張造政務局長を中心に、軍部やその他各方面の意見や方策をとりまとめて、対中国交渉案の作成に腐心することとなった。

　参謀本部を中心とした陸軍も多様な対中国政策案を外務省や軍中央に提出した。軍部の案は外務省の日置公使案よりも広汎な問題を取上げて対中国の根本方針を提出しており、軍部的発想を示している。日本の大陸政策推進の先鋒であった陸軍は、まず満蒙問題の徹底的解決を提案した。満蒙政策が日本の対中国政策の核心だったからである。参謀本部第二部長の福田雅太郎は「南満内蒙ノ自治ヲ認ムルコト」②を、大島陸軍次官は「帝国ハ満蒙ヲ併合シテ茲ニ数年来ノ懸按ヲ解決」③することを、駐北京公使館付武官の町田陸軍少将は「満蒙ニ於ケル我立脚ノ基礎ヲ鞏固ナラシムルニ必要ナル各種利権ノ獲得」と「満蒙ニ於ケル旅行居住ノ自由、土地所有権、旅大租借期限ノ延長、新邱炭坑ノ採掘権」④の獲得を、明石参謀次長は「南満内蒙ニ関シテハ優越権ヲ有スル日本政府ノ提議ヲ尊重スヘキコト……自治類似ノモノ租借類似ノモノ皆ナ此条項ニハマル」⑤ことを提案した。参謀本部付の田中義一は「支那ハ日本ノ南満洲及東部

①　外務省編『日本外交文書』大正3年第3冊、553頁。
②　外務省編『日本外交文書』大正3年第2冊、903頁。
③　外務省編『日本外交文書』大正3年第2冊、907頁。
④　外務省編『日本外交文書』大正3年第2冊、915−16頁。
⑤　北岡伸一『日本陸軍と大陸政策』東京大学出版会、1978年、167頁。

内蒙古ニ於ケル諸外国ニ超越スル特別ノ地歩関係ヲ確認スルコト」を要求し、具体的意見として「日本ハ南満洲東部内蒙古ニ於ケル支那ノ宗主権ヲ認ム。支那ハ日本に南満洲東部内蒙古ニ日本人ノ土地処有権及居住営業ノ権ヲ認許ス。又同地域内ニ於ケル利源ノ開発権ヲ外国人ニ譲与セントスル場合ニハ先ッ之ヲ日本政府ニ計ルモノトス。支那ハ日本ニ関東州ノ租借年限ヲ九十九年ニ延長ス。支那ハ日本ニ南満洲及東部内蒙古ニ於ケル交通機関ヲ開発シ及之ヲ保護スルノ権利並ニ同地域内ニ於ケル利源開発ノ優先権利ヲ認ム。日本ハ南満洲及東部内蒙古ニ支那以外ノ国ニ対シ要塞其他ノ防禦設備ヲナスコトヲ得ル」ことや「支那ハ現在ノ吉長鉄道ヲ現況ノ儘日本ニ譲与スルコト……。支那ハ吉会線其他満蒙ノ五鉄道ハ其敷設営業権ヲ全然日本ニ許与スルコト」①等を提案した。これらは二十一ヵ条の第二号に当っている。

　次に陸軍は北京政府の行政・軍政・幣制・外交等を支配し中国に対する根本的支配権を確立するための方策を提案した。福田第二部長は「兵政行政並ニ幣制ノ改善ヲ日本ニ委任スルコト」や「支那ノ利権ヲ外国ニ譲与シ若クハ外国借款ヲ起スニ当リテハ予メ日本ニ知照シ其同意ヲ求ムルコト」②等を要求し、大島陸軍次官は「帝国ハ支那ノ内政ヲ幇助」③する方法を講じて「支那ヲシテ将来僅少ト雖其利権ヲ外国ニ譲与シ若クハ外国借款ヲ起スニ方リテハ必ス先ッ帝国ニ商議シ其応諾ヲ得ルニ非レハ決シテ之ヲ実行セサルコトヲ約束セシメサル可カラス」④こと等を要求し、町田少将は「将来支那ノ軍事ハ勿論外交財政ノ顧問トシテ日本人ヲ入ルル事其他兵器ノ製造及供給ヲ日支合弁或ハ

---

① 北岡伸一『日本陸軍と大陸政策』東京大学出版会、1978 年、168 頁。
② 外務省編『日本外交文書』大正 3 年第 2 冊、903 頁。
③ 外務省編『日本外交文書』大正 3 年第 2 冊、907 頁。
④ 外務省編『日本外交文書』大正 3 年第 2 冊、909 頁。

日本ノ手ニテ引受クル等ノ特権ヲ要求」①し、明石参謀次長は「行政軍事ノ改善ヲ帝国ニ委任スルコト」と「支那ノ利権ヲ外国ニ譲与シ若クハ外国借款ヲ起スニ方リ予メ帝国政府ニ同意ヲ求ムルコト」②等を要求し、田中義一も「日本ハ支那ノ軍事改善国富ノ開発等ヲ幇助シ日支両国ノ国運発展ヲ謀ル事」と「日支両国ハ……外国ニ関係ヲ有スル事項ハ予メ相互ノ協商ヲ遂ケタル後処置ヲ執ル事」③等を要求した。これらは二十一ヵ条の第四、五号の内容に当っていた。

第三の提案は中国本土における権益の拡大についてであった。大島次長は「財政ノ幇助ニ依リ支那本土ニ利権ヲ扶殖シテ順次南下ノ素地ヲ作ルモ亦極テ緊要ナリ」④と提案し、町田少将も「杭州南昌間、九江武昌間ノ鉄道敷設権並ニ福建省沿岸ニ我日本ノ承諾ヲ得スシテ防禦設備ヲナサシメサル等ノ権利」⑤を要求し、直隷平野と長江沿岸を結ぶ大動脈を制圧するために山東鉄道を占領することを強調した⑥。これらの要求は二十一ヵ条の第五号の第五、六項に当っていた。

第四の提案は山東におけるドイツ権益の争奪と獲得についてであった。町田少将は「此時ニ当リ我日本カ山東省ニ於ケル独逸ノ既得権利ノ譲渡ヲ要求スルコトハ其之ニ払ヒタル多大ナル犠牲ノ報酬トシテ当然ノ事ナルヲ以テ何人モ異存ナキ所ナルヘシ否仮令多少ノ異論アリトシテモ断々乎トシテ之ヲ貫徹セサル可カラス蓋シ膠州湾、坊子、博山ノ炭坑殊ニ山東鉄道ヲ我日本ノ手ニ領有シ置ク時ハ経済上ノ利益ハ勿論将来若シ支那カ其財

① 外務省編『日本外交文書』大正3年第2冊、916頁。
② 北岡伸一『日本陸軍と大陸政策』東京大学出版会、1978年、167-68頁。
③ 北岡伸一『日本陸軍と大陸政策』東京大学出版会、1978年、168頁。
④ 外務省編『日本外交文書』大正3年第2冊、909頁。
⑤ 外務省編『日本外交文書』大正3年第2冊、916頁。
⑥ 外務省編『日本外交文書』大正3年第2冊、918頁。

政上ノ分割ヨリシテ領土ノ分割ニ陥リ列国カ各兵力ヲ以テ其勢
力範囲ヲ堅メントスルニ当リ我モ亦山東省ヲ己レノ勢力範囲ト
シテ占領スルノ口実ヲ得ルノ利アリ」①と主張した。しかし大島
陸軍次官は「膠州湾ハ支那ノ為東洋ノ為之ヲ支那ニ還附スルヲ良
策トス」②と主張した。これに対し白仁関東都督府民政長官は還
付の条件として、日本が現地の鉄道の政府株、政府が権利を有す
る諸鉱山或いはその株、諸営造物及び土地で政府が権利を有する
もの、諸建設物で政府が権利を有するもの、埠頭の管理及び収益、
港湾の管理及び収益、租借地内における日本人の住居・営業及び
不動産に関する一切の諸権利を留保し、同時に竜口より山東鉄道
に接続する鉄道の敷設権、竜口開港設備の三ヵ月以内の完成、山
東省内の人口一万人以上の都市の開放、小清河運航の開放、山
東省内の鉱山採掘権の開放等を中国側に要求することを要望し
た③。これらの要求はその後二十一ヵ条の第一号となった。

　陸軍中核の要求と主張は基本的には同一であったが、少なか
らぬ差異もあった。これらの要求と主張をまとめ、軍部の意見
として内閣に提出したのが十一月の岡市之助陸相の覚書である。
岡陸相は「一、関東州ノ租借期限ヲ延長スルコト。二、間島ヲ
租借スルコト。三、南満洲鉄道及安奉鉄道ハ共ニ永久日本ノ所
有トスルコト。四、吉長鉄道ヲ譲受クルコト。五、南満洲及東
部内蒙古ニ於テ本邦人ノ土地所有並ニ居住ノ自由ヲ得、且ツ鉱
山採掘、鉄道敷設等ノ利権ハ総テ日本ニ於テ優先権ヲ得ルコト。
六、本土ニ於ケル要地ノ鉄道敷設権ヲ得ルコト。七、軍事ノ改
善、兵器ノ製造ハ日本ノ指導ヲ受クベキコト。八、外国ニ利権
ノ譲与若ハ借款ヲ為サントスルトキハ先ツ日本ニ協商シタル後

①　外務省編『日本外交文書』大正3年第2冊、918頁。
②　外務省編『日本外交文書』大正3年第2冊、907頁。
③　外務省編『日本外交文書』大正3年第2冊、926－27頁。

処理スルコト」①等を中国側に要求することを提案した。これ
は二十一ヵ条作成過程における陸軍側の主な要求を総合したも
のであり、その作成に大きな影響を与えた。

陸軍はこれらの要求を威圧的方法によって達成することを主
張した。田中義一は「匕首ヲ袁ニ加フルモ辞セザル決心ナカル
可ラズ」②と主張し、町田少将も「狡猾多智ノ袁ニ対シテハ同
文同種唇歯輔車トカ云フ如キ古臭キ言草ヤ懐柔策ノミニテハ何
事モ成功シ得ヘカラサル事ハ単ニ小官ノミナラス支那通有力者
ノ皆等シク認ムル所」であって、「此際我日本ニシテ大々的決心
ヲ以テ武力ノ後援ニ依リ其権力ヲ発揮セハ上掲要求ノ解決ハ決
シテ難事ニアラスト確信ス」③と語った。福田第二部長も要求
を強いるために「北支那駐屯軍ヲ再ヒ撤裁前ノ兵力ニ復シ有力
ナル艦隊ヲ渤海湾ニ游弋セシム」④るよう主張した。これは正に
陸軍的発想だといえよう。その後の二十一ヵ条交渉の過程から見
れば、加藤外相は軍部の威圧的方法に同調していたようである。

しかし山県ら元老は陸軍の威圧的方法を排して独自の対中国
政策を主張した。山県有朋・大山巌・松方正義・井上馨の四元
老は九月二十四日に大隈首相と合議し、次のような方針を決定
した⑤。

第一、支那ニ対スル根本的大方針。イ、袁世凱ヲ始メ支
那人ヲシテ従来日本ニ対スル不信ト疑惑トヲ一掃シ、以テ
我ニ信頼セシムルコトヲ根本的主眼トナス事。ロ、特種問
題ニ対シ、特使又ハ名ヲ漫遊ニ藉リ、袁ノ信服スベキ地位
并ニ手腕アル人ヲ派遣スル事。ハ、膠州湾ノ返還ニ対スル

① 北岡伸一、前掲書、170 頁。
② 北岡伸一、前掲書、169 頁。
③ 外務省編『日本外交文書』大正 3 年第 2 冊、917 頁。
④ 外務省編『日本外交文書』大正 3 年第 2 冊、903 頁。
⑤ 徳富猪一郎『公爵山県有朋伝』下巻、915－16 頁。

条件、并ニ交換スベキ利権ノ調査等ノ協議。ニ、鉄道、礦山其他機会均等主義ニ反セザル政治上経済上ノ問題ニ関シ袁ヲシテ契約セシムル事。第二、対露問題（及ビ武器供給ノ事）。英国ノ意向ヲ探リ、単ニ英国ノミニ専頼セズ、此際露国トノ同盟ヲ結ビ、以テ将来日英露仏同盟又ハ協約ノ基礎ヲ作ル事。第三、対仏問題。仏国ヨリ資金ヲ吸集シテ、日仏銀行ノ名ニ於テ支那ニ放銀スル事。第四、対米問題。支那ヲシテ米国ニ傾ケシメザル様、又米ヲシテ我ヲ疑ハザル様信義ヲ米ニ披瀝シテ、日米間国交ノ親善ヲ進ムル事ノ目的ヲ以テ其最善ノ方法ヲ研究調査スル事。第五、欧米ニ人材ノ外交官派遣ノ事。有力ナル外交官又ハ半官的人材ヲ派遣シ。此時局ニ対スル最善ノ方法ヲ講ズル事。

元老らも中国において政治・経済上の諸権益を獲得することを主張したが、具体的要求は提示せず、満蒙第一主義で臨む態勢を示した。元老らは（イ）と（ロ）に示されているように、袁世凱を説得して日本を信頼させる対中国政策によって所期の目的を達成しようとした。山県は八月下旬の「対支政策意見書」においてこの主張を詳細に述べている。山県は「支那に対しては只威圧を以て志を遂くへしとする者」を批判し、「今日の計は先つ日支の関係を改善し彼をして飽くまで我れに信頼するの念を起さしむるを以て主眼とせさる可からさるなり」と主張し、満蒙における権益を確保し、その経営を進捗させるにはロシアとの親交を維持すると同時に「他の一方に於ては、支那との関係を円満にし、事毎に扞格支吾するが如き患なきを期せざる可からず」と述べ、欧米列強の中国侵略に対抗するため黄色人種としての日華両国民の共感を喚起し、「人種問題の趨勢を説いて、袁世凱等を諭し、次に有力なる援助を之に与ふ……其の有力なる

援助とは、他なし、財政上の援助是れなり」①と主張した。山県は翌年の二月にも大隈首相に「吾が国運隆昌の基を固くせんと欲せば、支那をして我れに信頼せしむる」ことの重要性を強調した②。井上・松方らも山県と見解を同じくしていた。それは信頼・援助・提携論であり、これによって中国における日本の権益を維持・拡大しようとした。これは威圧的方法によって目的を達成しようとした陸軍とは方法・手段が異なっていたが、中国における日本の権益を一層拡大するという目的は同じであった。

　しかし外務省による一元外交の維持・強化に強い熱意を抱いていた加藤外相は、入閣の際に条件として「外国の使臣に対し外交上の応答をせらるる場合には、事件の大小に拘らず、一切外相たる自分を通して為され度きこと」③を提示し、元老らもこれを承諾していた。この条件に基づいて加藤外相は閣内・閣外において一元外交を貫徹し、明治三一年以来の慣行であった元老への外交文書の回覧さえも停止し④、元老の外交に対する関与を制限した。加藤外相は彼らの袁世凱に対する信頼・援助・提携論を採用せず、陸軍と共に威圧的方法によって二十一ヵ条の要求を袁に承諾させようとした。

　中国関係の民間団体や世論も外務省に圧力をかけようと独自の対中国政策を提唱し、二十一ヵ条の作成に拍車をかけた。熊本市に本部を置いていた東亜同志会は九月一日に三項目二十ヵ条からなる要求書を提出した。その主な内容は「膠州湾ノ占領ハ永久タルベキ事」、山東省におけるドイツの一切の権利・権益を日本が独占すること等を要求した上に、一般的利権について

---

　①　徳富猪一郎『公爵山県有朋伝』下巻、919－28頁。堀川武夫『極東国際政治史序説』有斐閣、昭和33年、69頁。
　②　徳富猪一郎『公爵山県有朋伝』下巻、288頁。
　③　伊藤正徳、前掲書上巻、379頁。
　④　伊藤正徳、前掲書下巻、910頁。

も一省内で五、六都市を通商貿易地として開放すること、通商
開放地以外にも日中合弁による商品製造工場を設立すること、
大冶鉄鉱は永久に日本以外に売却し或いは担保としないこと、
中国領海のすべての区域において日本人の自由漁業権を認める
こと、中国人と外国人との合弁による鉱山採掘権を認めること
等を要求し、特殊な権利については日本宗教の中国における布
教の権利を獲得すること、中国の陸海軍及び軍人教育学校に必
ず日本人教官を招聘すること、中国の高等学校に日本人教官を
招聘すること、中国の陸海軍及び軍人教育学校で必要とする兵
器・被服・諸器具・軍用食料品を輸入する場合には必ず優先的
に日本より輸入すること、港湾修築及び大規模工事等の官業に
おいて外国人を招聘し輸入品を採用する場合にはまず日本と協
議すべきこと、中国本土において宣屯鉄道（安徽省宣城県より
同省屯渓鎮に至る）等十余線の敷設権を獲得すること等を要求
することであった①。この案の特徴は、満蒙問題に触れず、中
国本土における利権を本格的に拡大しようとしたことであった。

　対支連合会も十月六日に外務省に「対支根本政策ニ関スル意
見」書を提出した。この意見書は対支政策の基本方針として「支
那指導ノ実権ヲ占ムル事」を要求し、直ちに解決すべき要項と
して「膠州湾占領ノ効果ヲ確実ニスル事」、「山東ヲ中心トセル
独乙ノ利権一切ヲ継承取得スル事」、「満蒙問題解決ノ事」②等
を要求した。

　黒竜会を代表して内田良平も十月二十九日に小池外務省政務
局長に次のような「対支問題解決意見」書を提出した③。

　　第一　日本ハ支那ニ於テ内乱アリ又支那ガ外国ト戦ヲ宣

---

① 外務省編『日本外交文書』大正 3 年第 2 冊、910－14 頁。
② 外務省編『日本外交文書』大正 3 年第 2 冊、927 頁。
③ 外務省編『日本外交文書』大正 3 年第 2 冊、937－38 頁。

スル場合ニハ日本軍ヲ以テ之ニ応援シ領土ノ防衛秩序ノ
維持ニ任スベキ事

　　第二　　支那ハ日本ノ南満洲及内蒙古ニ於ケル優越権ヲ認
メ其統治権ヲ日本ニ委任シ国防上ノ基礎ヲ確立セシムベ
キ事

　　第三　　日本ハ膠州湾占領ノ後従来独国ノ占有セル鉄道鉱
山其他一切ノ利権ヲ占有スベク又青島ハ平和克復ノ後支
那ニ還附シ之ヲ開放シテ世界ノ貿易市場ト為ス事

　　第四　　支那ハ日支海防ノ必要ニ応ズル為メ福建省沿岸ノ
要港ヲ日本ニ租借シ日本海軍ノ根拠地ト為スヲ諾シ同時
ニ同省内ニ於ケル鉄道布設権並ニ鉱山採掘権ヲ日本ニ与
フベキ事

　　第五　　支那ハ陸軍ノ改革並ニ軍隊ノ教練ヲ挙テ日本ニ委
任スベキ事

　　第六　　支那ハ兵器ノ統一ヲ保タンガ為ニ日本ノ兵器ヲ採
用シ同時ニ兵器製造所ヲ或ル枢要ノ地ニ設置スベキ事

　　第七　　支那ハ漸次海軍ノ復興ヲ図ランガ為ニ海軍ノ建設
並ニ教練ヲ挙テ日本ニ委任スベキ事

　　第八　　支那ハ財政ノ整理税制ノ改革ヲ日本ニ委任シ日本
ハ適当ナル財政家ヲ選抜シテ支那政府ノ最高顧問タラシ
ムベキ事

　　第九　　支那ハ日本ノ教育家ヲ招聘シテ教育顧問ニ任ジ又
日本語学校ヲ各地ニ設置シテ人文ノ啓発ヲ図ルベキ事

　　第十　　支那ハ外国ト契約ヲ締結シテ借款ヲ起シ又ハ土壌
ヲ租借若クハ割譲スル場合又外国ト宣戦講和ノ場合ハ予
ジメ日本ト協議シ其同意ヲ得ル事。

　内田良平のこの案には二十一ヵ条の内容が包括的に含まれて
いる。内田はこの十ヵ条要求を中国側と国防条約を締結する名

目で実現しようと考えていた。この中国側とは袁の北京政府で
はなくて袁を打倒した後に成立するであろう新政府を指すもの
であった。内田はかねてより袁に反対しており、袁は本来権謀
術数を旨とする政治家であって、「仮令一時日本ノ歓心ヲ買ハン
ガ為ニ親日的態度ニ出ルトモ欧洲大戦終結ノ暁ニ会セバ我ニ背
キテ列国ニ頼ラントスルハ彼ガ已往ノ歴史ニ徴シテ殆ド疑ヲ容
レザル処ニシテ今日我日本ガ支那民衆ノ趨勢ヲ無視シ袁世凱ヲ
擁護シテ之ト共ニ対支問題ノ解決ヲ図ラントスルハ全然策ノ得
タルモノニ非ザルナリ」と述べ、袁打倒の方法として革命党・
宗社党らに資金を提供し彼らをして「到処ニ蜂起セシメ一旦其
国内ヲシテ混乱ノ状態ニ陥ラシメ袁政府ノ土崩瓦解スルニ及ビ
テ我ハ四億民衆中ヨリ其最トモ信用アリ声望アルモノヲ援助シ
擁護シ之ヲシテ政府改造国家統一ノ業ヲ成就セシメ我軍隊ニ由
テ安寧秩序ヲ回復シ国民ノ生命財産ヲ保護スルニ至ラバ人民悦
服シ政府始メテ我ニ信頼スベク国防条約ノ締結容易ニ其目的ヲ
貫徹シ得ベキナリ」[1]と提案した。また内田はこの機に乗じて
中国の政体を根本的に改造し、「支那ノ共和政体ヲ変革シ之ヲシ
テ立憲君主政体ト為シ日本ノ立憲君主政治ト粗ボ其形式ヲ同一
ナラシメ」[2]ることを主張した。

　内田の袁打倒によって中国における利権を拡大しようとする
構想は田中義一とは同じだったが、元老と軍部の一部の主張と
は対立していた。元老は袁に対する信頼・援助・提携論を主張
した。陸軍の町田も「暫ラク袁ヲシテ支那ノ統治ニ任セシムル
ノ外ナカルヘシ」とし、「袁ニシテ若シ我要求ニ応シ我ニ信頼ス
ルノ態度ニ出ツル以上ハ之ヲ援ケテ支那ノ君主タラシムルモ亦
不可ナシトセス」と主張し、それは中国において「差当リ袁ニ代

---

① 外務省編『日本外交文書』大正3年第2冊、939－40頁。
② 外務省編『日本外交文書』大正3年第2冊、940頁。

リテ曲ナリニモ支那ヲ統治シ得ル力量アル人物存在セサル以上又尨大ナル四百余州ヲ我保護国トシ若クハ之ヲ合併統治スルカ如キコトハ列国ニ対シテモ亦我国ノ実力ニ於テモ到底不可能ノ事タルコト明カ」①であるからだと述べた。このように対中国要求をめぐる日本側内部の対袁策は大きく二つに分かれていた。

　上述のように各方面は競って中国に対する要求案を提示した。外務省では外交の一元化を強調した加藤外相が小池政務局長を重く用い、各方面の要求を統合して二十一ヵ条要求の原案を作成させた。この原案は外務省・軍部・民間各方面の対中国政策の集大成であった。この作成に当り外務省と陸軍の要求はほぼ統合された。しかし加藤外相との意見の相違により、元老側からの意見は採用されなかった。袁世凱及び北京政府との外交交渉についても元老らが主張する信頼・援助・提携の方法をとらず、膠州湾と山東鉄道の占領を後盾に軍事的威圧によって要求を達成しようとした。

　十一月七日、青島が陥落した。日本の青島・膠州湾占拠は単なる一地域の侵略ではなく、十月六日の山東鉄道全線の占拠と共に、中国全域に対する侵略の拠点或いは前提として考えられていた。加藤外相は今こそ待ちに待ったチャンスが到来したと考え、直ちに大隈首相に閣議の招集を要請し、十一日の臨時閣議に日置公使に訓令すべき二十一ヵ条の原案を提議して全閣僚の同意を取付けた」②。この訓令案は満蒙関係七ヵ条、山東関係四ヵ条、福建・漢冶萍公司・中南支鉄道・兵器等六ヵ条で構成され、全部で十七項目であった。これは二十一ヵ条の原案であり、その後追加・削除・整理などの修正を経て二十一ヵ条になった。当時対中国政策をめぐり加藤外相は意見の相違によって元老らと対立関係にあったが、元老らに対中国要求案に対する支

---

① 外務省編『日本外交文書』大正3年第2冊、922−23頁。
② 伊藤正徳、前掲書下巻、154頁。

持・賛成を求めざるを得ず、十一月十八日に山県に、二十三日に井上に、二十九日に松方に、翌年の一月九日に大山に訓令案を内示して同意を得、天皇には十二月二日に内奏し、その裁可を得た①。こうして二十一ヵ条の原案は日本国内における政策決定過程を経て、日本帝国の国策として中国に提出されることになった。

　このため加藤外相は十一月十二日に北京の日置公使に帰朝命令を発し、日置は十二月三日に東京に到着した。同日加藤外相は日置公使に「中国ニ対スル要求提案」に関する訓令を手渡した②。この案は六号二十二ヵ条よりなり、第六号として「膠州湾租借地還附ニ関スル件」が追加されており、十一月十一日の閣議において決定された訓令案より内容が増加していた③。しかし翌年の一月十八日に袁に提出された二十一ヵ条ほどには整理されていなかった。外務省の出先機関である北京公使館とのさらなる意見調整が必要だったのである。

　日置公使は十二月中旬に北京に帰任し、公使館の小幡酉吉・出淵勝次・船津辰一郎・高尾亨書記官らと政府案について協議した。彼らは外務省より慎重で現実的な姿勢を示した。日置公使は「我カ国運ノ進展ニ対スル千載一遇ノ好機ニ際シ重要ナル談判ノ衝ニ立ツニ至リ自ラ駑駘ニ鞭チ其大任ヲ全フセンコトヲ期セン」と決心し、「其ノ成功ノ如何ハ支那ニ対スル我カ国運ノ汚隆消長ト我カ国力ノ伸縮盛衰トニ関スルノミナラス併セテ世界ニ於ケル帝国ノ威信ト名誉トニ関シ万一其談判ニシテ所期ノ目的ヲ達スルコト能ハサレハ累ヲ外交ノ前途ニ及ホシ且ツ我カ

---

　　① 外務省編『日本外交文書』大正 3 年第 3 冊、579 頁。伊藤正徳、前掲書下巻、579－88、589－90 頁。
　　② 市島謙吉『大隈侯八十五年史』第 3 巻、大隈侯八十五年史編纂会、大正 15 年、264－67 頁。伊藤正徳、前掲書下巻、154－60 頁。
　　③ 市島謙吉『大隈侯八十五年史』第 3 巻、大隈侯八十五年史編纂会、大正 15 年、264－67 頁。伊藤正徳、前掲書下巻、154－60 頁。

対内関係ニ影響シ由リテ以テ再三政局ノ変動ヲ来タシ国家ノ大
損失ヲ来スルニ至ルヤモ亦タ未タ知ル可ラス」①と述べて慎重
な姿勢で対応しようとした。小幡首席書記官も「政府原案通り
に対支交渉を開始するならば事態は非常なことになる。……政
府案はその内容が余りに多岐に亘り、必ずしも当面緊急の問題
許りでなく、寧ろ不急用の事項まで包括してゐるから、交渉範
囲が非常に拡大され、却って支那政府に疑惑と恐怖の念を与え、
その受諾を困難ならしむる虞れがある」と政府案に対する修正
意見を提出した②。北京公使館ではこのような意見に基づいて
修正案を作成し、同年十二月末に小幡書記官がこれを携えて帰
京し、加藤外相と政府案の起草者小池政務局長に再考を求めた。
修正案では日本の従来の権益保持上緊急な条項については政府
案よりも要求が拡大・強化され、当面緊急ではないと考えられ
る条項は削除された③。外交的に北京政府にスムーズに承諾さ
せようという狙いがあったのである。しかし加藤外相は強硬に
政府案に固執し、小池政務局長も「貴官等の修正要求案に対し
ては慎重考慮したが、対支交渉訓令は既に閣議決定の上、勅裁
を仰いでゐる関係もあり、一回の交渉をも試みることなくして、
これを変更する訳には行かない」④として、原案から若干の辞
句を修正した政府案を手渡した。この時、外務省は強硬な姿勢
で交渉に臨むために第六号「膠州湾租借地還附ニ関スル件」を
削除し、二十二ヵ条は最終的に二十一ヵ条になった。

　この二十一ヵ条の作成において海軍は介入せず、八代六郎海
相が武力を行使しない条件付きで二十一ヵ条要求の提出に同意

---

① 外務省編『日本外交文書』大正3年第3冊、591頁。
② 武者小路公共『小幡酉吉』小幡酉吉伝記刊行会、昭和32年、105頁。
③ 外務省編『日本外交文書』大正4年第3冊上巻、107−09頁。
④ 武者小路公共、前掲書、107頁。

しただけであった①。

　こうして二十一ヵ条をめぐる日本側の外交上の準備が整い、加藤外相は一月八日に日置公使に「貴官ハ最早何時ニテモ袁総統ニ会見シ交渉ヲ開始セラレ差支ナシ」②と訓令した。日置公使は一月十八日に袁世凱に面会し、次のような二十一ヵ条要求を正式に提出した③。

　　第一号

　　　　日本国政府及支那国政府ハ偏ニ極東ニ於ケル全局ノ平和ヲ維持シ且両国ノ間ニ存スル友好善隣ノ関係ヲ益鞏固ナラシメムコトヲ希望シ茲ニ左ノ条款ヲ締約セリ

　　第一条　支那国政府ハ独逸国カ山東省ニ関シ条約其他ニ依リ支那国ニ対シテ有スル一切ノ権利利益譲与等ノ処分ニ付日本国政府カ独逸国政府ト協定スヘキ一切ノ事項ヲ承認スヘキコトヲ約ス

　　第二条　支那国政府ハ山東省内若ハ其沿海一帯ノ地又ハ島嶼ヲ何等ノ名義ヲ以テスルニ拘ラス他国ニ譲与シ又ハ貸与セサルヘキコトヲ約ス

　　第三条　支那国政府ハ芝罘又ハ竜口ト膠州湾ヨリ済南ニ至ル鉄道トヲ連絡スヘキ鉄道ノ敷設ヲ日本国ニ允許ス

　　第四条　支那国政府ハ成ルヘク速ニ外国人ノ居住及貿易ノ為自ラ進テ山東省ニ於ケル主要都市ヲ開クヘキコトヲ約ス其地点ハ別ニ協定スヘシ

　　第二号

　　　日本国政府及支那国政府ハ支那国政府カ南満洲及東部内蒙古ニ於ケル日本国ノ優越ナル地位ヲ承認スルニヨリ茲

---

　① 平間洋一、前掲論文、前掲雑誌、30頁。
　② 外務省編『日本外交文書』大正4年第3冊上巻、107頁。
　③ 伊藤正徳、前掲書下巻、156－60頁。王蕓生『六十年来中国与日本』第6巻、生活・読書・新知三聯書店、1980年、74－76頁。

ニ左ノ条款ヲ締約セリ

第一条　両締約国ハ旅順大連租借期限並南満洲及安奉両
　　鉄道各期限ヲ何レモ更ニ九十九箇年ツツ延長スヘキコト
　　ヲ約ス

第二条　日本国臣民ハ南満洲及東部内蒙古ニ於テ各種商
　　工業ノ建物ノ建設又ハ耕作ノ為必要ナル土地ノ賃借権又
　　ハ其所有権ヲ取得スルコトヲ得

第三条　日本国臣民ハ南満洲及東部内蒙古ニ於テ自由ニ
　　居住往来シ各種ノ商工業及其他ノ業務ニ従事スルコトヲ
　　得

第四条　支那国政府ハ南満洲及東部内蒙古ニ於ケル鉱山
　　ノ採掘権ヲ日本国臣民ニ許与ス其採掘スヘキ鉱山ハ別ニ
　　協定スヘシ

第五条　支那国政府ハ左ノ事項ニ関シテハ予メ日本国政
　　府ノ同意ヲ経ヘキコトヲ承諾ス

(一)南満洲及東部内蒙古ニ於テ他国人ニ鉄道敷設権ヲ与
　　ヘ又ハ鉄道敷設ノ為ニ他国人ヨリ資金ノ供給ヲ仰クコト

(二)南満洲及東部内蒙古ニ於ケル諸税ヲ担保トシテ他国
　　ヨリ借款ヲ起スコト

第六条　支那国政府ハ南満洲及東部内蒙古ニ於ケル政治
　　財政軍事ニ関シ顧問教官ヲ要スル場合ニハ必ス先ツ日本
　　国ニ協議スヘキコトヲ約ス

第七条　支那国政府ハ本条約締結ノ日ヨリ九十九箇年間
　　日本国ニ吉長鉄道ノ管理経営ヲ委任ス

第三号

　　日本国政府及支那国政府ハ日本国資本家ト漢冶萍公司ト
　　ノ間ニ存スル密接ナル関係ニ顧ミ且両国共通ノ利益ヲ増
　　進セムカ為左ノ条款ヲ締約セリ

第一条　両締約国ハ将来適当ノ時機ニ於テ漢冶萍公司ヲ
両国ノ合弁トナスコト並支那国政府ハ日本国政府ノ同意
ナクシテ同公司ニ属スル一切ノ権利財産ヲ自ラ処分シ又
ハ同公司ヲシテ処分セシメサルヘキコトヲ約ス

第二条　日本国資本家側債権保護ノ必要上支那国政府ハ
漢冶萍公司ニ属スル諸鉱山附近ニ於ケル鉱山ニ付テハ同
公司ノ承諾ナクシテハ之カ採掘ヲ同公司以外ノモノニ許
可セサルヘキコト並其他直接間接同公司ニ影響ヲ及ホス
ヘキ虞アル措置ヲ執ラムトスル場合ニハ先ツ同公司ノ同
意ヲ経ヘキコトヲ約ス

第四号
日本国政府ハ支那国政府及支那国領土保全ノ目的ヲ確保
セムカ為茲ニ左ノ条款ヲ締約セリ
支那国政府ハ支那国沿岸ノ港湾及島嶼ヲ他国ニ譲与シ若
ハ貸与セサルヘキコトヲ約ス

第五号
一　中央政府ニ政治財政及軍事顧問トシテ有力ナル日本
人ヲ傭聘スルコト

二　支那内地ニ於ケル日本ノ病院及学校ニ対シテハ其土
地所有ヲ認ムルコト

三　従来日支間ニ警察事故ノ発生ヲ見ルコト多ク不快ナ
ル論争ヲ醸シタルコトモ尠カラサルニ付此際必要ノ地方
ニ於ケル警察ヲ日支合同トスルカ又ハ是等地方ニ於ケル
警察官庁ニ日本人ヲ傭聘シ以テ一面支那警察機関ノ刷新
確立ヲ図ルニ資スルコト

四　日本ヨリ一定数量ノ兵器ノ供給ヲ仰クカ又ハ支那ニ
日支合弁ノ兵器廠ヲ設立シ日本ヨリ技師及材料ノ供給ヲ
仰クコト

　　五　日本国資本家ト密接ノ関係ヲ有スル南昌九江鉄道ノ
　　　発展ニ資スル為且南支鉄道問題ニ関スル永年ノ交渉ニ顧
　　　ミ武昌ト九江南昌線トヲ連絡スル鉄道及南昌杭州間南昌
　　　潮州間鉄道敷設権ヲ日本ニ許与スルコト
　　六　台湾トノ関係及福建不割譲約定トノ関係ニ顧ミ福建
　　　省ニ於ケル鉄道鉱山港湾ノ設備（造船所ヲ含ム）ニ関シ
　　　外国資本ヲ要スル場合ニハ先ツ日本ニ協議スルコト
　　七　支那ニ於ケル日本人ノ布教権ヲ認ムルコト

　この要求は北は中国東北＝満洲から南は福建省に至る広範な
地域において日本の植民地的利権を拡大・確保し、中国に対す
る日本の覇権を確立しようとする空前のものであった。

　　第五号に限っては希望条項であるとされたが、実際には他の
号の条項と同様の強要条項であった。

　　二十一ヵ条の内容を類型化した場合には四つに分類すること
が出来る。(一)は日本の独占的地位を確保するための中国領土の
不割譲であり、第一号の第二条と第四号がこれに属する。(二)
は日本の中国における既得権益の確保と再拡大であり、第二号の
第一・三・四・七条がこれに属する。(三)は中国における新権益
要求であり、第一号の第一、三、四条、第二号の第二・六条、第
三号の第一条及び第五号の第二・五・七項がこれに属する。(四)
は他の列強の受益を排除し日本の独占的利権と地位を確保しよ
うとするものであり、第一号の第二条、第二号の第五条、第三号
の第二条、第四号、第五号の第一、三、四、六項がこれに属する。
この類型化より窺われるのは、二十一ヵ条要求においては既得権
益の確保よりもその権益の拡大と新権益の要求がはるかに多く、
さらに日本の排他的な独占的条項が三分の一以上を占めている
ことである。これは日本が二十一ヵ条の要求を実現することに
よって中国における覇権を確立しようとしたことを示している。

　このように膨大な対中国外交課題を遂行するため、外務省と加藤外相及び出先機関である北京公使館は次のような外交交渉方針を採用しようとした。

　第一に「各条ニ付支那側ト討議セラルヽコトヲ避ケ各号 en bloc ニ交渉」すること。即ち逐条討議することを避けて一括交渉を進め、日本側の「要求全部ニ対スル主義上ノ諾否ヲ決スル」[①]ようにさせる。

　第二に「迅速ニ解決スルコトヲ以テ極メテ肝要ナリ」[②]として連日協議すること。

　第三に本交渉は「絶対ニ之ヲ秘密ニ附スルコト……直接間接共断シテ之ヲ外間ニ洩スカ如キコトナキ様」[③]にすること。これは第二の方針と共に、外部に洩れて他の列強の干渉と中国国内世論の反対を惹起することを防止し、その目的を早急に達成しようとしたためであった。

　第四は北京政府の外交大権を掌握している袁世凱とその政府に日本の要求条項を承諾させるため、次のような「引誘条件」を示唆すること[④]。

　　一　袁大統総ノ地位並ニ其一身一家ノ安全ヲ保障スルコト
　　二　革命党支那留学生等ノ取締ヲ厳重励行スルコト又不謹慎ナル本邦商民浪人等ニ対シテハ充分注意スルコト
　　三　適当ノ時期ニ於テ膠州湾還付問題ヲ詮議スヘキコト
　　四　袁総統及関係大官叙勲奏請方又ハ贈与ノ義ヲ詮議スヘキコト

　しかし日置公使は今回の要求条項が「袁政府ノ立場ニ対シテハ案外ニ其ノ重大ナルヲ感シ其ノ承諾ニ困難ナルモノアルヲ恐

---

①　外務省編『日本外交文書』大正4年第3冊上巻、111、122頁。
②　外務省編『日本外交文書』大正4年第3冊上巻、122頁。
③　外務省編『日本外交文書』大正4年第3冊上巻、113頁。
④　外務省編『日本外交文書』大正3年第3冊、546、567、592頁。

ルル割合ニ之ヲ勧説シテ我カ要求ニ服従セシメントスルニハ以
上引誘条件ノ効力極メテ薄弱ナルヤノ感アリ」①と述べ、威圧
的手段を用いる必要性を強調した。これは「引誘」と「威圧」
の両面の方針をとることであった。

　　第五に威圧のために次のような方法を採ること②。

　　　　一　山東出征中ノ軍隊ヲ現地ニ留メ我カ威力ヲ示シ彼ヲ
　　　　　　シテ我レニ何等カノ野心アルヲ疑ハシムルコト
　　　　二　革命党宗社党ヲ煽動シ袁政府顛覆ノ気勢ヲ示シテ之
　　　　　　ヲ脅感スルコト

　　日本は二十一ヵ条交渉において基本的に上述の方法と手段、特
に最後の威圧的手段を大いに活用してその主な目的を達成した。

　　外交交渉は相互的な外交行為である。袁世凱と北京政府は日
本の要求にどう対処したのであろうか。袁と北京政府は日本に
おいて二十一ヵ条要求が作成されている時期に「日本の野心那
辺ニアリヤ」③と危惧しながら、日本が何らかの協定を強要し
ようとしていることを事前に予感していた。特に八月二十一日
に『大阪朝日新聞』に掲載された「日支新議定書」は彼らに大
きな衝撃を与えた。その記事では日置公使が北京に赴任する際
にこの新議定書を持参し、北京で調印・交換すると報道されて
いた④。中国の新聞はこの記事と翌日『大阪毎日新聞』に掲載
された「日支間新協定　近く議定調印されん」という記事を訳
載して日本に対して激しい反感を示した。袁は日本の膠州湾と
山東鉄道の占拠を阻止して軍事的圧力を排除しようとする一方、
「親日的訓示」を発して「支那ハ飽迄同一人種タル日本国ト提携

---

①　外務省編『日本外交文書』大正3年第3冊、593頁。
②　外務省編『日本外交文書』大正3年第3冊、592−93頁。
③　外務省編『日本外交文書』大正3年第3冊、371頁。
④　外務省編『日本外交文書』大正3年第3冊、547頁。

シ以テ異人種ノ侵略ヲ防カサルヘカラス」①と述べ、日本の好
意を得ようと努力した。しかし日本の中国に対する侵略的欲望
を阻むことは出来なかった。袁は抵抗と譲歩によって対応しよ
うとし、日本が二十一ヵ条を提出する直前の一月十日、坂西大
佐に「近時貴国ニハ種々ノ議論アリテ其多ク我国ヲ喰ハントス
ルモノ多キカ如シ」②と述べた。一月十八日に日置公使が二十
一ヵ条を提出すると、袁は「極メテ謹厳ナル態度ヲ以テ」③対
応し、翌日坂西大佐に「頗ル憤慨シタル語気ヲ以テ日本国ハ平
等ノ友邦トシテ支那ヲ遇スヘキ筈ナルニ何故ニ常ニ豚狗ノ如ク
奴隷ノ如ク取扱ハントスルカ」と述べ、さらに「要求条件ニ対
シテハ出来得ル限リ譲歩スヘキモ出来ヌ事ハ出来ヌ故致シ方ナ
シ」④と固い決意を表した。袁は駐北京のアメリカ公使に「日
本は、この戦争（第一次大戦）を利用して、中国を自己の統禦
下におこうとしているのだ」⑤と語った。曹汝霖外交次長も慷
慨の情を吐露した。中国の新聞も二十二日から二十一ヵ条要求
について報道し始めた⑥。

　中日双方は正式な交渉が始まる前から交渉の進め方で論争と
なった。日本が解決を急いで連日交渉することを要求したのに
対し、北京側は週一回土曜日に交渉するという遷延策をとった。
妥協の結果、三日に一回交渉することに決した⑦。次に日本が
総括的な方針で交渉するように要求したのに対し、北京側は逐
条協議することを強調した⑧。さらに日本側は秘密裏に交渉す

---

① 外務省編『日本外交文書』大正3年第3冊、554頁。
② 外務省編『日本外交文書』大正4年第3冊上巻、112頁。
③ 外務省編『日本外交文書』大正4年第3冊上巻、115頁。
④ 外務省編『日本外交文書』大正4年第3冊上巻、115頁。
⑤ 堀川武夫、前掲書、158頁。
⑥『申報』1915年1月22、26日。
⑦ 曹汝霖『曹汝霖一生之回憶』伝記文学出版社、1980年、91頁。
⑧ 曹汝霖『曹汝霖一生之回憶』伝記文学出版社、1980年、91頁。

ることを要望したが、北京側は表面的には同意したものの①、裏では欧米列強と新聞に情報を洩らした。双方共に自国に有利な方針で対処しようとしたが、双方妥協しながらも基本的には北京側の主張が採用された。

　中日双方は二月二日から四月二十六日まで前後二十五回交渉した。二月九日と十二日に北京側が日本の一月十八日の二十一ヵ条に対する修正案②を提出したのに対し、日本は二月十六日付で対案を提出し、二月二十五日の第四回会議から四月十七日の第二十四回会議において第一号から逐条交渉したが、双方は形式上の問題では譲歩したものの根本的な問題では意見が対立していた。交渉の主な焦点は第二号と第五号であった。北京側は日本の強力な圧力の下で徐々に譲歩したが、日本はこれに満足せず、四月二十六日の第二十五回目の会談において最終修正案を提出し、北京側に受諾を迫った③。これに対し北京側は五月一日に対案を提出した④。交渉の詳細については既に十分な研究がなされているので、ここでは省略する。

　この両国の案を比較すると、八十余日間の交渉を経て日本側が提出した二十一ヵ条は十八ヵ条に圧縮され、警察権等一部は放棄せざるを得なかった。北京側の案は十九ヵ条で、日本の九条項（第一号の第二、三条、第二号の第一、四、五、六、七条及び第三号、第四号）を完全に受諾し、三条項（第一号の第一、四条、第五号の第一項）を基本的に受諾し、他の六条項（第二号の第二、三、八条と第五号の第二、三、四項）は認めずに北京側の主張を堅持し、第一号に二条（北京対案の第二、六条）

　① 曹汝霖『曹汝霖一生之回憶』伝記文学出版社、1980 年、91 頁。
　② 王蕓生、前掲書第 6 巻、108－10 頁。
　③ 外務省編『日本外交文書』大正 4 年第 3 冊上巻、344 頁。武者小路公共、前掲書、136－38 頁。
　④ 王蕓生、前掲書第 6 巻、225－28 頁。武者小路公共、前掲書、141－44 頁。

を追加するというものであった。これらを具体的に分析すれば、北京側が完全に受諾した条項の多くは、北京側が将来外国と提携して事業を起こす場合には日本に優先的にそれに対する利権を与えるというものであり、もしそういう事業を起こさない場合には問題にならなかった。基本的に受諾した条項は同意したとしても前提条件を付すか、或いは北京側が主導する形式で同意することにした。北京側が反対したのは第二号の満蒙における土地所有権・治外法権・課税・東部内蒙古開放等と第五号の中国中部における鉄道敷設、政府と軍への日本人顧問の招聘、内地における土地購入問題、合弁兵器工場の設立等の条項であり、主として実際に実施されることによって中国の主権が侵害されるものであった。日本にとっては北京側の対案は獲得出来る実質上の利権が少ないものであり、双方の案には相当の懸隔があった。

　五月一日付の中国側対案が外務省に到着したのは翌二日の朝であった。加藤外相が松井次官・小池政務局長・小村欣一支那課長らを招集して対策を協議したところ、小池らは最後通牒提出の必要を強硬に主張し、通牒文案を起草した[①]。加藤外相は大隈首相に臨時閣議の招集を求め、四日午前に二十一ヵ条交渉の最終方策を決定すべく緊急閣議を開き、中国に対し最後通牒を発することを決定した[②]。同日、閣議決定に基づき加藤外相は日置公使と駐中国の各総領事館及び領事館宛に「帝国政府ハ支那政府ニ対シ最後通牒ヲ発スルニ至ルヤモ難計ニ付貴官ハ管内居留民ノ引揚方其他貴官ニ於テ此際必要ト認メラルル一切ノ措置ニ付内々手配致シ置カレ度シ」[③]と電訓し、各地の出先機関はその準備に着手した。最後通牒は、もし北京政府が日本の四月二十六日の最終

---

①　武者小路公共、前掲書、146 頁。

②　徳富猪一郎、前掲書下巻、282–83 頁。『申報』1915 年 5 月 5、6 日。

③　外務省編『日本外交文書』大正 4 年第 3 冊上巻、364 頁。

案を受諾しない場合には、両国間は断交し、日本が戦争手段によって要求を達成することを意味していた。これは重大な外交政策決定であるから、元老らと協議しその同意を得なければならなかった。四日、元老と閣僚の合同会議が開かれた。山県・松方・大山の三元老が出席し、加藤外相が二十一ヵ条の交渉経過及び最後通牒提出の必要性を報告した①。山県は事態ここに至った責任は加藤にあるとして、加藤が特派全権大使として中国に赴き最後の談判を試みるべきであると述べ、松方もこれに賛成した②。袁は政治顧問有賀長雄を日本に派遣して井上・山県・松方らに第五号等の条項の撤回を要望し、元老らもこれに多少動かされていた③。松方は日中が断交した場合に日本が蒙る経済的打撃と、日中開戦になった場合の財政的負担に対する準備ありやと閣僚に尋ねた。これについて若槻蔵相が説明したが、満足させるには至らなかった。元老らは対中国・対袁政策において最初から加藤外相と政策上の相違があったが④、この時期に至っても、特に第五号を提出するか否かの問題について依然として内閣と対立し、時局を緩和する方法はないかと質問した⑤。元老らが最後通牒提出について釈然としていなかったことがわかる。

　しかし北京側は日本内部にこのような相違・論争があることを知らなかった。北京政府は五月四、五日に大総統府で首脳会談を開いて討議を重ねた。段陸軍総長のみは強硬に日本の要求を拒絶すべしと主張したが、日本と戦争を試みてまでこれを拒絶する自信はなかった⑥。袁世凱は「既ニ支那ノ譲歩シ得ベキモノハ総テ

---

① 市島謙吉、前掲書第 3 巻、183 頁。
② 徳富猪一郎、前掲書下巻、930 頁。伊藤正徳、前掲書上巻、23－27 頁。
③ 曹汝霖、前掲書、97－98 頁。伊藤正徳、前掲書上巻、27－28 頁。
④ 市島謙吉、前掲書第 3 巻、183 頁。伊藤正徳、前掲書上巻、23－28 頁。
⑤ 堀川武夫、前掲書、258－60 頁。
⑥ 曹汝霖、前掲書、99－100 頁。

譲歩シタルヲ以テ一面支那ノ主権他面外国トノ条約ノ関係並ニ
国論沸騰等ニ顧ミ到底此ノ以上譲歩ノ余地ナキ」と語ったが、一
方で曹次長をして日本人（『報知新聞』北京特派員桑田豊蔵）を
介して日置公使に「支那政府ハ二十六日ノ日本最終案ニ対シ更ニ
考慮ヲ加ヘ談判開始シタキ」①希望を伝えさせた。日本側の新た
な圧力の下で抵抗しながらも再度譲歩して、最後通牒の提出を阻
もうとしたのである。これに対し日置公使は強硬な姿勢で「此際
最後ノ決心ヲ固メ我修正案（四月二十六日の―筆者）全部ニ同意
セラルル外和平解決ノ途ハナカルベシ」②と警告した。同時に日
置公使は日本の膠州湾還付の声明を撤回して一層の圧力を加え
た。このような情況の下で、曹は五日午後に陸外交総長の代理と
して日置公使に「五月一日支那側ヨリ提出ノ回答ヲ取消シ四月二
十六日日本国ヨリ提出ノ修正案ニ付支那側ニ於テ考慮ヲ加フル
ノ了解ニテ会議ヲ継続シタキ」③旨を再度申出た。しかし曹次長
は第五号の福建問題以外の項目については「日本国ノ譲歩ヲ懇願
するノ外ナシ」と述べ、第二号の土地・治外法権・課税の問題に
ついても依然として中国の主権を主張し、ただ形式についてのみ
日本に譲歩する意向を表明した④。日本がこのような譲歩に満足
するはずがなかった。六日、加藤外相は北京側が「我修正案ニ対
シ満足ナル考量ヲ加フルノ意アルモノト認メラレザルニヨリ会
議継続ノ申出ニ応ジ難キ」⑤故に日置公使に最後通牒を発するよ
う訓令した。この最後通牒は同日の御前会議で山県・大山・松方
の三元老と大隈首相以下全閣僚及び長谷川参謀総長や島村軍令

---

① 外務省編『日本外交文書』大正 4 年第 3 冊上巻、366－69 頁。
② 外務省編『日本外交文書』大正 4 年第 3 冊上巻、372 頁。
③ 外務省編『日本外交文書』大正 4 年第 3 冊上巻、373 頁。『申報』1915 年 5 月
6 日。
④ 外務省編『日本外交文書』大正 4 年第 3 冊上巻、373 頁。
⑤ 外務省編『日本外交文書』大正 4 年第 3 冊上巻、374 頁。

部長等が出席して決定されたものである①。その内容は、福建省
に関する一項目を除く第五号の条項は「本交渉ト引離シ後日改メ
テ協商スルコトトナス」とし、他の第一号から第四号までの条項
と福建省に関する公文書交換の件については「去ル四月二十六日
ヲ以テ提出シタル修正案記載ノ通リ之ニ対シ何等改訂ヲ加フル
コトナク速ニ応諾センコヲ茲ニ重テ勧告シ帝国政府ハ此勧告ニ
対シ来ル五月九日午後六時迄ニ満足ナル回答ニ接センコトヲ期
待ス」るが、もし「右期限迄ニ満足ナル回答ヲ受領セザレハ帝国
政府ハ其必要ト認ムル手段ヲ執ルベキコト」②を警告するという
ものであった。

　では日本はなぜ最後通牒から第五号を削除したのだろうか。
四日の元老と閣僚の合同会議は意見の相違と対立のため双方共
にさらに考慮を重ねることにして一応散会したが、閣僚らは引
きつづき閣議を開いた。閣議の焦点は第五号の条項を最後通牒
の中に含めるか否かの問題であった。大隈首相の電報によって
旅行先から急拠帰京した山県の腹心大浦兼武内相は「第五項案、
所謂我が希望条件なるものは、未だ同盟国に内示を得ざるもの
である。此の第五項案の為に、支那との談判破裂するが如きこ
とあらば、其の結果は、恐らくは我国の為に謀りて、策の得た
るものではあるまい。因て第五項案は、暫らく撤回して、之を
他日に留保するを可とする。之を以て元老の同意を求め、而し
て後、其他の条項を以て、最後通牒を支那に与へ、対支問題を
解決するに若くはない」と提案した③。大浦は正に山県の腹心で
あり、元老らの意見をあらためて強調したのである。大隈首相・
加藤外相らもこの意見に賛成し、第五号（福建省問題以外）を削

---

① 市島謙吉、前掲書第 3 巻、285 頁。『申報』1915 年 5 月 7 日。
② 外務省編『日本外交文書』大正 4 年第 3 冊上巻、378−79 頁。
③ 徳富猪一郎、前掲書下巻、931−32 頁。

除することになった①。大浦内相の提案は列強と元老及び北京側
の態度と意見を重視し、その妥協案を探り出そうとするもので
あったから、元老と列強の意見及び北京側の態度が第五号の削除
に大きな影響を及ぼしたことを窺うことが出来る。では元老と列
強の両者の意見は相互にどのような関係だったのだろうか。かね
てより山県ら元老は中国侵略に当って欧米列強との協調を主張
し、その範囲内における中国侵略を強調した。二十一ヵ条作成期
の九月二十四日に提出した方針も、この要求の交渉に当って典型
的な協調外交を主張したものであった②。あたかも五月四日夜か
ら五日払暁までつづいた閣議の最中にイギリスのグレー外相の
第五号に対する反対・牽制の通告が届いた。元老の主張とイギリ
スの通告が相まって閣議の最終決定に直接的影響を与え、最後通
牒から第五号を削除せざるを得なくなったのである。

　しかし北京政府はこの情況を知らず、六日夜に曹外交次長が
陸総長の命により日置公使に「第一号ハ全部日本最終案ニ同意
シ膠州湾還附ノ事ハ公文ヲ以テ日本国ヨリ支那ニ声明シ」、第二
号の土地商租の件は「別ニ公文ヲ以テ成ルベク永キ期限ニ取極
ムルコトトシ」、治外法権に関しては日本人関係の土地訴訟は日
本側法官が裁き、他は中国法官が裁いて日本領事館が官員を派
して審判に立会うとし、東部内蒙古に関する残りの一ヵ条は日
本の要求を承諾し、第五号については「鉄道問題ハ日本最終案
第二案(?)ニ同意シ顧問兵器及布教ノ事ハ日本ノ最終案ヲ基礎
トシテ他日商議スヘキコトヲ声明ス学校病院設立ノ件ハ予テ協
議済ノ次第ヲ会議録トシ存案スルコトトス」③と申出、これま
で拒否・反対してきた第五号について大幅に譲歩する意向を表

---

① 伊藤正徳、前掲書下巻、173−74頁。
② 徳富猪一郎、前掲書下巻、915−16頁。
③ 外務省編『日本外交文書』大正4年第3冊上巻、390頁。王蕓生、前掲書第6巻、237−39頁。

明し、日本の最後通牒の提出を阻もうとした。北京公使館は曹
の譲歩案と日本の最後通牒の内容を比較して曹の譲歩案の方が
日本に有利であることに気づき、これに応ずる姿勢を示した①。
日置公使は第五号についての曹の譲歩案は日本側に有利である
から、最後通牒の第五号に関する部分を北京側の譲歩案通り改
訂して中国側に提出せよとの意見を加藤外相に上申した②。し
かし廟議決定のこともあり、加藤は「今更変更シ難キニ付訓令
通リ最後通牒提出方決行セラルベシ」③と訓令した。七日午後
三時、日置公使は陸徴祥外交総長に最後通牒を手渡し、「右通牒
ニ対シテハ速ニ満足ナル回答ヲ与ヘラレ」④ることを要求した。
日本は断交と戦争により北京側に日本側最終案の承諾を迫った。

　日本の最後通牒に対して袁世凱と北京政府はどう対処したの
だろうか。同日夜、北京政府当局者は直ちに総統府において会
議を開き、翌八日にも同様の会議を催し、午後一時から大総統
府で国務卿徐世昌・政事堂左右丞・外交総長陸徴祥・次長曹汝
霖・各部総長・参政趙爾巽・李盛鐸・梁士詒・楊度・厳復・聯
芳・施愚らを招集して大会議を開き、最後通牒に対する回答に
ついて協議した⑤。北京当局は前述のように六日には既に第五
号を含む日本の最終案に譲歩する意向を示しており、第五号の
一部を含む最後通牒を承諾する事前の準備があった。英・仏・
露の公使らも北京政府当局者に武力で最後通牒に抵抗しないよ
う勧告したため⑥、北京政府は日本の最終案を受諾することに
決定した。しかし聯芳と熊希齢は［強硬ニ日本今回ノ行動ヲ非

　　①　武者小路公共、前掲書、153－54 頁。
　　②　外務省編『日本外交文書』大正 4 年第 3 冊上巻、391 頁。
　　③　外務省編『日本外交文書』大正 4 年第 3 冊上巻、391 頁。
　　④　外務省編『日本外交文書』大正 4 年第 3 冊上巻、408－09 頁。王蕓生、前掲書第
6 巻、239－41 頁。
　　⑤　曹汝霖、前掲書、99 頁。『申報』1915 年 5 月 10、13 日。
　　⑥　保羅・S・芮恩施『一個美国外交官使華記』商務印書館、1982 年、115 頁。曹汝
霖、前掲書、99 頁。

難シ将来ノ施政ニ最モ熱烈ナル警告ヲ加ヘタ」①。袁世凱は第五
号の除外に「深ク感銘シ且日本国政府ニ於テ斯ル寛大ノ度量ヲ
有セラレタルナレバ事ノ解決ヲ最後通牒ニ待ツヲ要セザリシ」②
と述べる一方で、最後通牒中における北京政府に対するさまざ
まな不誠実・不都合な攻撃に対していちいち弁解・反駁を加え
る長文の回答案を起草したが、最後に簡単な応諾の旨を日本側
に通告することになった③。五月八日深夜十一時、陸外交総長
は日置公使に「日本政府四月二十六日ノ修正案第五号中五項ヲ
将来協議スルコトトシテ除外シ第一号ヨリ第四号ニ至ル各項及
第五号中福建問題ニ関シ公文ヲ交換スルノ件ニ付テハ四月二十
六日ノ修正案ニ記載スル所及日本政府五月七日ノ来文内ニ添附
セル七件ノ解釈ニ照シ即チ応諾ヲ行」④うとの書簡を手渡した。
こうして北京政府は日本側の十五ヵ条について完全に承諾した。

　その結果、五月二十五日に陸徴祥外交総長と日置益公使は、
第一号に関しては「山東ニ関スル条約」四条⑤と山東省におけ
る都市開放に関する交換文書、第二号に関しては「南満洲及東
部内蒙古ニ関スル条約」九条と旅順大連の租借期限並びに南満
洲鉄道の期限等に関する交換文書等八つの交換文書に署名を交
した⑥。第三号の漢冶萍公司に関しては陸と日置間の交換文書
の形式で⑦、第四号の中国沿岸島嶼不割譲に関しては十三日に
国務卿徐世昌が署名した大総統令の形式で日本側の要求を承諾

---

　①　外務省編『日本外交文書』大正 4 年第 3 冊上巻、443 頁。

　②　外務省編『日本外交文書』大正 4 年第 3 冊上巻、415 頁。

　③　曹汝霖、前掲書、100 頁。『申報』1915 年 5 月 10 日。

　④　外務省編『日本外交文書』大正 4 年第 3 冊上巻、417 頁。王蕓生、前掲書第 6 巻、
243 頁。

　⑤　外務省編『日本外交文書』大正 4 年第 3 冊上巻、484−91 頁。王蕓生、前掲書第
6 巻、261−63 頁。

　⑥　外務省編『日本外交文書』大正 4 年第 3 冊上巻、492−519 頁。王蕓生、前掲書
第 6 巻、263−71 頁。

　⑦　外務省編『日本外交文書』大正 4 年第 3 冊上巻、520−21 頁。王蕓生、前掲書第
6 巻、271−72 頁。

した①。福建省に関しては二十五日に陸と日置間の交換文書の形式で日本側の要求を承諾した②。同日陸と日置は戦後の膠州湾租借地処分に関する交換文書を交した③。条約の締結と交換文書により日本は第五号の福建省について等一部を除く他の目的を達したが、これは国際公法に違反する無効な条約或いは交換文書であった。

　第一にこれらの条約と交換文書は中国の国家独立権を侵害していた。国家独立権は国際法が認めている主権国家の権利であり、国家の主権を守るための根本的な権利であった。国家独立権とは独立した国家が自己の意志により自己の問題を処理する権利であり、他国の意志と要求により自己の問題を処理することを否定して国家主権を維持する権利であった。しかし山東・満蒙に関する条約は中国の領土主権を侵犯し、満洲・東部蒙古においても領事裁判権を行使して公然と中国の独立権を侵害していた。日本は条約改正において国家独立権を侵害するとして領事裁判権を廃止したが、逆に中国にはこれを押付け、公然と国際法に違反した。他の条項に関する協定や交換文書も中国の自発的な意志によって締結・交換されたものではなく、日本の意志・要求によって締結・交換されたものであり、国際法に違反する無効なものであった。

　第二にこれらの条約と交換文書は国際正義に反する条項を強制と軍事的脅威によって北京政府に受諾させたものであった。二月八日に日置公使は加藤外相の訓令により陸外交総長に厳重

---

　① 外務省編『日本外交文書』大正4年第3冊上巻、452−53頁。王蕓生、前掲書第6巻、258頁。
　② 外務省編『日本外交文書』大正4年第3冊上巻、522−24頁。王蕓生、前掲書第6巻、272頁。
　③ 外務省編『日本外交文書』大正4年第3冊上巻、524−27頁。王蕓生、前掲書第6巻、272−73頁。

な警告を発し①、三月五日に加藤外相が中国側に「我要求ヲ容
ルルニアラザレハ日本ハ其目的ヲ達スルガ為メ他ニ手段ヲ求メ
ザルヲ得ザルニ至ルベク万一右ノ如キ場合ニ至ラバ両国々交上
ノ不幸之ヨリ大ナルモノナカルベキニ付支那政府ニ於テモ篤ト
考量ノ上我要求ヲ承諾スルコトニ致スヘク」②と再度警告した。
当時日本軍部は南満洲駐屯軍と山東守備隊の交替時期を期間を
定めずに延長し、交替のため日本から派遣される二個師団の出
発を繰上げ、北支駐屯軍約一二〇〇名の増員を詮議した③。加
藤外相はこの軍事的圧力を北京政府との外交交渉に利用したの
である。日置公使も加藤外相の訓令によって三月七日に曹次長
を呼寄せて「時局頗ル危険ノ状態ニ急転シツツアル」と警告し、
日本側の要求を必ず受諾するよう脅迫した④。日本は軍隊の出
動を新聞で報道させると同時に、十日に門司から機関銃等一三
六梱を、十二日に神戸から爆薬等二十六梱を中国に輸送するこ
とを通告した。新たに派遣された日本軍は三月十七日より前に
は日本を出発し、二十日前後から南満洲及び山東に上陸し、奉
天と済南・張店・濰県・坊子方面でも歩兵・工兵・砲兵隊を増
員した⑤。中国の新聞は三月十日前後から日本が海軍艦艇と陸
軍を中国に続々と派遣することを報道し、情勢は一層緊張した。
駐日の陸公使は政府の訓令によって日本政府に「支那ニ軍隊ヲ
増派スル事ヲ見合」⑥せるよう申出、外交部も日置公使に兵力
増強についての日本側の説明を要求し、中日交渉に対する軍事
的圧力を排除しようとした。しかし日本側は故意に駐屯軍と守

---

① 外務省編『日本外交文書』大正4年第3冊上巻、137−38、144頁。
② 外務省編『日本外交文書』大正4年第3冊上巻、206頁。
③ 外務省編『日本外交文書』大正4年第3冊上巻、207、216頁。
④ 外務省編『日本外交文書』大正4年第3冊上巻、211頁。
⑤ 外務省編『日本外交文書』大正4年第3冊上巻、246、249頁。
⑥ 外務省編『日本外交文書』大正4年第3冊上巻、257頁。

備隊の交替を延期し、その政治的・軍事的効果を強めた。これ
は実質上北京側に強い影響を及ぼし、北京側は日本に譲歩せざ
るを得なくなった。日本が最後通牒を中国に発する時、岡陸軍
大臣は満洲の第十三、十七師団と独立守備隊及び朝鮮駐屯の第
九師団に緊急待機を命令し①、海軍は長江付近に十六隻、馬公
港付近に五隻、青島付近に五隻、秦皇島付近に七隻の艦艇を配
置した②。最後通牒提出の日とその翌日、八代海相は第一、二、
三艦隊司令長官に作戦行動指令を発し、各艦隊は作戦前の準備
行動を開始した③。このような軍事的圧力と強要によって北京
政府は日本の最終修正案を承諾したのである。軍事的強圧に
よって調印された条約と交換文書は当然国際法に違反し、無効
なものであった。

　第三に山東と満蒙に関する条約は中国憲法に規定された条約
締結・批准の手続に違反する条約であるから、国際法上無効で
あった。憲法上の行為は国際法に組入れられており、条約の署
名・批准・受諾という国際的行為が国家を拘束するほど実効的
であるか否かは常に憲法上の諸制度と関連して考慮され判断さ
れるからである。当時の中国の憲法には一九一二年三月に孫文
の南京臨時政府と参議院が制定した「臨時約法」と、その後袁
世凱がこの「臨時約法」を廃止して一九一四年五月に制定した
「中華民国約法」があったが、中華民国の正統からいえば孫文の
「臨時約法」が正式の中国憲法であるべきであり、その第三十五
条には「臨時大総統は参議院の同意を経て、宣戦・媾和及び条
約の締結をすることが出来る」④と規定されていた。袁の「中
華民国約法」第二十五条にも「大総統は条約を締結することが

---

① 外務省編『日本外交文書』大正４年第３冊上巻、376 頁。
② 外務省編『日本外交文書』大正４年第３冊上巻、374−75 頁。
③ 平間洋一、前掲論文、前掲雑誌、3−5 頁参照。
④ 『孫中山全集』第 2 巻、中華書局、1982 年、223 頁。

出来るが、領土変更或いは人民負担を増加する条項は必ず立法院の同意を得べきである」①と規定されていた。これらの約法から見れば、山東・満蒙に関する条約は参議院＝立法院の批准を経るべきであったが、その手続はとられなかった。国際法は条約締結のために当事国の意思をどう形成するかについては各国の国内法である憲法に委ねている。国家意思形成に必要な国内手続を経ないで締結されたこの条約は、中国人民の意思を反映していないし、また中国を拘束する法的拘束力を有してもいないから、この条約は無効である。一九二三年三月十日、北京政府はこのような国際法的見地からこれらの条約は「支那共和国大総統に依り調印されてゐるとは言へ憲法の要求する支那議会の協賛を得るに至らなかった」②として、この条約の廃案を日本政府に通告した。これは国際法に合致する法的行為であった。

四　二十一ヵ条交渉をめぐる日・中と欧米列強の二重外交

　二十一ヵ条をめぐる中日外交交渉は単なる両国間の交渉ではなく、欧米列強、特にイギリスとアメリカが日本の予想以上に介入し、交渉過程において日本と北京側に少なからぬ影響を及ぼした。当時中国は単独の国の完全な植民地ではなく日本や欧米列強の共同の半植民地であったため、彼らの相互利害が絡み合っていたからである。日本や欧米列強はこの半植民地に対する侵略のために互いに支持・協力しながら、また互いに争奪・牽制し合っていた。これが所謂二重的外交関係である。本節で

①『東方雑誌』第 10 巻第 12 号。
②　長谷部「満洲成立後に於ける商租権」、『満鉄調査月報』第 5 巻第 8 号、3 頁。

は、この二重外交論の視点から二十一ヵ条交渉をめぐる日本・中国と欧米列強の三者間の外交関係を考究すると共に、二十一ヵ条交渉の最終決着がこの二重外交の産物であることを究明する。

　日本は欧米列強が大戦に忙殺されて中国問題を顧みる余裕がないという好機を利用して二十一ヵ条を北京側に提出したが、彼らの存在と中国に対する関心を完全に無視することは出来ず、彼らに対する外交的措置を講ぜざるを得なかった。日本は二十一ヵ条の第一号から第四号までの大略の内容を内報して彼らの支持・協力を獲得しようとしたが、第五号の内容は秘匿して彼らの干渉を阻止しようとした。また第二号から第四号の内容を内報するに当っても、各国との関係に照らして内報の時期と方法及び内容は一様ではなかった。

　日本はまず同盟関係にあるイギリスに内報し、他の列強にはその後で通報した。加藤外相は日英同盟に基づき対英協調を主張し、この交渉においてもまずイギリスの黙認或いは支持を期待し、一月八日に駐英の井上大使に第五号を除く要求内容の大略をグレー外相に内密に伝えるよう訓令した[①]。井上大使がグレーに内報したのは二十一ヵ条を北京側に提出した後の一月二十二日であった。井上がイギリスに対する日本の信頼を示すため「貴大臣以外ニハ何レノ方面ヘモ通報ナカルヘキ」[②]と述べたのに対し、第五号の内容を知らないグレーは「此種ノ協定ヲ支那トノ間ニ遂ケントスルハ大体ニ於テ至極妥当ノ措置ニシテ英国利害ノ関スル限リ何等異議ヲ入ルヘキ所ナカルヘキ様存セラル」[③]と日本の要求を支持する意向を表明した。中国の新

---

① 外務省編『日本外交文書』大正４年第３冊上巻、537－39 頁。
② 外務省編『日本外交文書』大正４年第３冊上巻、542 頁。
③ 外務省編『日本外交文書』大正４年第３冊上巻、542 頁。

聞もイギリスが日本の要求を支持していることを報道した。しかし駐日のグリーン大使は第四号の中国「沿岸港湾及島嶼不割譲ノ点ハ列国ニ於テ最モ重要視スル所ナラン」①と警告した。それは日本が中国沿岸を独占して他の列強を排除しようとしていたからであった。イギリスとは反対に日本がもっとも警戒したのはアメリカであった。それは北京政府が大戦に巻込まれていないアメリカと日本の中国における競合を利用して日本を牽制しようとしたからである。一月二十八日にブライアン国務長官が駐米の珍田大使に日本の中国に対する要求条件を知っているかと尋ねた時、珍田は「未タ其条件ヲ知ラサル」②旨を答えて事実を隠した。二月八日に至り初めて珍田大使はブライアンに第五号を除く内容を一一ヵ条にまとめて手渡した③。フランスとロシアには二月五日に加藤外相が両国の駐日大使らを通じて第五号を除く内容を通報した④。これに対しロシア大使のマレウィチは「此提案全般ニ亘リ露国政府ヨリ何等異議ヲ唱フヘキ筋合ニ非ス誠ニ当然ナル良キ提案ナリト存ス」⑤と支持する意見を述べた。ロシアは既に日本と満洲と内蒙古における勢力範囲を分割しており、今回提出された満蒙に対する要求がその範囲内にとどまり、その上ドイツとの戦況は大変不利で、日本から兵器を購入している状態でもあったので日本の要求を支持したのである。このように第一、二、三号は主に日本の中国における既成権益の再確認とその権益の再拡大であったため、列強は、基本的には支持或いは黙認したのである。

　欧米列強の第一号から第四号までに対する基本的姿勢は、中

---

① 外務省編『日本外交文書』大正４年第３冊上巻、543頁。
② 外務省編『日本外交文書』大正４年第３冊上巻、548頁。
③ 外務省編『日本外交文書』大正４年第３冊上巻、557－60頁参照。
④ 外務省編『日本外交文書』大正４年第３冊上巻、550－53頁。
⑤ 外務省編『日本外交文書』大正４年第３冊上巻、553頁。

国における欧米列強と日本との二重的外交関係の支持・協力の
一面を表すものであった。欧米列強と日本は共に帝国主義国家
であり、中国を侵略し中国での植民地的権益を保護・拡大しよ
うとする点で共通性を有しており、そのため互いに支持・協力
する一面を有していた。しかし欧米列強と日本は各自の権益と
勢力圏を維持・拡大する必要上、相手を排斥し互いに争奪をす
る点では対立しており、そのため時には相手の侵略に抗議・反
対し、時には相手の行動を制限・牽制する面も有していた。こ
の側面が二十一ヵ条の第五号要求をめぐって明らかになったの
である。

　日本は欧米列強に第五号を秘匿したが、北京政府の方針に
よって新聞等を通じてその存在と内容が外部に漏洩し、日本と
欧米列強との対立と争奪が激化し始めた。日本は二十一ヵ条を
北京側に提出した二十日後になっても、第五号の内容を同盟国
であるイギリスに内報しなかった。二月十日にイギリスのグ
リーン大使が加藤外相に第五号の存在を尋ね、これについて「一
言ノ御話ナカリシハ遺憾ナリ」[1]と抗議した。しかし加藤外相
はこの時にもその内容を率直に通告せず、ただ「従来ノ懸案等
日本ガ支那ニ対シ実行ヲ切実ニ希望スル諸項ヲ支那政府ニ申出
デタルコトハ有之ベキ」旨を述べ、これを内示しなかった理由
はそれが「貴国ノ権利利益ト衝突スル如キコト無之ガ為ナリ」
とか、或いは「希望ノ意味ニ於テ支那政府ニ申込居ルコトハ有
之ベキモ決シテ要求ニハ非ズ」[2]等と弁明した。日本は二月二
十日になってイギリスに第五号の内容を内報した[3]。しかしこ
れで日英の関係が好転したわけではなかった。両国は日本が第

---

① 外務省編『日本外交文書』大正 4 年第 3 冊上巻、561 頁。
② 外務省編『日本外交文書』大正 4 年第 3 冊上巻、561 頁。
③ 外務省編『日本外交文書』大正 4 年第 3 冊上巻、586 頁。

五号についてイギリスに内報する義務があるか否かをめぐって
論争した。二月二十二日、グリーン大使は十日に加藤外相が今
回の要求内容に対して「英国ニ於テ内告ヲ受クル権利アルガ如
ク思考スルハ解シ難シ」①と語った言葉を取上げて、これは日
本の「条項中ニ英国ノ権利利益ニ衝突スルコトアルトモ必ズシ
モ英国ニ協議スルノ限ニ在ラズ」②と語ったものだと非難し、
日本の単独行動に不満の意を表した。日本はイギリスと協議す
べき義務があることを否定した。加藤外相は「希望条項ノミナ
ラス要求条項ニテモ悉ク御内示ニ及バザルベカラザル義務アリ
トハ思ハレズ之ヲ内示スルト否トハ是我方ノ裁量ニ依ルコト」
であり、「日本ノ希望条項中ノ事柄ニ付万一英国側ニ故障アルト
モ一旦支那ニ提出シタル条項ヲ撤回又ハ変改スルコトハ断ジテ
為シ難キ所ナリ」③と反駁し、第五号提出に譲歩の余地はない
と強硬な姿勢を示した。

　日本はアメリカにも第五号の内容を通報せざるを得なかった。
二月二十日に加藤外相は駐日のアメリカ大使ガスリーに前回内
報した要求条項以外に「貴国ニ内告セザルモノハ毫モ無之次第
ナリ只右要求条項ノ外ニ右ト同時ニ日置公使ヲシテ支那政府ニ
対シ実行ヲ希望スル旨申入レシメタル事項ハ無之ニ非ズ然レド
モ右ハ希望ニシテ要求ニ非ズ」④と弁解したが、その具体的内
容を率直に示すことは避け、二十二日に珍田大使が初めてブラ
イアン国務長官に英文の希望条項を手渡して同様の説明をした。

　しかしロシアに対しては、二月十五日に加藤外相が駐日のロ
シア大使に第七項の布教の自由、第二項の土地所有権等一部の
ことについて内報した。それは加藤外相が以前「希望トシテ述

①　外務省編『日本外交文書』大正 4 年第 3 冊上巻、576 頁。
②　外務省編『日本外交文書』大正 4 年第 3 冊上巻、588 頁。
③　外務省編『日本外交文書』大正 4 年第 3 冊上巻、588—89 頁。
④　外務省編『日本外交文書』大正 4 年第 3 冊上巻、577 頁。

ベタル事項中ニモ貴国ノ権利利益ト衝突スルモノ一モナキコト
ハ自分ノ断言シ得ル所ナリ」①と述べたように、相対的にロシ
アの利権と直接衝突するものは少ないと考えていたからで
あった。

　では英・米・露等の列強は第五号を含む日本の要求にどう対
応したのだろうか。イギリスは二月二十二日にグリーン大使が
この要求に対するイギリス側の基本的姿勢を表明したグレー外
相の覚書を加藤外相に提出した。覚書は日本の「要求または希
望のうち、英国が既に保有し、またはその許与を約束されてい
るような経済的利益と衝突するものがある場合は、日本政府が
英国政府と隔意なく意見を交換されるものと信じ」、「日本政府
が中華民国の保全と独立とを毀損するものと当然に考えられる
ような、如何なる要求をも提出されないことを切望して已ま
ない」②と述べていた。イギリスは日本の中国における権益拡
大から自国の既得権益を守る意志と、日本の第五号の要求に表
された中国における覇権的地位の確立という欲望に対する警告
を示したのである。これにより、二十一ヵ条交渉をめぐるイギ
リスと日本との対立が激化したが、イギリスは対独戦において
不利な状況に陥っており、日本の協力に頼らざるを得なかった
ため、日本に強硬な姿勢で対抗する余裕がなく、穏和な言辞で
警告したのである。次いでイギリスは他の列強と同様に自国の
権益と直接関係する条項を取上げ、自己の勢力圏に日本が侵入
するのを阻止しようとした。華中の長江流域がイギリスの勢力
圏であった。三月八日にグレー外相は第五号第五項の長江流域
における鉄道敷設権問題を取上げ③、十日にこれに関する覚書

---

① 外務省編『日本外交文書』大正4年第3冊上巻、570頁。
② 外務省編『日本外交文書』大正4年第3冊上巻、590頁。
③ 外務省編『日本外交文書』大正4年第3冊上巻、606頁。

を提出した①。イギリスは自国の勢力圏内に侵入して権益拡大
を図る日本を排除し、自己の独占的権益を維持しようとしたの
であった。イギリスはアメリカが取上げた第六項の福建省（ア
メリカは辛亥革命の時から既に福建省沿岸において日本と争奪
していた）については「英国ニ於テ何等言フベキ所ナシ」②と
述べたが、日本が自己の勢力範囲内で権益を拡大し、或いは自
己の利権を排斥しようとする項目に対しては譲歩しようとはし
なかった。二十一ヵ条交渉の時期において列強の駐日大使の中
で加藤外相と会談した回数がもっとも多いのはイギリスのグ
リーン大使で、その回数は十数回に上った。グリーンは日中交
渉の内情を加藤に尋ね、イギリスに関連する問題を常に提起し、
中国におけるイギリスの権益を保護すると共に、日本を牽制し
日本と争奪したのである。中国もイギリスの中日交渉に対する
姿勢を非常に重視し、その政策と姿勢を分析していた③。

　アメリカも第五号の存在を確認した後で対応策を講じ始めた。
当時北京政府はアメリカの力に頼ろうとしていたので、アメリ
カは北京側から二十一ヵ条交渉に関する情報を即刻入手するこ
とが出来た。駐北京のラインシュ公使は二十一ヵ条提出後四日
目の一月二十二日に北京側からその情報を受取った。英語が達
者だった顧維鈞がラインシュと北京政府間の連絡係の役割を務
めていた。ラインシュはこれらの情報から国務省宛の電報の中
で「中国の独立と西欧諸国の機会均等が危殆に瀕している」④こ
とを強調したが、国務省は適切な措置を講じなかった。二月十
八日に北京政府は駐米公使を通じて国務省に第五号を含む二十
一ヵ条の全文を正式に通告し、第五号秘匿の事実をあばいた。

---

① 外務省編『日本外交文書』大正 4 年第 3 冊上巻、608－11 頁。
② 外務省編『日本外交文書』大正 4 年第 3 冊上巻、589 頁。
③『申報』1915 年 3 月 24 日、4 月 6、16 日参照。
④ 細谷千博『両大戦間の日本外交』岩波書店、1988 年、21 頁。

二十日に日本側もアメリカ側に今まで隠していた第五号の存在を承認した。ここに至ってアメリカは初めて第五号の内容を確認し、二十二日にブライアン国務長官がウィルソン大統領に第五号の要求には「中国の政治的統一を脅かし、各国への機会均等の原則に違反する」点があると報告し、アメリカは反対の意思を表明すべきだと上申した①。しかしブライアンはなおも中日双方を妥協・協調させようとした。国務省顧問ランシングらは一九一三年にカリフォルニアで日本人土地所有禁止法が制定されて以来緊張していた日米関係を、アメリカが日本の南満洲・山東における特殊利益を容認することによって好転させようとした②。これはアメリカ国務省内部においてさまざまな意見があったことを示している。アメリカ政府は国務省内の意見を調整した後、三月十三日に第五号を含む二十一ヵ条に対する公式見解を日本側に示した。その要旨は次の通りである③。

　第一に日本側の要求に対し同情或いは支持したのは次の条項であった。

　　一　「第一号及第二号ノ考案ニ関シ今日ノ処何等問題ヲ提起スルノ意向ヲ有セス」。

　　二　「第三号及第五号二項第五項第七項ニ付テモ米国政府ハ支那ニ於ケル米国又ハ米国人ノ現在ノ権利々益ニ何等特殊ノ脅迫ヲ与フルモノト認メズ」。

　第二に日本側の要求に対し反対或いは承服し難いとして、日本と争奪しようとしたのは次の条項であった④。

　　一　「第四号ニ関シテハ……他国ガ斯ル軍港ヲ得ントスル

---

① 細谷千博『両大戦間の日本外交』岩波書店、1988 年、23 頁。
② 細谷千博『両大戦間の日本外交』岩波書店、1988 年、24−25 頁。
③ 外務省編『日本外交文書』大正 4 年第 3 冊上巻、613−16、630−38 頁。伊藤正徳『加藤高明』下巻、加藤伯伝記編纂委員会、昭和 4 年、193−94 頁。
④ 外務省編『日本外交文書』大正 4 年第 3 冊上巻、613−16、630−38 頁。

コトニ日本ハ故障ヲ有スル趣ナリ」。

二　「第五号第一項ニ関シテハ支那政府ハ顧問選択ニ不公
　　平ナル差別ヲナサザルモノト推定シ得ベシト信ズ」と述
　　べ、日本人は既に中国の外国人顧問二五名のうち六名を
　　占めているから必要なしとした。

三　「第五号三項ニ関シテハ米国政府ハ警察合同計画ハ日
　　支人間ノ衝突ヲ減ズルヨリモ或ハ却テ一層ノ困難ヲ醸成
　　スルコトナキヤヲ懸念ス」。

四　「第五号第四項軍器弾薬購買制限及第六項福建省開発
　　特権ニ関シテハ……日本ノ要求スル権利及特権ハ米支条
　　約ニ依テ確保セラレタル米国人ノ権利ト牴触ス」。

　これはアメリカの日本に対する二重的外交政策を具現したも
のであった。前者は同じ帝国主義的国家として日本の中国にお
ける権益の維持・拡大を同情・支持するものであり、後者は中
国の独立・領土保全を擁護する名目でアメリカの中国における
利権を保持・拡大するために日本と争奪しようとするもので
あった。

　このような争奪は日本が三月十日前後から中国に増兵し、二
十七日の第十五回会談以降に第五号を交渉し始めたことによっ
て一層激化した。交渉の初期には日本に対する同情・支持の面
が主であったのが、三月中旬或いは下旬からは日本と英米列強
間の争奪と牽制の面が主になった。中国の新聞もイギリス・ア
メリカのこのような姿勢の変化を報道した①。

　日本は三月十三日のアメリカの見解への対策を講じた。三月
十九日、加藤外相は駐米の珍田大使にアメリカ政府の申出は中
国政府の依頼に基づくものだと指摘し、第五号は「之カ実行方

①『申報』1915 年 3 月 22、24、25、31 日。

ヲ勧告セルモノニシテ飽迄之ヲ強制セントスルモノニ非ズ」、且
つまた「機会均等主義ヲ破ルガ如キ企図ヲ有セザル」①ものだ
と弁解し、顧問・兵器・警察等の問題に対しても日本なりに弁
明した。しかし福建問題についてはアメリカと真っ向から対立
した。それは辛亥革命前後からアメリカが福建沿岸地方におい
て利権を拡大しようとしていたからである。例えばアメリカに
よる三都澳港借款問題やベスレヘム製鋼所が福建において船渠
を建造しようとしたことはこれを示している。日本はかつて清
朝政府と福建沿岸不割譲の協定を締結していたが、アメリカの
福建におけるこのような行動はアメリカが日本の勢力圏内に浸
透して日本とこの地域を争奪しようとすることだったので、日
本は第五号第六項によってアメリカ勢力の浸透を阻止し、日本
の投資優先権を確立しようとしたのである②。加藤外相はこの
ような優先権は英・仏等が山西・湖南・湖北・広東で行使して
いるものと同様で日本独自のものではないと反駁した③。二十
二日、珍田大使は加藤外相の意見をブライアン国務長官に申入
れたが、その折に「所謂希望条項ナルモノハ之カ実行方ヲ勧告
セルモノニシテ飽迄之ヲ強制セントスルモノニ非ズ」④という
点を省略した。それは「福建省ニ対スル我希望ノ如キハ帝国政
府ニ於テ頗ル重大視セラレ居ルコト明瞭ナルヲ以テ此点ハ寧ロ
之ヲ控ヘ置ク方可然ヤニ存ジ」⑤ていたからであった。珍田は
希望条項は要求条項と同様に重要であることを告白したのであ
る。警察問題に関しては「満洲ト及或場合蒙古トヲ除ク外他ノ

---

① 外務省編『日本外交文書』大正４年第３冊上巻、642 頁。
② 外務省編『日本外交文書』大正４年第３冊上巻、643 頁。
③ 外務省編『日本外交文書』大正４年第３冊上巻、643 頁。
④ 外務省編『日本外交文書』大正４年第３冊上巻、642、650 頁。
⑤ 外務省編『日本外交文書』大正４年第３冊上巻、657 頁。

地方ニ適用セントスルモノニアラズ」①と付言してアメリカと
妥協しようとした。福建問題に対しては加藤外相の意見を堅持
してブライアンの「台湾ノ海防ト云フ如キ政治上ノ理由乃至必
要ニ基キ相当ノ自衛的約束ヲ取付クル事ト商工業即チ平和事業
ニ関シ優先権ヲ設定スル事トハ其間自ラ区別在リ」と政経分離
の主張に反駁し、この両者は「分界ヲ画シ難ク又仮リニ此カル
机上ノ分界ヲ立テ得ルトスルモ実際問題トシテハ此ノ如キ標準
ニ依リ行動スルコト殆ンド不可能ナリ」②と述べてアメリカに
譲歩しようとはしなかった。

　こうした情況下でアメリカは福建省における日本の利権拡大
を牽制する新しい措置をとらざるを得なかった。三月二十九日、
ガスリー大使はブライアンの訓令により加藤外相に「支那政府
ヨリ貴国政府ニ対シ同省沿岸ニ於テ港湾ヲ修築シ又ハ貯炭所海
軍根拠地等ヲ設クルコトヲ他国ヘ許サザル旨ヲ約スル」③条文
から「先ツ日本ニ協議スル」という文言を削除することを要求
し、日本の優先権を牽制しようとした。アメリカは福建問題に
対してはこのように強硬な姿勢をとったが、他の問題に対して
は日本に譲歩した。顧問問題については「其適当ナル部分ヲ日
本ヨリ出スコトニハ異存ナク」、兵器問題も「数量ヲ予定スルコ
トナク只支那ヨリ外国ニ兵器ヲ注文スル場合ニハ是亦其適当ナ
ル部分ヲ日本ヨリ供給スルコトトセバ差支ナガルベク」、警察の
件は「満蒙ノミニ限リ且ツ日本人ノ住居スル区域ニ限ルコトナ
ラバ米国政府ニ於テ異存ナシ」④とした。このようにアメリカ
はこれらの問題において日本が中国全土において支配的地位或
いは覇権を確立することには強く反対したが、アメリカと直接

---

① 外務省編『日本外交文書』大正4年第3冊上巻、657頁。
② 外務省編『日本外交文書』大正4年第3冊上巻、657頁。
③ 外務省編『日本外交文書』大正4年第3冊上巻、668－69頁。
④ 外務省編『日本外交文書』大正4年第3冊上巻、670頁。

的利害関係のない特定地域における要求は認め、またこれらの問題において日本がアメリカら列強と共に享有すべき利権に対しても、帝国主義的共通性から支持した。これもアメリカの日本に対する支持と争奪・牽制という二重外交を物語る。

　アメリカが上述のように日本と外交交渉をしている時、イギリスは拱手傍観の姿勢で中日交渉の進捗を見守っていた。三月二十七日、グリーン大使は加藤外相にアメリカとの交渉情況を尋ね、また日本の増兵情況に関して質問し、北京のジョルダン公使に北京政府に談判を進捗させるように勧告させては如何と提案した。しかし、加藤はかねてからイギリスの介入に反対していたため、その「必要ナクバ好都合ナリ」[1]と述べて拒否した。

　イギリスの関心は依然として第五号第五項の長江流域の鉄道問題にあった。四月十五日、グリーン大使は日本にこの問題についての日本側の新たな回答を求めたが、加藤は「前述ノ通ナル」[2]と述べて譲歩の意を示さなかった。

　アメリカとイギリスは共に自国と直接利害関係のある条項については日本と対立したが、イギリスは当時の戦況が連合国側に不利であったため、アメリカのように二十一ヵ条の各条項に対し広汎に日本と対立し、牽制する余裕がなかった。これが両国の共通点と相違点であった。

　日本と英米列強の対立と争奪は袁世凱と北京政府にこれを利用して日本に抵抗するチャンスを与えた。袁世凱・北京政府と欧米列強の外交関係も二重的であり、一面においては侵略と被侵略の関係だったが、一面においては日本の侵略と拡大に抵抗し牽制するために互いに利用し合った。袁の軍事顧問坂西大佐

---

① 外務省編『日本外交文書』大正 4 年第 3 冊上巻、666 頁。
② 外務省編『日本外交文書』大正 4 年第 3 冊上巻、683 頁。

も袁のこのような姿勢を洞察し、袁は「列国ノ勢力ヲ借リテ我勢力ノ伸張ヲ妨害」し、「欧洲列強来リテ干渉シ遂ニ日本ヲシテ利益ヲ壟断セシムルコトナカ」①らしめるような政策をとっていると語った。北京政府は顧維鈞を通じてラインシュ公使に日本側が増兵による威嚇と詐術によって第五号の受諾を強要しているという情報を流し、また在中国のアメリカ人宣教師らにアメリカ政府に中国におけるアメリカ人の利権を保護し、中国に援助を与えるよう呼掛けさせた。中国留米学生連盟もアメリカ政府とマスコミに中国に対する援助を訴えた。袁世凱もラインシュ公使にアメリカ政府が日本に対し日本の要求が「条約、政策もしくは慣習によってアメリカにとって利害関係のある権益に影響する場合、事態はアメリカの関与なくしては審議しえない」②旨の声明を発表するよう要望した。袁はアメリカの物質的援助よりも世論上の支持を要望し、アメリカの世論が最終勝利を得る力だと考えていた。ラインシュはこの要望を国務省に伝えると同時に、もし北京側のこの要望を支援しない場合には中国人の反米感情を惹起し、アメリカは中国における影響力を喪失するであろうと建言し、積極的な方針で中国を支援して中国における日本の行動を牽制し、アメリカの利権を保護しようとした。しかし国務省とブライアンは中日双方を妥協させることによって解決しようとした。これは消極的な政策であった。中国の新聞も、アメリカのこのような姿勢を報道した③。

　アメリカ国務省のこのような消極的政策を転換させたのはウィルソン大統領であった。四月十日、ウィルソン大統領はブライアンに日本政府が希望条項の受諾を中国側に強要している

---

① 外務省編『日本外交文書』大正4年第3冊上巻、177頁。
② 細谷千博、前掲書、30頁。
③『申報』1915年4月1、4日。

とのラインシュの報告にわれわれは重大な関心を持たなければ
ならないと述べ、第五号の中に中国の独立と自主並びに門戸開
放政策の維持に違反する問題があることを珍田大使に示すよう
に指示した。これによって国務省とブライアンは強い姿勢で日
本に対応することになった。それはアメリカが北京政府の要望
に応じて支援するという形式でおこなわれた。十五日、ブライ
アンはラインシュに北京政府に「アメリカ政府は、中国にもつ
条約上の権利のいずれをも放棄したことはなく、また中国の産
業的・政治的福祉にかかわるすべての事柄に対してもつ友好的
関心は、これを寸分たりとも減少せしめたことはない。目下の
交渉が、アメリカの権利、義務に影響をあたえず、その利益を
侵害するものでない点を、確信をもって期待しつつ交渉の結果
を待つものである」という意向を提示するように電訓した①。

　これはアメリカの北京政府に対する支援であり、アメリカ・
イギリス等欧米列強と北京政府との関係も二重的であったこと
を示している。この両者も一面においては侵略と被侵略の関係
にあったが、他の一面においては日本の中国に対する急激な侵
略や中国における英米等列強の権益を排除して日本の覇権的地
位を確立する行動を牽制するため、或いは中国を日本と争奪す
るために、中国の日本に対する抵抗を利用し、中国の国家主権
と領土の保全等のスローガンを掲げて中国の侵略に抵抗する部
分的要求を支持せざるを得ない一面も有していた。これは英米
列強の対中国外交における二重性であった。これに対し中国は
自己に有利な英米列強の支持を利用して日本の侵略的要求に抵
抗し、或いは英米列強の力を借りて日本を牽制する方針をとっ
たのである。

---

①　細谷千博、前掲書、30頁。

　アメリカが北京政府に提示した意向は日本に対して強硬なも
のではなかったが、二十一ヵ条交渉開始以来アメリカ政府が初
めて直接に北京政府に伝えた意思として、袁と北京政府の日本
に対する抵抗の意志を励まし彼らを鼓舞した。中国の新聞もア
メリカのこのような姿勢は世間の歓迎を受けるであろうと報道
した①。アメリカのこのような姿勢は二十一ヵ条交渉に直接的
影響を及ぼした。この時、交渉の焦点は第二号の満蒙問題にお
いて南満洲と東部内蒙古を切離し、東部内蒙古における日本の
利権拡大を認めるか否かと、福建省問題を除く第五号を撤回す
るか否かであった。陸外交総長は日本側の強圧に加え欧米列強
の積極的介入を得られないという困難な情況の下で、四月十五
日の第二十三回交渉において「日本国政府ニ於テ此際第五号ヲ
全然撤回セラルルニ於テハ支那政府ハ東蒙問題ヲ成ルベク日本
国ノ希望セラルル様考慮スベシ」②という交換条件によって解
決する案を提出したが、上述のアメリカ政府の支持を受けた翌
十七日の第二回交渉においては「第五号ノ全部ハ勿論東部内蒙
古問題ニ付テモ断乎トシテ拒絶ノ意向ヲ最モ露骨ニ示シタ」③。
日置公使は陸総長の姿勢が突然硬化した原因の推測に苦しんだ
が、十八日『北京＆天津タイムズ』紙がラインシュ公使がアメ
リカ政府の十五日の訓電を北京側に通告したことを報道したの
で④「米国公使ノ通告ナルモノガ確カニ支那政府ノ態度ヲ一変
セシル直接ノメタ原因」⑤であると判断し、十九日加藤外相に
この意見を電報した。
　アメリカは中国における自国の権益を維持・拡大するために

①『申報』1915 年 4 月 17、21 日。
② 外務省編『日本外交文書』大正 4 年第 3 冊上巻、324 頁。
③ 外務省編『日本外交文書』大正 4 年第 3 冊上巻、330 頁。
④ 外務省編『日本外交文書』大正 4 年第 3 冊上巻、688 頁。
⑤ 外務省編『日本外交文書』大正 4 年第 3 冊上巻、335 頁。

中国を支持して日本を牽制し、将来日本と権益を争奪しようと
したのであったが、これを北京側が利用して日本に対する抵抗
を強めたことは、二十一ヵ条交渉に新たな影響を及ぼした。十
七日の第二四回交渉後、日置公使は陸総長の強硬な姿勢に鑑み、
同日中に加藤外相に日本の最終案を提出するようにを建言し
た①。大隈内閣は二十日の閣議で最終案を決定し、二十一日に
山県・松方ら元老に内談し、二十二日に日置公使にその内容を
通報し、二十六日の第二十五回会談において正式に提出した②。

　最終案を提出するに当り、日本は二十一ヵ条提出の時と同様
にまずイギリスに内報し、その了解を得ようとした。そこで北
京側に提出する前日の二十五日にグリーン大使に最終案の内容
を内報し、二十八日にはロンドンで井上大使がグレー外相に最
終案の要領書を手渡した。グレー外相は「提案ハ大体ニ於テ妥
当ナルガ如シ」③と述べたが、これは主に第一号から第四号ま
でに対する姿勢を示したものであり、五月三日に第五号に対す
る次のような意見を日本政府に提出した④。

　　一　一項の日本人顧問招聘に関して、もし日本人顧問が半
　　　　数以上になれば、「是レ支那ニ対シ保護権ヲ設定スルト相
　　　　距ル遠カラズ」ということになる。

　　二　第四項の武器供給に関する要求は「将来武器供給ノ権
　　　　利ヲ日本ノ一手ニ専占セントスルモノナリト為スモノノ
　　　　如シ」。

　　三　第五項の長江流域の鉄道敷設問題に関しては「特殊ナ
　　　　ル日英両国ノ商業上ノ利益調整ノ問題ナリ而シテ予ハ本

　①　外務省編『日本外交文書』大正 4 年第 3 冊上巻、331－32 頁。
　②　外務省編『日本外交文書』大正 4 年第 3 冊上巻、337－44 頁。
　③　外務省編『日本外交文書』大正 4 年第 3 冊上巻、705 頁。
　④　外務省編『日本外交文書』大正 4 年第 3 冊上巻、729－31 頁。伊藤正徳、前掲書
下巻、190－91 頁。

問題ニ関シ別ニ電報スル所アルベシ」と留保した。

四　もし北京側が前記の如き要求を拒んだために日中両
国が断交した場合、「此ノ如クシテ誘致セラレタル事態ヲ
英国輿論ノ前ニ於テ日英同盟ノ該条項ト調和セシメムコ
トハ不可能ナルベシ」。

グレー外相はこれらの問題を提出すると同時に、「日本ガ此等
ノ諸点ニ就テ要求ヲ強フルコトヲ思ヒ止マルカ」、或いは日本の
要求に対する「解釈ノ誤レルコトヲ明白ニスルカ」、「二者其ノ
一ニ出デラレンコトヲ希望ス」[①]と厳しく警告した。この警告
は日本が第五号「要求ヲ強フルコトヲ思ヒ止マ」るよう要求し
たものであり、イギリスと日本との二重外交における争奪の側
面を表していた。グレー外相の通告は日本語に翻訳されて山県
の腹心大浦内相に示され、五月四日の大隈内閣の閣議において
最後通牒から第五号の要求が削除される要因の一つになった。
この段階或いは第五号問題におけるイギリスの日本に対する牽
制的役割はアメリカより決定的なものであったといえよう。

アメリカも日本の最終案を牽制する措置をとらなかったわけ
ではない。四月二十九日、加藤外相は珍田大使にアメリカ側に
最終案を内報するよう電訓した[②]。四月二十九、三十日、ブラ
イアン国務長官は次のような意見を珍田大使に伝えた[③]。

一　第三号の漢冶萍公司に関する要求は「支那ノ主権ニモ
牴触シ且附近ノ鉱山採掘に対シテハ各国ノ権利ニモ反対
スルガ如シ」。

二　第二号第五項の満洲における租税に関して「日本国領
事ノ承認ヲ要ストセハ支那ノ主権ニ牴触スル嫌ナキヤ」。

---

① 外務省編『日本外交文書』大正4年第3冊上巻、731頁。
② 外務省編『日本外交文書』大正4年第3冊上巻、706頁。
③ 外務省編『日本外交文書』大正4年第3冊上巻、712−13頁。

　　三　第五号第一項の顧問に関して「in case of necessity
　　ニテハ必要ノ場合排他的ニ日本人ヲ顧問ニ備聘スヘキ様
　　ニ聞エテ却テ強クナレルモノノ如シ」。

　この意見もアメリカと日本との二重的外交関係における相互
争奪の側面を表していた。珍田大使はこれを直ちに加藤外相に
打電した。この意見も日本が第五号を最後通牒から削除するの
に一定の役割を果したのであろう。

　イギリス・アメリカの世論も概して日本の最終要求は中国の
独立保全を侵し、列国間の機会均等主義に抵触して英・米の既
得権益を侵害するものだと非難した。

　こうした国際情況を鑑み、外務省の出先機関は外務省とは異な
る意見を上申した。五月一日、駐英の井上大使は加藤外相に第五
号を「此場合自ラ進ンテ一旦今回ノ交渉ヨリ引離スヘキ」[1]だと
進言した。井上はその理由を挙げて、「此際一歩ヲ誤リタランニ
ハ当面ノ問題ノ成行如何ニ拘ハラス帝国ハ国際上終ニ或ハ孤立
ノ地位ニ陥リ其結果将来ニ於ケル国運ノ発展ヲモ妨害スル虞ア
ル」と共に、「戦争の終局ニ際シ帝国ハ其提出スル講和条件ニ対
シ与国ノ支持ヲ得ルコト能ハズ延イテ戦争ノ結果ヲ没却スルカ
如キコトモ亦無之ヲ保シ難」[2]いと指摘した。これは英米に対す
る協調論であり、井上大使個人の意見であったが、日本政府が最
後通牒から第五号を削除した背景と理由を端的に示している。

　一方、ロシアとフランス政府は二月下旬には第五号の要求に
対して懸念の意を表していたが、この時にはこの最終案に賛
同・支持の意を表した。五月四日、駐日のロシア大使マレウィ
チは「日本政府ノ新修正案ハ極メテ穏当ニシテ賢明ナル処置」[3]

---

　　① 外務省編『日本外交文書』大正4年第3冊上巻、714頁。
　　② 外務省編『日本外交文書』大正4年第3冊上巻、714頁。
　　③ 外務省編『日本外交文書』大正4年第3冊上巻、718頁。

だと加藤外相に述べ、フランス外務省のアジア部長も「仏国ハ日本ノ行動ニ反対スベキ理由ナキノミナラス支那ノ利源開発上日本国ト財政的協力ヲ以テ満足スヘシ」①と語った。これは当時の戦況とも関係があった。一九一五年五月にロシアは東部戦線でドイツ・オーストリアの猛攻撃を受けて惨憺たる敗北を蒙り、反撃したフランスも多大の損失を蒙った。両国には日本に干渉する余裕がなかったのである。

　このように欧米列強は基本的に日本の最終案の第一号から第四号までの要求を支持し、第五号の自国と利害関係がある項目に対しては反対したが、それは中国のためというよりも自国の利権保護と権益拡大のためであった。

　最終案に対する英米の姿勢を知った日本は第五号を削除した最終案の受諾を北京側に強要しても欧米列強が反対しないことを悟り、五月七日に最後通牒を中国に提出した。提出後、日本は通牒をめぐる外交を展開した。五月六日、加藤外相は駐米・露・英大使に任国の外務大臣或いは国務長官に最後通牒を提出する経緯を説明するよう電訓した。同日、加藤外相は直接イギリスのグリーン大使に通牒の内容を通報し、「第五号ハ福建省ノ問題ノ外撤回セラレタルコトナレバ何レニセヨ最早『サー、エドワード、グレー』ノ心配ハ自然消滅スベキモノト考フ」②と述べた。正にその通りであった。七日、グレー外相はジョルダン公使に「日本国最後ノ提案ハ頗ル寛大ナルモノ故直ニ之ヲ承諾シ時局ノ妥結ヲ計ル方支那ノ利益ナル」③旨を北京側に勧告するよう訓電した。

　グレー外相が北京側にこのように勧告したのは、上述の理由

---

① 外務省編『日本外交文書』大正4年第3冊上巻、721頁。
② 外務省編『日本外交文書』大正4年第3冊上巻、728頁。
③ 外務省編『日本外交文書』大正4年第3冊上巻、781頁。

以外に中日交渉の決裂により双方が戦争状態に入ることを恐れていたからであった。グレーは四月二十八日に日本の最終案を受取った時、既に「日支両国間ノ破裂ヲ見ルガ如キコト之レナキヲ切望ス」①と井上大使に警告し、五月六日にも「今回ノ交渉問題ノ為両者ノ間ニ開戦ヲ見ルガ如キハ最痛心スベキコトナリ」②と警戒していた。それはグレーが語ったように「其ノ結果支那ノ分割ヲ誘致スルニ至ルベキ」③であると同時に、この戦争の勝利によって日本が中国において二十一ヵ条以上の権益を獲得するからであった。それに、もし中日開戦となれば、連合国陣営に属している英・仏・露も日本との同盟関係に従って中国と敵対関係に入ることになるから、イギリスとしてはこれを避けたいと思っていた。

　アメリカ政府は最後通牒にどう対応したのだろうか。加藤外相は五月六日にガスリー大使に最後通牒を提出する経緯を説明し、珍田大使は七日朝に最終案の英訳をブライアンに手渡した。ブライアンも「希望条項殆ンド全部撤回セラレタルハ之レ妥協ヲ容易ナラシムル所以ナリ」④と喜色を表し、イギリスと同じく日本政府が武力に訴えないように希望した。ブライアンも交渉の決裂とそれによる中日開戦を恐れ、大隈首相に「日支両国間ニ実カノ衝突ヲ見ルガ如キコトナクシテ交渉ノ穏和ナル解決ニ至ル」⑤よう尽力することを勧告すると共に、英・仏・露と共に中日両国政府に干戈相交えることなきよう共同勧告する意向を珍田大使に表明した。これは日本の最後通牒に対する干渉であった。日本は四月中旬以後北京側の姿勢がとみに強硬に

---

① 外務省編『日本外交文書』大正4年第3冊上巻、705頁。
② 外務省編『日本外交文書』大正4年第3冊上巻、750頁。
③ 外務省編『日本外交文書』大正4年第3冊上巻、750頁。
④ 外務省編『日本外交文書』大正4年第3冊上巻、767頁。
⑤ 外務省編『日本外交文書』大正4年第3冊上巻、766頁。

なったのは、加藤外相がアメリカ代理大使に語ったように「米国ノ態度ニ起因セルニハ非ズヤ」[①]と考えていたため、珍田は同日夜ブライアンに会見を求め、「支那ハ之レニ依リ外部ノ援助ヲ得ルノ空望ヲ懐キテ猥リニ遷延ヲ事トシ其ノ結果却テ益々時局ノ収拾ヲ困難ナラシムル虞アル」[②]と反対の旨を表した。加藤外相もアメリカに対抗する措置として、七日に駐英・仏・露の日本大使にこのような勧告は北京政府に「外国援助ノ希望ヲ生ゼシムルコトトナ」るし、日本としても「今日最早其方針ヲ変更スルニ由ナ」いので、任国政府にアメリカの提議に賛同しないよう申入れるように電訓した[③]。しかしこの時、中国側が日本の最後通牒を受諾するという情報が洩れ、イギリス政府は「此際何等手段ヲ執ルノ必要ナシト認ムル」[④]旨をアメリカ政府に回答し、ロシアは「日本国ヨリ武器供給其他多大ノ援助ヲ受ケ居ル事情ニ鑑ミテ日支交渉事件ニ付何等干渉ケ間敷措置ニ出ヅルヲ欲セズ」[⑤]と表明し、フランスもアメリカとは異なる立場をとっていたので、アメリカの共同勧告＝共同干渉の計画は実現されなかった。

　北京政府は二十一ヵ条交渉において欧米列強の支援を期待して日本に抵抗した。第五号（福建省問題以外）問題に関しては欧米列強の反対と牽制により最後通牒から削除することが出来たが、第一号から第四号までに関しては欧米列強が基本的に日本の要求を黙認或いは支持したため、抵抗することが出来ず、五月九日に最後通牒を受諾せざるを得なくなった。これは欧米

　① 外務省編『日本外交文書』大正4年第3冊上巻、737頁。
　② 外務省編『日本外交文書』大正4年第3冊上巻、766頁。
　③ 外務省編『日本外交文書』大正4年第3冊上巻、773−74頁。『申報』1915年5月11日参照。
　④ 外務省編『日本外交文書』大正4年第3冊上巻、779頁。
　⑤ 外務省編『日本外交文書』大正4年第3冊上巻、781頁。

列強の日本と中国に対する二重外交の産物であった。

　欧米列強は中国の最後通牒受諾と交渉の終結に際し、異口同音に満足の意を表した。イギリス外相グレーは「今回ノ平和的落着ニ対シ自分モ衷心ヨリ祝意ヲ表スル所ナリ」[①]と述べ、アメリカ国務長官ブライアンも満足の意を表し[②]、フランス外相デルカッセも「貴国ノ成功ヲ祝ス」[③]と述べ、ロシアの新聞『モスクワの声』は「日支問題ノ解決ハ三国協商側ノ外交的成功タル」[④]と祝った。欧米列強は彼らの中国における権益と直接衝突する第五号を削除することによって今回の日本との争奪において勝利し、また中国に第一号から第四号までの日本の要求を受諾させることにより日本を支持し、中国を犠牲にして欧洲大戦に不利な影響を及ぼす中日間の戦争勃発を避け、対中国戦争により日本が中国においてその利権を一層拡大する機会を阻止した。欧米列強は日本に対する二重外交の目的を全面的に達成して一石二鳥の利を得たので、最後通牒の受諾に満足したのである。

　しかし犠牲にされた中国の世論は悲憤慷慨し、欧米列強とは対照的であった。五月九日に各地の新聞はいずれも日本の最後通牒の漢訳を掲載し、今後人民は五月七日を屈辱を受けた永久に忘るべからざる記念日として臥薪嘗胆し[⑤]、大いに発憤して自強の道か講じ、他日この恥辱を雪ぐべき覚悟をしなければならぬと呼掛けた。京師商務総会は全国の各商会に「日本ハ欧洲多故ヲ利用シ朝鮮併合同一ノ条件承認ヲ迫リ五月七日武力最後通牒ヲ為セリ之レ我ノ生命財産ヲ強奪シ我国家ヲ滅シテ其食欲

---

① 外務省編『日本外交文書』大正4年第3冊上巻、781頁。
② 細谷千博、前掲書、35頁。
③ 外務省編『日本外交文書』大正4年第3冊上巻、779頁。
④ 外務省編『日本外交文書』大正4年第3冊上巻、792頁。
⑤ 『申報』1915年5月12、15日。

ニ供セントスルモノナリ……我国民此奇辱ヲ受ク尚何ノ面目ア
ツテ社会ニ存スル夫レ五月七日ノ恥此生此世我子我孫誓ツテ一
刻モ相忘レサルヘシ」①と訴えた。これは日本に対する敵愾心
を表しただけではなく、中国を犠牲にした欧米列強に対する怒
りでもあった。しかし第五号の削除については、欧米列強の目
的は別として、その客観的効果は無視出来ないであろう。

　こうして二十一ヵ条の交渉は決着したが、中国における日本
と欧米列強及び中国との二重外交は終焉せず、その対立も継続
した。五月十一日、アメリカ政府は日本政府に「アメリカ政府
は、日中両国政府間にすでに締結された、あるいは今後締結さ
れるいかなる協定または了解であっても、それが中国における
アメリカ国家またはその国民の条約上の権利を侵害するもので
あったり、中華民国の政治的または領土的保全を毀損するもの
であったり、さらに通常門戸開放主義として知られる中国にか
んする国際政策に違反するものであるときは、アメリカ政府は
これを承認しえないことを、日本政府に通告することを光栄と
する」という口上書を送り、この意を明確に表明した②。

　五月十七日、アメリカ政府はほぼ同様の覚書をあらためて日
本に提出し、日本と対立しながら牽制した③。

　日本による二十一ヵ条の要求は第一次世界大戦という特殊な
歴史的条件の下で提出された特異なものであった。第一次世界
大戦の終結がこの二十一ヵ条の要求に関する中日間の条約と交
換文書を大きく変容させた。大戦終結後、欧米列強は中国にお
ける頽勢を挽回しようと、再び中国に帰ってきた。新四ヵ国借
款団の結成及び一九二一年のワシントン会議においてはアメリ

---

① 外務省編『日本外交文書』大正4年第3冊上巻、447頁。
② 伊藤正徳、前掲書下巻、196頁。細谷千博、前掲書、36頁。
③ 伊藤正徳、前掲書下巻、196－97頁。

カが主体となってイギリス等欧洲の列強と共に日本と新たな争奪戦を展開した。この争奪により、日本は二十一ヵ条の一部の条項を存続させたが、一部は放棄せざるを得なくなり、一部は新四ヵ国借款に譲り、一部は中国側の抵抗によって実現困難となった。大戦中一時膨脹した日本の大陸政策も欧米列強の争奪と牽制及び中国の抵抗によって停滞期を迎えたのである。

五　二十一ヵ条をめぐる袁・孫と日本の対応

　日本の二十一ヵ条の要求は中華民族の存亡にかかわる重大な問題であったから、袁世凱・北京政府と孫文・革命党は共にこの要求に反対すべきであったが、実際には双方は互いにこの二十一ヵ条をめぐって相手を攻撃し、両者の対立は一層激化した。本節では、二十一ヵ条交渉をめぐる日本の対袁・対孫政策、及び袁孫双方がどのように二十一ヵ条を利用して相手を非難・攻撃し、孫文ら革命党がこの時期如何に反袁運動を展開したかを考究すると共に、欧事研究会が袁と連携して反日行動を起こそうとした事実とこれに対する日本と袁の反応を検討する。

　二十一ヵ条交渉をめぐる日本の対袁・対孫政策は対照的であった。袁と孫は中国国内における最大の対立勢力であったため、日本の対袁政策は必然的に対孫政策にかかわり、対孫政策は対袁政策にかかわることになった。既述のように山県らは袁に援助と好意を示して彼に日本を信頼させるよう主張したが、孫文ら革命党に対しては反感を抱き、日本の「操觚者流は、深く革命党に同情しながら、之と通謀して……公然之（袁を指す―筆者）を排撃して、独り孫文、黄興に党するの状あり」[1]と

---

① 徳富猪一郎『公爵山県有朋伝』下巻、921 頁。

大陸浪人と言論界の対孫・黄方針を批判した。しかし軍部の田中義一・町田少将らや内田良平ら大陸浪人は「匕首を袁ニ加フル」①決心で袁に対処し、内田は孫文ら革命党を支援して袁に対抗するように主張した②。このように二十一ヵ条交渉をめぐる対袁・対孫政策は、一方を支持する者は他の一方に反対するという反比例的な関係にあった。これは方針としては対立的であったが、二十一ヵ条の目的（第五号以外）を達成するという点では共通していた。北京の日置公使はこの共通の目的達成のために、もし袁が要求条項を容易に承諾しない場合には「革命党宗社党ヲ煽動シ袁政府顛覆ノ気勢ヲ示シテ之ヲ脅威スルコト」③を、もし袁を説得して承諾させた場合には「袁大総統ノ地位並ニ其一身一家ノ安全ヲ保障」して「革命党及支那留学生等ノ取締ヲ厳重励行スルコト」④を加藤外相に上申した。日本は孫文と革命党を袁との交渉における切札として利用し、袁もこの圧力を念頭に置いて日本に譲歩したのである。中国の新聞も日本における孫文と革命党の反袁運動を報道し⑤、袁の譲歩に拍車をかけた。日本のこのような両面政策に対し、袁と孫文は二十一ヵ条に抵抗するため、相互の対立を一時的に緩和して共に日本に当るべきであったが、袁・孫両者の姿勢はこれと反対であった。

　二十一ヵ条交渉の時期に孫文ら革命党と袁の北京政府との敵対関係は、両者共にこの二十一ヵ条を政争に利用したために一層激化した。両者はまずこの二十一ヵ条がどのように、どうして日本から提出されたかをめぐって相互に相手を攻撃した。中

---

① 北岡伸一『日本陸軍と大陸政策』東京大学出版会、1978 年、169 頁。
② 外務省編『日本外交文書』大正 3 年第 2 冊、940 頁。
③ 外務省編『日本外交文書』大正 3 年第 3 冊、592-93 頁。
④ 外務省編『日本外交文書』大正 3 年第 3 冊、546、567、592 頁。
⑤『中報』1915 年 4 月 23、25 日。

華革命党は三月十日に「党務部通告第八号」を発表した。この
通告は、袁世凱の皇帝即位の承認に対する報酬を日本が袁に要
求し、袁がその要求を承諾したため、日本は二十一ヵ条を提出
したのだとこの交渉の真相を暴露して袁を非難するものであっ
た①。四月下旬に中華革命党総務部長陳其美の秘書黄実が二十
一ヵ条交渉に関する通告を中国国内・シンガポール・サンフラ
ンシスコ等に発送し、五月上旬に孫文も東京在住の党員に「掲
破中止交渉之黒幕以告国人」と題する文章を発表した。これら
も通告第八号と同様に袁の謀略を指摘し、袁の政治顧問有賀長
雄と青柳篤恒は大隈首相との私的交際が密接であったため、袁
は彼らを通じて皇帝即位の欲望を大隈に伝え、大隈は事重大な
ので元老らの指示を仰いだところ、元老らは代償として中国に
各種の条件を提出するよう指示したので、北京の日置公使は昨
年の十一月に一旦帰国して内閣とこの件について相談し、帰任
後袁との会談の折に皇帝即位承認に対する報酬を示唆し、こう
した事前の秘密交渉により日本は二十一ヵ条を公然と中国に提
出したのだと暴露した②。このような事実を現在の史料から立
証することは出来ないが、革命党は袁が売国奴であるとして党
員と国民に反袁闘争を呼掛けるのに、この二十一ヵ条を利用し
たのである。

　これとは逆に袁世凱は革命党が日本人と密約を結び、日本人
は武力で革命党を支援することを条件にこの二十一ヵ条要求を
提出したのだと革命党を非難した③。中国の新聞でも孫文が日

①「支那亡命者印刷物配布ノ件」乙秘第629号、大正4年3月30日。外交史料館所
蔵。『総理年譜長編稿』中国国民党党史史料編纂委員会、1944年、128−31頁。
② 外務省編『日本外交文書』大正4年第2冊、284−88頁。
③「支那亡命者戴天仇ノ談話」乙秘第435号、大正4年3月1日。外交史料館所蔵。
「印刷物配布ノ件」第316号、警視庁より外務省宛、大正4年4月26日。外交史料館所
蔵。

本と密約を締結したという説が流布していた①。これも事実に
基づくものではなく、従来の革命党と日本との関係から二十
一ヵ条提出の責任を革命党側に負わせようとしたものであり、
孫文と革命党に親日のレッテルを貼って、彼らを民衆から孤立
させようとしたのであった。

　両者はこのように対立しながらも、共通した点を有していた。
それは出来る限り二十一ヵ条を提出した日本に対する抗議と非
難を避け、二十一ヵ条に反対する学生運動の責任を相手側に押
付けたことである。中国南北各地と在日留学生の間でこの二十
一ヵ条に反対する運動が猛烈な勢いで起こっていた。当時早稲
田大学の学生であった李大釗は留日学生総会の宣伝部長として
「全国の父老に警告する書」を起草し、二十一ヵ条要求の侵略的
内容をあばくと共に、中国国民に故国のために決起するよう呼
掛けた。二月中旬に東京の中国人留学生一〇〇〇余名が集会を
開いて日本の要求に抗議したが、駐日の中国公使館はこれらの
行動を支援せず、逆に革命党がその背後で煽動していると噂を
流布して非難した②。革命党の戴季陶はこれを否定し、中国公
使館が「革命党ニ悪名ヲ負ハサンガ為メニシテ革命党トシテハ
甚ダ迷惑ノ次第ナリ」③と反撃した。孫文も袁は「自分ノ立場
ヲ弁解センガ為メ国民ヲ煽動シテ熾ンニ排日熱ヲ昂メツヽア
リ」と太陽通信社社長波多野春房に述べ、排日的な袁を排除す
るため「日本政府ノ援助ヲ求メント運動ナル」④旨を語った。
このように袁側と孫側は反日で連携すべきであったが、互いに
相手が排日を煽動していると非難し、日本に闘争の矛先を向け
ようとはしなかった。これは異常な事態であった。

①『申報』1915 年 4 月 22、24 日。
②「支那亡命者戴天仇ノ談話」乙秘第 435 号、大正 4 年 3 月 1 日。外交史料館所蔵。
③「支那亡命者戴天仇ノ談話」乙秘第 435 号、大正 4 年 3 月 1 日。外交史料館所蔵。
④「孫文ノ談話」乙秘第 659 号、大正 4 年 4 月 8 日。外交史料館所蔵。

　では二十一ヵ条の交渉をめぐりなぜこのように異常な事態が
起こったのだろうか。それは袁・孫両者が共にこのチャンスを
利用して日本或いは民衆・世論の力を借り、自己の政敵を打倒
或いは鎮圧しようとしたからである。孫文は革命運動において
終始国内の政敵打倒を優先して列強と国内の政敵との対立を利
用し、日本或いは欧米の力を借りて国内の政敵を打倒しようと
した。二十一ヵ条問題においてもこのような戦略が採用された。
「党務部通告第八号」は二十一ヵ条に対する孫文の態度について
「独り孫先生は、このことについて、黙して一言も語っていない」
と述べ、さらに孫文は「根本問題を解決しなければ、中日交渉
問題に対応する方法がない」[①]と主張していると伝えた。根本
問題というのは「誤国売国の首魁」袁世凱を打倒することであっ
た。黄実が配布した文章も、袁は売国の罪魁であるから討袁を
猶予することは出来ぬ、革命によって国の亡落を救い、根本的
に解決すべきであると主張していた[②]。このような主張は孫文
が北京の学生宛に送った返書からも窺うことが出来る。五月九
日に袁世凱が第五号を除く日本の要求を承諾した直後、北京の
学生らは孫文に書簡を送った。その内容は不明であるが、孫の
返書から推測すれば、学生らは日本の侵略的要求を非難し、そ
の愛国的熱情を吐露して反日運動を主張したと思われる。しか
しこの返書で孫文は学生らの愛国的熱情に感銘しながらも、「し
かし惜しいことは、君達はまだ交渉の内容を知っていない。そ
れを知れば必ず私宛の手紙で述べたのとは異なるであろう。ま
た憤慨の気持も私と異なることはないであろう」と記し、今回
の二十一ヵ条は「実に袁世凱から願い出たものであり、日本側

---

　①「支那亡命者印刷物配布ノ件」乙秘第629号、大正4年3月30日。外交史料館所
蔵。『総理年譜長編稿』128−31頁。
　②「印刷物配布ノ件」乙秘第760号、警視庁より外務省宛、大正4年4月26日。外
交史料館所蔵。

が提出した条件を見て、袁は相当の報酬を得られるから拒否すべきでないと思い、全く秘密に事を進めようと考えたのである」①と述べた。「相当の報酬」というのは袁の皇帝僭称の企みに対する日本側の承認であった。孫文は袁が「売国の首魁」であり、「在室の大盗」であるとして、この「禍根を清めなくては、どうして外敵を防ぐことができようか」と述べ、反日よりも反袁闘争の重要性を学生に訴えた②。

　二十一ヵ条交渉をめぐり、討袁を最大の課題としていた孫文ら革命党は、二十一ヵ条問題をどのように利用して討袁を進めようとしたのだろうか。当時革命党は二十一ヵ条交渉に対し、（一）袁が拒絶する、（二）袁が承諾するの二つの可能性があると予測していた。もし袁が拒絶した場合には王統一が語ったように、これにより「若シ日支開戦ノ不祥事ヲ見ル時ハ日本ハ他ニ目ヲ着ケズ直チニ北京ニ殺倒シ……袁政府ハ日本ノ一撃ニヨリ崩壊スル」であろうし、これに対し「自分等一派ノ同志ハ目下雌伏シテ時機ノ到来ヲ待チツヽアレバ機運熟セバ何時ニテモ起ツコトヲ躊躇セサルベシ」③と計画していた。当時警察側が外務省に中国革命党の動静を報告した中でも、中国革命党は激進派と漸進派に分かれているが、「若シ交渉不調トナリ両国干戈相□□ガ如キ事ナリニ至ラバ其間ニ乗ジ両派相提携シテ旗ヲ挙ケル計画」④であると記されている。こうした計画は日本の袁と北京政府に対する戦争を利用して反袁の目的を達成しようとするものであった。このため孫文は「日本人某（姓名ヲ秘

---

①『孫中山全集』第3巻、中華書局、1984年、175頁。
②『孫中山全集』第3巻、中華書局、1984年、176頁。
③「支那亡命者王統一ノ時局談」乙秘第840号、大正4年5月5日。外交史料館所蔵。
④「支那革命党ニ干スル件」乙秘第955号、大正4年5月13日。外交史料館所蔵。

シテ言ハズ）ヲ介シテ日本政府ノ援助ヲ求メント運動」[①]し、陳其美・許崇智・林虎らは南洋に赴いて李烈鈞・岑春煊らと連絡をとっていた。

　しかし日本の強圧によって袁世凱が第五号を除く日本の要求を承諾したので、上述の計画は挫折せざるを得なかった。このような情況下で革命党が立案したのは、袁が日本側要求を承諾したことにより、ロシアも日本に倣って外蒙における新利権を袁に要求することになれば、中国国民は一層袁に反対するであろうし、革命党は「之ノ趨勢ニ乗ジ政略トシテ日本ノ要求ヲ非難スルト同時ニ一面極力袁政府今回ノ措置ヲ攻撃シ熾ニ袁反対ヲ鼓吹シ支那人心ヲ激成スルト同時ニ民心ノ懐柔ニ努メ其機ノ熟スルヲ待ツテ旗ヲ挙ケルノ計画」[②]であった。この計画を実現するため、孫文は南洋の同志らに対し、袁の売国的本質がすっかり暴露され、民心は清末の鉄道国有化反対の際よりも一層激昂するから、我が党としてもこの絶好の機会を絶対に逃さないために至急軍資金を調達するようにと要望した[③]。

　同時に孫文は一九一五年春に広東・広西・四川・湖北・湖南・貴州・浙江・江蘇・江西・雲南諸省に軍事指揮官を派遣して蜂起の準備を進めた。九月下旬に東京の革命党の主要幹部ら数十名が帰国した。孫文は蜂起に必要な飛行機をマニラで製造していた。この頃孫文はまず雲南・貴州省で第三革命の火蓋を切ろうとして、十月に陳其美を国内に派遣した。西南地域における準備工作も順調に進み、東北の開原県・河南省の開封・浙江省の紹興・陝西省の三原・四川省の成都付近等で相次いで反袁蜂起が勃発した。当時のこのような反袁闘争は第一次大戦勃発の

①「孫文ノ談話」乙秘第 659 号、大正 4 年 4 月 8 日。外交史料館所蔵。
②「支那革命党ニ干スル件」乙秘第 955 号、大正 4 年 5 月 13 日。外交史料館所蔵。
③『孫中山全集』第 3 巻、170−73 頁。

機を利用して起こそうとした闘争の延長であり、この年の秋の袁の帝政に反対する闘争に結びつき、連続して護国運動に発展して行ったのである。

　しかしこの時期、中国の革命派は分裂状態にあった。黄興らを中心とする欧事研究会は孫文の中華革命党と連携せず、別の方針をとった。第一次大戦勃発後、欧事研究会は直接的な反袁闘争を組織せず、反袁を宣伝する活動をしながら、国内では上海で、国外では日本・アメリカ・南洋で準備を進めていた。孫文は彼らのこのような行動を「緩進主義」だと指摘した①。日本が二十一ヵ条の要求を提出した後、欧事研究会は国難ここに至れりとして、袁と連携して日本に対抗する方針をとった。日本在住の欧事研究会のメンバー李根源・程潜・熊克武らは一九一五年二月十一日にまず国家が大事であって政治・政党は副次的なものであり、国家が滅亡したら政治・政党には何の用もないとして、反袁活動を一時停止し、袁を支援して対日外交に努めるよう呼掛けた。二月二十五日に黄興・鈕永建・李烈鈞・柏文蔚らも同じ意見の通告を発表した。これは孫文の対袁・対日方針と対立するものであった。

　袁世凱は革命派内部のこのような対立を利用し、その分裂策に乗出した。黄興らが通告を発表した後、袁は黄興・柏文蔚らは日本に頼る孫に反対して孫から離脱するであろうと語り、外国の力を利用して第三革命を起こそうとしていると孫文を非難した②。同時に袁は三月中旬に駐日の陸宗輿公使に、この度革命党員を赦免するから速やかに帰国して自首し、共に時艱を救済して祖国を守ろうと呼掛けるように指示した③。陸公使は

---

① 『孫中山全集』第3巻、170頁。
② 李新・李宗一主編『中華民国史』第2編第1巻下、中華書局、1987年、676頁。
③ 李新・李宗一主編『中華民国史』第2編第1巻下、中華書局、1987年、676頁。

この指示に従って盛んに懐柔策をとり、何海鳴・劉芸舟・張尭郷ら数十名が自首して帰国した。三月十二日に張・劉ら一行が天津に着くと、当局は招待の宴席を設けて彼らを歓迎した。

これは袁と投降した革命党とが連携して反日の行動を起こすことを意味していた。日本はこれを警戒し、警視庁に監視を強化させた。天津の松平総領事は「此際袁政府ト革命党トノ連絡ヲ結ビ付ケ日本ニ当ラントノ計画ニテモアルニ非スヤト懸念」[1]し、この意見を加藤外相に上申した。

袁は日本側のこのような警戒心を利用し、日本の力を借りて革命党を弾圧しようとした。四月六日、北京政府外交部は日置公使に「孫文ハ海外（日本—筆者）ニ在リ偽職ヲ派シ金銭ヲ携ヘ沿江沿海各省ニ分赴シ日支談判ノ時機ニ乗シ擾乱ヲ謀リ並ニ名ヲ国民ノ公憤ニ藉リ故ラニ外人ト難ヲ構ヘ重大交渉ヲ醸サシメントス」[2]と訴え、革命党の取締を要求した。

二十一ヵ条交渉時期の孫文の対日活動において特に注意すべきことは、孫文が一九一五年二月五日に陳其美と共に犬塚信太郎・山田純三郎と「中日盟約」（日本では「日中盟約」と称する）締結し、三月十四日に外務省政務局長小池張造に中日同盟結成の旨の書簡を寄せ、それに「中日盟約」とほぼ同じ「盟約案」を同封したことであった。これらの文献の信憑性とその歴史的背景及びその意義・目的をめぐって学界、特に日本の孫文研究者の間で論争があった。これらの論争について述べる前に、まず盟約の内容を全面的に紹介する[3]。

---

① 外務省編『日本外交文書』大正4年第2冊、275頁。
② 外務省編『日本外交文書』大正4年第2冊、277頁。
③ 洞富雄所蔵。

　これらの文献の中で第一に発見・利用されたのが小池張造宛
書簡に同封された「盟約案」である。富山国際大学の藤井昇三
教授は外交史料館所蔵の「各国内政関係雑集　支那ノ部　革命
党関係」第十六巻の中からこの文献を発見し、その著『孫文の
研究──とくに民族主義理論の発展を中心として』でこの文献
を正面から取上げて確実な歴史的事実として内容を分析し、当
時の孫文の言論・思想に合致すると断定した[1]。これに対しサ
ンケイ新聞社の『蒋介石秘録』三「中華民国の誕生」は小池宛
書簡と「盟約案」は「おそるべき偽造文書」[2]だとして、その
信憑性を全面的に否定した。日本女子大学の久保田文次教授も
「袁世凱の帝制計画と二十一ヵ条要求」において小池宛書簡の信
憑性に疑問を呈し、同封されていた「盟約案」も「そのまま孫
文の真意とすることは不可能」[3]であると述べた。しかし久保
田教授は小池宛書簡の「内容には孫文の考え方と共通のものも
含まれており、その意味では、この文書と孫文とのなんらかの
関連をまったく否定しさることは現在の段階ではできない」[4]
と述べて若干の可能性を残した。この両者の見解に対して藤井
教授は「二十一ヵ条交渉時期の孫文と『中日盟約』」において反
論し、再度その信憑性を立証しようとした[5]。藤井教授はこの
論文において「中日盟約」問題を提起してその全文を公表する
と共に、小池宛書簡に同封された「盟約案」と二十一ヵ条とを
比較しながら、孫文・陳其美と犬塚信太郎・山田純三郎らとの

　　①　藤井昇三『孫文の研究──とくに民族主義理論の発展を中心として』勁草書房、
1966 年、85－94 頁参照。
　　②『蒋介石秘録』3「中華民国の誕生」サンケイ新聞社出版局、1975 年、210－14 頁。
　　③　久保田文次「袁世凱の帝制計画と二十一ヵ条要求」、『草艸』第 20 号、1979 年 11
月、86－88 頁。
　　④　久保田文次「袁世凱の帝制計画と二十一ヵ条要求」、『草艸』第 20 号、1979 年 11
月、106 頁。
　　⑤　藤井昇三「二十一ヵ条交渉時期の孫文と『中日盟約』」、市古教授退官記念論叢編
集委員会編『論集　近代中国研究』山川出版社、1981 年、343－52 頁。

密接な関係及び二月五日に孫文と陳其美・山田純三郎が会合したことを通じ、その信憑性を立証しようとした[1]。藤井教授のこの論文を基礎に、一九八六年十一月に立命館大学の松本英紀教授が「二一ヵ条問題と孫中山」を発表して「中日盟約」と山中峯太郎・上原勇作・秋山真之及び小池張造らの関係の立証を試み、「中日盟約」は秋山真之が起草したものだと断定した[2]。

　これらの文献は日本で発見されたため、上述のように日本においては研究と論争が活発におこなわれたが、中国大陸では日本側の史料と論文によって『孫中山年譜長編』・『孫中山と中国近代軍閥』及び一部の論文で言及されるくらいで、この件に対する実証的な研究はなされていない。

　台湾では一九九一年八月に陳在俊氏が「『孫文密約』真偽之探究──日本侵華謀略例証」において藤井と松本の論拠を全面的に批判し、これを偽物だと反駁した。陳氏は孫文の思想から孫文の印鑑・署名及び盟約文と小池宛書簡の文言と筆跡まで考証して偽造であることを断定した。

　これらの三つの文献については近代中日関係及び孫文と日本との関係並びにその評価にかかわる重大な問題であり、綿密な考証を経てその真偽を確認し、分析した上で慎重に使用すべきであろう。

　日本と台湾における真贋説は共にその見解を説明し得る部分的な証拠があり、説得力はあるが、各自の見解を確定的に立証するまでには至っていないように思われる。現在この文献の真贋に対する断定的結論を下すことは時期尚早であり、今後一層の考証と研究が必要であろう。

---

　① 藤井昇三「二十一ヵ条交渉時期の孫文と『中日盟約』」、市古教授退官記念論叢編集委員会編『論集 近代中国研究』山川出版社、1981 年、336－43 頁。
　② 松本英紀「二十一条問題与孫中山」、中国孫中山研究会編『孫中山和他的時代—孫中山研究国際学術討論会論文集』上冊、中華書局、1989 年、638－60 頁。

　しかしこの問題が既に提出され論争されているからには、この問題を避けて通ることは出来ない。以下に筆者はいくつかの問題を提起してみる。

　この盟約は一九一五年二月五日に署名・調印されている。この日の午前十一時四十八分から午後一時四十五分にかけて、盟約に署名した孫・山田・陳三人は約二時間会合した。孫文が午前十一時十分に電話で陳其美を呼び、印鑑を持って直ちに来るようにと連絡したことは重要な証拠となろう①。だがまだいくつかの疑問がある。

　　一　この二時間以外にも「中日盟約」を討論・起草した可能性はあるが、二時間で討論・起草した上に、これを筆で清書することは不可能である。

　　二　署名者である犬塚信太郎はこの時期孫文と交流していなかった。一九一四年八月十二日に陳其美宅で会ったことはあるが、一九一六年一月二十五日になって初めて孫文宅を訪問し②、その後の二、三、四月には孫と頻繁に接触している。また犬塚の署名は彼自身のものではない③。中文と和文の署名も明確に異なっている。

　　三　藤田礼造が陳其美と共に来訪して午後一時二分まで同席していたのは何を表しているのか④。

　　四　この日、孫・陳・山田の三人だけで会っていた時間は午後一時三分から陳其美が退出する一時四十五分までの四十二分間である⑤。この時間内に三人が盟約を検討・

　　①「孫文ノ動静」乙秘第 300 号（300 号は 200 号の誤り—筆者）、大正 4 年 2 月 6 日。外交史料館所蔵。
　　②「孫文ノ動静」乙秘第 112 号、1916 年 1 月 26 日。外交史料館所蔵。
　　③ 陳在俊『孫文密約』真偽之探究」（以下「探究」と省略）付録 8 参照。
　　④「孫文ノ動静」乙秘第 300 号、大正 4 年 2 月 6 日。外交史料館所蔵。
　　⑤「孫文ノ動静」乙秘第 300 号、大正 4 年 2 月 6 日。外交史料館所蔵。

起草した可能性は一層少ない。もしこの三人が討論・起
草したとすれば、それ以前に数回の会合があったはずで
ある。この三人が会合したのは以下の通りである。

（一）　一月二十七日、午後四時五十五分から六時三十五
　　　分、合計一時間四十分①。

（二）　一月三十一日、午後三時四十分から四時四十分、
　　　合計一時間、王統一も参加②。

（三）　二月一日、午後四時二十分から五時一十分、合計
　　　五十分③。

（四）　二月二日、午後一時五分から二時、合計五十五分、
　　　王統一も参加④。

（五）　二月三日、山田・陳が前後二回孫宅を訪れている
　　　が、三者が同席した時間は午後三時三十五分から三時
　　　五十八分の合計二十三分、戴季陶・王統一も同席⑤。

（六）　二月四日、山田・陳共に訪れていない⑥。

以上の時間から見て、三者が十分に討論し、共同して案を起
草する余裕はない。これが第一の疑問である。だが王統一が三
回同席していたことは小池宛書簡と「盟約案」の考究にかかわ
ることかも知れない。

第二にこの盟約が山田或いは王統一の親筆で起草されたとし
たら、盟約原文と山田或いは王統一の筆跡を比較・考証すべき
であろう。ただし山田の筆跡でないことは確実である。

第三に犬塚信太郎と山田純三郎が日本帝国を代表して孫文と

① 「孫文ノ動静」乙秘第129号、大正4年1月28日。外交史料館所蔵。
② 「孫文ノ動静」乙秘第164号、大正4年2月1日。外交史料館所蔵。
③ 「孫文ノ動静」乙秘第170号、大正4年2月2日。外交史料館所蔵。
④ 「孫文ノ動静」乙秘第179号、大正4年2月3日。外交史料館所蔵。
⑤ 「孫文ノ動静」乙秘第187号、大正4年2月4日。外交史料館所蔵。
⑥ 「孫文ノ動静」乙秘第193号、大正4年2月5日。外交史料館所蔵。

このような盟約を締結する資格と権限を持っていたか否かという問題である。国際法或いは慣習法上それは不可能であり、孫文が彼らを相手にこのような盟約を締結したとしてもその実際的な意味はない。これをどう解釈すべきなのだろうか。

　松本英紀氏は「二十一ヵ条問題と孫中山」で、この盟約は海軍省の軍務局長であった秋山真之が起草し、孫文は山田・犬塚とこの盟約を締結したのではなく、上原勇作を中心とする参謀本部と締結し、盟約は参謀本部の金庫に保管されたのであると結論している①。これは上述の第一、第二、第三の疑問の解明に新しい糸口を提供しているように思われるが、この問題提起についても疑問がある。

　　一　松本氏は主に山中峯太郎の『実録アジアの曙——第三
　　　　革命の真相』・『秋山真之』等を史料的根拠としてこのよ
　　　　うな見解を提出しているが、この頃山中は孫との交流が
　　　　なかった。一九一五年一月二十三日午後三時二十五分に
　　　　孫宅を訪れたが、孫は面会の要求を拒絶した②。これは
　　　　孫と山中が疎遠であったことを示している。

　　二　犬塚と秋山は中国問題をめぐって孫文と関係が密接
　　　　であったとされているが、上述のようにこの時期に犬
　　　　塚・秋山と孫文は交流がなかった。

　　三　久原房之助が孫文に提供した借款は秋山・犬塚・小池
　　　　の紹介によるとされているが、これは一九一五年二、三
　　　　月ではなく一九一六年三月のことであり、松島重太郎と
　　　　いう人物もこの問題のためにこの時期孫文と関係があっ
　　　　たのである③。犬塚も上述のように一九一六年一月末か
　　　　ら孫文との交流を始めている。山中も三月七日に孫文と

---

　　①　松本英紀、前掲論文、中国孫中山研究会編、前掲書上冊、644－58 頁。
　　②「孫文ノ動静」乙秘第 106 号、大正 4 年 1 月 24 日。外交史料館所蔵。
　　③「孫文ノ動静」乙秘第 351 号、大正 5 年 3 月 6 日、乙秘第 375 号、大正 5 年 3 月 11 日、乙秘第 356 号、大正 5 年 3 月 17 日参照。外交史料館所蔵。

接触があった①。上述の山中と山田純三郎の回想はこの
一九一六年三月のことであり、契約というのは孫文と久
原房之助との六十万円（七十万円説もある）借款契約の
ことだと考えられる。

　さらに孫文の署名と印鑑の真偽についての問題がある。筆者
は原本の複写の再複写を見た上で、さらに原本も閲覧した。複
写の再複写においては同一であっても技術的問題や他の要因に
より多少の差がある。特に印鑑の場合はそうである。また盟約
の署名と印鑑を考証するために使用する孫文の署名・印鑑もそ
の原文・原物ではなく、その後編纂された書簡の筆跡或いは墨
跡からのもので、印刷されたものである。その一部は原本を写
真に撮って拡大或いは縮小したものである。

　故にその寸法は原文・原物と異なる。印鑑の場合は特にそう
である。例えば盟約の印鑑と同年二月二日に山田純三郎が現金
二万円を受取った際の受領証の印鑑はその四方の寸法に一、二
ミリの差がある。この受領証は写真を撮って製版・印刷したも
のだから差があるのかも知れない。署名も同時期或いはその前
後においては大体一致するといえるが、その真偽を確認するに
はさまざまな問題がある。孫文自身の親筆の署名も、大体一致
するものの綿密に考証すればさまざまな異なる点が見られる。
また孫文が丁寧に書いた場合と速く書いた場合によって同時期
であっても異なっている。署名と印鑑の真偽を考証する時には
このような常識を念頭に置くべきである。

　台湾の陳在俊氏は孫文の署名と印鑑について詳細な考証をお
こなっている。これは大変意義あることであろう。だが二つの

---

① 「孫文ノ動静」乙秘第 361 号、大正 5 年 3 月 8 日。外交史料館所蔵。

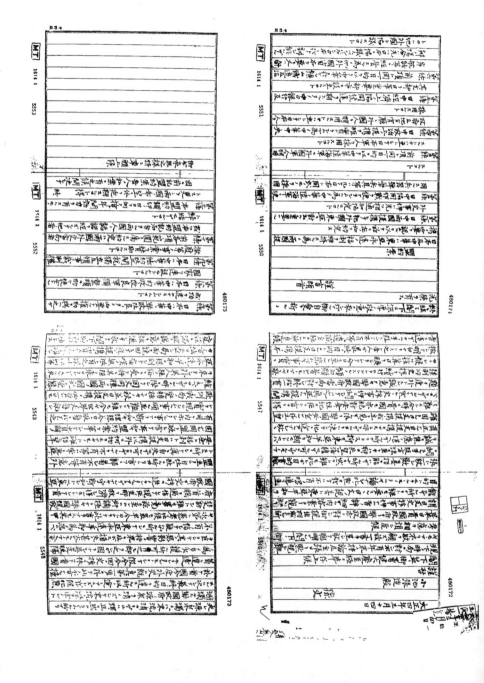

問題がある。（一）盟約の署名と印鑑はテレビの撮影機が三、四十度の角度から撮ったもので、正面から撮ったものではないため、拡大され変形しており、これを原文・原物とすることには問題がある。（二）真の孫文の署名・印鑑として引用したものに年月日が付されていないので[1]、それが同時期のものか或いは前後のものかを確認出来ない。この二つの問題から、特に印鑑に対しては精密な考証がされているが、これを確実に判断することは困難である。

　盟約における孫文の署名を綿密に考証すれば、中文においても和文においても一定の相違点を見つけることが出来るが、その筆法から大体同一であるといえる。同時期の孫文の署名と比較すると次の通りである。

　①「盟約」（中文）の署名。②一九一五年二月二日付山田純三郎宛受領証の署名。③一九一五年三月九日付南洋同志宛書簡の署名。

　盟約の署名とその前後の一九一三、一四年及び一九一九年の署名を比較すれば次の通りである。

　①「盟約」（中文）の署名。②一九一二年一月二十三日付江俊孫宛書簡の署名。③一九一四年五月二十九日付黄興宛書簡の署名。④一九一四年六月三日付黄興宛書簡の署名。⑤一九一五年十月二十三日付

① 陳在俊「探究」付録5、6、7参照。

黄魂蘇宛書簡の署名。⑥一九一四年十一月十五日付宮崎滔天宛書簡の署名。⑦一九一九年一月六日付子超（林森）・季竜（徐謙）・胡漢民宛書簡の署名。

　第一の比較からいえば①と②は大体似ているといえよう。③の「文」の字の右引きは孫文の一般的署名においては特異である。「孫」の字は似ていても「文」の字には差異があるといえよう。

　第二の比較からいえば「孫」の字の筆法は大体同様だといえるが、「文」の字の書き方、特に右引きの方が大変異なっている。それは一三、一四年と一九年の孫文の署名は丁寧に書いたものではなく速く書いたものだからであろうか。

二十年代の孫文の署名は次の通りである。

①一九二〇年六月十七日付李綺庵宛書簡の署名。②一九二一年八月
四日付葉恭綽宛書簡の署名。③一九二三年七月二十七日付胡漢民宛
書簡の署名。④一九二三年八月五日付楊庶堪宛書簡の署名。⑤一九
二三年九月二日付楊庶堪宛書簡の署名。⑥一九二三年十月二十四日
付犬養毅宛書簡の署名。⑦一九二四年八月二十九日付範石生・廖行
超宛書簡の署名。⑧一九二四年十月二十五日付範石生・廖行超宛書
簡の署名。

　一〇、二〇年代の孫文の署名から見られるように、一〇年代と二〇年代、また同年代或いは同時期においても、必ずしもその署名は一致しておらず、変化と差異があり、流動的である。ここから提起される一つの問題は、孫文のどの署名を原本として盟約の署名と比較すべきかである。署名の真偽を確実に考証することは容易ではない。

　次に陳其美の署名を検討する。陳其美の盟約における署名とその前後の署名を比較すれば次の通りである。

①「盟約」（中文）の署名。②「盟約」（和文）の署名。③山田純三郎宛写真の署名（年代不明）。④一九一六年春山田純三郎宛書の署名。⑤一九一三年冬山田純三郎宛書の署名。⑥一九一四年秋山田純三郎宛書の署名。

　この比較から見れば、盟約の署名は中文・和文共に「美」の字が同じように見えるが、「陳其」の二字には差異があり、他の署名でも「美」の字は盟約の署名に似ているようだが、「陳」と「其」の字には差異があるように見える。

　次に山田純三郎の署名を検討する。山田純三郎の盟約における署名とその前後の署名を比較すれば次の通りである。

　①「盟約」（中文）の署名。②「盟約」（和文）の署名。③一九一八年四月二十三日付高木陸郎宛「承諾書」の署名。④一九二一年十二月二十六日付某氏宛書簡の署名。⑤汪兆銘宛書簡の署名。⑥一九二一年「中日組合規約」の署名。

　この比較から見れば、盟約の中文と和文の署名はほぼ同じで
あり、⑥の「山田」と盟約の「山田」の二字も似ているように
見える。④と⑤の署名はほぼ同じであるが、盟約の署名とは根
本的に異なっているし、③の署名も盟約の署名と異なっている。
　次に犬塚信太郎の署名を検討する。犬塚信太郎の盟約におけ
る署名とその前後の署名を比較すれば次の通りである。
　　①「盟約」（中文）の署名。②「盟約」（和文）の署名。③十一月十
　　二日付山田純三郎宛書簡の署名（年代不明）。

　　③　　　　　　　②　　　　　　　①

　盟約の署名において、孫文と山田純三郎の中文と和文の署名
はほぼ同じであるが、犬塚信太郎の署名は中文と和文において
差異がある。それに③の署名とも大差かおる。
　署名は固定しているようでありながら、実際は流動的である
ために、その真偽を確実に考証することは容易ではない。筆者
としては最近収集した関係者の署名を提供してそれに対する比

較の印象を述べることにとどめ、その鑑定は筆跡鑑定家の考証に期待せざるを得ない。

　次に孫文の印鑑を検討することにする。盟約に押した孫文の印鑑と同じ頃の印鑑を比較すれば次の通りである。

　　①「盟約」の印（実物は縦・横共に二・三センチ）。②一九一五年二月二日付山田純三郎宛受領証の印。③一九一五年三月九日付南洋同志宛書簡の印。

①　　　　　　　②　　　　　　　③

　この三つの印の縦・横の長さは二・三センチ（①は原物より三ミリ小さい）であるが、複写の状態によるのか印字の太さに差があるようである。三つの印鑑の篆刻の字形は似ているように見えるが、専門家の鑑定が必要であろう。また一〇年代と二〇年代の篆刻は異なっている。中日盟約の印の篆刻は一〇年代のものであるが、現在見られるのは原物の印鑑ではなく、再印刷或いは再複写したものであるから、詳細に考証することは容易ではない。

　署名と印鑑についての上述のような考究からその真偽に明確な結論を下すことは困難であり、専門家の鑑定に期待せざるを得ない。重要なのは、まずこの盟約が締結されたか否かという歴史的過程の考究である。この「中日盟約」は、当時犬塚信太郎と事業を共にしていた岸清一の子孫を通じて早稲田大学の教

授が入手し、今日まで保存されているようであるから、このルートを調べて「中日盟約」の来歴を究明し、「中日盟約」案が起草され署名されるまでの過程を確実に解明することが、この真偽に明確な結論を下すキーポイントであろう。

　小池宛書簡と「盟約案」と「中日盟約」を比較検討すれば、その筆跡が「極めてよく似ており」、「盟約案」と「中日盟約」の内容が「殆ど完全に一致している」ので、同一人物によって記されたといえよう①。書簡と「盟約案」の起草者が「中日盟約」の起草者であるとは断定出来ないが、両者の間には密接な関係があり、或いは同一人物によって起草された可能性も完全に排除することは出来ない。書簡、「盟約案」と「中日盟約」を有機的な内在関係のある文献として研究することが重要である。この三つの文献の中の一つに対する否定或いは肯定は、他の文献の真偽の考証に重要な手掛かりになるであろう。

　次に書簡と「盟約案」を検討する。

　第一に書簡の孫文の署名は孫文の親筆ではない。この時期とその前後の孫文の筆跡を比較研究すれば明確である。

　孫文の署名の「孫」の字は一〇年代と二〇年代においてほぼ同様であり、変化がない。だが「文」の字の書き方は一〇年代と二〇年代で明確な変化がある。第四筆の「乀」を一〇年代には長く引いているが、二〇年代はこれより短い。だから比較する場合にはその当時或いは前後の時期の署名と比較すべきである。

　またこの「孫文」という署名はこの書簡を書いた人の親筆でもない。第三者のものである。

　一説には、この文献が漏洩することを顧慮して孫文自身が意

　　①　藤井昇三「二十一ヵ条交渉期の孫文と『中日盟約』」、市古教授退官記念論叢編集委員会編、前掲書、350 頁。

図的にやや異なった書き方で署名したともいわれるが、これは
推測である。その結果として、小池はこの署名が孫の親筆でな
いことを理由に偽物だと判断し、これを受入れないであろう。
また孫文自身も書簡を送った目的を達することが出来ないので、
このような方法をとる可能性は極めて小さいといえよう。

　第二は時間的問題である。書簡と「盟約案」には「大正四年
三月十四日王統一持参」と記されているが、この日王統一は孫
文を訪れていない①。その前の数日を振返ってみれば次の通り
である。

　（一）　二月二十八日、午後四時十五分から四時三重分まで、
　　　合計十五分②。
　（二）　三月二日、午後四時四十分から五時十分まで、合計
　　　三十分③。
　（三）　三月四日、午後三時三十五分から四時十五分まで、
　　　合計四十分④。
　（四）　三月六日、午後三時十分から三時五十五分まで、合
　　　計四十五分、蒋介石も同行⑤。
　（五）　三月七日、午前九時五十分から十時まで、合計十分。
　　　その後また来訪（時間不明）、十二時五十八分まで⑥。
　（六）　三月十一日、午前九時三十分来訪、二十分後退出。
　　　午前十一時から十二時十八分まで、民国社で孫文・王統
　　　一ら四人と一時間十八分面談。午後四時二十分、王が富
　　　永竜太郎を案内して来訪、富永中国から帰国、孫に中国

　①「孫文ノ動静」乙秘第 553 号、大正 4 年 3 月 15 日。外交史料館所蔵。
　②「孫文ノ動静」乙秘第 434 号、大正 4 年 3 月 1 日。外交史料館所蔵。
　③「孫文ノ動静」乙秘第 454 号、大正 4 年 3 月 3 日。外交史料館所蔵。
　④「孫文ノ動静」乙秘第 473 号、大正 4 年 3 月 5 日。外交史料館所蔵。
　⑤「孫文ノ動静」乙秘第 491 号、大正 4 年 3 月 6 日。外交史料館所蔵。
　⑥「孫文ノ動静」乙秘第 498 号、大正 4 年 3 月 8 日。外交史料館所蔵。

　　　　国内革命運動情況報告、孫大いに不満、王は富永に生活
　　　　費五十円提供を承諾、六時十五分退出①。
　（七）　三月十二日、午前十時五十分から十一時二十分まで、
　　　　合計三十分、東京日日新聞社の記者□田暁と同行②。

　以上から見ると、王統一には孫文と十分に書簡と「盟約案」
を検討・起草する時間的余裕がなかったようである。これは、
この時間以外に検討・起草し得る可能性を否定しない。

　第三に書簡には「交捗」・「荏再」・「曠日」等の誤字が多数見
られる③。もし孫文が中文を起草して訳文を検閲したとしたら、
このような誤字は避けられたと考えられるが、そうでないとい
うことは、この書簡は孫文と無縁だという証拠を提供している
のではないか。陳在俊氏のこのような問題提起は重要である。

　第四に書簡・「盟約案」と「中日盟約」の三者に内在的な関係
があったとしたら、なぜ山田らと「中日盟約」を締結した後で
小池政務局長に「中日盟約」とほぼ一致する「盟約案」を提出
したのだろうか。小池に「盟約案」を提出したということは、
山田らと締結した「中日盟約」が無意味であったことを示すの
ではないか。ここから、もしこれらが本物であったら「中日盟
約」の実際の目的は何であったのかという新たな疑問が呼起こ
される。

　以上四つの点から、書簡も「盟約案」も「中日盟約」と共に
疑問点があり、その真偽を確実に断定することは時期尚早のよ
うに思われる。

　また、この「中日盟約」は当時唯一のものではない。当時中

---

　①「孫文ノ動静」乙秘第535号、大正4年3月12日。外交史料館所蔵。
　②「孫文ノ動静」乙秘第544号、大正4年3月13日。外交史料館所蔵。
　③ 陳在俊「探究」4頁参照。

国の新聞で「孫文之日支攻守同盟条約」^①、或いは「孫文与犬
養毅訂結協約」^②等が報道されている。その内容には「中日盟
約」と共通な点もあるが、相当の隔たりもある。これらと「中
日盟約」との関係は不明であるが、同時期の問題として何らか
の関係があるかも知れない。だがこれらを裏付ける史料はまだ
見つかっていない。これもその真偽を考証すべき問題であろう。

---

① 『申報』1915 年 4 月 22 日。
② 『申報』1915 年 4 月 24 日。

第八章　洪憲帝制と中日外交

　政体はその国の性格を規定する基盤である。辛亥革命は中国の二千年にわたる封建的君主制を打倒して共和制の政体を確立した。これは中国史上の一大進歩である。しかし歴史の流れには一歩前進して二歩後退することもある。一九一五年の袁世凱の帝政復活運動は正に中国の歴史の流れの一時的後退であり、辛亥革命に対する反動であった。本章では、この帝政復活運動をめぐる日本と袁政権及び欧米列強三者の二重的外交関係を考究すると共に、日本の対帝政政策が傍観・延期・中止・承認から袁打倒へと転換する外交過程とこれに対する袁政権の反応を究明し、日本が袁打倒のために中国南北の反袁勢力を如何に支持・支援したかを検討し、最後に袁死後の中国政局に対する日本の外交政策を検討する。

一　帝政運動をめぐる対応

　一九一五年八月、袁世凱は共和制を否定し、自分が中国に君臨して新皇帝に即位するという帝政運動を推進し始めた。このため袁は君主制を賛美する世論を形成させると同時に、組織的活動を展開した。袁の顧問のアメリカ人グッドノウは八月三日に袁政府の御用新聞『亜細亜報』に「共和と君主論」を発表し、

中国の歴史的伝統と現状からは共和制よりも君主制が相応しいという謬論を流布して帝政運動に大きな影響を及ぼした。十四日に楊度ら六人が籌安会を組織し、グッドノウの謬論を引用して君主制こそ中国を救う制度であると宣伝した。楊度の「君憲救国論」はその代表的なものであり、帝政運動の理論的綱領でもあった。こうして辛亥革命後四年目にして帝政復活の運動が盛りあがり、袁世凱は九十余日間皇帝となった。これは辛亥革命に対する反動であり、その主な要因は袁世凱の政治的欲望であったが、辛亥革命の不徹底とそれに伴う中国の社会・政治的情勢も一因であった。これは帝政の復活が偶然ではなかったことを示している。本節では、日本の帝政に対する外交政策が傍観・延期・中止・承認から袁打倒へと転換する過程及びこれに対する袁政権の反応を考究すると共に、袁の帝政をめぐる日本・中国と欧米列強との外交を究明する。

　帝政復活運動は辛亥革命後の重大な政治的事件であった。日本はこの運動を重視し、その動向を調査・分析して対応策を講じ始めた。日置益公使はこの復活運動が公然化する前から情報を収集し、帝政復活説は「多少根拠アルヤニ認メラルル」①と判断し、八月十七日に籌安会の設立とこれに対する袁の姿勢等を加藤高明外相に報告した。上海の有吉総領事も八月三十一日に籌安会なるものは「即チ袁世凱カ皇帝タルヘキ決意ト態度ヲ公然社会ニ表示シテ世論ノ如何ヲ探試セントスル最初ノ一端ナリ」②と指摘し、その行動及び影響等について特に注意を要すると上申した。九月三日には北京の小幡酉吉臨時代理公使が一層明確に「袁総統カ表面上非干渉主義ヲ持シナカラ内実其長子袁克定ト共ニ帝政ノ実現ヲ希望シ居レルノ実情次第ニ明白トナ

---

①　外務省編『日本外交文書』大正4年第2冊、8頁。
②　外務省編『日本外交文書』大正4年第2冊、16頁。

ル」と指摘し、「大勢ハ著々帝制決行ニ傾キ居ルモノト考ヘラル」
と判断し、「今ヤ帝政運動ハ籌安会ノ学術的研究ノ範囲ヲ脱シ事
態日ニ拡大漸次ニ実行ノ域ニ入ラントシツツアルモノノ如シ」①
と報告した。同時に彼らは反帝政運動側の情況をも重視し、梁
啓超・湯化竜・張謇・蔡鍔ら進歩党の動向と総統府・政事堂・
各部総長・参政院・憲法起草委員会・外交部及び上海・南京等
地方における反帝政派の主張と動向を調査し、「裏面ニ於ケル反
対ノ暗潮ハ相当ノ潜勢力ヲ有スルモノト見テ差閊ナ」く、たと
え袁世凱がこの勢力を圧倒したとしても、この「暗潮ハ将来ノ
政局ニ深大ノ影響ヲ遺スモノナルコトハ容易ニ之ヲ看過シ得ヘ
カラサル」②ことだと報告した。上海の有吉総領事は日本から
上海に潜入した陳其美・許崇智ら革命党の活動に注目し、反帝
政勢力のうち「比較的団結強ク積極的主義ナルハ革命党派ナ
ル」③も、第二革命以来圧迫を受けたために、辛亥革命の如き
行動は実行し得ないと分析していた。有吉は帝政派と反帝政派
との力関係の分析から「現時ノ状態ニテハ籌安会ノ目的通リ縦
ヘ袁家帝制ノ実行ヲ見ルモ少クモ暫時ノ間ハ具体的ニ大ナル変
乱ノ惹起ハナカルヘシ」④と推測していた。これらの情報は的
確であり、日本の対帝政外交方針の決定に重要であった。

　上述の情報に基づき、日本政府・外務省は当初傍観する政策
をとった。九月六日、首相兼外相大隈重信は駐中国と香港の領
事らに、当分の間は「極メテ熱心ニ事態ノ成行ヲ注視シ」、「何
等明白ニ賛否ノ態度ヲ言明スルヲ避クヘキ」旨を指示し、日本
の新聞及び新聞通信員らにも「袁総統ニ対シ悪声ヲ放ツカ如キ

① 外務省編『日本外交文書』大正4年第2冊、25-28頁。
② 外務省編『日本外交文書』大正4年第2冊、33-34頁。
③ 外務省編『日本外交文書』大正4年第2冊、23頁。
④ 外務省編『日本外交文書』大正4年第2冊、23頁。

事モ謹ム」①よう指示した。これは「此際支那帝制ニ対スル賛
否ヲ言明スルハ共ニ帝国将来ノ地位政策ニ悪影響ヲ及ホシ或ハ
帝国行動ノ自由ヲ束縛スルノ虞」②があるからであった。しか
し大隈首相は思想的には君主制を賛美して共和政治を否定し、
「帝制ノ復旧ニハ多少ノ反対アリト雖モ今日ノ勢ヲ以テセバ竟
ニ共和制廃シテ君主制ノ復活ヲ見ルモノト断ジテ不可ナラン」
と述べ、且つ袁世凱を「支那現代ノ一大偉人」と賛美し、「袁総
統ニシテ皇帝トナルモ国内統治ノ実力手腕ヲ有スルニ於テハ敢
テ国民ノ反対セザル所ナルヤ明カナリ」として「君主制復活ノ
暁ニ於テハ袁総統先ヅ皇位ニ登ル者ト観ルベキナリ」③という
談話を発表した。大隈首相は帝政問題は「全然支那ノ内政問題
ニ属スルヲ以テ日本トシテハ其君主制タルト民主制タルトハ敢
テ問フ所ニ非ザルヲ以テ其他国ノ使嗾ヲ受ケテ這般国体ノ変更
ヲ実現シ若クハ其実現が帝国ノ利害ニ影響ヲ及ボサザルニ於テ
ハ何等干渉スヘキニアラズ」④と不干渉の立場をあらためて表明
した。大隈首相のこの談話は日本の二、三の新聞に掲載された。

　この頃中国の新聞は「日本ハ我国ノ君憲問題ニ賛成ス」⑤と
いう表題まで付けて大隈の談話を訳載し⑥、『北京日報』も「日
首相ノ我国ニ対スル表示」と題した記事で「日本東京確実ノ消
息ニ拠レハ中国ノ国体改革問題ニ対シテハ大隈首相ハ我国公使
ニ対シ円満賛成ノ意ヲ表セリ」⑦と報道した。これは日本の不

　①　外務省編『日本外交文書』大正4年第2冊、28頁。
　②　外務省編『日本外交文書』大正4年第2冊、28頁。
　③　外務省編『日本外交文書』大正4年第2冊、77-78頁。
　④　外務省編『日本外交文書』大正4年第2冊、78頁。
　⑤　外務省編『日本外交文書』大正4年第2冊、55頁。
　⑥　『申報』1915年9月7、14日。
　⑦　外務省編『日本外交文書』大正4年第2冊、73頁。十月十五日、石井菊次郎外
相は、大隈首相の談話は政府の意見ではなく、また新聞の報道には実際と異なるところ
も多いと語り、大隈が話したのは「袁世凱ハ兎ニ角一時支那ノ危急ヲ救ヒタル英傑ト思
考スル」ことと国体変更は内政に属するから干渉しないことだけだと釈明した（同上外
交文書、76-77頁参照）。

干渉と大隈の帝政支持の談話が袁の帝政運動に拍車をかけ、その活動を大いに促進したことを示している。袁世凱と籌安会が帝政運動を推進する際にもっとも懸念していたのは日本の干渉であったが、日本公使館の諜報員辻武雄が収集した情報によれば、袁らは「日本大隈総理ノ傍観的ノ態度ヲ執ル云々ノ言明アリタル以来断然準備ヲ整ヘテ国体ヲ変更スルコトニ決定シ」①たのである。北京でも地方においても、梁士詒・周自斉ら官僚の工作による帝政請願運動が展開され、帝政運動を民衆の意志によるかのように見せかけた。各種の請願団が国体を改正して袁を皇帝にするよう参政院に請願書を提出した。国体変更は憲法にかかわる重大問題なので、参政院は国民会議を招集して決定するよう政府に建議した。こうして帝政運動は籌安会設立当初の理論研究から請願運動を経て法的検討・決定の段階に進展したのである。

　このような帝政運動の急激な進展は日本に新たな政策の選択を迫った。日本は傍観から干渉へと政策を転換し始めた。大隈首相は反帝政派の動向を探るように指示すると共に、九月二十九日に駐イギリスの井上大使に袁の帝政計画についての英国政府の意向を打診するように訓令し、日本政府の帝政に対する干渉の意図を表明した②。この訓令において大隈首相は、八月の帝政賛美の意を改めて中国の政体変更の必要性を否定した。その理由として大隈首相は（一）に「袁総統ハ今日ニ於テハ已ニ事実帝王ニ等シキ権力ヲ有シ且ツ同総統ニシテ健在ナル限リ同総統ニ代リ得ルモノ表ハレ来ルヘキ筈モナキニヨリ此際種々ノ危険ヲ冒シテ迄国体ノ変更ヲ試ムル必要ナキヤニ思考セラル」こと、（二）に中国の大官・将軍・巡按使及び革命党の中には「此

---

① 外務省編『日本外交文書』大正4年第2冊、47頁。
② 外務省編『日本外交文書』大正4年第2冊、60−61頁。

機ニ乗シ倒袁ノ画策ヲ廻ラシツツアル模様ニシテ未タ具体的ニ
表面ニ現ハレタル事実ナキモ長江一帯及南支地方ニハ反対ノ風
潮漸ク弥漫セントスルモノノ如シカカル情勢ノ下ニ急遽帝政ヲ
実現セントスルニ於テハヨシ大動乱ハ之ヲ見ストスルモ各地ニ
小暴動等ヲ生スルコトナキヲ保スヘカラス」こと、（三）に「若
シ為ニ支那ニ動乱ノ勃発スルカ如キ事アランカ直接間接最損害
ヲ蒙ムルモノハ日英両国」①ことである等を挙げた。二十一ヵ
条交渉におけるイギリスの強硬な外交から、大隈はイギリスの
存在を無視することが出来なかった。大隈は駐英の井上大使に、
日本の上述の意見と姿勢を井上個人の意見としてイギリス政府
に内密に述べ、「本問題ニ対スル英国政府ノ腹蔵ナキ所見ヲ叩カ
レ詳細電報アリ度シ」②と訓令した。これはイギリスと協調し
て対処しようとしたことを示している。

　あり得ることではあるが、帝政運動当初のイギリスの対応は、
外務省と駐中国のジョルダン公使の意見が統一されておらず、
矛盾していた感がある。十月三日にジョルダン公使は袁世凱と
会談したが③、中国の二、三の新聞はジョルダンが袁に、帝政
実現の際にはイギリスはこれを承認するにやぶさかでなく、皇
帝に即位するのは袁以外にないと語ったと報道した④。ジョル
ダンはこの事実を否定して帝政承認を予告した如きことは全く
ないと述べ、北京政府の外交部に訂正を要求した。外交部は中
国側の新聞社にその報道の取消を強く要求した⑤。これは一時
中国のマスコミに大きな波紋を呼起こしたが、小幡臨時代理公
使は「新聞記事ノ実否ハ別問題トシ英国公使ハ極メテ非公式ニ

---

① 外務省編『日本外交文書』大正4年第2冊、60－61頁。
② 外務省編『日本外交文書』大正4年第2冊、61頁。
③ 外務省編『日本外交文書』大正4年第2冊、67－68頁。
④ 外務省編『日本外交文書』大正4年第2冊、68頁。
⑤ 外務省編『日本外交文書』大正4年第2冊、69－72頁。

且ツ全然個人ノ資格ニテ帝制賛成ノ意ヲ仄カセルモノカト想像
セラル」①と推測した。十月八日に小幡がジョルダンを訪れた
時、ジョルダンは小幡に「帝制恢復ハ今ヤ避クベカラザル形勢
トナリ其実現モ蓋シ遠カラサルヘシト考ヘラルルコト并ニ大ナ
ル動揺ハ之ナカルヘシト観察シ居ル」と語り、「此際何等ノ動揺
不安ノ事態ヲ惹起サザルコトヲ……切ニ希望シ」②ていた。ジョ
ルダンのこの話から推測すれば、ジョルダンは個人の意見とし
て一時的に帝政に賛成したようである。しかし十月八日にイギ
リス外務省が日本政府に提出した袁・ジョルダン会談に関する
覚書では、ジョルダンは「支那官辺ノ人士トノ私的談話中今回
ノ変革ニ因リ国内ノ動乱ヲ誘致スルカ如キコトアルトモ支那ハ
欧洲諸国中ノ何レヨリモ援助ヲ得ルノ見込ナシ」との旨を言明
し、もしこの動乱により袁が「大総統ニ選ハレタル際為シタル
厳粛ナル約定ヲ破棄スルカ如キコトアラハ其名声ハ失墜ヲ免レ
サルヘキ」③旨を断言したと通告した。この通告から見れば、
イギリス政府は袁の帝政運動に対して厳しい姿勢をとっていた
ようである。しかし、十三日にイギリス外務省のラングレーが
ジョルダン公使からの来電の内容として井上大使に述べた話に
よれば、「此際外部ヨリ何等干渉ノ措置ニ出デンニハ却テ之カ為
メ面白カラザル事態ヲ醸発スルノ虞レスラ有之有様故此際成行
ニ任ス方機宜ニ適スヘ」④しと、帝政運動を黙認する姿勢を示
した。イギリスのその後の対応から見れば、この頃イギリスは
こうした姿勢をとっていたといえよう。一九一一年十一月に袁
が出馬した時、イギリスは立憲君主制が中国に相応しいと主張
したことがあったから、この時に袁を皇帝とする立憲君主制を

①　外務省編『日本外交文書』大正4年第2冊、68頁。
②　外務省編『日本外交文書』大正4年第2冊、68−69頁。
③　外務省編『日本外交文書』大正4年第2冊、67−68頁。
④　外務省編『日本外交文書』大正4年第2冊、74頁。

黙認しようとしたのも偶然ではなく、歴史的背景があった。しかし帝政派と反帝政派の衝突により動乱が起これば、イギリスと中国との貿易は影響を受け、列強の中国における既得権益が脅かされる恐れがあったため、政体の変更に賛成しないという矛盾した姿勢を示したのである。

　九日に袁は参政院が提議した国体問題を決定する国民代表大会組織法を批准・公布し、帝政運動は大きく進捗した。日本政府はこの機を捉えて十月十五日の閣議において帝政運動に対する方針を決定し、同日石井菊次郎外務大臣が駐英の井上大使に、至急イギリス外務大臣に日英共同して「支那政府ニ対シ友誼的勧告ヲ試ミ国体変更ノ計画ヲ一時中止セシメ以テ事ヲ未然に防クコトト致度」[①]と申入れるように訓令した。辛亥革命に際して最後まで立憲君主制に固執した日本は、なぜこの時には反君主制の姿勢をとったのだろうか。第一に帝政と反帝政の両派の戦いによる中国の分裂と動乱を避け、中国の統一と安定を確保しようとする狙いがあった。これは経済的利益から考慮したものであった。中国国内の動乱は辛亥革命の時のように日本の対中国貿易と中国国内における経済活動に大きな影響を及ぼす恐れがあった。日本政府と大隈首相・石井外相は終始この点を指摘した。尾崎行雄司法大臣もこれを理由として帝政の阻止を強調した[②]。辛亥革命の時、日本が立憲君主制に固執した一因も同じだった。日本は君主制から急激に共和制に移行したら社会的混乱或いは動乱が起こると懸念したのであった。両時期の政体についての主張を比較すると互いに矛盾しているが、その理由には共通する一面があった。変転する政策の中で変らないものが本質である。この本質は帝国主義列強としての日本が中国

①　外務省編『日本外交文書』大正4年第2冊、75頁。
②　曽村保信『近代史研究－日本と中国』小峰書店、1977年、116頁。

において政治体制の問題よりも経済的利益の確保を優先していたことを物語っている。

　第二は袁世凱に対する日本の反感であった。辛亥革命の時、日本の政府・軍部と民間は共に袁に対して好感を抱かず、立憲君主制を主張したが、その原因の一つに君主によって内閣総理たる袁を牽制しようという狙いがあったことが挙げられる。この時、袁の帝政を牽制・干渉しようとした裏面に袁に対する反感があった。大隈は袁を「策毒に罹つた人物だ」[①]として好まなかった。それに二十一ヵ条交渉において第五号を放棄せざるを得なかったことや交渉後に締結した条約の実行において袁がさまざまな障害を設けたこと等により、政府・軍部の中核と民間人には袁に対する不満と反対が少なからず存在しており、このような人物が皇帝になることを好まなかった。これは当然であった。しかし、袁が実権を掌握して中国に君臨する現状を鑑みて、日本はまた彼に期待せざるを得なかった。そのため好ましからざる袁を支援せざるを得ないという矛盾した事態に陥った。大隈首相が一時袁の帝政運動を支持しようとしたのも、陸軍の一部が「適当ノ時期ニ帝制ヲ承認シ、尚ホ之ヲ援助スル意味ヲ以テ我権内ニアル革命党及之ニ附随スル人物ヲ厳重ニ取締リ、若シ擾乱発生シタル場合ニハ帝国ハ自衛的ニ我利権ヲ保護スル覚悟ヲ要スル」[②]と表明したのも、このような矛盾の表れであり、支援することによって袁の日本に対する好意を獲得した上でコントロールを図り、袁に日本の侵略的・植民地的な要求を承諾させようとしたのであった。しかし中国国内における反袁勢力の抬頭と強大化に比例するかのように、この矛盾にお

　　①　市島謙吉『大隈侯八十五年史』第3巻、大隈侯八十五年史編纂会、大正15年、336頁。

　　②　北岡伸一『日本陸軍と大陸政策』東京大学出版会、1978年、187頁。

　ける袁を牽制或いは排斥する面が袁を支援する面よりも徐々に
強くなって行ったのである。袁の帝政に対する日本の政策は基
本的にこうした経緯によって変転したのである。

　第三に第一次大戦という国際情勢が日本に有利であったこと
が、日本に袁を公然と牽制させたのであった。欧洲を中心とし
た大戦により、中国における欧米列強の勢力は一時的ながらも
後退した。欧米列強に依拠してきた袁の対日抵抗力も弱体化し、
また従来日本の対袁政策を制約してきた欧米の牽制力も欧洲の
戦況が連合国に不利であったため一層弱くなった。これは日本
の対袁政策の強硬化を促進した。

　第四は民間の大陸浪人らの袁の帝政に対する反対であった。
彼らは思想的に帝政に反対したというよりも、袁に対する反感
から反対したのである。例えば内田良平は十月十七日大隈首相
に「支那帝制問題意見書」を提出し、「袁世凱の帝制強行は彼が
自ら墓穴を掘るものであって、支那問題解決の機運を招来する
ものとして寧ろ歓迎すべきものである。……故に政府としては
帝政問題については賛否共に絶対に其の意思を表明しないこと
が肝要である。而して若し帝政が実施せられたのちは断じて之
に承認を与へず、袁をして窮地に立たしめねばならぬ」[①]と建
言し、袁を窮地に追込んで打倒しようとした。こうした民間の
意見も大隈内閣の対袁政策に影響を及ぼしたのであった。

　帝政一時阻止の方針を決定した日本は、まず対英外交に乗出
した。十月十八日、井上大使はグレー外相に日英「協同勧告ノ
方法ニ依リ以テ事変発生ヲ防遏スルノ切要ナル所以」[②]を申入
れた。イギリス政府は対袁政策決定においてはジョルダン公使
の意見を重く見ていたため、グレーはジョルダン「公使ノ意見

①　黒竜倶楽部編『国士内田良平』原書房、1967年、567頁。
②　外務省編『日本外交文書』大正4年第2冊、81頁。

ヲ徴シタル上ニアラサレバ何等回答シ得サル次第」①だと答え
た。石井外相と井上大使は北京の小幡臨時代理公使に、ジョル
ダン公使の所見は日本の見込と全く反対であるから、「支那現下
ノ状勢ニ関スル我方ノ情報ニ対シ駐支英国公使ノ注意ヲ喚起シ
同公使ヲシテ成ルベク我方ノ所見ニ適合スヘキ意見ヲ本国政府
ニ進達セシムル様」②に指示した。小幡臨時代理公使は十八、
十九日と二十一日の三回にわたってジョルダン公使と会談した
が、ジョルダンは「日本政府ノ提議ハ至極尤ノ次第ニシテ今一ヵ
月モ前ナリシナラバ容易ニ其目的ヲ達シ得タラント信スルモ目
下ノ形勢ニテハ袁自身ニ於テ果シテ能ク此ノ運動ヲ食止メ得ル
ヤ否ヤ甚ダ疑ハシク感ゼラル」③と述べ、また一　、二国或い
は二、三国がそうした勧告をなすのは面白くないとして「此際
日英米露仏ノ尠クモ五国位ニテ共同ノ勧告ヲ試ムルニ於テハ或
ハ袁モ時局ヲ収拾スルニ適当ノ方略ヲ講スヘシ」④と語った。
ジョルダンは日本の提案に断固として反対したわけではなかっ
たが、かなり消極的な姿勢を示した。ジョルダンは辛亥革命の
時には共和制を主張しており、思想的には立憲君主制の復活に
反対する傾向があったが、この時日本の勧告に消極的だったの
は、この勧告によって日本が対中国・対袁政策のイニシアチブ
を握り、中国の政局を左右することを警戒したからである。
　しかしイギリス政府は二十一日付の覚書で日本の共同勧告に
同意する旨を通告した⑤。二十三日、石井外相はこれに満足し、
イギリス政府に駐ロシア・フランス・アメリカの英国大使に命じ
て、各々の任国に日本と同じ勧告を申入れさせるよう要望し、

---

① 外務省編『日本外交文書』大正4年第2冊、81頁。
② 外務省編『日本外交文書』大正4年第2冊、79頁。
③ 外務省編『日本外交文書』大正4年第2冊、84頁。
④ 外務省編『日本外交文書』大正4年第2冊、84頁。
⑤ 外務省編『日本外交文書』大正4年第2冊、85−86頁。

併せて「日英両国ヨリ至急支那政府ニ勧告ヲ与フルコト」[①]も要望したが、イギリス外務省のラングレーはロシア・フランス・アメリカの三カ国と交渉し、回答を得てからでなければ答えることは出来ないと返事した。ラングレーが語ったように、この裏にはジョルダン公使からの勧告時期遅しという回報とイギリス側の帝政運動下の「支那ノ現状ハ格別危険ノ兆ナキ」[②]という情勢判断があった。日本とイギリス「双方ノ見込ノ違フ所」[③]が出てきたのであり、イギリス側の帝政阻止に対する消極性を窺うことが出来る。しかし二十五日にイギリス政府は「三国ノ回答ヲ待タス日英両国ニテ不取敢支那ニ勧告ノコトニ同意スル」[④]意向を表明した。これは大戦に巻込まれたイギリスには中国に介入する余裕がなかったので、中国における主導権を日本に譲らざるを得ない情況の下で[⑤]日本との協力関係を維持するために、消極的であるにもかかわらず日本の勧告案に賛成せざるを得なかったのである。モリソンはイギリスと日本とのこのような関係を「日本の糸でひかれた沢山のあやつり人形」[⑥]のようなものだと皮肉り、不平を洩らした。

　イギリスの賛同を得た日本は、他の列強への工作に取掛かった。石井外相は駐ロシア・フランス・アメリカの日本大使に、任国政府に帝政延期についての共同勧告に参加するよう申入れることを訓令し、また三カ国の駐東京大使にも同様の方針を伝えた[⑦]。ロシア政府は国体変更そのものには反対しないが目下その時期にあらずと考え、十日前に変更を延期するよう駐北京の

①　外務省編『日本外交文書』大正 4 年第 2 冊、86 頁。
②　外務省編『日本外交文書』大正 4 年第 2 冊、88 頁。
③　外務省編『日本外交文書』大正 4 年第 2 冊、88 頁。
④　外務省編『日本外交文書』大正 4 年第 2 冊、91 頁。
⑤　駱恵敏『清末民初政情内幕』下、知識出版社、1986 年、498－500 頁。
⑥　J・チェン『袁世凱と近代中国』、守川正道訳、岩波書店、1980 年、251 頁。
⑦　外務省編『日本外交文書』大正 4 年第 2 冊、86－87 頁。

ロシア公使に訓令したので再度訓令する必要はなく、また日英
との共同勧告に参加する意向もないと回答したが、二十八日に
至ってサゾノフ外相は駐北京ロシア公使に「日英両公使ト協議
ノ上措置スヘキ」①旨を訓令し、日本との共同勧告に賛成した。
アメリカの国務長官ランシングは「元来共和政体ノ維持ハ米国
トシテハ懌フ所ナルモ事他国ノ内政ニ属スル上ニ在支米国人等
ニ於テモ政体変更ニヨリ何等ノ影響ノ虞モナキニ付斯クハ此際
何等措置ヲ執ラサルコトニ決定シタ」②と駐米の珍田大使に回
答し、また「勧告ハ支那ノ内政ニ干渉スル嫌アリト思考スル」
と述べた。この回答からアメリカがこの勧告に参加しない理由
を窺うことが出来ると同時に、大戦中日本とアメリカの中国を
めぐる対立が激化しつつあったことも察せられる。当時日本の
元老と外務省・軍部は大戦後日本が中国を争奪する上での主な
相手はアメリカだと考えていたし、アメリカも大戦以来の中国
における日本の行動から日本の対中国政策を牽制する必要を感
じていたので、共和制を支持してしたにもかかわらず、帝政問
題においては日本と共同行動をとらなかった。これは日本に対
する牽制策でもあった。フランスは内閣が更迭されて多忙だっ
たために確答をせず、外務省は「支那ノ政体変更ニ関シテハ何
等利害ヲ感ゼザルノミナラス本件ハ支那ノ内政ニ関スル次第ニ
付仏国政府ノ態度ヲ確定スル前ニハ閣議ヲ経ザルベカラザルヤ
ニ考ヘラルル」③と述べたが、十一月に至って賛成した。

　しかし当時日本国内にはこの勧告に反対する意見もあった。
中国の新聞は日本には賛成・傍観・干渉の三つの主張があると

---

① 外務省編『日本外交文書』大正4年第2冊、97頁。
② 外務省編『日本外交文書』大正4年第2冊、112頁。
③ 外務省編『日本外交文書』大正4年第2冊、98頁。

　報道した①。元老山県は従来から袁との信頼関係の確立を主張
していたため、このような措置をとることに反対し、一木喜徳
郎内相と小幡臨時代理公使も賛成しなかった②。参謀本部の一
部にも反対意見があった。しかしこのような反対意見は大隈内
閣に採用されなかった。

　大隈内閣はイギリス・ロシアと共に率先して北京政府に共同
勧告することを決定した。十月二十八日、北京の小幡臨時代理
公使はフランス・ロシア公使と共に陸外交総長に帝政実施を一
時中止するよう勧告した③。陸総長は「各地トモ極メテ安静ニ
シテ毫モ動揺ノ模様ナシ」④と勧告の理由に反駁した。これま
で帝政に反対していた曹次長も⑤三国の勧告に難色を示した。
北京政府外交部は帝政実施に対する外交的な保障を得ようとし
て日本外務省及びその出先機関と対立し、帝政をめぐる外交的
攻防戦を展開した。

　北京政府が共同勧告に対してこのような姿勢を示したため、
石井外相は十月末に駐日のイギリス大使グリーンとその後の対
応について検討した。石井は勧告を全面的に拒絶することはあ
り得ないが、時期遅れと主張することはあり得るとして、袁が
即位した後「変乱ヲ鎮圧シ得ル実力アルコトヲ証明シタル後初
メテ承認スルコト至当ナルヘシ」⑥と述べて、袁を牽制する策
を講じようとした。

　しかし北京政府は依然として従来の立場を堅持した。十一月

　①『申報』1915 年 10 月 30 日。
　②原奎一郎編『原敬日記』第 3 巻、福村出版、1981 年、140 頁。
　③武者小路公共『小幡酉吉』小幡酉吉伝記刊行会、昭和 32 年、170 頁。『中報』1915
年 10 月 30 日。王蕓生『六十年来中国与日本』第 7 巻、生活・読書・新知三聯書店、1981
年、6－7 頁。
　④外務省編『日本外交文書』大正 4 年第 2 冊、98 頁。
　⑤曹汝霖『曹汝霖一生之回憶』伝記文学出版社、1980 年、107 頁。
　⑥外務省編『日本外交文書』大正 4 年第 2 冊、103 頁。

一日、北京政府は陸総長の名で日本等三カ国の帝政中止勧告に対する北京側の回答を送ってきた①。この回答は主に帝政を実施せざるを得ない情況を説明し、帝政を中止するか否かの明言を避けてした。中国側の回答は婉曲で曖昧だったので②、同日の夜、小幡臨時代理公使は曹次長に政体の変更を進めるか否か、動乱発生の恐れがあるか否か、明確に承知したいと確認したが、曹は「国体変更問題ハ事態既ニ余リニ進行シ居リ三国ノ勧告ハ諒トスルモ今更到底中止ノ途ナキニ付其儘進行セシムル方針ナル」上、「是カ為何等重大ナル動乱ノ発生ヲ見ルコト断シテ無之見込ナル」③旨を確答した。東京では十一月三日に石井外相が陸宗輿公使に「支那政府カ日本ノ誠意ヲ込メタル勧告ヲ採用セサルコトニ決セラレタルハ甚タ遺憾トスル所ナル」④意を表して北京側に圧力を加えた。

　十一月三日にフランス外務省は日本の提議に全面的に同意して日本勧告案の通りに北京政府に帝政延期を申入れることを決定し、同日駐北京のフランス公使コンチイが単独で陸総長に帝政実行延期を勧告した⑤。内閣更送の問題もあったが、フランスは特に「独逸国カ帝制問題ニ関シ袁世凱ニ後援ヲ与ヘ而シテ一旦帝制成ルノ暁ニハ之ヲ承認シテ袁ノ歓心ヲ得ルニ努メ」⑥ることを憂慮し、その際に単独で行動する余地を残しておくために共同勧告に参加しなかった側面もあったのであろう。フランスのこの勧告も袁とその政府にとっては新たな外圧とならざるを得なかった。

---

　① 王蘴生『六十年来中国与日本』第 7 巻、生活・読書・新知三聯書店、1981 年、9－11 頁。
　②『申報』1915 年 11 月 3、6 日。
　③ 外務省編『日本外交文書』大正 4 年第 2 冊、109 頁。
　④ 外務省編『日本外交文書』大正 4 年第 2 冊、110 頁。
　⑤ 外務省編『日本外交文書』大正 4 年第 2 冊、12、113 頁。
　⑥ 外務省編『日本外交文書』大正 4 年第 2 冊、111 頁。『申報』1915 年 11 月 5 日。

　三日、駐日の陸公使から外交部に、日本が二回目の勧告を準
備し、軍艦二隻が南に向うという情報が入った①。このような
外圧により袁とその政府は妥協・折中の方針をとらざるを得な
かった。四日、陸外交総長は来訪した小幡臨時代理公使に、国
民大会代表の選挙は着々と進行し、十二省では既に終了してい
るので、今から中止するのは困難であるが、「其ノ実行ハ短時日
ニ於テ之ヲ能クスヘキニアラス」②と述べた。六日、陸公使も
政府の訓令として石井外相に「支那政府ハ急速国体ヲ変更スル
ノ意ハ初ヨリナシ現在モ尚此意ナキコトヲ証明ス」③と曖昧な
回答をした。これは小幡が語ったように、「此際主義トシテ之ヲ
決定シ置キ其ノ実行ハ成ル丈手間取ラス」④折中策をとったの
である。石井外相は「支那政府ノ意志尚不明ナリ支那ハ到底日
本政府ノ問フ所ニ対シテ明答ヲ与ヘザルモノト認ム従テ最早追
究ヲ為サザルベシ此不明瞭ノ為生ズル一切ノ責任ハ支那政府自
身ニ在ル」と警告し、また「右ノ如ク急速変更ノ意ナキヲ述ベ
ツツ若シ突然変更ヲ行フガ如キコトアラバ之レ帝国政府ヲ侮辱
スルモノト看做ス」⑤と再度圧力をかけた。

　このような圧力により北京政府は明確に回答せざるを得なく
なった。九日、曹次長は小幡に「今年中ハ之ヲ実行セサルコト
ト内定セリ」⑥と非公式に通告し、十一日には陸外交総長が日・
英・仏・露公使に「多少ノ延長ヲ必要トス」⑦と正式に通告し

　①　王蕓生『六十年来中国与日本』第 7 巻、生活・読書・新知三聯書店、1981 年、
11 頁。
　②　外務省編『日本外交文書』大正 4 年第 2 冊、117 頁。王蕓生『六十年来中国与日
本』第 7 巻、生活・読書・新知三聯書店、1981 年、11 頁。
　③　外務省編『日本外交文書』大正 4 年第 2 冊、119−20 頁。
　④　外務省編『日本外交文書』大正 4 年第 2 冊、117 頁。
　⑤　外務省編『日本外交文書』大正 4 年第 2 冊、120−21 頁。王蕓生『六十年来中国
与日本』第 7 巻、生活・読書・新知三聯書店、1981 年、14−15 頁。
　⑥　外務省編『日本外交文書』大正 4 年第 2 冊、127 頁。
　⑦　外務省編『日本外交文書』大正 4 年第 2 冊、128 頁。

た。これは一時的な延期であり、帝政そのものを取消したわけではなかった。十五日、曹次長は小幡にこの通告を解説して、日本はこの通告に満足するか、日本は帝政に絶対に不賛成かと尋ねた。北京側がこのように尋ねたのは、独・墺の帝政に対する支持とアメリカの不干渉も一因だったが、日本が帝政実施延期を勧告したものの、帝政そのものに対して賛成か反対か明確な意向を示さなかったからである。日本は帝政そのものに対しては反対しなかったが、その実施には反対するという矛盾した姿勢をとった。この矛盾に日本の対袁政策の本質があり、北京側が日本の勧告をスムーズに受入れようとしない原因があった。

　このような情況で日本政府は新たな策を講じ始めた。十一月十八日、日本は関係する列強に「若シ支那政府ニシテ我予期ニ反シ早々帝制実行スルカ如キコトアルモ関係列国ハ支那内部ノ実況ヲ顧ミ内乱動揺ノ虞ナキ見据相付クマテ支那新帝国ノ承認ヲ差扣ヘ此問題ニ付キ早計ニ出デザルベキ」[1]旨を提案し、欧洲大戦終結まで承認しない方針を決定した。承認問題によって帝政の実施を牽制しようとしたのである。同日、石井外相は駐英・仏・露・米・伊大使にこの方針を訓令し、各国も日本と共に袁政府にこの旨を申入れ、「自国ノ権利ヲ留保スルト共ニ暫ク時局今後ノ発展ヲ注視セン」[2]ことを提唱した。日本は依然として対袁外交のイニシアチブを握って列国と共同行動をとろうとした。国際的に袁を孤立させようとする狙いがあったのである。

　日本のこの申入れに対して各国は多様な反応を示した。フランスは外務省のド=マルジュリーが個人の意見として「万一支那が予期ニ反シ急速帝制ヲ取ルカ如キ事アリトセン」か、その時

----

[1]　外務省編『日本外交文書』大正4年第2冊、140頁。
[2]　外務省編『日本外交文書』大正4年第2冊、141頁。

に「独逸ニ後レテ之ヲ承認スルカ如キハ仏国目下ノ立場トシテ甚ダ忍ビ難シトスルトコロニシテ尠クトモ独逸ト同時位ニ承認セザルベカラスト信ズ」①と述べ、帝政そのものに反対しないばかりではなく、これを承認することもあり得るという意向を表明した。それは、ド=マルジュリーが語ったように「支那政体ノ変更ガ仏国政府ニ何等痛痒ヲ与ヘサル」ことに加え、「仏国政府ノ念トスル所ハ一ニ之ニ依リ支那ニ於ケル仏国ノ利益ニ影響ヲ及ボサザランコトヲ希フノミ」②だったからである。しかし、もし中国に動乱が起こった場合、フランスは対袁・対中国外交のイニシアチブを握っている日本に頼らざるを得ないという側面があったため、二十三日にド=マルジュリーはもし英・露両国政府に異論がない限り「仏国政策モ亦日本国政府ノ提議通リ通告ヲナスニ同意スベシ」③と回答した。しかし日本が提示した「自国ノ権利ヲ留保スル」ことに対しては、ド=マルジュリーは日本が武力干渉をする権利を留保する可能性があるので、「支那国内ニ騒乱起リタル場合支那ニ於ケル駐屯軍ヲ増員スルカ如キ単ニ各自ノ利益防護ノ手段ヲ執ルニ止メ決シテ支那ニ圧力ヲ加フルカ如キコトナカルヘシトノ了解ノ下ニ之ヲナスコト勿論ナリ」④と付加えた。これはフランスの留保条件であり、日本に対する牽制でもあった。

　ロシア政府は十一月二十四日と十二月一日にサゾノフ外相が駐露の本野大使に日本「帝国政府ノ提議ニ異議ナキ」⑤旨を言明し、英・仏政府とも交渉する意図を表明した。

　イタリア政府は十月二十八日の三国共同勧告に参加しなかっ

---

① 外務省編『日本外交文書』大正4年第2冊、143頁。
② 外務省編『日本外交文書』大正4年第2冊、143頁。
③ 外務省編『日本外交文書』大正4年第2冊、147頁。
④ 外務省編『日本外交文書』大正4年第2冊、148頁。
⑤ 外務省編『日本外交文書』大正4年第2冊、148－54頁。

たが、十一月十二日に駐北京の伊国公使ウァレーが陸外交総長
に「帝制問題ニ関シ日英露仏四国代表者カ為シタル友誼的勧告
ニ協同スヘキ」①旨を通告して四カ国と共同行動をとり、日本
の十一月十八日の方針に対しても、二十二日に外務大臣ソン
ニーノが「別ニ異議ナク考量ノ後同様ノ手段ヲ執ルヘキ」②旨
を日本の林大使に伝えた。

　アメリカは内政干渉であるとして共同行動に参加せず、逆に
世論が日本の意図を告発した。十二月十六日の『ニューヨーク・
タイムズ』は「帝制問題ニ関スル勧告ノ如キモ其表面ノ理由ハ
容易ニ信セラレス却テ之ニ依リ騒擾ヲ誘致シ以テ干渉の口実ヲ
作リ延イテ支那ニ於ケル日本ノ地位ヲ堅メ極東ノ覇権ヲ確実ニ
握ラント期スルモノナリ」③という北京からの通信を掲載した。
中国における日本の主要な競争相手であったアメリカは日本の
帝政延期勧告の真の狙いを明確に把握していたのであろう。ア
メリカのこのような姿勢は袁の帝政運動にとって有利だったの
で、袁の腹心蔡廷幹は袁の指示により帝政が実施されたら中国
は一層の中米親交を図るであろうとアメリカ側に伝えた④。

　イギリス政府は基本的に日本の提案に同意したが確実な回答
は示さず⑤、十二月四日に帝政延期問題に関する対北京通告文
案を石井外務大臣と駐日の関係国代表とが協議・作成する旨の
覚書を井上大使に渡した⑥。イギリスは共同勧告に消極的であ
り、日本のように勧告によって袁を窮地に追込もうとはせず、
逆に袁政権の国際的地位を高めて日本に対する抵抗力を強化し

---

① 外務省編『日本外交文書』大正4年第2冊、133頁。
② 外務省編『日本外交文書』大正4年第2冊、144頁。
③ 外務省編『日本外交文書』大正4年第2冊、176頁。
④ 外務省編『日本外交文書』大正4年第2冊、177頁。
⑤ 外務省編『日本外交文書』大正4年第2冊、145、152頁。
⑥ 外務省編『日本外交文書』大正4年第2冊、158−59頁。

ようとした。

　当時イギリスは袁政権の連合国への参加、中国の対露武器供給計画、及び中国において武器を秘密で取引したり破壊活動をおこなうドイツ人の追放等に対する日本の支持を要望していた[①]。イギリス・フランス・ロシアは戦時下における実際的問題として、帝政延期よりもこれらの問題をより重視しており、日本の協力を切望していたのである。しかし日本は、この時期中国が連合国に参加して独・墺に宣戦することを望んでいなかった。それは中国がこの参戦によって国際的に政治的・軍事的な地位を高め、連合国との連携により日本に対する抵抗力を強化し、戦後における講和会議において有利な地位を獲得出来るであろうことは中国にとって有利であり、逆に日本にとって大変不利だったからである。この意味では、この時期にイギリスやロシアが中国の参戦について取上げたのは、一九一六年の三大決戦（ベルダン攻防戦・ユトランド沖海戦・トレンチノの戦）に備えてというよりも、帝政延期勧告によって対中国・対袁外交の主導的地位を掌握しようとした日本に対する外交的反撃だったといえよう。袁の顧問であったモリソンもこの時期中国の連合軍側での参戦を宣伝し[②]、袁も参戦の意志を明らかにした[③]。既に袁は帝政延期勧告の主導者が日本であり、英・仏・露等は消極的に追随しているにすぎないと知っていたのであろう。この三カ国の要望は袁にとって有利であり、袁としてもこの参戦によって日本に対する抵抗力を強化した上で帝政を実施しようとしたのである。日本は十二月六日に英・仏・露の中国

---

　①　外務省編『日本外交文書』大正4年第2冊、145－47、148－51頁参照。『申報』1915年11月28－30日。王蕓生『六十年来中国与日本』第7巻、生活・読書・新知三聯書店、1981年、16－19頁参照。
　②　駱恵敏編『清末民初政情内幕』下、知識出版社、1986年、501－02、507－08頁。
　③　駱恵敏編『清末民初政情内幕』下、知識出版社、1986年、499頁。

参戦提案を拒否した。

　袁はこのような情勢の下でも依然として帝政運動を推進した。十二月十日、国体変更に関する国民代表選挙が終了し、投票総数一九九三票全部が立憲君主制に賛成した。十一日、参政院は袁世凱を皇帝に推戴した。袁は一旦この推戴を婉曲に辞退したが、十二日に二度目の推戴を受諾して皇帝に即位し、中国に帝政が復活した。袁は年号を洪憲と定め、大典籌備処を設けて即位の準備に取掛かった。

　袁がこのように日本の勧告を無視して皇帝になったのは、裏面ではジョルダン公使が支持していたからであった。ジョルダンは七日前後に密かに袁を訪ね、「若し閣下が大総統であることを民衆が望むのなら、大総統であればよい。若し民衆が閣下が皇帝になることを望むのなら、皇帝であればよい。これは民衆の意志を反映しているのであり、貴下の大総統就任の時の宣誓に反する行動をとっているわけではない」①と語った。これが袁を帝政実施に踏切らせる切掛けとなった。

　石井外相は十三日に駐北京の日置公使にイギリス等四カ国と協議・作成した帝政延期に関する回答文を打電し、日置公使は十五日に英・露・仏・伊四カ国公使と共同で陸総長にあらためて延期を申入れた。イギリスはこの勧告に参加したものの、ジョルダン公使はこれは全く日本の考えでなされたものであり、何ら効果をもたらさないのみか中国人をドイツの掌中に追いやることになると不平を洩らした。袁政権はイギリスの支持の下でこの勧告を受諾しようとせず、陸総長は帝政は「種々準備其他ノ都合モアリ今直チニ之カ実現ヲ行ハントスル次第ニアラサル」と述べ、各国には「支那ノ独立及主権ハ充分ニ之ヲ尊重セ

①　曹汝霖『曹汝霖一生之回憶』伝記文学出版社、1980年、118頁。

ラレンコトヲ希望ス」①と付言して外部からの干渉を排除し、帝政を実施する決意を示した。

このような情況の下で袁の帝政実施を長期間牽制し干渉することは、逆に日本に不利な結果をもたらす可能性があった。北京の日置公使はこれ以上牽制しないように主張した。十六日、日置公使は石井外相に「我邦ニ於テモ何トカ折合ヲ付ケ本問題ノ結末ヲ告ケシムルコト得策ナルヘシ」②と進言した。日置公使はその理由として、（一）に「独リ大勢ニ逆行シテ時局ヲ紛糾セシムル嫌ア」り、（二）に「益々支那ヲシテ我ニ背馳シテ他国筋ニ走ラシムルノ結果ニ終ルヘク況シテ支那政府トシテ或一定ノ時期以上帝制ノ実現ヲ延期シ得サル破目ニ陥リ居ル事情ニ顧ミ且ツハ勧告国ノ協調ニ幾分緩ミヲ生セルカ如キ機微ノ消息ヲモ探知シ居ル支那側ハ已ムヲ得サル処置トシテ我意嚮ニ頓着ナク断然外国ニ向ヒテ帝政実行ヲ通告スルカ如キ挙ニ出ツルモ保シ難ク」、（三）に「事茲ニ至レハ関係各国モ漸次ニ新国体ヲ承認スルノ態度ニ出ツヘキヤニ察セラレ其結果我方ノミ独リ帝制ノ承認ヲ肯セス故ラニ孤立ノ地位ニ陥ルコトトナルヘク斯クテハ外交上甚タ面白カラサル局面ヲ現出」③することを挙げた。勧告の過程における列強の姿勢とその後の袁政府と他の列強との交渉及び英・仏・露三カ国の早期承認の要望から考えれば、日置の挙げた第二、第三の理由はもっともなものであった。石井外相は日置公使の上申を受入れ、十六日に駐英・露の日本大使に、任国政府に「支那政府ハ曩ニ関係列国ノ与ヘタル友誼的勧告ノ趣旨ニ顧ミ厳ニ国内ノ動乱ヲ予防スルノ手段ヲ講シ過日上海ニ於ケル騒擾モ幸ニ重大ナル発展ヲ見ルニ至ラスシテ平定

---

① 外務省編『日本外交文書』大正4年第2冊、171頁。
② 外務省編『日本外交文書』大正4年第2冊、174頁。
③ 外務省編『日本外交文書』大正4年第2冊、175頁。

シタル如キハ帝国政府ノ憂慮ヲ軽カラシムル所以ニシテ今後同
国政府ニ於テ暫クノ間更ニ必要ノ警戒ヲ加ヘ騒乱ヲ未然ニ防ク
ニ至ラバ帝国政府ハ右勧告ノ目的一応徹底シタルモノト認メン
トス」[1]という意向を申入れ、その同意を求めるよう訓令した。

　石井外相はこの訓令で「暫クノ間更ニ必要の警戒ヲ加ヘ」云々
とは「今後三四ケ月支那政府ニ於テ更ニ警戒ヲ加ヘ動乱発生ヲ
防キタル上ハ其節ニ至リ帝政の実現ヲ見ルモ我勧告ノ趣旨貫徹
シタルモノト考フルヲ得ベシト云フ意味」であると解釈し、三、
四カ月後に袁の帝政を承認する理由として、（一）袁政府が十二
月上旬に陳其美ら革命党が上海で袁軍の軍艦肇和の水兵を煽動
して起こした蜂起を鎮圧したこと、（二）「多数支那人ハ勿論支
那ニ於ケル外国人間ノ輿論モ此上余リ長ク帝政実現を延期セシ
ムハ得策ナラズト云ヘルニ傾」くこと、（三）「強テ支那ニ対シ
余リニ長キ延期ヲ求メ其結果帝政主張者ヲ圧抑スルコトトナリ
却テ騒乱ヲ惹起スルガ如キコトアルニ於テハ帝国政府ニ於テモ
亦自ラ之ニ対スル責任ヲ感ゼザルヲ得ザル」[2]こと等を挙げた。
（三）の「騒乱ヲ惹起」する理由については帝政延期勧告の当初
から日本と袁政府との交渉の焦点となっていた。日本は騒乱を
事前に阻止するために帝政延期を勧告し、袁政府は民意に基づ
くものだから騒乱発生の可能性はないという理由で日本に反駁
したが、騒乱を事前に阻止するという理由が逆に中国における
反帝政・反袁勢力と日本滞在中の孫文ら革命党の反袁活動に拍
車をかけることになり、遂に日本は帝政延期勧告の口実とした
これらの反対勢力を支持して袁の排除に乗出したのである。

　軍部も外務省と共に三、四カ月以内に袁の帝政を承認しよう
として、十二月十八日に田中参謀本部次長は袁の顧問坂西利八

---

① 外務省編『日本外交文書』大正 4 年第 2 冊、175−76 頁。
② 外務省編『日本外交文書』大正 4 年第 2 冊、176 頁。

郎にこの意向を袁に伝え、袁にこの承認により「日支両国相互ニ充分ナル誠意ヲ披瀝シテ永ク緊密ナル関係ヲ保」①つように要求することを訓令した。これは皇帝即位を承認する代償として袁に日本への「忠誠」を尽すように要求したものであった。同時に坂西は袁が大正天皇に勲章を授与するために派遣する特使を受入れるという田中の意向も伝えた。これは十二月中旬まで参謀本部は袁を排除或いは打倒しようとせず、帝政の承認によって袁に対するコントロールを強化し、日本に好意を抱いていない袁を親日的に改造しようとしていたことを示している。坂西は田中次長の訓令の内容を袁に伝えた。袁は「貴我両国ハ決シテ離ル可カラサルノ運命ヲ有ス予ニ於テハ決シテ遠キニ親ミ近キヲ疏ンスルノ意無」と述べ、さらに「貴国ニシテ誠意アル親善主義ヲ以テ臨マルコトハ予カ断エス懇望スル所ニシテ支那モ亦充分ノ誠意ヲ以テ之ニ対スルニ躊躇セス」②と言明した。帝政承認獲得のための儀礼的な言葉だったにせよ、袁も親日的な姿勢を示したのである。しかし袁は「貴国側ニ於テ我国権ヲ犯シ国ノ内外ニ対スル予ノ立場ヲ困難ナラシムルニ至ラバ予ハ手ヲ束ネテ黙スルノミ支那兵ハ弱シト雖地広ク人民多キ故勢ノ趣クトコロニヨリテハ貴国ノ利益トモナリ害トモナリ得ヘシ」③とも警告した。

　日本の帝政承認に関する新提案についてイギリス・フランス・ロシアは当然賛成の意を表した。グレー外相は十八日に井上大使に「自分ノ関スル限リ英国政府トシテ異議スヘキ所ナキ様存セラレ」④ると述べ、フランスも二十四日に「異議ナキ」⑤旨を

---

①　外務省編『日本外交文書』大正4年第2冊、180頁。
②　外務省編『日本外交文書』大正4年第2冊、194頁。
③　外務省編『日本外交文書』大正4年第2冊、194頁。
④　外務省編『日本外交文書』大正4年第2冊、181頁。
⑤　外務省編『日本外交文書』大正4年第2冊、195頁。

口頭で伝え、ロシアも十八日に同意を表した。この三カ国は欧
洲独自の事情により日本に上述のように回答する前から互いに
協議し、共同で日本に対処したのである。またこの三カ国はフ
ランスのように「若シ帝政ノ実現カ確定ノ事実トナリタル場合
ニ連合諸国カ一斉ニ斟クトモ独逸ト同時位ニハ之ヲ承認スルノ
挙ニ出テンコトヲ切望」①し、日本の三、四カ月間という期限
に一定の留保条件を設けた。それは十六、十七日に駐北京の墺
国・独国の公使が袁政権との関係を強化して連合国に対抗する
ため、陸外交総長に帝政復活の公式の祝辞を述べ、祝辞を呈す
るために袁皇帝に親しく謁見したい旨を申入れ、帝政承認の姿
勢を示していたからである②。しかし、日本は欧洲大戦に直接
参加していなかったため、ドイツのこのような出方に配慮しな
かった。

　袁政府は上述のような連合国側と独・墺両国との対立及び連
合国側内部の共同行動下における相違点を察知し、英・仏・露
三カ国に対する外交工作を強化した。十二月二十日頃、袁政府
はイギリス・ロシア・フランス・イタリアの各公使に翌年の二月
上旬に袁の皇帝即位式を挙行し、帝政の実施を正式に宣布する
旨を伝えて尽力を希望した。二十一日、イギリスのグレー外相
は井上大使に「英国トシテハ此際右支那政府ヨリ申入ノ希望ヲ
容諾シタキ考ナリ」と述べ、逆に「日本政府ニ於テモ可成我々
ト歩調ヲ一ニセラルル様」③に申入れた。グレー外相はその理
由として「此上尚之ヲ阻止スルニ於テハ支那側トノ間ニモ面白
カラサル紛糾ヲ来スノ虞アリ且……独墺側ヲシテ我々連合国側

---

① 外務省編『日本外交文書』大正4年第2冊、182頁。
② 外務省編『日本外交文書』大正4年第2冊、186－87頁。
③ 外務省編『日本外交文書』大正4年第2冊、188頁。

ニ比シ支那ニ対シ有利ノ地歩ヲ制セシムル」①こと等を挙げた。
二十八日、北京のロシア公使クルペンスキも政府の訓令として
日置公使に「露国政府ニ於テハ袁皇帝ノ承認ヲ延期又ハ拒絶ス
ヘキ何等ノ理由ヲ有セス兎ニ角関係各国ニ於テ注意スヘキハ独
墺ヲシテ本問題ノ為メ対支関係上吾等ヨリ一層有利ノ地位ニ居
ラシメサルコトナリ」と述べ、「可成速ニ国体ノ変更ヲ承認シ袁
ノ地位ヲ固ムル時ハ幾多危険ノ根源タル不定ノ状態ヲ除却シ該
帝国内秩序ノ維持ヲ容易ナラシ」②めなければならぬと語った。
これは日本側の理由と異なる点であり、対袁政策の相違が表面
に現れたものであった。この時既に西南諸省では反帝政・反袁
の護国戦争が起こり、動乱が発生していた。欧洲三カ国は動乱
防止のため帝政延期を勧告したが、動乱が起こった際にはその
鎮圧のために袁の帝政を承認する姿勢をとった。日本が袁打倒
へと政策を転換したのとは正反対であった。

　上述のように、日本が三、四カ月後に帝政を承認しようとし
ていた十二月中旬には、既に各地方に反帝政・反袁運動が勃発
していた。駐中国の外務省の出先機関は十一月中旬からこの情
報をキャッチして外務省に報告し、外務省も運動の発生を知っ
ていたはずである。しかし、この「動乱」を事前に阻止するた
め帝政延期を勧告した日本が、「動乱」が勃発しつつある情況で
帝政を承認しようとしたのは、勧告の理由に対する自己否定で
あった。これには袁の帝政を支持することにより袁の支配力を
強化して「動乱」を制圧し、中国国内の安定を図ろうとする狙
いもあったのであろうが、客観的には反帝政・反袁運動に拍車
をかけ、その勃発を促進した。

　十二月二十三日、雲南の将軍唐継堯は袁に帝政を取消すよう

① 外務省編『日本外交文書』大正4年第2冊、188頁。
② 外務省編『日本外交文書』大正4年第2冊、200頁。

電報を発し、二十五日には袁政府からの独立を宣言して護国
戦争の火蓋を切り、護国軍三個軍団を組織して袁の討伐に乗
出した。

　中国の国内情勢が急激に転換する情況の下で、日本や欧洲の
列強は対袁・対中国政策を改めざるを得なくなった。帝政承認
に対して日本よりも積極的であったイギリスは一時傍観する方
針を主張した。二十九日にグレー外相は井上大使に「此際ハ
帝政布告モ又承認問題モ亦其儘トシ暫ク形勢観望ノ外ナカル
ヘキ」[1]旨を述べ、三十一日に駐日のイギリス大使グリーンも
石井外相に「雲南事件ノ前途予見スヘカラサル今日暫ク形勢ヲ
観望スルノ外ナカラン」[2]と述べた。日本政府もこれに賛同せ
ざるを得なかった。しかしこれは暫定的な方針であり、袁が帝
政を宣言した場合にどう対応するかの政策決定を迫られた。一
月六日に駐日のロシア大使マレウィチは幣原喜重郎外務次官に、
袁が二月上旬に日本とイギリス・フランス・ロシアの回答を待た
ずに断固として帝政を宣言することがあり得るので、対応策を
考究しておくべきだと申入れた[3]。駐中国の英・仏・露三カ国
の公使は一旦帝政を宣布した上は、独・墺に遅れずに承認する
ことが必要だと主張し、駐ロンドンの露・伊国大使も同様に主
張した[4]。グレー外相は現在の動乱がこれ以上拡大しない限り
においてはこの主張に賛成すると表明した[5]。その理由は駐北
京の英・露公使が語ったように「各国ニ於テ寧ロ通カニ帝制ヲ
承認スル事却テ勧告ノ目的タル動乱ヲ避クルノ主旨ニモ合致
ス」るし、また「支那ノ秩序ヲ維持セシムルノ方法ハ現政府ヲ

　　① 外務省編『日本外交文書』大正4年第2冊、202頁。
　　② 外務省編『日本外交文書』大正5年第2冊、1頁。
　　③ 外務省編『日本外交文書』大正5年第2冊、1-2頁。
　　④ 外務省編『日本外交文書』大正5年第2冊、5頁。
　　⑤ 外務省編『日本外交文書』大正5年第2冊、5頁。

シテ十分ニ其権威ヲ使用セシメ他国ヨリ何等其自由ヲ束縛セサ
ルニ如カ」①ないからであった。

　英・仏・露のこのような主張は袁に帝政宣言計画実施の決意
を固めさせた。袁は一九一六年一月の七日か九日に即位式典を
挙行して帝政を宣言することを決定し、十四日にジョルダンと
モリソンを通じてこの旨を日置公使に伝え②、十七日には曹次
長がこれを日本公使館の高尾書記官に伝えて日本の同意を求
めた③。

　しかし中国西南諸省の反帝政・反袁運動が盛りあがる情況下
で、日本の対帝政政策は欧洲の列強とは逆に帝政承認から帝政
阻止へと転換した。一月十七日、日置公使は「帝制ヲ宣布セシ
メナガラ之カ承認ヲ拒ミ関係国ノミ異常ノ地位ニ立ツコトハ如
何ニモ面白カラサルニ付寧ロ帝制宣布其物ヲ阻止シテ各国共ニ
同様ノ地位ニ立ツノ方策ヲ執ルコト得策ナルヘシ」④と石井外
相に上申した。これは袁の皇帝即位を阻止するために強硬な措
置をとるべきだという意見であった。日本はまず袁政府が大正
天皇に勲章を贈呈するために来日する予定であった特使（農商
総長周自斉）の受入れを拒否し、袁に対する日本の方針が転換
しつつあることを示した。次に十九日の閣議において次のよう
な帝政阻止の方針を決定した⑤。

　　支那政府ハ曩ニ帝政計画延期ニ関スル帝国政府ノ勧告ニ
　　対シ国内ノ形勢毫モ憂慮スベキモノナキ旨言明シタルニ
　　拘ラス今回雲南ニ端ヲ発シタル動乱ハ其形勢決シテ軽視
　　スヘカラサルモノアリ就テハ万一支那政府ニ於テ此情勢

　①　外務省編『日本外交文書』大正5年第2冊、3頁。
　②　外務省編『日本外交文書』大正5年第2冊、6頁。
　③　外務省編『日本外交文書』大正5年第2冊、12頁。
　④　外務省編『日本外交文書』大正5年第2冊、12頁。
　⑤　外務省編『日本外交文書』大正5年第2冊、13頁。

ヲ無視シ強ヒテ帝政ヲ実行スルニ至ルトモ帝国政府ニ於
テハ一面南方ニ於ケル動乱ノ発展ヲ注視シツツ帝政承認ヲ
差控ヘ一面支那ニ向ツテハ列国協同トシテ更ニ勧告ヲ重ヌ
ルニハ及バザルモ現ニ発生セル動乱ヲ無視シテ帝政ヲ実行
スルノ無謀ナル所以ヲ明白ニ表示スルコトトスベシ

　　右ニ付テハ関係四国ニ対シ成ルヘク我方ト同一ノ態度ニ
出ツル様交渉ヲ遂クルコトト致度

　これは前回のように勧告ではなく、勧告より重い警告であっ
た。一月二十一日、石井外相は駐日の陸公使に「若シ支那政府
ニシテ列国勧告ノ趣意ヲ無視シ国内動乱ノ実情ヲ顧慮セス帝政
ヲ実施スル如キコトアルニ於テハ帝国政府ハ断シテ之ヲ承認ス
ルコト能ハス……万一帝国政府ニシテ支那ノ帝政ヲ承認セサル
場合ニ立至ルトセハ両国ニ於ケル外交機関ハ両国政府当局ト正
式ノ交渉応酬ヲ為ス事能ハサルニ至ルヘク其結果恐ルヘキ誤解
ノ発生セサルヲ保シ難ク此ノ如キハ両国ノ最モ避ク可キ所ナリ
支那政府ニ於テ慎重考慮スル事然ルヘシ」[1]と警告した。これ
は外交関係を断絶するという警告であった。参謀本部も同様の
方針をとった。坂西大佐は田中次長の訓令として、十八日に袁
に、十九日には曹次長に軍部の強硬な姿勢を示唆した。一月頃
から外務省と軍部は一体となって共に対袁・対中国政策転換問
題について検討していた。外務省政務局長小池張造の部屋で陸
海軍省・参謀本部・軍令部の関係部長らは週一、二回会合し、
満蒙・山東・上海・南方における反袁政策について検討した。
十九日の閣議決定はこの共謀の産物であった。さらに十二日の
大隈首相暗殺未遂事件もこの政策転換に拍車をかけた。

　一月二十一日、帝政問題に対するイニシアチブを握っていた

　　①　外務省編『日本外交文書』大正5年第2冊、16頁。王芸生『六十年来中国与日本』第7巻、生活・読書・新知三聯書店、1981年、30−31頁。

日本は欧洲の列強に日本と同様の政策をとるよう要求した①。
しかし英・仏・露は既に帝政承認に傾いていたため、前回のよ
うに共同行動をとる可能性は少なかった。イギリスのグレー外
相は「独墺其他ノ諸国ヲシテ帝政承認ノ先駆ヲナサシムルコト
ハ支那ニ於ケル英国ノ地位ヲ害スルモノナリ」と述べ、万一日
本政府において「尚承認猶予ニ決セラルル場合ニ於テハ已ムナ
ク他ノ連合国ト歩調ヲ一ニスル為帝制宣布ト同時ニ承認ヲ与フ
ルノ余義ナキニ至ルモ計リ難」②と井上大使に返答した。フ
ランスも従来通り「独墺両国ノミカ連合側ニ先チテ支那帝制ヲ
承認スルニ至ランカ」③と懸念していた。イギリス・フランス
がこのように独・墺に承認を先んじられることを懸念したのは、
フランス外務省のド=マルジュリーが語ったように、この承認に
よって「袁世凱ニ対スル独墺側ノ勢力ハ頓ニ強勢トナリ袁世凱
モ独墺ノ行為ニ顧ミ今後連合側ヨリ支那ニ於テ何等排独墺処置
ヲ請求スルモ袁世凱ニ於テ之ヲ甘諾スルコトヲ憚ルニ至ル」④
ことをもっとも恐れていたからであった。当時袁政府は中立で
あったが、大戦において独・墺が勝利すると信じていて彼らとの
の関係が良好であり、また連合国の一員である日本が中国に対
する侵略的行動を強化するのに対抗するため、独・墺を利用し
ようとしたのである。中立国である中国が連合国と独・墺等同
盟国のどちらに傾くかは極東における両陣営の力関係にも影響
を及ぼすことであったから、イギリス・フランスはこの問題を
重視した。しかし欧洲大戦に直接巻込まれていなかった日本は
「独墺両国ノ承認ヲ顧慮シ之ヲ標準トシテ全局ノ政策ヲ決定ス

---

① 外務省編『日本外交文書』大正5年第2冊、17頁。
② 外務省編『日本外交文書』大正5年第2冊、20頁。
③ 外務省編『日本外交文書』大正5年第2冊、19頁。
④ 外務省編『日本外交文書』大正5年第2冊、19頁。

ルノ必要ナカルヘキ」①だと強調した。袁の帝政問題について、
石井外相は一貫して日本の対袁政策とこれに対する袁の姿勢を
規準或いは前提として方針を決定した。これは日本とイギリ
ス・フランスとの相違点の一つであった。この相違点が日本と
欧洲列強の対帝政政策の相違を招く一因となった。

　袁政権はこの時期対帝政政策のイニシアチブを掌握していた
日本の警告を受入れざるを得なかった。二十一日、袁政権は二
月上旬の即位儀式を中止することを曹次長を通じて日置公使に
内報した②。袁が帝政実施を一時中止した原因としては、（一）
国内的に雲南の護国軍を鎮定するのは容易なことではなく、ま
た西南護国戦争が山東方面にも拡がっていたこと、（二）財政情
況も窮乏を告げていたこと、（三）日本国内において反袁の世論
が日増しに高まり、一月十二日には対袁強硬派による大隈首相
暗殺未遂事件が発生したことにより、袁が日本は「必ス何等カ
ノ高圧的行動ニ出ツヘシト想像シ苟モ口実ヲ与ヘサランコトニ
焦慮シ」③たこと、（四）アメリカ公使ラインシュの「雲南事件
勃発シ国内ノ模様落着カサル今日支那トシテハ危険ヲ冒シテマ
デ無理ニ帝制ヲ実行スルノ必要ナカルヘク寧ロ依然共和制ヲ持
続スルコト得策ナル」④べしという勧告に加えて、アメリカの
企業が袁政府に対する借款を停止したこと等が挙げられる⑤。
これらの理由により、袁はその後帝政の無期延期を宣言し、日
本の警告に応じようとした。

　しかし帝政の中止に対する列強の反応は異なっていた。フラ

---

　①　外務省編『日本外交文書』大正5年第2冊、17頁。
　②　外務省編『日本外交文書』大正5年第2冊、17－18頁。王蕓生『六十年来中国
与日本』第7巻、生活・読書・新知三聯書店、1981年、31頁。『申報』1916年1月
25日。
　③　外務省編『日本外交文書』大正5年第2冊、21頁。
　④　外務省編『日本外交文書』大正5年第2冊、22頁。
　⑤　保羅・S・芮恩施『一個美国外交官使華記』商務印書館、1982年、146－49頁。

ンスは依然として速やかに帝政を承認することを主張した。雲南省等の西南地方はフランスの勢力範囲に属していたため、承認によって袁の権威を確立して反袁の護国戦争を制圧し、この地域の安寧を維持しようとしたのである。しかしイギリスは帝政の中止に満足し、その旨を袁政権に通牒するよう日本に申入れた。これはイギリスの対帝政政策の転換であり、中国の安定によって中国におけるイギリスの国益を守ろうとしたのであった。しかし石井外相はこれに賛同せず、「其儘ニ致置クコト然ルヘシ」①と返答した。日本は帝政の延期に満足せず、情勢の変化に伴って袁打倒へと転換しようとしていた。

　西南護国軍の第一軍団は雲南省から四川省へ、第二軍団は雲南から広西省・貴州省方面に進撃した。これは中国各地における反袁・反帝政運動に拍車をかけ、一月二十七日には貴州省が袁政権からの独立を宣言した。しかし日本は直ちに袁打倒へと転換しようとはしなかった。それは中国情勢についての判断と関係していた。石井外相は、袁が三、四カ月乃至半年間で雲南の護国軍を制圧する可能性もあり、湖南・両広地方が雲南に加担することもなく、馮国璋・黎元洪・徐世昌等反帝政を表明している有力者が積極的な反袁行動に出ることもないと判断し、情勢の変化を一時静観する姿勢をとった②。しかしこれは暫定的な方針であり、一ヵ月後には大きく方針が転換し始めた。

　三月七日、大隈内閣は袁世凱の打倒を目指す「支那目下ノ時局ニ対シ帝国ノ執ルヘキ政策」を決定した。その内容は次の通りである③。

　　一　「支那ノ現状ヲ観ルニ袁氏権威ノ失墜、民心の離反及

①　外務省編『日本外交文書』大正5年第2冊、24頁。
②　外務省編『日本外交文書』大正5年第2冊、40頁。
③　外務省編『日本外交文書』大正5年第2冊、45－46頁。

　　国内ノ不安ハ漸ク顕著トナリ同国ノ前途実ニ測ルベカラ
　　ザルモノアルニ至レリ」と中国情勢を分析・判断し、「此
　　際帝国ノ執ルヘキ方針ハ優越ナル勢力ヲ支那ニ確立シ同
　　国ヲシテ帝国ノ勢力ヲ自覚セシメ」ること。

二　帝国の右方針を遂行するため、「袁カ支那ノ権位ニ在
　　ルハ帝国カ叙上ノ目的ヲ達スルノ障碍タルヲ免レザルヘ
　　シ従テ……袁氏カ支那ノ権力圏内ヨリ脱退スルニ至ルヲ
　　便トス」。

三　袁を中国の権力圏より脱退させるためには「成ルヘク支
　　那自身ヲシテ其ノ情勢ヲ作成セシムルヲ得策トス」。その
　　理由は、（一）に「袁ヲ排除セムカ為帝国政府カ正面ヨリ
　　袁氏ニ肉薄シテ帝制中止又ハ退位ヲ要求スルカ如キハ却
　　テ現ニ進退ニ窮シツツアル袁氏ノ為ニ活路ヲ開ク所以」で
　　あり、（二）に「欧米列国ハ本件考案ノ如キ明白且直接ナ
　　ル支那内政の干渉ニ対シテハ到底之ニ賛同セザルモノト
　　断定セザルベカラズ」ことであり、「帝国ハ成ルヘク与国
　　トノ協調ヲ破ラサル範囲内ニ於テ所期の政策ヲ遂行スル
　　ヲ得策トスル」。

四　これらの理由により、目下の時局に対する具体的手段は、
　　（一）に「適当ナル機会ヲ俟テ南軍ヲ交戦団体ト承認スル」
　　ことであり、（二）に日本の民間有志で袁排斥を目的とす
　　る中国人の活動に同情を寄せ金品を融通する者に対して
　　日本「政府ハ公然之ヲ奨励スルノ責任ヲ執ラザルト同時ニ
　　之ヲ黙認スルハ叙上ノ政策ニ適合スルモノナリ」とする。

五　上各項の執行に当り、「外務省専ラ之ガ実行ヲ調理シ
　　厳ニ行動ノ不統一ヲ防クコトヲ要ス」。

この閣議決定によって日本の袁打倒の方針とその具体策が決
定された。日本にとっては日露戦争或いは辛亥革命以来の宿願

である袁の排除を実現するチャンスが訪れたのである。外務省と軍部は東北では第二次満蒙独立運動と東北軍閥張作霖を支持し、山東では孫文の革命軍を支援し、南方では岑春煊・梁啓超らを支援して、間接的な方法で南北から反袁運動を展開した①。

　大隈内閣の対袁政策がこのように急激に打倒へと転換した裏面には、参謀本部の積極的な推進策があった。参謀総長の上原勇作と田中次長は袁を支援して袁に対するコントロールを強化して対中国政策を進めるという上県・寺内の政策を避け、袁を排除して対中国政策を積極的に推進する政策をとった。二月二十一日、田中次長は岡陸相に「今日ハ袁ヲ全ク退譲セシムルノ手段ヲ講シ、之ト共ニ我政治的勢力ヲ扶殖スルノ手段ヲ講スル方有利ナリト被存候。内々各方面ノ意向ヲ叩キ候処大低主義ニ就テハ同意ノ様ニ被存候。福田（雅太郎、参謀本部第二部長）ヨリ承ハリ候得バ閣下モ御同感ノ由、左スレバ是レニテ漸次歩ヲ進メ之ヲ一政ノ議論トシ而纏マリヲ附ケタキモノ」②だと述べ、三月一日には原敬に「もはや袁を救ふ事不可なる形勢となり、而して此際は革命党と袁に対する我外交方針を定むる事肝要なるに付目下陸軍より外務省に迫りて廟議決定を促がし居る」③と語った。陸軍は十二月末から袁打倒の計画を推進し、三月に至ってこの計画が日本政府の方針として決定されたのである。これは袁打倒の行動が先行し、政策決定が後になったことを示している。

　欧米列強は袁を支持していたため④、日本は三月七日の閣議決定を欧米諸国に内報しなかった。イギリス外相グレーは袁が帝政を中止し中国情勢が激変することへの対応策を日本側に尋ねたが、石井外相は二十七日に「袁ニ援助ヲ与ヘ又ハ反袁派ノ

① 本章第二―四節参照。
② 北岡伸一『日本陸軍と大陸政策』東京大学出版会、1978 年、198 頁。
③ 原奎一郎編『原敬日記』第 4 巻、福村出版、1981 年、161 頁。
④ 駱恵敏編『清末民初政情内幕』下、知識出版社、1986 年、544 頁。

気勢ヲ殺ガムコトヲ努ムルカ如キハ却テ時局収拾ヲ速ムル所以ニ非ズ」[1]と婉曲に袁打倒と反袁勢力支援の意図を表した。グレー外相は三十一日に「万一に備フル為此際揚子江ニ於ケル英国砲艦武装復旧ニ着手」[2]する必要はあるかと日本側に尋ねたが、石井外相は四月八日に「外国人ノ生命財産ニ危害ヲ及ボサヾル限リ干渉ヲ避ケテ大勢ノ進行ニ任スヲ以テ穏当ナル政策ト思考ス」[3]と返答し、出来得る限り欧米列強の介入を排除して日本単独で反袁政策を遂行し、袁打倒後の中国政局を左右する地位を独占しようとした。

　三月二十二日、袁は帝政の完全中止を宣告した。これは護国戦争が一層拡大し、三月十五日には広西省が独立を宣言したことに加え、二十一日に袁の政治顧問モリソンが帝政を放棄する明確な命令を下すよう袁に建言したからであった[4]。袁はこれで内戦を収拾しようとした。しかし既に手遅れであった。

　こうして中日外交交渉は帝政問題から袁が大総統の地位から引退するか否かの問題に焦点が移った。北京側は皇帝即位中止後も袁が大総統として引きつづき君臨することを主張し、北京の欧米公使らもこれを支持したが[5]、日本は袁の引退を断固主張し、双方は真っ向から対立した。四月十一日、陸公使は政府の電訓として石井外相に「総統ハ年歯高ク本来政権ニ恋々クルノ意ナシ然レトモ真心ヲ以テ各方面ヲ考察スルニ実ニ尚ホ其任ヲ継続シ難局ヲ維持スルノ人ナキカ故ニ総統ハ国ヲ救ヒ乱ヲ免レシメンカ為メ勉テ其難キヲ為サヾル能ハス」と述べ、日本もこの意向を了解して「袁大総統ニ対シ好意友誼的扶助ヲ与ヘラ

① 外務省編『日本外交文書』大正 5 年第 2 冊、56 頁。
② 外務省編『日本外交文書』大正 5 年第 2 冊、58 頁。
③ 外務省編『日本外交文書』大正 5 年第 2 冊、61 頁。
④ 駱恵敏編『清末民初政情内幕』下、知識出版社、1986 年、535 頁。
⑤ 駱恵敏編『清末民初政情内幕』下、知識出版社、1986 年、544 頁。

ルヘク中国政府モ当ニ切ニ両国親善提携ノ途ヲ講スヘシ」①と
申入れた。日本は「動乱」を鎮静化するために袁の引退を要求
したが、北京側は「乱ヲ免レシメンカ為メ」②に袁の留任を希
望した。十七日、石井外相は陸公使に「袁大総統ニ援助ヲ約ス
ルカ如キハ内外ニ重大ナル疑惑ヲ招キ却テ日支親善ノ目的ヲ達
スル所以ニ非ズト信ズルヲ以テ遺憾ナカラ之ヲ避クルノ外ナ
シ」③と伝えて北京側の要望を拒否したが、「袁大総統ニシテ引
退後暫ク日本ニ歳月ヲ送ラントスルノ意思アラハ袁君ハ勿論其
家族等ニ至ル迄日本ニ於ケル滞在ヲ出来得ル限リ安全且愉快ニ
為サンカ為メ充分保護ヲ怠ラサルノ厚意ヲ有ス」④と付言した。
日本は引退後の袁を手元に掌握し、その後の対中国政策に利用
しようとしたのである。北京側も日本のこの意向を洞察し、二
十一日に曹次長は日本公使館の高尾書記官に「此際須ク袁ノ現
地位ヲ利用シ日本ノ欲スル処ハ其何モノタルヲ問ハス試ニ之ヲ
要求シ……憲法モ出来ズ立法院モ開ケズ万事袁独裁政治ニテ行
ハルヘキ今日ノ場合が袁ヲ利用スルニ最絶好ノ機会ナラズヤ」⑤
と力説した。曹次長は「亡命後ノ袁ニ対シ十分ノ保護ヲ加フベ
シトノ好意アラバ何故一国ノ元首タル現在ノ袁ニ対シ之ヲ保護
シ之ヲ利用スルノ方策ニ出テラレサルカ」⑥と反問し、日本に
袁を利用して中国における利権を拡大させることにより袁の大
総統の地位を確保しようとした。袁とアメリカの関係は友好的
だったので北京のアメリカ公使ラインシュも袁を擁護し、日置
公使に「外国関係ニ於テハ蓋シ袁政府以上ニ円満ナルヘキコト

---

① 外務省編『日本外交文書』大正5年第2冊、63頁。
② 外務省編『日本外交文書』大正5年第2冊、63頁。
③ 外務省編『日本外交文書』大正5年第2冊、62頁。
④ 外務省編『日本外交文書』大正5年第2冊、62頁。
⑤ 外務省編『日本外交文書』大正5年第2冊、66－67頁。
⑥ 外務省編『日本外交文書』大正5年第2冊、67頁。

ハ到底望ムヘカラス」と述べ、「此際日本政府ニ於テ袁ニ一臂ノ
力ヲ貸シ時局ヲ収拾セシムルコトハ日本ノ為ニモ亦一般ノ為ニ
モ望マシキ次第ナリ」[1]と進言した。当時、欧洲の列強は日本
を押えるためにアメリカが表面に立って対袁政策の主導権を掌
握することを希望していたが、アメリカは逆に日本の主導的立
場を認めたのであった。

　前年夏以来、日本は帝政問題に対するイニシアチブを掌握し、
他の列強も徐々にそのイニシアチブを承認せざるを得なくなっ
た[2]。帝政問題を通じて日本は一時的ながらも中国の政局を左
右する主導権を確立していたのである。反袁の護国戦争が高潮
し、袁が引退するか否かによって時局を収拾し得るという重要
な時期に至って、北京の列国公使は日本が率先して行動をとる
ことを希望した。フランス公使コンチイは「日本カ卒率先シテ
袁ノ退位ヲ調停シテ速ニ時局ヲ収拾スルノ至当ナル」[3]旨を日
置公使に二度進言し、ロシア公使も大同小異の意見を述べた。
この時期に至りアメリカ公使も態度を変化させ、五月十三日に
「最早袁ノ退位ヲ見スシテハ時局ヲ収ムルニ由ナキ」[4]と明言し
た。彼らはそれまで中国の安定のために袁を支持していたが、
今ではそのために袁の引退を希望するようになったのである。
この変化の中で変らなかったのは中国における自国の権益を守
ることであった。日置公使はこのような情勢を観測して、「今ヤ
当方面一般ノ空気ハ帝国カ此際時局解決ニ対シ何等カノ提議ヲ
列国ニナスヲ至当トシ又之ヲ予期スルモノノ如シ」と考え、十
五日石井外相に「関係各国ト共ニ支那政府ニ対シ袁ノ退位ヲ勧

① 外務省編『日本外交文書』大正5年第2冊、69頁。
② 駱恵敏編『清末民初政情内幕』下、知識出版社、1986年、499－500頁。
③ 外務省編『日本外交文書』大正5年第2冊、72頁。
④ 外務省編『日本外交文書』大正5年第2冊、72頁。

告」①することを上申した。これは日本が他の列強と共に袁退
位を公然と要求するということであった。これ以上欧米諸国か
らの支持を受けられない情況の下で、袁政府外交部の意見もこ
の方向に傾いて行った。二十五日、曹次長は日置公使に「日本
ニ於テ袁擁護ノコト不可能ナラハ寧ロ日本政府ヨリ明白ニ且公
然其ノ意志ヲ支那政府ニ通告シ袁ノ退位ヲ希望スルナラハ其ノ
旨……明白卒直ニ切出レンコトヲ望ム」と述べ、袁自身も「決
シテ退位セサル考ニハアラス」②と確信していると語った。日
置公使は曹がこのように洩らすのは「袁ニ於テ夫レヲキツカケ
ニ安全ナル退却ノ機会トナサン考アルガ為ニアラスヤトモ思ハ
レ或ハ政府側ガ日本ノ勧告ヲ機ニ袁ノ退位ヲ実行セントノ魂胆
ヲ有スル為ノ様ニモ想像セラレサルニアラス」③と二十六日に
石井外相に電報した。真意がいずれにあるかは別として、いよ
いよ袁の退位が迫ってきた。しかしイギリスのジョルダン公使
は袁の退位に賛成したものの折中的な方法をとり、「袁ヲシテ国
会成立迄留任セシメ」④ようとした。辛亥革命以来袁を支持し
てきたイギリスは袁を擁護して「時局ヲ解決セシムルコトヲ最
善ノ方法ト考ヘ」⑤ていたからであった。日置公使はこれと反
対に、「袁其ノ人ノ留任ガ却テ時局収収ノ障害ト認メラルルニヨ
リ先ツ以テ袁ヲ除カザレバ時局解決ノ歩ヲ歩メ難カラン」⑥と
袁の即刻退位を強調し、イギリスと対立した。

　五月末には袁の退位は時間の問題となり、焦点は袁退位後誰
を大総統に推薦するかという問題に移った。四月下旬以降、日

①　外務省編『日本外交文書』大正5年第2冊、72頁。
②　外務省編『日本外交文書』大正5年第2冊、74頁。
③　外務省編『日本外交文書』大正5年第2冊、75頁。
④　外務省編『日本外交文書』大正5年第2冊、84頁。
⑤　外務省編『日本外交文書』大正5年第2冊、84頁。
⑥　外務省編『日本外交文書』大正5年第2冊、84頁。

本は副総統の黎元洪が大総統の地位を占めるべき人物だと考え、二十二日に石井外相は日置公使に「此際我方ニ於テ同人ト密切ナル関係ヲ保チ置クコトハ最モ必要ノコト」①と指示した。日置公使も黎元洪を推薦するのが「最機宜ニ適シ併カモ比較的実行シ易キ解決案ナリ」②と賛成し、その理由として、（一）後継者としての法律上の論拠があること、（二）黎の寛厚の資質は人の同情を引き無用の敵が少ないこと、（三）大総統に就任した場合、外国から承認を受ける必要がないこと、（四）南方独立諸省が既に公然と黎を大総統に推薦していること等を挙げた③。日置公使は黎を親日的・理想的な後継者とは見なしていなかったが、三月九日の閣議決定でも規定しているように、「何人カ袁氏ニ代ルトモ之ヲ袁氏ニ比スルトキハ帝国ニ取リテ遥ニ有利ナルヘキコト疑ヲ容レサル所ナリ」④との見解から黎を推していた。これに対しイギリスのジョルダン公使は「黎ニハ到底此ノ紛糾セル時局ヲ収拾スルノ力ナシ現ニ馮国璋、段祺瑞、倪〔嗣冲〕、張〔勲〕等有力者ノ反対アルニアラズヤ」⑤と反対した。日置公使も「黎氏ガ此ノ難局ニ処シ乱麻ヲ断ツノ機略智力ヲ備フル政治家ノ資質ニ於テ欠クル所アルコト其ノ有力ナル子分ニ乏シキコト其ノ文武両方面ノ官僚ニ対シ勢力ナキコト、又現ニ段祺瑞、馮国璋、張勲、倪嗣冲ノ如キ有力者カ其ノ節度ニ服セサルヘキハ勿論袁派ノ首領中公然反対ヲ唱フルモノモ斟カラサル等ノ事実ニ顧ミレハ黎元洪カ此ノ難局ニ当ルノ人トシテハ甚シキ欠点ノ斟カラザルハ何人ノ意見モ一致スル所ナル」⑥と認めざ

----

① 外務省編『日本外交文書』大正 5 年第 2 冊、63 頁。
② 外務省編『日本外交文書』大正 5 年第 2 冊、78 頁。
③ 外務省編『日本外交文書』大正 5 年第 2 冊、79 頁。
④ 外務省編『日本外交文書』大正 5 年第 2 冊、45 頁。
⑤ 外務省編『日本外交文書』大正 5 年第 2 冊、84 頁。
⑥ 外務省編『日本外交文書』大正 5 年第 2 冊、78－79 頁。

るを得なかったが、他に良案がなければ、黎が時宜に適していると考えたのである。日置は袁を退位させる一方策として黎の出馬を主張していた。彼は黎が大総統になったら、反対勢力を押えるために「各国力之ニ強固ナル掩護ヲ与フルノ意思」を明白に表し、軍隊動揺の兆候ある場合には［外国ヨリ出兵ノ已ムナキヲ声明スル］①措置をとることを石井外相に進言した。しかし日本内部の意見は一致していなかった。公使館付武官の青木少将は徐世昌が適していると語った②。

　では日本はどういう方法によって袁を退位させようとしたのだろうか。第一に、日本にはこの勧告を単独でおこなう意図もあったが、四囲の状況に鑑み、またその有効性から共同で勧告しようとした。日置公使は帝政中止に同意した五カ国が共同で袁に退位を勧告することを提言した。第二に、袁の面目を保ったまま退位させ、後任の大総統が時局を収拾し得べきこと等について袁を安心させる措置をとろうとした。第三に、この代償として袁に政権を平穏に移譲させようとした③。第四に、袁の大総統被選資格を剥奪しようとした。日置公使は以上の案を私見として石井外相に上申したが、日本政府・外務省の最終決定までには至らなかった。ここから袁の死亡前における日本の対袁政策を窺うことが出来る。

　六月六日、袁は内外における反袁・反帝政運動による神経性疲労に尿毒症を併発して急死した。日置公使は五日に至って袁の病状が決して軽くないことを外務省に打電したが、その情報の収集はイギリスより大変遅れていたので、袁死後の対応策を事前に講ずることが出来なかったのである。

---

① 外務省編『日本外交文書』大正5年第2冊、79頁。
② 駱恵敏『清末民初政情内幕』下、知識出版社、1986年、544頁。
③ 外務省編『日本外交文書』大正5年第2冊、80-81頁。

　袁の死によって帝政復活問題は終息した。帝政問題をめぐる日本の政策は当初の傍観から帝政実施延期の勧告へ、延期の勧告から三、四カ月後の承認へ、承認から再び帝政中止の警告へ、中止の警告から袁そのものの打倒へと数回変転した。この変転において一貫していたのは日本の袁世凱に対する見解及び袁と日本との関係であった。大隈首相は袁を「策毒に罹った人物だ」[①]と非難し、モリソンは日本と袁は毒蛇と青蛙のように敵対的な関係だと形容した[②]。北京参政院の参政李盛鐸は袁と日本との関係について「彼ハ常ニ欧米ヲ然ルヘク操縦シテ日本ヲ牽制スルノ策ヲ取リ来レリ袁ハ到底日本ト提携スルノ誠意ナシ是或ハ日本ノ対支政策ノ誤レルニ基因スルナランモ亦彼カ感情的強烈ナル排日家ナル……袁氏ハ前述ノ如ク感情的及根本的ニ日本ニ対シ好意ヲ有セサル」[③]と語った。周自斉農商総長も中国と日本の関係について「日支間感情ノ睽離ハ益其度ヲ高メ実ニ憂慮ニ堪ヘサルノ形勢ヲ醸シツ、アルニ付此形勢ヲ排除スルコト刻下ノ急務ナリ支那ハ日本が事毎ニ圧迫制強的ナルヲ怨ミ日本ハ支那ガ遠交近攻ノ小策ヲ弄シ反覆常ナキヲ憤リ互ニ相責メツツアル」と語り、袁と日本との関係については「日本ニ於テハ袁総統ニ対シ一種ノ強烈ナル悪感ヲ懐キ過去ニ於ケル袁総統ノ日本ニ対スル態度等ヲ云々シ袁総統ハ到底日本ト親善ナル能ハサルモノ、如ク推断スル……袁総統ニシテ日本人の想像スル如ク渾身排日的思想ヲ以テ満タサレ居ルモノトスルモ袁総統ハ自己ノ感情ニ制セラレ国家ノ利害ヲ度外視スル程ノ馬鹿者ニ非ス」[④]と述べた。曹汝霖外交次長も「日本政府ハ何故ニ斯ク

---

　　①　市島謙吉『大隈侯八十五年史』第 3 巻、大隈侯八十五年史編纂会、大正 15 年、336 頁。
　　②　駱恵敏編『清末民初政情内幕』下、知識出版社、1986 年、487 頁。
　　③　外務省編『日本外交文書』大正 5 年第 2 冊、192－93 頁。
　　④　外務省編『日本外交文書』大正 5 年第 2 冊、14－15 頁。

迄支那ヲ苦シメラルヽニヤ東亜前途ノ大局ニ顧ミ遺憾ニ堪ヘサ
ル処ナリ」①と高尾書記官に率直に語った。

　上述のような日本と袁世凱との関係は単なる袁個人と日本と
の関係ではなく、袁が中国に君臨する政治的地位にあったこと
により、この時期の中国と日本との国家関係を具現したもので
あった。当時の中日関係は日本の膠州湾と山東鉄道（膠済鉄道）
の占拠及び二十一ヵ条の強要により一層悪化していた。この悪
化の原因は日本の中国に対する侵略であり、この侵略により袁
と日本との関係も悪化した。袁は日本の侵略的要求に対して譲
歩・妥協しながらも直ちに応じずに抵抗し、日本の要求を完全
には満足させなかった。袁の帝政問題に対する日本の姿勢と袁
打倒の方針は、日本の侵略に対する障害を排除しようとしたこ
とにあった。これが日本の袁帝政への対応の根底にあった。こ
の方針は不変であったが、客観的情勢と条件の変化に伴って日
本の対帝政・対袁政策も数回変化せざるを得なかった。しかし
この変化は手段の変化にすぎず、最終目的に従属するもので
あった。そのため日本の帝政延期或いは中止の勧告は勿論、帝
政承認も客観的には中国における反袁・反帝政運動を促進し、
究極的には袁打倒にとっては有利であった。

　日本の最終目的とは日本帝国の国益であった。日本はこの国
益を外交による国際的交渉を通じて確保・拡大しようとした。
外交においてはイデオロギーよりも国益が優先する。帝政問題
についての日本の外交方針は正にこの通りであった。辛亥革命
の際、日本は立憲君主制に固執して共和制に反対した。立憲君
主国家としてのイデオロギー上の立場から立憲君主制に固執し
た面もあったのだろうが、そこには宣統皇帝を頂点とする体制・

①　外務省編『日本外交文書』大正5年第2冊、65−66頁。

の下で内閣総理に就いた袁の権力を牽制しようとする意図も
あったといえよう。もしイデオロギーに基づいていれば日本は
帝政問題において袁を支持すべきであり、もし袁が皇帝に即位
することに反対ならば清朝を偲ぶ清帝の遺臣や張勲・張作霖ら
の宣統帝復位説に同情して、宣統皇帝を君主とする立憲君主制
を主張すべきであったが、日本は立憲君主制に反対した。こう
した事実は、中国における立憲君主制或いは共和制そのものは
中国においては最大の重要な問題であったが、日本にとっては
重要な問題ではなく、国益を確保・拡大する一手段にすぎなかっ
たことを示している。

　欧米列強の最大の関心は中国国内の安定であった。彼らは共
和制であってもまたは立憲君主制であっても、袁が中国に君臨
する現状を維持し、袁の支配下で中国を安定させて中国におけ
る既得権益を保持しようとした。これが彼らの中国における国
益であった。世界大戦という国際情勢の下で、欧米列強に特に
中国情勢の安定を希望した。欧米列強が帝政延期勧告に参加し
たのは帝政実施による中国の「動乱」を避けようとしたからで
あり、これによって袁を牽制し、最終的に袁を打倒しようとし
たわけではなかった。共同勧告に参加しながらもこの点が日本
とは異なっていた。彼らは袁に帝政延期を勧告しながらも袁を
擁護し、袁の支配の下で中国における自国の権益を維持しよう
とした。次いで彼らは権益維持のために帝政を承認しようとし、
最後には権益維持のために帝政の放棄を勧告し、袁が大総統の
地位から引退することを希望した。この変転の中にあって変ら
なかったのは既得権益の維持ということであった。権益の維持
が彼らの国益であった。帝政をめぐる日本と欧米列強の対袁政
策とその変化には相違点もあったが、国益の擁護という点では
完全に一致していた。これは彼らが中国に対する上で同一の帝

国主義的本質を有していたからである。

　しかし中国の「動乱」を避けるための彼らの帝政延期勧告と「動乱」を避けるための帝政承認は、逆に中国における反袁運動を促進して西南諸省を中心とする護国戦争を引起こし、中国は一時南北戦争に陥り、「動乱」状態となった。欧米列強は勧告によって所期の目的を達することが出来なかったばかりでなく、これまで支持し依拠してきた重要人物袁世凱さえも失ってしまった。しかし逆に日本は袁打倒という最終目的を達成して中国侵略における最大の障害を排除し、親日的な段祺瑞を支援して一時的ながらも中国の政局を左右し、中国に対する新たな侵略を独占する局面を現出させた。結果から見れば、これも日本と欧米列強との相違点であった。これは袁に対する日本と欧米列強の姿勢と政策の相違から発生した現象であった。

　人類の歴史においては、動機と結果とが一致する場合も多いが、逆になる場合も多い。それはその時期の客観的条件により異なっているのである。日本と欧米列強は中国における自国の権益維持のために帝政問題をめぐって上述のような対帝政外交を展開したが、最終的には逆に袁の帝政復活の夢を打砕いて中国の歴史の後退を阻止し、形式的ながらも中国は共和制を維持することが出来た。中国を侵略しようとしたその目的が、逆に中国に客観的には有利な結果をもたらしたのである。これは歴史の流れの中で起こる異例な現象だといえよう。

　袁の帝政を実現するため、帝政問題をめぐって袁政府は過去と比較すれば相当の外交的機能を発揮したといえよう。陸外交総長と曹次長及び駐日の陸公使は、帝政問題における日本の外交上の地位に対する明確な認識を有していた。曹次長は「欧洲戦争勃発以来支那問題ヲ左右スルノ中心ハ全ク日本ニ移リ政事経済其他ノ点ニ於テ支那トノ関係最も浅カラサル英国ト雖日本

ノ意志ニ反シテハ何事ヲモ為ス能ハス」[①]と分析して帝政外交
のイニシアチブを日本が掌握していると判断し、帝政実施の承
諾を得るための外交交渉の主要な相手を日本とし、交渉の優先
順位の第一位に日本を置いた。同時に北京の外交部は勧告にお
ける日本と欧米列強との相違或いは矛盾を探り、それを利用し
ながらジョルダン公使の裏面における支持の下で外交的に帝政
実施の承諾を得ようとしたが、最後には欧米列強も帝政と袁に
対する支持を放棄する情況に陥り、その外交は失敗したのであ
る。帝政外交において日本は終始攻撃的であり能動的であった
が、北京側はこれとは対照的に守備的であり受動的であった。

二　第三革命と護国戦争

　前述のように袁の帝政復活運動と日本及び欧米列強による帝
政延期の勧告は中国における反帝政・反袁運動に拍車をかけ、
その勃発を促進した。中国における反帝政・反袁運動は、孫文
と中華革命党が上海・山東を中心として展開した第三革命運動
と、雲南の将軍唐継堯・蔡鍔及び梁啓超ら進歩党を中心とした
雲南・貴州・広東・広西・四川等西南諸省の護国戦争から成っ
ていた。この革命運動と戦争の間には内部事情による若干の相
違と対立があったが、反帝政・反袁という共通の目的を達成す
るために連携して袁と闘った。だが中国国内における政治力・
軍事力の差から、反帝政・反袁における両者の役割は異なって
いた。第二革命以来反袁闘争を主張してきた孫文と中華革命党
が先鋒的役割を果したとすれば、西南の唐・蔡・梁らは主体的
役割を果したといえよう。本節では、孫文ら中華革命党の第三

---

　　① 外務省編『日本外交文書』大正5年第2冊、66頁。

革命及び西南の護国戦争と日本との関係を究明し、これをめぐる日本と欧米列強との外交関係を考究し、これらに対する日本の方針を評価する。

　袁の帝政運動は孫文ら中華革命党が反袁闘争を展開するのに有利な情勢を導いた。袁の打倒を第三革命の最大課題として準備を進めて来た孫文らは、一九一五年晩夏、東京において中華革命軍東南軍（陳其美）、東北軍（居正）、西南軍（胡漢民）、西北軍（于右任）の四軍団総司令部を設置し、反袁の挙兵準備に取掛かった。この四つの軍のうち挙兵したのは東南軍と東北軍だけであり、他の軍は目立った行動をとらなかった。

　東南軍総司令官陳其美は十月十四日東京で孫文と最後の会談を終え①、十月末上海に潜入した。陳はフランス租界内の山田純三郎宅を拠点として、まず上海で挙兵し、その後周辺の浙江省・南京地区及び東南に勢力を拡大しようとした。この計画を遂行するため、陳其美らは上海において革命党を残酷に弾圧していた上海鎮守使鄭汝成を暗殺することを決定し、彼が十一月十日上海総領事有吉明が催した大正天皇即位の祝宴に列席した機会を捉えて、革命党員王暁峯と王銘三が鄭の車を襲撃して暗殺した。二人は即刻逮捕されて死刑に処されたが、二十日東京の麹町区大手町大日本私立衛生会において革命党員劉大同主宰の追悼会が催され、張継・譚人鳳らが演壇に登って両名の霊を祀ると共に革命の気勢を上げた②。上海総領事有吉は直ちにこの暗殺事件の顛末と上海会審衙門における審理の情況を石井外相に報告した③。有吉総領事は帝政運動の当初から陳其美ら革命党の行動に注目し、彼らを反帝政・反袁の重要な勢力である

---

① 『孫文ノ動静』乙秘第 2009 号、大正 4 年 10 月 15 日。外交史料館所蔵。
② 外務省編『日本外交文書』大正 4 年第 2 冊、307－08 頁。
③ 外務省編『日本外交文書』大正 4 年第 2 冊、203－05 頁。

と見ており、八月三十一日には大隈首相に陳其美を中心とした
上海革命党が討袁軍を挙げようと苦心している情報を報告
した①。

　鄭汝成暗殺後、陳其美は蒋介石・楊庶堪・周淡游らと共に上
海港に碇泊している袁海軍の肇和・応瑞・通済の三隻の軍艦を
乗取る計画か立案した。上海における袁軍の拠点は製造局であ
り、そこには袁軍の二個連隊が駐屯していた。陳其美らは陸上
からこの拠点を占領することは第二革命における経験から困難
だと考え、海上から製造局を攻撃する計画を立て、袁軍の軍艦
乗取り作戦に取掛かった。王統一を中心とする東京の中華革命
党は横須賀に派遣されて日本海軍で訓練を受けている袁海軍の
士官候補生に対する工作をおこなった。この時期、肇和等袁海
軍の艦艇には陳可鈞ら二、三〇名の革命同志がおり、彼らをこ
の乗取り計画に内応させることにした。十二月五日午後五時頃、
楊虎の指揮する陸戦隊四十名が小型汽船二艘に分乗して肇和に
接近すると、内応者の協力の下に肇和を乗取り、六時半頃より
製造局を砲撃し始めた。同日、孫祥夫（海軍陸戦隊副司令官）
の指揮する陸戦隊四十名も応瑞を乗取るために出動したが、二
日前に買約した小型汽船が税関の手続を済ませていなかったた
めに居留地埠頭に繋留することが出来ず、陸戦隊がこの汽船に
乗込めなかったので、応瑞乗取り計画は失敗した。この計画は
乗取った二隻の軍艦が製造局に砲撃を加え、製造局内の袁軍が
混乱に陥った際に、三隻の小型汽船に陸戦隊を乗せて製造局に
上陸し、同局を奇襲する予定であったから、この計画は頓挫し
たわけである。肇和は製造局に前後三十発を発砲し、陸上の部
隊も南市警察署等を襲撃した。翌日午前五時頃から袁の海軍司

---

　① 外務省編『日本外交文書』大正4年第2冊、21－23頁。

令官李鼎新の命令により応瑞・通済両艦が肇和を砲撃し、数発が命中したので、楊虎ら陸戦隊と内応者は肇和から撤退した。陳其美ら革命党が計画したこの事件は失敗した[①]。しかし一九一六年五月初めに帰国した孫文はこの計画を再度実施しようとした。五月五日に革命党員らが軍艦策電を襲撃したが、またもや失敗した。

　日本の軍部はこの事件を重視し、十二月下旬には青木宣純少将と松井石根中佐を旅順から上海に派遣してこの地域の反袁勢力を支援し始めた。肇和事件はこれ以前に発生していたので軍部と直接の関係はなかったようである。しかしこの事件は日本と無縁ではなかった。上海総領事有吉は石井外相に報告したように「肇和トノ連絡ハ当館ニ於テハ約弐週間前ヨリ極秘トシテ情報ヲ得」[②]ており、五日に肇和が製造局に砲撃を開始すると、総領事館の西田を内密に陳其美の下に派遣した。陳は西田に行動の進行情況と計画を示して「製造局陥落ノ暁ニハ王寵恵ヲ外交主任ニ任シ領事団等トノ交渉ニ当ラシムル筈」であると述べ、「自分の目的ハ北軍ノ最集中セル当地ヲ陥レ他ノ心胆ヲ寒カラシムルニ在リテ終局ハ袁ヲ失墜セシメサレハ已マサル決心ナリ」[③]と語った。十二月十三日、有吉総領事は石井外相に「上海ニ於ケル革命党ノ動乱ニ関スル報告書」[④]を提出しているが、ここには革命動乱前の情況、肇和の製造局砲撃、革命党員の警察署襲撃、動乱後の革命党及び肇和の情況、革命動乱に対するフランス租界側の態度、動乱の被害と当地の人心に及ぼした影

---

　　① 外務省編『日本外交文書』大正4年第2冊、217－19頁。李新・李宗一編『中華民国史』第2編第1巻下、中華書局、1987年、653－62参照。
　　② 外務省編『日本外交文書』大正4年第2冊、217頁。
　　③ 大正4年12月5日、在上海総領事有吉明より石井菊次郎外相宛電報、第154号。外交史料館所蔵。
　　④ 外務省編『日本外交文書』大正4年第2冊、215－22頁。

響等が「革命党側ヨリノ消息等ヲ併セ詳細」①に記述されている。このことは有吉が陳其美らと絶えず連絡をとっていたことと革命党も有吉を信頼して情報を提供していたことを物語っている。

　この肇和乗取り事件には日本の財閥と民間人が関係していた。久原房之助は陳其美に三〇〇万円の資金を提供した②。また浪人の志村光治等数名は直接乗取りに参加した。このように日本人はこの事件に直接かかわっていたのである。

　またこの事件は東京を根拠地とする中華革命党と孫文が東京において工作したものであった。肇和の内応者の中心的人物であった陳可鈞の行李の中より孫文の委任状五通が発見され③、内応者が使用した拳銃も日本製であった。これらの事実は肇和乗取り事件が日本と間接的な関係も有していたことを示すものであろう。

　袁の北京政府は肇和乗取り事件と日本との関係を察知し、六日に外交総長陸徴祥は日置公使に、今回の事件も居留地より発生したものであり、「上海領事ニ電命シ居留地内ニ潜匿セル匪徒及軍器等ヲ厳重ニ捜索シ若シ支那官吏ヨリ指摘セラレタル場合ニハ直ニ引渡ヲ行」④うように要求した。これは肇和事件に参加した日本人を取締るよう要求したものであった。日置公使はこの要求を石井外相に打電すると同時に、上海の有吉総領事にも伝えたが、彼らはこれに対し何の措置もとらなかった。このことはこの事件と日本の微妙な関係を示している。

---

① 外務省編『日本外交文書』大正4年第2冊、215頁。
② 北村敬直著『夢の七十余年―西原亀三自伝』平凡社、1989年、72頁。
③ 大正4年12月23日、在上海総領事有吉明より石井外相宛電報、第718号。外交史料館所蔵。
④ 大正4年12月8日、在上海総領事有吉明より石井外相宛電報、第160号。外交史料館所蔵。

　しかし帝政問題に不干渉の姿勢をとっていたアメリカのいく
つかの新聞は「上海事件ニ関シ調査ノ結果反乱ニ使用セル武器
ハ日本ノ供給セルモノナル事ヲ発見セラレタリ又孫逸仙ノ署名
アル文書ニ依リ同人ハ日本ヲ策源地トナセルコト明瞭トナレル
ガ此事実ハ日本政府ノ知悉セル処ナルニ拘ラス何等ノ手段ヲ執
ラサリキ尚又十二月一日日本総領事ハ至急相当ノ手段ヲ講セス
ンば帝政問題成効ノ虞アリト東京ヘ打電シタル等今回ノ事件ハ
孫ト共謀シタル日本人カ上海ニ於テ之ヲ起シタルモノナルコト
確ナリ」①と報道した。上海は欧米列強の権益が集中する地域
であり、袁を支持してきた欧米列強は上海で反袁の事件を挑発
することを好まなかったので、アメリカにおける上述のような
報道が他の列強に対しても悪影響を及ぼす可能性があった。石
井外相は対策を講じ、駐米の珍田大使に上述の報道の取消をア
メリカ政府に申入れるよう電訓すると同時に、北京の日置公使
にもアメリカに対してと同様の取消の要求を袁政府に申入れる
よう訓令した②。これはアメリカの報道は袁政府が提供した情
報に基づいていると判断したからであった③。日置公使は石井
外相の取消の要求を袁政府外交部に申入れたが、外交部はアメ
リカの新聞との関係を否定した。日置公使はこのような措置に
賛成せず、石井外相に取消を袁政府に要求するのは「却テ面白
カラサルヘキニ付之ニテ打切ト致シタシ」④と上申した。その
理由は、もし公然と取消を発表すれば北京における事件の審理
において日本滞在中の孫文との関係や日本製の拳銃が使用され
た事実等が再び取上げられ、事件と日本との関係が暴露される
ので、打切る方が却って日本には有利だったからである。

　　① 外務省編『日本外交文書』大正4年第2冊、212頁。
　　② 外務省編『日本外交文書』大正4年第2冊、214-15頁。
　　③ 外務省編『日本外交文書』大正4年第2冊、214頁。
　　④ 外務省編『日本外交文書』大正4年第2冊、236頁。

　上海の外国新聞もこの事件と日本との関係を報道した。上海の『ノース　チャイナ・ディリー・ニュース』紙等は事件に日本人が参加したことをほのめかし、『シャンハイ・タイムズ』の主筆ノッティンガムは袁の海軍司令官李鼎新に「日本アラサリセハ斯カル擾乱ヲ見サリシナルヘシ」[①]という内談までしていた。

　上海居留地の警察も日本人の動向に注意していた。山田純三郎はこの事件と直接関係があり、東南アジアから革命党に提供される資金もまず山田宛に送られてきていたため、警察は山田の行動を監視していた。有吉総領事はこれに対し警察側に弁解すると共に、十六日に山田が一時帰国するように手配した[②]。有吉総領事は事件と日本との関係についての「風説乃至記事ハ之ヲ弁駁スルカ如キハ却テ各方面ニ一層猜忌ヲ増シ又ハ風説ヲ大ナラシムルノ恐レモ有之暫ク此儘看過致置候事得策」[③]であると石井外相に上申した。

　上述のように、革命党の軍艦乗取り事件に関して石井外相と駐中国の公使・総領事が講じた対策は日本帝国のためであったが、客観的には革命党にとって有利であった。ここには日本と革命党の間に反袁という点で一時的共通性が認められるが、それは日本が反袁のために革命党を利用したからであった。しかし日本は今回の事件を鎮圧した袁政府の能力を評価し、今後三、四カ月間「更ニ必要ノ警戒ヲ加ヘ騒乱ヲ未然ニ防クニ至ラバ帝国政府ハ右勧告ノ目的一応徹底シタルモノト認メントス」[④]と

---

　　①　外務省編『日本外交文書』大正4年第2冊、229頁。
　　②　大正4年12月16日、在上海総領事有吉明より石井外相宛電報、機密第101号。外交史料館所蔵。
　　③　大正4年12月16日、在上海総領事有吉明より石井外相宛電報、機密第101号。外交史料館所蔵。
　　④　外務省編『日本外交文書』大正4年第2冊、176頁。

いう姿勢を表し、一時的ではあったが帝政を承認しようとした。これは日本と革命党の反帝政に対する目的が根本的に異なっていたからであった。

　陳其美ら中華革命党が指導した肇和事件は失敗したが、中国南北の反帝政・反袁闘争に若干の影響を及ぼした。十二月二十五日、雲南の将軍唐継堯と蔡鍔・李烈鈞らは反帝政・反袁の旗を掲げ、雲南の独立を宣言して護国戦争の火蓋を切った。西南諸省がこれに呼応し、貴州省・広西省・広東省が相次いで独立した。独立したこの四省は一九一六年五月八日に広東の肇慶で四省護国軍軍務院を樹立した。軍務院は辛亥革命期における南京臨時政府のような臨時政府の性格を帯びた政府機構であり、撫軍長に唐継堯、副撫軍に岑春煊、政務委員長に梁啓超が就任し、李烈鈞は十名で構成される撫軍の一員になった。この軍務院は梁啓超を中心とした進歩党、唐継堯ら西南地方の実力派、李烈鈞ら革命党（主に欧事研究会）の三勢力の連合政権であるが、実権は梁啓超と唐継堯らに掌握されていた。軍務院は帝政中止、共和制擁護、臨時約法と旧国会回復のスローガンを掲げて反袁の勢力を統合し、四川・湖南・江西・福建省に護国軍を進撃させて討袁の気勢を上げた。その結果陝西・湖南・四川が独立して、独立した省は八省に達した。こうして軍務院を中心とした南方の反袁連合勢力は袁打倒・帝政中止の護国戦争の主体となり、大きな役割を果した[1]。

　ではこの西南の反袁勢力と日本との関係はどうだったのだろうか。西南の反袁・独立計画は一九一五年十月下旬天津において蔡鍔と梁啓超を中心として極めて密かに画策されたので、日本はその内情を察知することが出来なかった。また蔡・梁共に

---

[1]　李新・李宗一編『中華民国史』第 2 編第 1 巻下、中華書局、1987 年、691－781 頁参照。

元来は擁袁派に属していたため、反袁を掲げる日本は彼らの行
動を重視していなかった。駐中国の外務省出先機関が雲南省の
独立問題に注目し始めたのは十二月二十日以後のことである。
当時日本はこの地域に領事館を設置しておらず、雲南に関する
情報はフランスとイギリスの公使・領事から入手していたので
確実ではなかった①。例えば二十三日に日置公使は同地におい
ては目下格別の動揺なしと報告している②。石井外相も雲南が
独立を宣言した二十五日に在外の大使館に「広西雲南独立ノ件
ハ目下同地方トノ通信不完全ナル為十分明瞭ナラズ」③と通報
していた。二十五日以後、日本は初めて雲南の独立が今後の反
袁運動に及ぼす影響と役割を重視するようになり、広東総領事
館から藤村通訳④、参謀本部から山県少佐⑤、大陸浪人の大作理
三郎らが続々と雲南に赴いて⑥情報の収集と反袁勢力に対する
工作を展開し始めた。上海で南方の反袁勢力に対する工作を展
開していた青木宣純も一時帰国し、二月十五日に東京の陸宗輿
公使に上海で雲南方面の情況を探索したいとの意向を述べ、そ
れに対する便宜の提供を要望した⑦。外務省は対雲南工作のた
めに堀義貴を雲南駐在の新領事に任命した。堀は三月初めにハ
ノイを経由し、三月中旬に雲南に到着した。蔡鍔ら護国軍の将
軍らは三月十八日に堀領事の着任を歓迎する意と修好の希望を
述べた⑧。堀領事も外交部雲南特派員公署を通じてこれに対す

① 『申報』1916 年 1 月 6 日参照。

② 外務省編『日本外交文書』大正 4 年第 2 冊、236 頁。

③ 外務省編『日本外交文書』大正 4 年第 2 冊、239 頁。

④ 外務省編『日本外交文書』大正 4 年第 2 冊、239 頁。

⑤ 外務省編『日本外交文書』大正 5 年第 2 冊、94 頁。

⑥ 黒竜会編『東亜先覚志士記伝』中、原書房、1966 年、608 頁。

⑦ 中国第二档案館・雲南省档案館編『護国運動』江蘇古籍出版社、1988 年、321 頁。

⑧ 中国第二档案館・雲南省档案館編『護国運動』江蘇古籍出版社、1988 年、
328－29 頁。

る謝意を表し、護国軍が勝利することを希望した①。雲南にお
ける堀領事・藤村通訳や参謀本部将校らの活動は史料の欠落に
より不明であるが、堀領事の話によれば、二〇〇名の日本人が
雲南で活躍していた②。日本は広西省にも領事館を設置し、牛
荘領事として奥田が派遣された。上述のような日本の対応から、
日本がこの勢力を支持して反袁に利用しようとしたことを窺う
ことが出来る。

　イギリス・アメリカ・フランス等欧米列強は日本とは反対の
姿勢をとった。彼らは日本と共に帝政延期を勧告したものの、
それは袁のためであり、袁を打倒しようとしたわけではなかっ
たから、反袁勢力を支持しようとしなかった。雲南のイギリス
領事は唐継堯に「事ヲ起スニ当リ英国側ヨリ何等ノ援助を期待
スヘカラサル」③旨を通告し、イギリス大使グリーンも十二月
二十九日に石井外相にこの旨を内談した④。イギリスは日本の
対雲南工作を牽制しようとしたのであった。駐北京のアメリカ
公使ラインシュも日本がこれらの反袁運動に関係していること
を指摘し、日本は南方において独立政権を樹立しようとしてい
るのか、それとも中国を分裂させようとしているのかと考えて
警戒していた⑤。

　フランスもイギリスと同じ姿勢をとった。北京のフランス公
使館の一等書記官は日本公使館の出淵書記官に対して、雲南へ
の武器輸出を禁止し、仏領における革命党の活動を厳重に取締
るよう要求した。フランス公使コンチイは滇越鉄道を利用して

　　① 中国第二档案館・雲南省档案館編『護国運動』江蘇古籍出版社、1988 年、329
頁。
　　② 駱恵敏編『清末民初政情内幕』下、知識出版社、1986 年、531－32 頁。
　　③ 外務省編『日本外交文書』大正 4 年第 2 冊、250 頁。
　　④ 外務省編『日本外交文書』大正 4 年第 2 冊、250 頁。
　　⑤ 保羅・S・芮恩施『一個美国外交官使華記』商務印書館、1982 年、149 頁。

官兵を雲南に輸送する袁政府の要求も拒否した①。それは袁政府に使用を許せば護国軍に同鉄道破壊の口実を与え、雲南におけるフランスの権益が脅かされるからであった。しかし石井外相は上海のフランス租界における陳其美らの活動に対するフランスの容認や蔡鍔の雲南入りに対する便宜の供与等から、護国「運動ニ対シ暗に好意ヲ有シ居ルニハアラサルカト疑ハル節アリ」と考え、張継らがフランス滞在中に「同国有力者等ト接近シ革命成功ノ暁ニ於ケル利権譲与ヲ条件トシ特殊ノ関係ヲ結ビ居ルガ如キ事情ニテモアル」②かと、日置公使にフランスの動静を探るよう訓令した。これは雲南をめぐる日本とフランスの争いを意味していた。

　独立を宣言した雲南当局は、日本や列強の干渉を排除し、その好意的支援を獲得するため、十二月三十一日に日本や各国の駐北京公使に「各友邦ハ共ニ善意ノ中立ヲ守リ互ニ永久ノ睦誼ヲ敦フセンコト」を希望して次のように通告した③。

　　　一　帝制問題発生以前民国政府及前清政府カ各国ト訂結セル条約ハ均シク継続シテ有効タリ賠償金及借款ハ皆ナ旧ニ仍リ担認ス

　　　一　本将軍巡按使勢力範囲内ニ居留スル各国人民其生命財産ハ保護ヲ力任ス

　　　一　帝制問題発生以後袁世凱及其政府カ各国ト訂結セル条約、契約及借款等ハ民国皆ナ之ヲ承認セス

　　　一　各国若シ袁政府ヲ助クルニ戦時禁制品ヲ以テスルモノアレハ査出シテ皆没収ス

　　　一　若シ各国官商人民ニシテ袁政府ヲ賛助シ本将軍（巡按

---

① 外務省編『日本外交文書』大正４年第２冊、261頁。
② 外務省編『日本外交文書』大正４年第２冊、254頁。
③ 外務省編『日本外交文書』大正５年第２冊、90−91頁。

　　使）ノ行為ヲ妨害スルモノアル時ハ即チ之ニ反対スヘシ

　最後の二項目は日本と列強の対袁援助を牽制する措置であり、国際的に袁を孤立させようとしたのである。

　日本は蔡鍔・梁啓超らの活動に便宜を図り、岑春煊に軍資金を提供した。蔡鍔は三月初めに天津から東京に到着して欧事研究会のメンバーらと会合し、密かに別府に赴いて譚鳳人らと会談し、その後上海・香港・ハノイを経由して二十日前後に雲南に入ったが、日本は彼の行動に便宜を図った。

　梁啓超は戊戌変法失敗後日本に亡命し、日本とは格別な関係を有していた。梁は十二月十八日に天津から上海に到着して欧事研究会のメンバーらと協議し、岑春煊を日本に派遣して軍資金を調達し、兵器を購入しようとした[①]。梁は日本からの支持と援助を獲得するため、三十日内密に上海の有吉総領事に面談を求め、日本の帝政延期勧告に対し「其当ヲ得タルヲ感謝シ」、袁の「外交ハ遠ク交リ近ク攻ムルヲ事トシ日本ノ地位及勢力ヲ諒解セス」[②]と非難して日本に対する親近感を表明した。梁は今度の雲南の挙兵を第二革命と比較して分析し、必ず成功する原因を挙げて、「今回雲南ノ挙ハ少クモ系統アル反袁運動ノ一端ニシテ袁帝政ニ反対セル者ノ中ニハ素ヨリ各種ノ分子有ルヘク袁ヲ倒スコトノミニ一致シ居ル外統一ナキモノノ如キモ事ノ発展ト共ニ漸次組織立ツヘク雲南ノ挙ノ蔡鍔到著後二十三日ニテ発生セルニ看テ事前十分ノ準備アリシヲ看ルヘク各省ノ事又以テ推知スヘシ」と述べ、「今後時局進捗ノ消息ハ自身若クハ腹心ノ者ヲ以テ時々申通スヘキ」旨を約し、雲南の「真相ヲ日本ニ伝ヘラレ度キ」[③]希望を繰返した。有吉総領事は梁啓超来訪の

---

①　李新・李宗一編『中華民国史』第2編第1巻下、中華書局、1987年、685頁。

②　外務省編『日本外交文書』大正4年第2冊、257–58頁。

③　外務省編『日本外交文書』大正5年第2冊、258頁。

主旨は「我邦ノ同情ヲ求ムルニアリ」と石井外相に打電した。
この会談を通じて日本側は梁ら雲南の当局者が日本に依頼しよ
うとしたことを確認し得たのであろう。その後梁は香港・広西・
インドシナ各地を往復するが、彼の「従軍日記」（三月十七日）
には日本人の協力に対する感激の思いが詳述されている[①]。梁
はその後上海の有吉総領事、香港の今井忍郎総領事及び青木宣
純中将と軍事的支援に関して協議した。二、三月には岑春煊が
章士釗・張耀曾と共に日本に赴いた。岑は来日後熱海に滞在し、
一月二十四日から二十五日まで東京で活躍し、二月にまた上京
して十日夜に前外相加藤高明と会談し、その後頭山満を訪問し
た。十一日は犬養毅を訪ねた[②]。会談の内容は不明である。日
本では久原房之助が岑に一〇〇万円の軍資金を提供し、三月二
十日に久原の代理竹内維彦と岑春煊の間で契約書が締結され
た[③]。この借款契約には利息・抵当等の条件がなく、ただ岑側
は中日親善の実を挙げ、久原の方から将来事業上の要望があっ
た場合これに対する好意的配慮を与えるということだけが記さ
れている。これは他の借款契約より寛大なものであった。岑は
この借款で二個師団が装備する兵器を購入して持帰ったと述べ
ている。岑は元来清朝の一都督で、梁の進歩党でもなく、唐の
雲南地方の実力派にも属さない存在であったが、彼が軍務院に
おいて副撫軍に就任出来たのは、この日本の支援による功績と
も関係があったように思われる。

　雲南の護国軍は大阪市恵比寿町飛行機製作所製作の五十馬力
複葉飛行機一機を五〇〇〇円で購入した[④]。これに対して北京

---

① 林明徳『近代中日関係史』三民書局、1984 年、121 頁。
② 拙文「一九一三年至一九一六年孫中山在日的革命活動与日本的対策」、『孫中山研究論叢』第三集、191 頁。
③『近代史資料』1982 年第四期、171 頁。
④ 外務省編『日本外交文書』大正 5 年第 2 冊、98−99 頁。

のアメリカ公使ラインシュは大きな警戒を示した。

　護国戦争における日本のもう一つの役割は各地に分散していた反袁勢力を統合することであった。五月に樹立された軍務院は反袁・反帝政の連合政権であり、連合に至る過程があった。雲南の堀領事、肇慶の太田領事、香港の今井総領事及び青木中将らは各地の諸勢力に連合を勧告し、広東と広西両反袁勢力の統合及び広東の中華革命党員と西南諸勢力との連合を仲介した[①]。四月十六日、太田は梧州・肇慶間において梁啓超及び広西の将軍陸栄廷と会談し、広東の将軍竜済光を広東から追放して広東を統合すること等について協議した[②]。四月二十九日、岑春煊が統合した両広護国軍都司令官に推挙されたが、その裏には日本の支援があったようである。

　日本（特に参謀本部）は日本滞在中の孫文と中華革命党に梁啓超・岑春煊らと連合するように要求した。孫文は彼らと主義において対立していたため、従来は彼らとの連合に反対していたが、彼らが袁擁護から反袁に転換した後は反袁・反帝政という点で一時的に共通の目的が存在するようになったため、彼らと連合しようとした。二月三日、梁啓超の代理として周善培が東京を訪れた[③]。孫文の片腕であった戴季陶と張継が周善培と会談し、翌日は張継・戴季陶・居正・譚人鳳の四人が熱海に赴いて岑春煊と会談した[④]。二月三日午後に孫文は周善培を訪問し[⑤]、その後連続六回にわたって会談した。これらの会談の内

---

　①『孫中山全集』第3巻、中華書局、1984年、294頁。林明徳『近代中日関係史』三民書局、1984年、122頁参照。
　② 外務省編『日本外交文書』大正5年第2冊、107頁。
　③「革命党各派首領会同ニ関スル件」乙秘第163号、大正5年2月4日。外交史料館所蔵。
　④「革命党各派首領会同ニ関スル件」乙秘第163号、大正5年2月4日。外交史料館所蔵。
　⑤「孫文ノ動静」乙秘161号、大正5年2月4日。外交史料館所蔵。

容は不明であるが、反袁と護国戦争における連合及び協力関係
等について話したものと思われる。

　では当時の日本の反帝政・反袁勢力に対する支持と支援をど
う評価すべきだろうか。孫文は一九一七年の「日支親善の根本
義」において、袁の死去から一九一七年六月の国会解散までの
時期を中国に共和政治が復活した平和建設の時期だと見なし、
これは「日本の道徳的援助に由り」[①]可能であったと評価した
が、その後で再び非難した。孫文と岑春煊・梁啓超らは反帝政・
反袁という共通の目的を達成するために一時的に連合したが、
目的を達成すると再び分裂した。一九一八年、日本は分裂した
中国南北の諸勢力を連合して中国の統一を図るため南北和議を
促進したが、孫文ら革命党の勢力を排除し、唐・岑らが南方を
代表してこの和議に出席するようにさせた。このため孫文は一
九二〇年に反帝政期における日本の岑らに対する支援を厳しく
批判したのである[②]。一つの政策には肯定すべき面と否定すべ
き面とがある。孫文が評価したのは肯定すべき面を評価したも
のであり、批判したのは否定すべき面を批判したものである。
時代の変遷によって、表面に現れる肯定或いは否定すべき面は
変化するのである。

三　第二次満蒙独立運動と張作霖工作

　満蒙独立運動は日本の大陸政策の重要な一環であった。第一
次満蒙独立運動は一九一二年二月に清皇帝の退位によって一時
中止されたが、日本の大陸政策が存在する限り消滅することは
なかった。川島浪速ら大陸浪人と一部の予備役将校らは満蒙に

---

①『東京朝日新聞』大正8年1月1日。
②『孫中山全集』第5巻、中華書局、1985年、276頁。

おいて密かに活動をつづけ、好機の到来を待っていたが、山東
の革命党蜂起と西南諸省における護国戦争の勃発を機に再び運
動を開始した。この運動は日本政府・軍部・財閥の支援の下で
展開され、袁打倒の一環として日本に利用された。同時に日本
はまた帝政中止により袁の支配体制が動揺する中で奉天省の実
権を掌握した張作霖を誘致し、張の独立による反袁を画策した。
本節では、日本の第二次満蒙独立運動に対する政策を検討する
と同時に、この政策が対張作霖誘致政策に転換する過程を考究
し、この過程における日本と宗社党・巴布札布及び張作霖三者
の相互関係を究明する。

　第二次満蒙独立運動も第一次と同様に粛親王を首魁とする宗
社党と蒙古人の独立運動が結合して展開されたが、前回と異な
り蒙古側は巴布札布が中心的人物となり、その目的も変化した。
前回は清朝からの独立を目指していたが、今回は袁政権からの
独立と清の宣統皇帝の復辟が目標であった。

　この帝政復辟の運動は、逆に日本による帝政阻止と袁打倒に
利用された。東京にいた川島浪速はまず粛親王ら宗社党に働き
かけ、彼らを中心とした第二次満蒙独立運動を扇動した。当時
の川島らと軍部との関係は不明だが、軍部が満蒙における反袁
活動を開始したのが一九一五年末であり、川島の活動もほぼ同
時期に始まったことから見て、当初から軍部と何らかの関係を
有していたといえよう。三月七日に大隈内閣が軍部の要求に
よって袁打倒の政策を決定した後、満蒙独立運動は日本政
府・軍部の反袁政策の一環として利用され、政府・軍部も積
極的にこの運動を支持し始めた。軍部では田中義一参謀本部
次長と福田雅太郎第二部長が積極的であり、三月下旬に現役
の歩兵大佐土井市之進・歩兵少佐小磯国昭・歩兵大尉松井清
助・一等主計鈴木晟太郎らを満洲に派遣して満蒙独立運動を

支援した①。

　政府・軍部の支持の下で財界もこの運動にかかわった。軍部は宗社党に軍資金を提供するために財閥の大倉喜八郎を説き、三月に粛親王と次のような借款契約を締結した②。

　　　速水篤次郎（以下単ニ甲ト称ス）ト粛親王（以下単ニ乙ト称ス）トノ間ニ左ノ契約ヲナス

　　　第一条　　甲ハ乙ニ日本貨金壱百万円ヲ貸与ス

　　　第二条　　乙ハ前記借入金ノ担保トシテ本書ニ添附セル別紙目録ノ土地、山林、牧場、鉱山、家屋、水利等一切ヲ提供スルモノトス

　　　第三条　　乙ハ甲ニ金利トシテ年七朱（百分ノ七）ノ割合ヲ以テ借入レノ日ヨリ起算シ一ケ年毎ニ之ヲ仕払フモノトス

　　　第四条　　乙ハ本書調印ノ日ヨリ二ケ年後ニ全金額ヲ返済スルモノトス

　　　　　　　　但シ事情ニヨリ双方協議ノ上返済時期ヲ伸縮スルコトヲ得ルモノトス

　この契約を締結するに当り、粛親王は大倉喜八郎に次のように確約した③。

　　　粛親王ハ男爵大倉喜八郎君ガ義金ニ応セラレタルヲ感謝シ他日事成ルノ暁ニ於テハ満洲吉林省及奉天省内松花江及其支流々域ノ民有ニアラザル森林ノ株式及流材ニ対スル各種ノ租金徴収等ノ事業ヲ大倉男爵又ハ其後継者ト合弁事業トシ其経営一切ヲ大倉男爵ニ委任スルコトヲ確約ス

　大倉喜八郎は満洲におけるこのような権益の獲得を条件に一〇〇万円を粛親王に提供したが、そのうち二十万円は従来の借

---

① 栗原健編著『対満蒙政策史の一面』原書房、昭和41年、145−56頁参照。
② 外務省編『日本外交文書』大正5年第2冊、856頁。
③ 外務省編『日本外交文書』大正5年第2冊、855頁。

財返済に、三十万円は予備として外務省政務局に残置し、その残額五十万円を独立運動の軍事費に充当することにした。粛親王はこの軍資金で泰平組合を通じて軍から小銃五〇〇〇挺と砲八門及び弾薬等を購入して関東州に輸送した①。

　日本の植民地関東州と満鉄付属地は満蒙独立運動の根拠地となった。粛親王の宗社党は軍中央と関東都督府の支援の下に本拠を旅順と奉天に置き、関東州租借地の営城子付近に各地から募集した勤王軍一五〇〇名を宿営させて連日訓練した。宗社党の活動には日本軍の予備役将校三十余人と浪人八十余名が参加して指揮した②。彼らは満鉄付属地を拠点として南満洲で挙兵する計画を立て、その準備に取掛かった。

　川島と粛親王は彼らの挙兵に巴布札布の蒙古軍を協力させようとした。巴布札布は馬賊の頭目で、日露戦争の際には日本軍に協力し、その後彰武県の巡警局長に任用された。辛亥革命の際には外蒙古の独立に加担して東部都督の職に就いたが、その後外蒙古から離脱し、西烏珠穆沁旗付近のダブソノールで活動していた。参謀本部は一九一五年八月に小磯国昭少佐・田代皖一郎少佐らを東西烏珠穆沁地方に派遣して現地調査をおこなった時に、巴布札布らと何らかの連絡をとったようである③。一九一六年一月、巴布札布は同僚若干名を東京に派遣して川島に支援を求めた④。川島は彼らの要望を受入れ、巴布札布軍は将来鄭家屯方面に進出して宗社党の挙兵に応ずるという契約を締結した。川島と土井大佐は青柳勝敏（予備役騎兵大尉）や粛親王の第七子憲奎王ら十名を巴布札布の下に派遣し、彼らと連絡

　①　小磯国昭「満蒙挙事計画始末」、田崎末松『評伝　田中義一』上、平和戦略総合研究所、1981年、633－34頁。
　②　北村敬直編『夢の七十余年―西原亀三自伝』平凡社、1989年、108－10頁参照。
　③　栗原健編著『対満蒙政策史の一面』原書房、昭和41年、371頁。
　④　田崎末松『評伝　田中義一』上、平和戦略総合研究所、1981年、636頁。

をとった。土井大佐は東京で巴布札布軍に提供する露国式小銃弾六万余発を購入し、ロシアの東支鉄道を利用して彼らに渡そうとしたが、ロシア側に発見され、一時は日露間の外交問題になった①。

　川島や土井大佐らの計画は、四月中旬宗社党の勤王軍が遼陽東の隠悪千山一帯で討袁の兵を挙げて奉天軍を引付け、その間に巴布札布の蒙古軍が興安嶺を越えて南下し、同時に各地の馬賊らに工作して騒乱を起こさせ、奉天軍がこの討伐に奔走する虚に乗じて奉天城を占拠すると、吉林の将軍孟恩遠も呼応するので、勤王軍と巴布札布軍及び吉林軍が連合して長城を突破し、山東で蜂起した孫文の革命軍と天津で合流して、北京に進撃して袁政権を打倒し、満洲・蒙古・華北に日本の統制下のかいらい国家を建てて清皇帝の復辟を達成しようというものであった②。この計画を実施するため、五月上旬に巴布札布の騎兵一五〇〇名が洮南の達拉王軍府まで進出して待機する予定であった。

　当時南満洲は日本の勢力圏であり、満鉄付属地と関東州は日本の植民地であった。日本は駐満領事館・関東都督府・関東軍・満鉄が四頭政治で対満蒙政策を推進していた。その上部機関も大変複雑で、内閣総理大臣、外務省、陸・海軍省、参謀本部が各々所管を有し、統一的な指揮系統がなかったので、第二次満蒙独立運動を推進するに当って内部に分裂が起こった。奉天の総領事代理矢田七太郎は青柳勝敏らや宗社党が奉天・遼陽において兵を挙げるのは「成功覚束ナキハ勿論却テ裏面ノ醜状ヲ暴露シ且他方面ニ悪影響ヲ及ホス虞モアリ現下ノ形勢ニ鑑ミ大局上甚タ面白カラスト存セラルルニ付……本官ノ截量ニテ予メ取

---

　①　外務省編『日本外交文書』大正5年第2冊、875、877頁。
　②　外務省編『日本外交文書』大正4年第2冊、857頁。黒竜会編『東亜先覚志士記伝』中、原書房、1966年、633頁。

締ヲ加ヘタシト存ス」①と石井外相に上申し、安東の吉田茂領事も同様の意向を上申した。満洲駐屯の第十七師団長本郷房太郎中将らも軍中央のこの謀略に批判的であった②。しかし石井外相は上申を受入れず、三月七日の閣議で決定した方針を遂行するため、三月二十一日に外務省の森田寛蔵を満洲と北京に派遣し、各地の総領事・領事及び日置公使らに「支那時局ノ推移ニ鑑ミ引続キ袁氏ヲ権要ノ地位ニ置クコトハ我国ニ執リ甚不利ナルニヨリ帝国政府ハ彼ヲシテ現在ノ地位ヨリ脱落セシムルヲ必要ト認メ居ル」という意見を伝えると同時に、満蒙における反袁運動については「我国民間ノ有志ニシテ之ニ同情シ金品ヲ与ヘテ之ヲ援助スルモノアラハ帝国政府ハ之ヲ黙認シ尚進ンデ厳ニ其行動ノ統一ヲ計ル為メ政府ハ其ノ黒幕トナリテ之レカ糸ヲ引カントス従テ本邦人ニシテ以上ノ如ク金品ヲ以テ援助セントスル者ハ勿論其他ノ方法ヲ以テ該運動ヲ援助スル者ニ対シテハ之ヲ黙認スル」③ことにした。この「黙認」は「援助」と同義語であり、満蒙の反袁運動を支持・援助する政府の政策を遂行するように要求したのであった。関東都督の中村覚陸軍大将も管轄下に内閣の対支方針の通りに「管内ニ於ケル宗社党革命党ノ行動ニ対シ之カ取締上手心ヲ加フルノ必要」④を内訓した。

　土井大佐・川島らの直接指揮の下に宗社党と巴布札布蒙古軍の反袁・独立運動の準備は着々と進展していたが、三月三十一日に突然田中参謀次長から「事業ノ準備ヲ整ヘタル後モ其実施ハ当部ノ指示ヲ待チテ開始スルコトニスヘシ」⑤という指示を受けた。その理由は「土井大佐ノ担任スル事業ハ支那全般ノ大

① 外務省編『日本外交文書』大正4年第2冊、853頁。
② 栗原健編著『対満蒙政策史の一面』原書房、昭和41年、149頁。
③ 外務省編『日本外交文書』大正5年第2冊、854頁。
④ 外務省編『日本外交文書』大正5年第2冊、855頁。
⑤ 外務省編『日本外交文書』大正5年第2冊、856頁。

勢ノ推移ト密接ノ関係ヲ有ス若シ南方ノ状況ト適切ニ照応セサルトキハ却テ帝国ノ政策ヲ阻害スヘキ」①というものであった。日本が満蒙独立運動を画策したのは、この運動によって袁軍の南下を牽制して南方諸省の護国戦争の継続を支援し、さらに南方勢力と相呼応して北京に迫ろうとする戦略に基づいていた。しかし南方勢力の進出が予定より遅れたので、満蒙において単独で挙兵すれば袁に南北妥協の口実を与え、倒袁の目的が達成されない恐れが生じたのである。このため、四月六日に石井外務大臣も中村関東都督と奉天の矢田総領事代理に彼らの北京攻撃計画は大局上甚だ望ましくないから厳重に取締るように指示した②。上述の原因以外にも奉天の実権を掌握した張作霖を誘致・利用しようという目的もあった。張作霖と宗社党・蒙古軍は東北における対立勢力であったから、実権のある張を誘致・利用するには蒙古軍の活動を押えなければならなかった。

　折しも六月六日に袁が急死し、中国の政局は新しい方向に転換し始めた。袁の死去によって外務省は宗社党・巴布札布らを利用して反袁運動を展開する必要がなくなり、黎元洪を大総統に擁立して南北の調整を図らせ、袁死後の中国の政局をコントロールしようとした。そのため、宗社党・巴布札布らに対する日本の方針は支援から阻止・解散へと転換した。それはこの情勢の下で彼らの運動が却って黎元洪擁立の障害になったからである。黎元洪は北京の日置公使に「山東及満洲ニ於ケル日本浪人ノ無謀ナル行動ハ甚シク支那官民ニ誤解ヲ与ヘ両国々交上ニモ面白カラサル影響ヲ及ボスコトナキヤ」③と懸念している旨を述べた。日置公使も「山東及満洲ニ於ケル革命党宗社党等ト

① 外務省編『日本外交文書』大正5年第2冊、856頁。
② 外務省編『日本外交文書』大正5年第2冊、858頁。
③ 外務省編『日本外交文書』大正5年第2冊、891頁。

関係ヲ有スル邦人ノ取締ヲ励行スルコトハ絶対ニ必要」①だと
石井外相に上申した。

　しかし参謀本部の将校らは依然として満蒙独立運動を推進し、
宗社党・巴布札布らの活動も着々と進展して、六月中旬には奉
天を始め本渓湖・復州・荘河・遼西一帯で挙兵する計画が具体
化した。六月一日、巴布札布の騎兵三個大隊が興安嶺を越え、
洮南府を目指して南東へ進軍を開始した②。土井大佐らは袁の
死後も挙兵を主張した。土井らは第二、第三の袁の出現は確実
な上、たとえ親日的な新大総統が就任しても周囲の者は袁の配
下なので新総統は独自の政策を実施出来ず、南北の妥協も恐ら
く困難だと考えていた。そのため土井らは日本の最終目的を達
成するためにはこの挙兵を継続すべきだと主張した。しかし軍
中央はこれに賛成せず、田中参謀次長は西川都督府参謀長に満
蒙挙兵中止を命令し、今後帝国が擁立する黎元洪政府に反対す
る者に対しては、帝国は実力を行使して撃滅するという覚悟を
示した③。参謀本部の一部には土井らの主張を支持する声も
あったが、満蒙挙兵は遂に中止・解散が決定した。六月上旬に
上京した土井も中央の決定に服従する以外にないことを知り、
七月六日に奉天に帰って収拾に取掛からざるを得なかった④。

　しかし川島ら大陸浪人の態度は頑強で、これに応じようとし
なかった⑤。宗社党の勤王軍なるものは烏合の衆であり、その
大半が馬賊出身であったから、彼らを統制して挙兵計画を中止
させるのは容易ではなかった。大陸浪人の石本権四郎と津久井

---

　①　外務省編『日本外交文書』大正5年第2冊、891頁。
　②　山本四郎編『寺内正毅関係文書（首相以前）』京都女子大学、昭和59年、741頁。
　③　田崎末松『評伝　田中義一』上、平和戦略総合研究所、1981年、640頁。
　④　山本四郎編『寺内正毅関係文書（首相以前）』京都女子大学、昭和59年、742、
744頁。
　⑤　山本四郎編『寺内正毅関係文書（首相以前）』京都女子大学、昭和59年、743、
746頁。

平吉は彼らを利用して七月下旬から長春城占拠計画を進めていた[①]。軍中央はこれに反対し、八月一日に田中参謀次長は西川都督府参謀長に「目下ノ情況上満蒙ニ於テ新ニ事ヲ挙クルノ必要ナキノミナラス対支善後政策上ニ不利ヲ来スコト尠カラサルヲ以テ……鉄道附属地ヲ策源地トシテ事ヲ挙クルカ如キハ決シテ黙許スベキニ非ザルコト」[②]を厳命し、長春の占拠計画等に対し緊急措置をとるように指示した。長春の山内四郎領事らは石本らの武器弾薬を一時押収・保管する措置をとり、この計画を未然に阻止した。外務省はこれを適切な措置だと認めて支持した。ところが八月十日に青柳勝敏らが率いる巴布札布軍の騎兵三〇〇〇名が洮南付近に達し、十四日には満鉄付属地付近の郭家店を占拠し、民家を焼いて掠奪をおこない、張作霖の軍隊と戦闘状態に入った。これは日本の袁死後の政策に悪影響を及ぼさざるを得なかった。

　外務省と参謀本部は緊急対策を講じた。八月十一日、外務省の柴四郎参政官と参謀本部の浜面又助大佐及び予備役海軍中将上泉徳弥らが大連に派遣され、川島らを説得して宗社党を解散し、巴布札布軍の騎兵を蒙古へ撤退させて事態を収拾しようとした。大連に到着した彼らは十六日に関東都督府の西川参謀長らと協議の結果、巴布札布軍に小銃一二〇〇挺・野砲四門と弾薬を提供して郭家店より撤退させ、八月二十二日をもって関東州内の宗社党の勤王軍の一部を巴布札布軍に編入し、一部は旅費を支給して解散させることにした。この挙兵に加担した日本人にも相当の「慰安金」と帰国の旅費を支給した。これに要した金額は五三万円以上に達した[③]。

---

　①　外務省編『日本外交文書』大正5年第2冊、893頁。
　②　外務省編『日本外交文書』大正5年第2冊、896－97頁。
　③　田崎末松『評伝　田中義一』上、平和戦略総合研究所、1981年、645頁。

　第二次満蒙独立運動は袁の死と日本の対中国政策の転換により終息した。粛親王の宗社党や巴布札布らは清帝復辟のために独立運動を起こそうとしたが、土井・小磯や川島らは「満蒙挙事は是れ帝国政策遂成の一具なり。故に素と宗社もなく又共和もなし、要は政権接触の目的を達成するにあるのみ。然るに満蒙の地由来宗社の臭味を脱せず、指導者たる者誓つて此臭味に感染すべからず」[①]とその目的が相互で異なっていたことを明白に述べた。これは日本が第二次満蒙独立運動を画策した目的は清帝復辟のためでもなければ共和制のためでもなく、日本の対中国政策遂行のためであったことを生々しく物語っている。

　第二次満蒙独立運動は挫折したが、客観的には袁の帝政復活運動と袁本人に政治的圧力を加え、帝政復活阻止に一定の役割を果したといえよう。歴史においては動機と結果が異なる場合が多い。満蒙独立運動は清の宣統皇帝復辟を目指す帝政復活運動であったが、これが逆に袁の帝政復活を阻止する勢力となったのである。これは復辟をめぐる宣統皇帝と袁との対立及びこれを裏で操縦していた日本の上述のような政策によって起こった特異な事態であった。

　満蒙独立運動は日本国内にも影響を及ぼし、この運動を推進した大隈内閣倒壊の一因となった。大隈の対立勢力であった寺内正毅・後藤新平らはこの運動を大隈内閣打倒に利用した。寺内の腹心西原亀吉の手による「満蒙ニ於ケル蒙古軍並宗社党ト日本軍及日本人ノ関係　附鄭家屯事件ノ真相」は「山東ニ於ケル革命党ト日本」と共に政界の有力者に配布され[②]、大隈内閣の責任を追及した。西原亀吉はこれらの文献において次のよう

---

①　田崎末松『評伝　田中義一』上、平和戦略総合研究所、1981 年、637 頁。

②　栗原健編著『対満蒙政策史の一面』原書房、昭和 41 年、155 頁。

に大隈内閣の対満蒙独立運動政策を非難した[①]。

　　　　（一）関東租借地ノ治安ニ任ズ可キ関東都督ガ其域内ニ宗
　　社党ガ兵殊ニ馬賊ヲ集合シテ其練兵ヲナシツツアルヲ黙
　　認セル如キ、（二）宗社党ノ解散ヲ協定スルタメ帝国政府
　　ノ高官タル外務省参政官及参謀本部支那課長ガ之ニ参与
　　セル如キ、（三）亦治安保持ノ責任アル満鉄付属地ニ蒙古
　　軍ヲ陣営セシメ、殊ニ付近民家ノ掠奪ヲ認容シ及焼棄ヲ傍
　　観セル如キ、（四）陛下ノ軍隊ヲシテ土匪馬賊ノ集団タル
　　蒙古軍ヲ護衛セシメ、更ニ其蒙古軍ノ到ル処掠奪ヲ幇助ス
　　ルノ形ヲ造成シツツアル如キ、真ニ天下ノ一大怪事トシテ
　　帝国ノ面目ヲ汚瀆スルモノトイフベク、如何ニ此善後策ヲ
　　完ウスルカハ応ニ憂国ノ識者顧慮ヲ要スベキ処ナリトス。

　この暴露によって満蒙独立運動の本質とこの運動における日
本の役割が世間に公表された。

　三月末になって参謀本部と外務省が突然宗社党と巴布札布軍
の北京攻撃の計画を中止し、彼らの行動を厳重に取締るように
指示したのは、日本の対張作霖工作とも直接的な関係があった。

　西南諸省における護国戦争の勃発と山東における孫文の革命
党の反袁蜂起により、袁世凱は三月二十二日に帝政の完全中止
を宣言した。これは袁の統治体制が動揺することを表し、奉天
省にも微妙な影響を及ぼした。奉天省支配層内部では奉天の将
軍であり巡按使でもあった段芝貴と第二十七師団長張作霖との
権力争いが激化した。段は袁の腹心であり、東北に対する支配
を強化するために袁によって南方から奉天に派遣されたのであ
る。しかし袁の統治体制が動揺する情況下で、段は張と争った
末に奉天省における地位を維持することが出来なくなり、四月
中旬に北京に逃亡せざるを得なかった。これで張作霖が奉天の

---

① 北村敬直編『夢の七十余年—西原亀三自伝』平凡社、1989 年、112−13 頁。

実権を握ることになった。

　奉天の実権を掌握した張作霖は複雑な政局に直面して新たな方針の選択を迫られた。張は（一）に帝政と反帝政の闘争において中立的立場を保って袁との関係を維持するか、（二）に独立を宣言して袁と決裂して反袁側に参加するか、（三）に宗社党と巴布札布軍と連合して清の宣統皇帝を復辟するか等の中から一つを選択しなければならなかった。矢田奉天総領事代理は張の軍事顧問菊池武夫中佐と共に張が第二の案を選択をする可能性があると判断し、張に働きかけて日本の密かな援助の下での対満蒙策を図った方が土井・川島らの独立運動より実際的効果があると考えて、対張作霖工作を開始した。　張は新たな方針の選択において南満洲の勢力圏を掌握している日本が自分に何を要求し、また自分の行動にどう対応しようとしているかを探る必要があった。そのため四月七日に張作霖とその腹心于沖漢は総領事館の鑓田に「日本ハ飽迄袁世凱ノ退位ヲ迫ルトノコトナレハ袁ノ地位モ危ク従テ自分モ立場ニ苦ム次第ナルカ一方ニテハ又当地ハ北京ヨリ武器又ハ軍費ヲ持行カレ何カノ時ニハ真ニ困却スヘシ」と語り、「或ハ日本ノ御助力ヲ請フコトアルヘキモ知レス」①と密かに日本に依存しようとする意図を示して自分に対する日本側の姿勢を打診した。同席していた張の腹心于沖漢は率直に「東三省独立スルトキハ日本ハ干渉ヲナシハセスヤ抔」②と問い、張の独立に対する日本の意向を確かめようとした。日本はこれを歓迎し、石井外相は参謀本部の田中次長らと協議の上、九日矢田に「貴官ハ可然方法ヲ以テ出来得ル限リ同人ト密接ナル接触ヲ保チ同人ヲシテ此際日本ニ倚頼スルノ外他

①　外務省編『日本外交文書』大正5年第2冊、859－60頁。
②　外務省編『日本外交文書』大正5年第2冊、859－60頁。

ニ方途ナキヲ漸次ニ感得セシムル様仕向ケラレ度シ」①と訓令した。田中次長も十日に関東都督府の参謀長西川虎次郎少将に「張作霖ノ意漸ク動ケルモノノ如シ就テハ予定計画実施ニ先チ此際今一歩ヲ進メ日本ノ真意ヲ仄カシ彼ヲシテ独立セシムルコト捷径ニシテ且穏当ナリト信ス依テ貴官ハ機会ヲ作リ張ト会見シ貴官ノ意見トシテ彼ノ蹶起ヲ慫慂スヘシ其際張自身ノ将来ノ安全ヲ保障スルハ勿論兵器弾薬及軍資金供給ニ関シテモ尽力ヲ辞セサル旨ヲ言明シテ差支ナシ」②と訓令し、対張工作を積極的に推進することにした。こうして日本の方針は宗社党・巴布札布支援から張作霖支援に転換し始めたのである。

　このような情況下で、日本側内部においては張作霖と宗社党・巴布札布のどちらを支援するかをめぐって意見が対立した。関東都督府の西川参謀長は田中次長の対張工作に賛成せず、四月十二日に都督府参謀田村大佐を矢田総領事代理の下に派遣し、西川参謀長の内意として矢田に「貴方ニ於テ至急作霖ニ対シ進ンテ何等手ヲ附クルカ如キコトナキ様願ヒタシ」③と申入れた。その理由は「此際本邦ヨリ積極的ニ彼ヲ操縦セントスルハ彼ト袁トノ関係並彼自身ノ性格ニ顧ミ極メテ危険ナル方法ナルノミナラス時機来レハ我ヨリ何等手ヲ下サストモ当然彼ハ自ラ独立運動ヲ起スヘク又起サヽルヲ得サル地位ニ立ツモノト認メラルル」④というものであった。矢田総領事代理もその理由は「（一）張作霖一派ハ人物信頼シ難ク万一ノ際寝返リヲ打タルル危険アルコト　（二）独立ノ暁我ニ於テ活殺ノ権ヲ掌握スルコトヲ得サル虞アルコト　（三）革命一派ノ手ニ依リテ作霖ヲ擁立スルコトカ当初ノ方針ニ添ハサルコト　（四）折角金ヲ投シ人ヲ集メテ画

---

① 外務省編『日本外交文書』大正5年第2冊、859－60頁。
② 外務省編『日本外交文書』大正5年第2冊、859－60頁。
③ 外務省編『日本外交文書』大正5年第2冊、861頁。
④ 外務省編『日本外交文書』大正5年第2冊、861頁。

策中ノ計画カ作霖ニ先セラレ時機ヲ失スルコトアルヲ好マサルコト」①等にあると推測した。関東都督府は宗社党・巴布札布軍の挙兵準備を着々と進めた。関東都督府は日本の対満蒙政策を推進する先鋒機関であり、宗社党・巴布札布らを利用して東三省の統治体制を打破し、それによって日本の「満蒙独立」の目的を達成しようとしたが、外務省と参謀本部は張の独立による袁の打倒を優先したので、四月十七日に石井外相は矢田に従来の方針通り対張工作を遂行するようにあらためて訓令した。こうして満蒙における日本の方針は分裂して行った。

　しかし張作霖は日本に対して不信感を抱き、日本に依存して奉天省の独立を宣言して袁と決裂しようとはしなかった。その一因は張と対立する宗社党や巴布札布らに対する日本の支援であった。四月二十日頃、張作霖は西川参謀長に「東三省ノ治安ニ付テハ十分御助力ヲ請フ」と懇願し、「近頃日本浪人続々入込ミ種々ノ言ヲ放チ不穏ノ計画ヲナシ居リ甚タ遺憾ナレハ之等ヲ充分取締ラレタク」②と要望した。張は日本に宗社党・巴布札布らに対する支援を中止し、彼らの活動を取締るように要求した。これは張がその支配を維持するための要求であり、宗社党・巴布札布らを支援する日本の方針と対立していたことを示していた。この張の要求に対し、二十二日に石井外相は「帝国政府ニ於テハ何等野心ヲ有セス又支那ノ内政ニ干渉スルノ意志毫モ無キニ付張作霖ニ於テハ日本政府ノ意向ニ対シ別段心配スルニ及ハス要ハ張ニ於テ日支両国ノ関係上最善ト思料スル方途ニ出ツルコトニアルヘキ」③だと述べ、張にとって最善の方針をとるように指示した。日本は宗社党や巴布札布らを心配せずに奉

　①　外務省編『日本外交文書』大正5年第2冊、864頁。
　②　外務省編『日本外交文書』大正5年第2冊、867頁。
　③　外務省編『日本外交文書』大正5年第2冊、869－70頁。

天省の独立を宣言しろと張に示唆したのである。しかしそれで
も張の日本に対する警戒心を解くことは出来なかった。

　この時、張作霖に対する爆弾事件が発生した。五月二十七日
に張が奉天を訪れた中村都督に対する表敬訪問を終えて帰途に
就いた時、元陸軍少尉三村豊が爆弾を抱えて張が乗っていたと
見られる馬車に体当りしたが、張は後続の馬車に乗っていたた
め無事に立去った。これは日本政府の謀略によるものではなく、
民間の大陸浪人らの張作霖に対する敵意を表したものであり、
張作霖と日本との関係の一面を反映したものでもあった。張作
霖も日本の脅威を感じ、日本との関係改善の方策を練り始めた。
二十九日に張は中村都督・矢田総領事代理・菊地中佐・田村参
謀らを招待した機会に、まず「自分ト日本トノ浅カラサル関係
並ニ満洲ト日本トノ特殊ノ関係」を述べ、「自分ハ満洲出身ニシ
テ財産モ総テ此処ニアレハ今後モ此地ヲ去ルコト能ハサルベク
従テ飽迄モ日本ノ援助ヲ頼マサルヘカラズ」と要望し、北京の
袁との関係は表面上はともかく実際上は独立同様であるとして、
「今後ハ在来ノ将軍ガロ先キバカリ日本ニ好意ヲ表シタルト異
リ農業ナリ鉱山ナリ何カ希望アレバ申出テラレタク実際ニ好意
ヲ表スヘシ」①と繰返し表明した。張は日本側に満鉄付属地内
の秩序維持を要請する一方、今回の爆弾事件は日本人の河崎武
一らによる計画だと指摘し、これに対する取締を要求した。矢
田総領事代理も爆弾事件を内密に調査し、宗社党と関係する河
崎武らが画策した事実が判明したが、三十日石井外相にこれに
ついては全く無関係だとして放任するように上申した。石井外
相は今回の爆弾事件は「日本人側ニ於テハ直接間接共ニ何等ノ
関係ナキコト」②と主張すると同時に、日本の「被害者」に対

---

① 外務省編『日本外交文書』大正5年第2冊、878頁。
② 外務省編『日本外交文書』大正5年第2冊、880頁。

しては従前の例により要求条件を提出するように指示した。一方で石井外相は河崎らに今後日本が張を利用することもあり得るから、暴挙を慎むように指示した①。石井外相は対張作霖工作のため、張が朝鮮銀行と三井に提出していた借款要請について日本側が考慮中である旨を張に伝えるように訓令した②。六月一日、矢田総領事代理は石井外相の上述の要求と意向を直接張に伝えた。これに対し張は喜色を呈し、「今後ハ遠慮ナク万事打明ケテ」矢田と相談し、「鉱山土地等ニ付テモ北京政府ノ許可ヲ待タス自分限リニ於テ有効ニ許可スヘキ弁法アルヘシ」③と述べて日本の信頼と好意を得ようとした。しかし張作霖は日本が何を求めているかを知りながらも、腹心の于沖漢を通じて菊池中佐に「作霖ハ爆弾以来日本ハ自分ニ対シ如何ナルコトヲナスト要求スル次第ナルヤ望ム所アレハ鉱山ナリ土地ナリ何レナリト申出アレハ如何様ニモ自分限リニテ取計フヘク若シ自分ノ当地ニ将軍タルコトヲ望マザル次第ナレバ潔ク当地ヲ去リ蒙古ニデモ引上クヘシ(蒙古ノ達頼罕王親族ナレバ斯ク云フナラン)何レニセヨ日本ノ真意ヲ知リタシトノコトナリ」④と語った。六月一日、張作霖は同様のことを矢田総領事代理にも述べた⑤。日本の張作霖に対する要望は鉱山・土地より奉天省の独立を宣言して反袁の旗を翻すことであった。張もこの要望を知らないはずはなかった。しかし張はまだ袁と決裂する決心がつかず、周囲の情勢も彼の行動を牽制していた。三日、張作霖は菊池中佐に「自分ハ段芝貴放逐以来袁世凱一派ヨリ敵視サレ居リ彼等カ勢力ヲ回復スルトキハ必ス報復ヲ受クベケレハ飽迄モ日本ノ

---

① 外務省編『日本外交文書』大正5年第2冊、881頁。
② 外務省編『日本外交文書』大正5年第2冊、880頁。
③ 外務省編『日本外交文書』大正5年第2冊、881頁。
④ 外務省編『日本外交文書』大正5年第2冊、879頁。
⑤ 外務省編『日本外交文書』大正5年第2冊、881頁。

援助ノ下ニ地位ヲ維持スル外ナキ処此際独立セントスルモ馮徳麟（奉天省駐屯の第二十七師団長——筆者）呉俊陞（洮遼鎮守使—筆者）ノ輩ハ全ク自分ノ頤使ニ甘ンスル次第ニアラサレハ或ハ彼等ト闘ハサルヲ得サルコトトナルベク今直ニ独立ノ宣言モ出来サル次第ナリ」[①]と述べ、代替案として鉱山・土地・鉄道等の利権を提供しようとした。張は新たな権益の提供によって日本の反袁・独立の要求を押え、その上で日本の力を借りて宗社党や巴布札布らを取締ろうとした。しかし日本は依然として張の反袁・独立を要求した。六月三日、矢田総領事代理は石井外相に張の申出に対して「更ニ一歩ヲ進メテ根本問題ノ解決ニ付決意セラルルコト緊要ナルヘシ」[②]と独立を示唆しては如何かと上申した。しかし張が独立を宣言する前提は、袁との関係を絶つ決心をすることであった。石井外相は翌日矢田に張にこのような決意があるか否かを確かめたが、矢田は張がまだこの「決心ヲ固ムル迄窮迫シ居ルモノトハ想像セラレサル」[③]し、独立する場合にも清皇帝を復辟させる可能性があると報告した。清皇帝復辟というのは宗社党・巴布札布らと同じ主張であり、主義・イデオロギーとしては両者の間に相違はなかった。帝政と復辟に反対する日本が宗社党・巴布札布らの復辟運動を利用して倒袁の目的を達成しようとしたため、袁とまだ完全に決裂していない張作霖と宗社党・巴布札布及び日本との間に対立が生じたのであった。

　六月三日、張は袁に引退勧告の電報を発したが、袁と対立して独立を宣言しようとはしなかった。このような情況下で、五日に石井外相は矢田総領事代理に、張に独立を示唆することを

---

① 外務省編『日本外交文書』大正5年第2冊、883頁。
② 外務省編『日本外交文書』大正5年第2冊、884頁。
③ 外務省編『日本外交文書』大正5年第2冊、884頁。

見合せるように指示し、同時に張に対し「日本ハ満洲ニ於テ何
等利権ヲ獲得セムトスルガ如キ意志ヲ有スルモノニアラズ日本
ノ欲スルトコロハ満洲ノ秩序維持ニシテ……満洲ノ治安ヲ維持
シ満洲ノ利益ヲ増進スルニツイテハ将軍ニ於テ日本ニ倚ルコト
最モ必要且ツ安全ナル方法ナル」ことを申入れ、「張ヲシテ万事
我方ニ打明ケシムル様仕向ケラレタシ」[1]と指示した。これは
袁が急死する直前のことであり、その後の東北の安定を図るも
のであった。六日、矢田総領事代理はこの旨を張に申入れた。
張は「自分ハ元ヨリ日本側ニ対シ何等隠ス処ナキ積リナリ」[2]
と述べ、三日に袁に退位勧告の電報を発したこと、張勲の特使
が来訪したこと及び馮徳麟との関係等の内部事情を話した。
これらの情況から矢田総領事代理は張の対日姿勢に関して
「我方ニ倚ラントスル傾向アルモ如何ナル要求ヲ受クルヤニ付
危険ノ念ヲ抱キ頻ニ之ヲ探ラントスルモノノ如ク察セラル」[3]と
分析した。これは張の実情に合致した分析であった。この時
期、日本は対張工作の目的を達することが出来ず、張も日本
に頼ろうとする姿勢を示しながらも日本を信頼せず、時局の
推移を静観していた。張が日本に依存し始めたのはこの後で
あった。

　帝政復活期の第二次満蒙独立運動は袁の急死によって急激に
変転したが、日本の満蒙政策における最終目的は終始不変で
あった。これはこの時期の満蒙独立運動と張作霖工作は袁打倒
のためであり、また満蒙政策遂行の一手段であったことを物
語っている。

---

① 外務省編『日本外交文書』大正 5 年第 2 冊、884-85 頁。
② 外務省編『日本外交文書』大正 5 年第 2 冊、885 頁。
③ 外務省編『日本外交文書』大正 5 年第 2 冊、883 頁。

四　山東蜂起と孫・黄の帰国

第二革命以来反袁闘争を継続していた孫文は山東における反袁の蜂起を組織して彼自身も四月末に帰国した。一方、黄興は五月上旬にアメリカから来日し、共に反袁の第三革命のために奮闘した。本節では、孫文の帰国と黄興の来日及び山東蜂起に対する日本の支援を考究すると共に、袁の死後、日本の対孫文・対革命党政策が変化する過程を究明し、日本が山東蜂起を支援した目的及びその客観的効果を検討する。

西南諸省が続々と独立し、反袁の護国戦争が長江流域にまで拡大する情勢下で、孫文は四月二十七日に東京を出発して帰国の途に就いた。孫文は上海を拠点として各地における中華革命党の反袁闘争を指導しようとした。闘争には軍資金と兵器が必要であった。一九一三年に孫文が来日して以来、終始孫文とその革命運動に対して冷淡だった日本は、一九一五年末以降の対袁政策の転換によって孫文とその反袁闘争を支援し始めた。この支援を積極的に推進したのは参謀本部次長田中義一と参謀本部情報長福田雅太郎及び外務省政務局長小池張造であった。彼らは皆大陸政策の積極的な推進論者であった。孫文は三月二十九日夜に戴季陶と共に夜福田雅太郎と四時間会談し[①]、四月二日夜には六時間会談した[②]。四月七、八日夜に孫文は戴季陶と共に衆議院議員秋山定輔の自宅で田中義一と長時間会談した[③]。会談の内容は不明であるが、孫文は軍部の支援を要請し、田中と福田は孫に対する支援を約束したと思われる。四月二十七日

---

① 「孫文ノ動静」乙秘第 414 号、大正 5 年 3 月 30 日。外交史料館所蔵。
② 「孫文ノ動静」乙秘第 432 号、大正 5 年 4 月 3 日。外交史料館所蔵。
③ 「孫文ノ動静」乙秘第 472 号、大正 5 年 4 月 8 日。「孫文ノ動静」乙秘第 456 号、大正 5 年 4 月 9 日。外交史料館所蔵。

に孫文が東京を出発する際、参謀本部はさまざまな便宜を提供
したようである。出発前の二十六日に孫文と戴季陶は午前と午
後の二回にわたって福田雅太郎を訪問した。参謀本部の本庄繁
中佐は福田を通じて電話で戴季陶との面会を要望したが、戴が
不在だったので孫文が福田の自宅で本庄と電話で話した①。同
日夜に本庄が孫文を訪ね、戴と共に彼をどこかに案内した②。
このような頻繁な接触は参謀本部と孫文帰国との関係が密接で
あったことを物語っている。

　財界も孫文の支援に乗出した。久原房之助は孫文に資金を提
供した。孫文の二月二十六日付久原房之助宛の書簡によれば、
孫文は既に久原から七〇万円を借りており、借用証書を久原に
送っている③。久原が岑春煊に提供した資金と同様にこの借金
にも利息や抵当がなかったようであり（一説では四川省の鉱山
を抵当としたとされている）④、ただ孫文は久原が中国の実業
に関する何らかの計画を立てた場合には、それを必ず賛助する
という意を約した⑤。この借金は日露貿易商社社長の松島重太
郎と秋山定輔が仲介した⑥。その後孫文は二月八日に久原宅を
訪れて久原と長時間会談した⑦。孫文はこの資金で兵器を購入
し、広東・上海・山東に輸送した。

　民間人も孫文を支援した。孫文の親しい友人であった梅屋庄
吉は四月二日に個人の名義で四万七〇〇〇円を献金した⑧。

　上述のような日本の支持と支援の下で、五月初め孫文は上海

①「孫文ノ動静」乙秘第525号、大正5年4月27日。外交史料館所蔵。
②「孫文ノ動静」乙秘第525号、大正5年4月27日。外交史料館所蔵。
③『孫中山全集』第3巻、中華書局、1984年、243−44頁。
④「孫文ノ動静」乙秘第375号、大正5年3月11日。外交史料館所蔵。
⑤『孫中山全集』第3巻、中華書局、1984年、244頁。
⑥「孫文ノ動静」乙秘第375号、大正5年3月11日。外交史料館所蔵。桜田倶楽部
編『秋山定輔伝』第2巻、桜田倶楽部、1979年、147−48頁。
⑦「孫文ノ動静」乙秘第367号、大正5年3月9日。
⑧梅屋庄吉「永代日記」、「梅屋庄吉文書」。小坂哲瑯・主和子所蔵。

に到着した。上海では青木宣純中将と山田純三郎とが孫文を迎え、反袁運動を支援した①。孫文の帰国について日本内部では意見が割れた。上海総領事有吉明は孫文の帰国は「大局上得策ナラサルベキ」②だと反対した。その理由は、当時反袁運動の主力は西南軍閥と岑春煊らであったため、彼らと対立していた孫文の帰国が彼らの反袁運動を妨害する可能性があったからである。五月四日、有吉総領事は政府・外務省の指示によって孫文と会談し、孫に西南軍閥や岑春煊らとの連合を要望したが、孫は「岑春煊等ニ付テハ依然好感ヲ有セサル口振ニシテ到底他トノ融和覚束ナカル」③べきだとの姿勢を示した。しかし孫文は日本からの支援を獲得するために有吉の要望に応ぜざるを得なかった。十日、孫文は戴季陶を有吉総領事の下に派遣して西南軍閥や岑春煊らと連合する旨を伝え、彼らに連合を呼掛ける電文を提示した④。翌十一日、有吉総領事は石井外相に戴季陶来訪の件を報告しているが、その電文より推測すれば、日本は他の反袁勢力との連合のために孫に中華革命党の解散を要望したようである。また有吉はこの電文で孫文を「唯少ナクモ彼ガ他ト協同ノ必要ヲ自覚シ来レルノ事実ハ之ヲ認ムヘシ」⑤と評価した。雲南の堀領事もこの連合の動向を重視し、十三日石井外相に唐継堯が孫文からの電報を受取ったが、「唐ハ孫派ニ対シ信頼ノ念極テ薄シ」⑥と打電した。孫文も彼らと連合しようとはしたが信頼せず、彼らと連合を結ぶ前に純粋な革新派である自己の実力を強化する必要があると五月二十四日付田中義一宛

①『孫中山全集』第 3 巻、中華書局、1984 年、280 頁。
② 外務省編『日本外交文書』大正 5 年第 2 冊、189 頁。
③ 外務省編『日本外交文書』大正 5 年第 2 冊、189－90 頁。
④『孫中山全集』第 3 巻、中華書局、1984 年、286－87 頁。
⑤ 外務省編『日本外交文書』大正 5 年第 2 冊、119 頁。
⑥ 外務省編『日本外交文書』大正 5 年第 2 冊、121 頁。

の書簡で強調し、日本の孫文派に対する支援を再度要望した①。

　孫文は帰国後も依然として上海製造局の占拠を計画し、国内における根拠地の確立に懸命であった。上海では王統一が指揮官となって袁の海軍における反乱工作を展開していた。これは前年十二月の肇和乗取り計画と同じく、まず軍艦を乗取って製造局を襲撃・占拠し、そこを拠点として勢力を拡大しようというものであった。しかし上海の総指揮官陳其美が五月十八日に暗殺された。陳其美は孫の片腕で、この時期孫がもっとも信頼していた同志であった。陳の暗殺は孫の計画に大きな打撃を与えた。

　当時、反袁闘争において活躍したのは居正を総司令官とする中華革命軍の東北軍であった。東北軍は日本の占領下にあった山東半島で蜂起した。孫文は東北軍に大きな期待を寄せていた。第二革命期以来、山東では呉大洲・鄭天一・王永福らが継続して活動していたが、日本は山東半島を占領すると彼らの活動を鎮圧し、革命党員を青島から追出した。その後彼らは上海に来て肇和事件に参加した。しかし一九一六年初め以降の日本の反袁政策により、日本の山東占領軍も山東における革命党の反袁活動を許可するようになり、便宜と支援を提供した。これは東北軍の蜂起にとって有利な客観的情勢であった。東北軍はこの有利な条件を利用して山東において蜂起することになった。

　山東は戦略的要衝であった。山東の蜂起が成功すれば山西・陝西・河南の諸省もこれに呼応し、これらの諸反袁勢力と共に北京を攻撃・占拠することも可能であり②、また袁軍の南下を牽制することも出来るのであった。日本は満蒙の宗社党・巴布札布の蒙古軍と山東の東北軍を天津で合流させ、北京に進撃さ

①『孫中山全集』第3巻、中華書局、1984年、293－96頁。
②『孫中山全集』第3巻、中華書局、1984年、296頁。

せようと計画した。こうして反袁という共同目的を達成するために、孫文と日本の山東における戦略が一時的に統合・一致したのである。

　山東の反袁勢力には二つの派閥があった。一つは中華革命軍の東北軍である。総司令官居正は一九一五年十一月十五日（一九一六年三月説もある）に青島に来て八幡町のビルに総司令部を設置し、許崇智を参謀長に任命した。

　東北軍は青島と日本が占拠した山東鉄道を中心に行動していたため、日本駐屯軍の支持・支援が必要であった。そこで居正は十二月三日に青島に到着した萱野長知を顧問に任命し、萱野は日本の支持・支援獲得のために活躍した。当時青島に送る兵器が門司の官憲に押収されていた。萱野はこの差押えを解除させるために東京に戻り、板垣退助に協力を求め、次いで小美田劉美を介して大隈首相に面会してこの要望を申入れた。大隈は「青島は列国の官吏が駐在してゐる国際的な海港である。そんなことをしたら重大問題になる。第一日本がそんな支那の革命の武器を世話したことなどが判ると、英米仏は一度に問題にする。それに自分は今政府の責任の地位にゐるのだから、こんなことが議会に知れでもすると大変だ」①と拒否したが、裏では青島の大谷喜久蔵司令官に東北軍に協力するよう指示した。萱野が青島に戻ると大谷司令官は官邸に萱野を迎え、「大隈首相から内命が来てゐる。今後は一切君を援助しろとのことだ。だからこれからは何んでも参謀長に相談する様に」②と語った。こうして山東の日本駐屯軍が東北軍を支援する体制が形成された。

　東北軍も積極的に日本駐屯軍に接近した。総司令官居正と副官の陳中孚は日本駐屯軍司令部を訪れて参謀長の奈良武次少将

---

① 萱野長知『中華民国革命秘笈』帝国地方行政学会、昭和15年、355頁。
② 萱野長知『中華民国革命秘笈』帝国地方行政学会、昭和15年、356頁。

に面会し、蜂起計画の概況を打明けて協力を求めた。奈良参謀
長はこれを了承して全面的に援助することを確約し、参謀の野
中保教中佐を東北軍の軍事指導官として配属した①。居正・陳
中孚は野中と共に済南に赴いて済南駐在武官の貴志弥次郎大佐
と会見し、坊子駐屯の第四十連隊長石浦謙次郎大佐・駐屯軍の
江副浜二少佐を交えて山東蜂起の作戦を密議した②。

　山東の駐屯軍が上述のように居正の山東蜂起を積極的に支援
した背景には、大隈首相の指示以外にも参謀本部の田中義一次
長からの命令があったと思われる。

　山東省におけるもう一つの反袁勢力は、地元の呉大洲らの山
東軍である。彼らは上海の肇和事件に参加した後、山東に帰っ
てきた。呉大洲は東京に赴いて孫文と会ったこともあった。孫
文は一九一六年二月に呉を中華革命軍山東軍司令官に任命し
た③。薄子明・鄭天一・呂子人らがこの山東軍に属していた。
彼らも日本駐屯軍から支援を受けていたが、その詳細は不明で
ある。駐屯軍の江副浜二少佐が軍事指導官として配属されてお
り、中西正樹が参謀として活躍していた。

　東北軍と山東軍は総員一万三〇〇〇名或いは六〇〇〇名と称
され、多数の日本人が参加していた。一説では二〇〇余名④、
一説では五〇〇或いは六〇〇名だとされているが⑤、確実な数
は不明である。日本が山東半島を占領した後、この地域の銅貨
＝青銭を入手するために日本から多数の投機家が殺到してきた。
当時一銀元を青銭二吊五〇〇文と交換し、これを日本に持って
行けば十二、三倍になったようだ。この連中もしばしば革命軍

　①　渡辺竜策『近代日中民衆交流外史』雄山閣出版、1981 年、177 頁。
　②　渡辺竜策『近代日中民衆交流外史』雄山閣出版、1981 年、177 頁。
　③　李新・李宗一編『中華民国史』第 2 編第 1 巻下、中華書局、1987 年、755 頁。
　④　渡辺竜策『近代日中民衆交流外史』雄山閣出版、1981 年、178 頁。
　⑤　北村敬直編『夢の七十余年―西原亀三自伝』平凡社、1989 年、107 頁。

の行動にかかわっていた。

　東北軍は青島と山東鉄道沿線を拠点とし、まず二月に周辺の昌楽・高密・益都・安邱・昌邑・寿光・臨朐・平度等の県城を占領した。この時期、山東の泰安府・肥城・長清県等で農民蜂起が勃発し、東北軍の軍事行動に有利な客観的情勢が形成されていた[1]。東北軍は五月上旬から山東の重要都市である濰県と周村に進撃した。濰県には袁の第五師団（師団長張樹元）が駐屯していた。張樹元師団長は軍事会議を開いて対応策を事前に講じていた[2]。東北軍は五月四日（二月十八日説もある）から濰県の県城の攻撃を開始した。この県城は名城と称され、城壁も北京や済南に見劣りしないほど堅固であった。この戦闘には萱野長知や現役の野中大尉及び予備役の軍人や浪人らも参加し、井上四郎（日召）ら三十余名で編成された毒ガス隊も参加した[3]。濰県駐屯の第五師団は袁の正規軍の精鋭部隊で頑強に県城を守っていた。革命軍は第二波、第三波と攻撃を繰返したが、その度に大反撃を受けて後退せざるを得なかった。東北軍の兵力だけではこの県城を攻略することは不可能であった。このような情況で日本は公然と東北軍の支援を開始した。坊子駐屯の第四十連隊の石浦連隊長は兵を率いて城に出動し、張師団長に開城を要求した。五月二十三日、張師団長は日本軍の圧力によって濰県より退却し、革命軍が県城を占拠した[4]。この戦闘に参加した日本人は三〇〇余名に達したとされる[5]。日本軍人と浪

　①『申報』1916年3月28、29日。
　②『申報』1916年2月15日、3月2、13日。
　③ 渡辺竜策『近代日中民衆交流外史』雄山閣出版、1981年、194−99頁参照。黒竜会編『東亜先覚志士記伝』中、原書房、1966年、618−19頁。
　④ 鍾冰「中華革命軍山東討袁始末」、『文史資料選輯』第48輯、98−102頁参照。北村敬直編『夢の七十余年─西原亀三自伝』平凡社、1989年、102−03頁。
　⑤ 北村敬直編『夢の七十余年─西原亀三自伝』平凡社、1989年、103頁。黒竜会編『東亜先覚志士記伝』中、原書房、1966年、615−17頁参照。

人の参加は両国間の外交問題になり、五月七日に日本から帰国した陸公使は坂西利八郎大佐に、革命軍を「公然特別列車ニテ輸送シ濰県ヲ攻撃シ而カモ貴国軍隊来リテ城門ヲ開クコトヲ要求シ就中隊長ハ独立宣言ヲ勧告スル等ノコトハ……在青島貴国官憲ノ黙許スルコトニアラサレハ出来サルコトナリ」①と抗議した。

　呉大洲の山東軍は五月二日から山東省の富豪が多く住む周村の攻撃を開始した。この戦闘に参加した四〇〇余名のうち、一〇〇余名は日本人であった②。日本軍の江副少佐はこの戦闘において指揮官として活躍し、周村は直ちに革命軍に占領された。山東軍は現地の富豪から一七万元の軍資金を調達し、張店・博山・王村等を次々に占領した。

　山東鉄道沿線の県城と濰県・周村を占領した東北軍と山東軍は連合して済南の攻撃に取掛かった。山東省の省都済南は華北の要衝で、ここを占領すれば山東省の独立を宣言出来るし、津浦鉄道を通じて北は天津・北京、南は長江流域に進出することも可能となる。孫文は帰国前から済南占領の必要性を強調し、もし同地を占拠すれば自分が山東に赴いて直接革命軍を指揮する用意があると居正に打電した③。孫文は居正に、済南を占拠すれば一〇〇乃至二〇〇万元以上の資金と二個師団が装備するだけの兵器を調達することが出来るとも語った④。当時孫文の資金と兵器がすべて日本で調達されていたことから推測すれば、日本の軍部と財界は孫文に借款と兵器を提供する条件として済南の占拠を提案したのであろう。

　革命軍は濰県・周村の陥落によって動揺し始めた済南の官憲

　　① 外務省編『日本外交文書』大正5年第2冊、114頁。
　　② 北村敬直編『夢の七十余年—西原亀三自伝』平凡社、1989年、103頁。
　　③『孫中山全集』第3巻、中華書局、1984年、262頁。
　　④『孫中山全集』第3巻、中華書局、1984年、262頁。

と袁軍に心理的打撃を与えるため、日本軍に提供された爆弾を使用して済南市の要地と繁華街を爆破し、官憲と袁軍を恐慌状態に陥れた①。この事件は済南の日本人の生命財産を保護するという口実で日本軍に介入する可能性を与えたので、山東当局は脅威を感じた②。革命軍は日本駐屯軍＝守備隊と済南に対する作戦計画を立て、濰県・周村から三〇〇名を山東鉄道で輸送して済南に潜伏させ、五月十五日夜に第一回の攻撃を開始したが、反撃を受けて退却せざるを得なかった③。五月二十五日と六月四日に第二、第三回の攻撃を展開したが、攻略出来ず再び失敗した。しかしこれらの攻撃によって済南城内の秩序は乱れ、山東の将軍斬雲鵬までもが狼狽して逃亡する状態に陥った。この済南攻略戦に対し済南駐屯の日本守備隊も側面から協力し、一〇〇余名の日本人が参加したといわれている④。孫文も日本の援助を期待して上海の青木宣純中将に二個師団が装備するに足る兵器の提供を要請し、青木もそれに賛成した⑤。五月二十四日、孫文は田中義一次長にも同様の要請を申入れた⑥。その目的は山東の革命軍を強化し、山東・済南を拠点として反袁の勢力を南北に拡大することであった。

　孫文の友人であった梅屋庄吉は積極的にこの山東蜂起を支援した。雲南独立後、梅屋は自宅で萱野長知・金子克己・平山周・末永節らと「袁のお膝もとに近い山東省でやろう」⑦と密議し、山東蜂起を支援し始めた。梅屋は萱野と共に平山周・岩崎英精を山東に派遣して蜂起に参加させ、彼らから山東の情況の報告

　　①『申報』1916 年 5 月 10 日。
　　②『申報』1916 年 5 月 7、8 日。
　　③『申報』1916 年 5 月 18 日。
　　④ 北村敬直編『夢の七十余年―西原亀三自伝』平凡社、1989 年、103 頁。
　　⑤『孫中山全集』第 3 巻、中華書局、1984 年、296 頁。
　　⑥『孫中山全集』第 3 巻、中華書局、1984 年、296 頁。
　　⑦ 車田譲治『国父孫文と梅屋庄吉』六興出版、1975 年、302 頁。

を受けた①。梅屋は山東駐屯の第四十連隊の連隊長に着任する
石浦兼次郎大佐を孫文に紹介し、山東における革命軍の支援を
約束させた。濰県における石浦連隊長の行動は梅屋とも関係が
あった。梅屋は資金面で孫文を支援していたので、居正は梅屋
を中華革命軍東北軍武器輸入委員に任命し、三十年式小銃七〇
〇〇挺・機関銃七挺・山砲五門の提供を依頼した②。「梅屋庄吉
文書」に梅屋が兵器を調達した史料の一部が残っていることか
ら推測して、梅屋は武器の一部を提供したのであろう。

　孫文は一九一六年五月に梅屋と共に琵琶湖東岸の八日市町に
革命軍のための近江飛行学校を設立した。孫文の帰国後は梅屋
が経営に当った。学校の経費として、梅屋は安田銀行に開いた
飛行学校の口座に二万円、三万円と大金を振込んだ③。繰縦士
兼教官の坂本寿一は次のような学生の訓練計画を作成し、五月
二十四日に梅屋に報告した④。

　　一　同乗滑走練習（ハイ・スピード）
　　一　発動機部分的名称及び能力の学習
　　一　機体　〃
　　一　発動機に関する電気学
　　一　飛行機設計上の原理及び飛行の原理の学習
　　一　五月二十一日より、生徒単独滑走練習を開始

　山東の東北軍は戦闘に飛行機を使用しようとした。五月二十
日、青島の萱野長知から梅屋に「石浦宛手紙見た　飛行機直ぐ
こちらに送り　この地で訓練してはいかが」⑤との電報が届い
た。梅屋は最新兵器である飛行機で袁軍を制圧する必要性を感

---

①「梅屋庄吉文書」。小坂哲郎・主和子所蔵。
②「梅屋庄吉文書」。小坂哲郎・主和子所蔵。
③　車田讓治『国父孫文と梅屋庄吉』六興出版、1975 年、309 頁。
④「梅屋庄吉文書」。小坂哲郎・主和子所蔵。
⑤「梅屋庄吉文書」。小坂哲郎・主和子所蔵。

じ、飛行学校の山東への移転を決心して坂本に「飛行学校　支
那移転のため　打ちあわせに至急上京せよ」①と打電した。坂
本は飛行学校を設立した時の孫文の「これで革命は勝った」②と
いう言葉を思い出し、移転に賛同した。六月二十八日に飛行学
校の学生と教職員八十七名（そのうち日本人九名）は飛行機二
機と共に神戸港を出港し、青島に向った③。七月二日に青島に
到着した一行は、濰県に飛行場を設置した。坂本は中華革命党
東北軍航空隊総司令官に任命された。坂本が青島の日本軍司令
部を訪問すると、大谷司令官は「時局は重大である。国家のた
め、大いにやってほしい」④と坂本を激励した。坂本は威嚇飛
行をしたり、「速やかに降服せよ。しからずんば爆弾で攻撃する
ぞ」というビラを撒いたり、時には手製の爆弾を投下したりし
て袁軍を脅かした⑤。民間飛行士の立花了観は七月中旬に台北
丸で自動車を携えて濰県に赴き、坂本に協力した。『大阪毎日新
聞』は「孫逸仙の山東飛行場」という見出しで飛行学校と飛行
場の記事を掲載した⑥。

　山東蜂起は日本の直接支援の下で拡大し、袁の北京政権に脅
威を与えた。袁は日本軍人と浪人が蜂起に介入・参加している
ことを知り、対応策を講じようとした。袁は顧問坂西利八郎大
佐を山東に派遣して日本側の介入と支援を阻止しようとした⑦。
大陸浪人井上四郎（日召）は坂西の暗殺を計画した。

　日本の山東革命軍に対する支援は英・米等の国際的な反響を
引起こした。アメリカ公使館は調査員を山東に派遣して実情を

　①「梅屋庄吉文書」。小坂哲瑯・主和子所蔵。
　②　車田譲治『国父孫文と梅屋庄吉』六興出版、1975 年、315 頁。
　③「梅屋庄吉文書」。小坂哲瑯・主和子所蔵。
　④　車田譲治『国父孫文と梅屋庄吉』六興出版、1975 年、317 頁。
　⑤　車田譲治『国父孫文と梅屋庄吉』六興出版、1975 年、318－19 頁。
　⑥『大阪毎日新聞』1916 年 7 月 13 日。
　⑦　渡辺竜策『近代日中民衆交流外史』雄山閣出版、1981 年、209 頁。

調査し、新聞等に報道された日本の援助及び挑発的行動は誤報ではなく、事実だとつきとめた①。アメリカ公使ラインシュも日本人が山東で革命党の活動に参加する等、日本が革命党を支持していると指摘した②。袁の政治顧問モリソンも日本の支援に対し憤慨した③。これは日本がこの支援によって英米が支持してきた袁を打倒しようとしたことに対する憤激であり、また日本が膠州湾・青島から山東全域或いは華北一帯に勢力圏を拡大することに対する恐れでもあった。

　この時期中国革命の指導者の一人であった黄興はアメリカに滞在していた。帝政運動勃発後、外務省は黄興の動静を重視した。九月二十七日、大隈首相兼外相はニューヨークの中村総領事に「黄興最近ノ動静承知致度ニ付内探ノ上電報アリタシ同人近ク帰国スルガ如キ模様ナキヤ併ハセテ探報アリタシ」④と指示した。三十日、中村総領事は黄興夫妻を晩餐会に招待して談話を試み、黄興が袁の帝政に関して「彼も中々ノ智者故周囲ノ事情を顧念シテ容易ニ之ヲ決行スベシトモ思ハレズ吾等一味徒党ノ立場ヨリ云ヘバ右風説ノ実現セラルルコト一日モ早キヲ望ム次第ナルガ是レ全ク彼レガ帝位ニ就クコト一日早ケレバ革命運動ノ開始モ之ニ応シテ早キヲ得ベキヲ以テナリ」と述べ、帰国の件については「目下ノ所当分米国ヲ去ルノ考ヲ有セサル」⑤旨を語ったと報告した。しかし国内において反帝政・反袁運動が盛りあがる新たな情況下で、黄興はまず渡日することを決定した。一九一六年春『東京朝日新聞』が「妻子連れの黄興氏　当

① 駱恵敏編『清末民初政情内幕』下、知識出版社、1986年、561頁。
② 保羅・S・芮恩施『一個美国外交官使華記』商務印書館、1982年、149頁。
③ 駱恵敏編『清末民初政情内幕』下、知識出版社、1986年、561頁。
④ 外務省編『日本外交文書』大正4年第2冊、58頁。
⑤ 外務省編『日本外交文書』大正4年第2冊、62－63頁。

分は日本に滞在すべし」①、『東京日日新聞』が「日本に来る黄
興」②という見出しで黄興の来日の予定を報道した。これは日
本が黄興の来日を重視していたことを示している。黄興は五月
九日アメリカから横浜に到着し、静岡県下の某村の別荘で一日
休んだ後で上京した③。東京では寺尾亨が黄興を案内した。孫
文は五月二十日に黄興宛に書簡を送って中国南北の情勢を知ら
せ、山東蜂起が成功するか否かが中国の政局転換に与える意義
を説明すると共に、山東において二個師団を武装させる必要性
を強調し、もしこの二個師団の兵力があれば山東を占拠して北
京に迫ることが出来るので、日本滞在の機を利用して孫文・黄
興二人の名義で日本側に二個師団分の兵器を提供するように申
入れてほしいと要請した④。黄興は日本滞在の五十日余りの期
間を利用して兵器の購入に努めた。軍部・財界は黄興を援助し
た。久原房之助は黄興に十万円の借款を提供した⑤。黄興は日
本で二十万円の軍資金を調達し、五月三十一日に孫文に兵器の
購入が有望だと伝え、武器の一部を発送した⑥。

　五月二十六日、黄興は寺尾亨の紹介により王侃及び山本安夫
らと共に政友会総裁原敬を訪問し、野党側の支持と援助を得よ
うとした。原は中国の現状について尋ねた。黄興は「今回の革
命は新旧思想の衝突なり、袁を倒したる後は新思想の者を推挙
したし」⑦と述べ、アメリカ独立戦争に対するフランスの援助
の例を挙げて日本の援助を求めた。原は「日本にて援助すると
云ふも其力限りあり、先づ支那人自分の十分なる決意なくして

---

① 『東京朝日新聞』1916 年 4 月 30 日。
② 『東京朝日新聞』1916 年 4 月 20 日。
③ 『東京朝日新聞』1916 年 5 月 11 日。
④ 『孫中山全集』第 3 巻、中華書局、1984 年、290 頁。
⑤ 栗原健編著『対満蒙政策史の一面』原書房、昭和 41 年、148 頁。
⑥ 『黄興集』中華書局、1981 年、435 頁。
⑦ 原奎一郎編『原敬日記』第 4 巻、福村出版、1981 年、177 頁。

は他より援助するも効なし」①と答えた。黄興は「固より然り、
十分の決心をなすも何分日本に依る外に依るべき国なし」②と
答えてあらためて支援を要請したが、原は「極めて中立の態度
を以て談話し」、「一概に日本を頼んで却て失望する事なき様に
諷示し」③た。原がこのような消極的姿勢を示したのは、孫・
黄の反袁闘争が「果して成功するや否や目下の処疑問なる」④か
らであった。黄興は日本から十分な援助を得ることが出来ず、
七月四日に門司から静岡丸で帰国の途に就いた⑤。

　日本政界には革命党支援に反対する勢力が存在していた。三
月十六日、原敬は孫文支援策を唱える田中参謀本部次長に中国
問題について「徒らに小策を弄して何等確たる方針を立てざる
は危険なり、袁を倒さんとするも袁俄に倒れざるべく、革命党
を助くるも支那統一六ケしきのみならず、革命党志を得るも始
終日本より支持する事を得べきにあらず」⑥と反対論を述べた。
五月二十四日、三浦梧楼宅で原敬・加藤高明・犬養毅の三名が
外交・軍備に関する話合いをおこなったが、三浦は「内々革命
党か助けて騒動を起さしむるも何の目的もなく、随て支那人よ
り反感を招く様の次第にて、此くの如き有様にては欧洲戦争の
終りとならば日本は全く他人の為に土地を開墾するものなり」⑦
と述べて革命軍支援に反対した。原敬も三浦の意見に賛成して
「小策を弄し、列国の猜忌を招き、支那人の反感を買ふは如何に
も将来危険なりと思ふ」と述べ、加藤も三浦に賛同した。犬養

---

①　原奎一郎編『原敬日記』第4巻、福村出版、1981年、177頁。
②　原奎一郎編『原敬日記』第4巻、福村出版、1981年、177－78頁。
③　原奎一郎編『原敬日記』第4巻、福村出版、1981年、178頁。
④　原奎一郎編『原敬日記』第4巻、福村出版、1981年、178頁。
⑤　毛注青『黄興年譜』湖南人民出版社、1980年、284頁。外務省編『日本外交文書』
大正5年第2冊、195－96頁。
⑥　原奎一郎編『原敬日記』第4巻、福村出版、1981年、163頁。
⑦　原奎一郎編『原敬日記』第4巻、福村出版、1981年、175頁。

は「三浦の言に異論はなけれども只其話丈けにては現在の政府を助けて対支方針を行はしむるか又は之を排して方針を定むるか其辺少しく不明なり」①と語って曖昧な姿勢を示した。これは日本の野党と政界に大隈内閣の対中国政策及び対革命党政策に反対する勢力が存在していたことを物語っている。この勢力が政府・軍部の孫文・黄興らに対する支援策を牽制し、最後には大隈内閣を打倒する口実の一つとしたのである。

　六月六日の袁世凱の突然の死去により、日本の対中国・対革命党政策は再び転換し始めた。日本が孫文と革命党を支持・援助した目的は袁世凱の打倒にあったが、袁の死去によって袁政権が瓦解したので、孫文と革命党を支持する必要がなくなった。また日本政界には孫文の革命党や中国の反袁勢力を支援する大隈内閣の対中国政策に反対する勢力も存在していた。これらの原因により、日本政府と軍部は孫文らを見放して北京政権の黎元洪・段祺瑞を支持することにした。

　袁の死後に北京政府の大総統になった黎元洪は山東蜂起と第二次満蒙独立運動の背後に日本の支援があることをよく知っていた。七月八日、黎大総統は北京の日置公使に「山東及満洲ニ於ケル日本浪人ノ無謀ナル行動ハ甚シク支那官民ニ誤解ヲ与ヘ両国々交上ニモ面白カラサル影響ヲ及ボスコトナキヤト懸念シ居ルニ付何トカ今少シ適当ノ取締ヲ加ヘラルルコト出来間敷キヤ」②と懇願した。これに対し日置公使は「今ヤ革命反抗ノ目的タル袁総統モ逝去シ南北ノ妥協モ不日完成セントシツツアルコトナレバ是等惰力ヲ以テ残存セル余波ハ遠カラズ消滅スルナラン」と答え、その翌日石井外相に「山東及満洲ニ於ケル革命党宗社党等ト関係ヲ有スル邦人ノ取締ヲ励行スルコトハ絶対ニ

① 原奎一郎編『原敬日記』第4巻、福村出版、1981年、176頁。
② 外務省編『日本外交文書』大正5年第2冊、891頁。

必要」①だと進言した。

　孫文も袁の死去により蜂起の目的はひとまず達成されたと考え、山東における蜂起を中止することにした。六月十日東北軍総司令官居正に、十三日山東軍司令官呉大洲らに孫文は袁の死去により政局が一変したので兵を収めよと指示した②。その後、大総統黎元洪と内閣総理段祺瑞は南方の反袁勢力の要望に応え、一九一二年に南京臨時政府が制定した「臨時約法」と旧国会を復活させる旨を表明した。孫文と中華革命党は第三革命の目的が達成されたと考え、七月二十五日に既に共和体制の破壊は終息し建設が始まっており、革命の名分は存在しなくなったので一切の党務を中止せよと指示した③。

　こうして山東蜂起も袁打倒と旧「約法」・旧国会回復という目的を達成してその幕を閉じることになった。しかし革命党内では蜂起の終結をめぐって意見が分かれていた。これについて岩崎英精は「現在濰県の中国人間は、主戦派と平和派に分れおるものの如く、司令の居正を平和派とすれば、副官陳中孚は主戦派と見るべく、かくして、幹部不統一に終るにはあらざるか」④と見ていた。主戦派も日本の援助がない限り蜂起軍を維持することは出来なかった。孫文と革命党は蜂起軍を放棄せざるを得なかった。司令官居正は旧国会の議員であった。七月末に彼は率先して北京に赴き、北京政府と合流した。八月四日、孫文は居正に、北京に日本人を同伴すれば行動の障害になるから連れて行かないように指示した⑤。しかし既に八月一日に萱野長知が山東蜂起の成果を確実にするために居正の後を追って北京に

---

① 外務省編『日本外交文書』大正 5 年第 2 冊、891 頁。
②『孫中山全集』第 3 巻、中華書局、1984 年、307－08 頁。
③『孫中山全集』第 3 巻、中華書局、1984 年、333 頁。
④「梅屋庄吉文書」。小坂哲瑯・主和子所蔵。
⑤『孫中山全集』第 3 巻、中華書局、1984 年、336 頁。

急行していた。萱野は裏で居正が山東都督になるよう工作した
が、目的を達成することは出来なかった。

　蜂起の最後の問題は東北軍と山東軍の処理であった。東北軍
の参謀長許崇智・副官陳中孚は済南で北京政府の代表曲同豊と
この問題について協議し[1]、東北軍は四個師団に改編の上、北
京政府軍に編入された[2]。この調印式は九月二十一日に濰県で
おこなわれた。これは革命党と北京政府との妥協であった。岩
崎ら日本人はこの妥協に反対し、「いやしくも、民政を標榜・目
的として、革命を起こさんとする程のものが、妥協なんぞとは
思いもよらぬことにて、とにかく妥協は、不徹底を証明する」
と批判し、「遺憾に耐えず」[3]と述べた。

　東北軍の顧問萱野長知は山東蜂起に参加した日本人に帰国を
命じ、九月末に日本人は山東から引揚げた。

　山東蜂起は終焉したが、この蜂起が反袁・反帝制運動に果し
た役割は評価すべきである。この北京に近い山東での蜂起が袁
政権に脅威を与えたこと、袁軍の南下を一時牽制して西南諸省
の護国軍を支援したこと、護国戦争において中華革命党の存在
とその力を示したこと等は高く評価すべきである。またこの蜂
起が日本政府・軍部・財界・民間人・大陸浪人による支援の下
でこのような成果を挙げたことは、日本の支援が客観的には革
命党とその蜂起に有利であったことを示している。だが日本は
山東の占拠者であり、中国の侵略者でもあった。日本政府・軍
部は袁打倒と山東及び華北における日本の権益拡大のために彼
らを支援したのであった。このような日本に依存した孫文・革
命党による山東蜂起には、中国国民にマイナスの影響を及ぼし

①「梅屋庄吉文書」。小坂哲瑯・主和子所蔵。
② 鍾冰「中華革命軍山東討袁始末」、『文史資料選輯』第 48 輯、105－09 頁。
③「梅屋庄吉文書」。小坂哲瑯・主和子所蔵。

た側面もあった。大戦以来、日本の山東侵略と二十一ヵ条要求
によって中国国民の感情は反日的となり、社会潮流も反日的
だったから、孫文と革命党はある意味においてはこれに逆行し
ていたといえよう。日本と孫文・革命党は目的が同じでないの
にかかわらず一時的に袁打倒のために結びついたように見えた
が、目的が達成された後は、目的の違いによって再び対立する
ようになった。ただし梅屋庄吉・萱野長知らは革命党の事業の
ために献身した。彼らの功績は高く評価すべきである。

五　袁死後の対応

　日本は南北の反帝政・反袁勢力を利用して所期の袁打倒とい
う目的を達成し、辛亥革命後に確立した袁の統治体制は崩壊し
た。日本にとってこの後の最大の課題は新たに日本の意志に
沿った親日的な政権を樹立することであった。本節では、南方
を支援して北方の袁政権に対抗した日本の政策が、北方の副総
統黎元洪らを支援し、これに南方の諸勢力を融合させて南北統
一政権を樹立しようとする方針に転換した過程を究明すると共
に、南北統一政権樹立をめぐる北方の黎・段と南方諸勢力の対
応を考究し、これらに対する欧米列強の姿勢を検討する。

　袁の死去とその統治体制の崩壊は中国南北政局の一大転換点
であった。これに日本はどう対応しようとしたのだろうか。日
置公使は袁の死後中国の「政況ハ再ヒ民国元年及二年当時ノ状
態ニ逆転」①すると判断して、その対応策を講じ始めた。

　日本は袁の死去による大転換期に中国国内に動乱が発生する
ことを防ぐため、まず天津・北京の駐屯軍を増員する措置をとっ

---

① 外務省編『日本外交文書』大正5年第2冊、160頁。

た。六月六日に上原勇作参謀総長は天津駐屯軍から一個中隊の
兵力を北京に派遣するように命令し①、七日に石光支那駐屯軍
司令官も上原参謀総長に歩兵一個連隊の増援を要求した。その
後天津より約一五〇名の兵員が北京に派遣され、天津には旅順
より急遽五〇〇名の兵員が派遣された②。日本は動乱の発生を
口実に袁の帝政に反対し、最後には袁の打倒に乗出したが、今
度も袁の死後に発生するであろう動乱の阻止を口実に天津・北
京に増兵した。増兵の目的は、石光司令官が「此機会ニ於テ当
駐屯軍ノ兵力ヲ増加シ機ニ応ジテ我勢力ヲ扶殖シ得ルノ準備ヲ
ナシ置クハ極メテ機宜ニ適シタル処置ナリ……帝国ハ兵力ノ余
裕ヲ有シアリテ機ニ応シ勢力圏ノ拡張ヲ図ルコト必要ニシテ此
レ亦増兵ノ必要ノ一理由ナリ」③と述べたように、増員した軍
事力をバックに親日的な勢力を扶植し、日本の勢力を拡大する
ことであった。

　日本のこのような増兵は欧洲の列強の要望の下でおこなわれ
た。六日午前の袁の死の直後、駐北京のイギリス・フランス公
使は日置公使に「此ノ場合出来得ル限速ニ北京駐屯日本軍ノ数
ヲ定員迄増加セラルルコト」④を要望した。大戦に巻込まれた
欧洲の列強には中国に派兵する余裕がなかったため、日本に依
存して動乱を阻止し、中国における自国の権益を保護しようと
したのである。これは日本と欧洲の列強の中国における利益が
一致する側面を示すものである。しかし欧洲の列強は日本の無
制限の増兵を警戒し、義和団事件後の協定で規定された定員の
範囲内で増兵することを要望した。その背後には、日本がこの
機会に無制限に増兵し、北京・天津を中心とした華北一帯にお

① 外務省編『日本外交文書』大正 5 年第 2 冊、132 頁。
② 外務省編『日本外交文書』大正 5 年第 2 冊、150－51 頁。
③ 外務省編『日本外交文書』大正 5 年第 2 冊、140 頁。
④ 外務省編『日本外交文書』大正 5 年第 2 冊、131－32 頁。

ける勢力を拡大することを牽制しようという狙いがあった。これは日本と欧州の列強との二重的関係を示したものである。

　日本の増兵は直隷巡按使朱家宝の要望の下でもおこなわれた。六日に直隷巡按使は秘書謝介石を石光司令官の下に派遣して、「天津ニ動乱発生セントスル場合ニハ一ニ日本軍隊ノ力ニ依頼シテ秩序ヲ維持スルヲ得ント欲ス」、「現在天津駐屯ノ日本ノ兵力ハ治安維持ノタメ不十分ナルヲ感スルニ付軍司令官ニ於テ本国政府ニ請求セラレ予メ駐屯軍ヲ増加セラルルコトヲ希望ス」①と申入れ、日本の力によって直隷省の治安を維持しようとした。

　上述のようにこの時の日本の増兵には、日本の勢力圏拡大、欧州の列強の利権の保護、直隷省の自己保全等多様な目的があったが、日本は増大した軍事力をバックに日本にとって好ましい人物を大総統の座に就けようとした。これは袁の死後の最大の課題であった。日本が帝政問題を利用して袁を排除しようとしたのも、中国に君臨する最高実力者である袁が「暗ニ欧米ノ勢力ヲ籍リテ日本ヲ抵制シ排斥セントスルノ方針」②（石井外相）をとったからである。日本は日本に好意的な人物の大総統就任を望んでいた。これこそ日本の中国における最大の利権であった。そのため日本は袁の死去の前から密かに副総統の黎元洪を擁立しようとし、死後はこの方針を公然と推進した。日本はまず黎に対する「保護」策をとった。六日、石井外相は日置公使に北京の守備隊長と協議の上、黎の身辺を保護すると共に「必要ナレハ黎ヲシテ貴館内ニ避難セシメ」③るよう訓令した。同日、上原参謀総長も斎藤公使館付武官に「黎元洪ノ身辺ニ危険ノ恐レアリト認ムレハ速ニ予定ノ方法ニ依リ彼ヲ救ヒ出

---

① 外務省編『日本外交文書』大正5年第2冊、139－40頁。
② 外務省編『日本外交文書』大正5年第2冊、183頁。
③ 外務省編『日本外交文書』大正5年第2冊、132頁。

シ充分保護ヲ加ヘラレタシ」と指示し、「是レ帝国将来ノ政策上最モ必要ノ事ナリ」①とその重要性を指摘した。

　この時イギリス・フランス等他の列強も黎元洪を大総統に就任させることに賛成していたので、日本は英・仏を始めとする連合国側と共同行動をとった。これは日本が黎を擁立するのに有利な情勢であった。

　日本がこのように急遽黎の擁立という挙に出たのは、四月二十一日に袁の指令によって内閣総理大臣になっていた北洋軍三傑の一人である段祺瑞に対する警戒があったからである。日本は「段政府カ果シテ黎ヲ推戴スヘキヤ否ヤモ明カナラザリシノミナラズ寧口之ヲ排斥スルノ挙ニ出デザルヤ」②との疑いを抱き、段が大総統に就任したら、袁を引継いで袁の「日本ヲ抵制シ排斥セントスルノ方針」をとるのではないかと恐れていたので、機先を制するために黎の擁立に積極的に乗出したのである。

　南方の護国軍側も黎元洪を大総統に推薦した。このような情況の下で段祺瑞は黎元洪が七日に中華民国大総統に就任することを各国公使と在外の出先機関を通じて列国に通告した③。段はその法的根拠を挙げ、これは袁が制定した「新約法」第二十九条に基づいていると説明した。その後「新約法」か「旧約法」かという論争が起きたが、七日にひとまず黎が大総統に就任した。十一日に石井外相は黎総統に対する保護策として至急段祺瑞と会見して、「帝国政府ニ於テハ黎氏ノ政府ニシテ誠意黎氏ヲ助ケ南北ノ妥協ヲ図カリ以テ国内秩序ノ回復ト日支親交ノ確立トニカメラル、決心ナルニ於テハ直接間接十分之ヲ援助スヘキ

① 外務省編『日本外交文書』大正5年第2冊、132頁。
② 外務省編『日本外交文書』大正5年第2冊、144-83頁。
③ 外務省編『日本外交文書』大正5年第2冊、135、137頁。

決心ナル」①ことを明確に示すように日置公使に訓令した。十
三日に日置公使は段にこの旨を伝え②、袁の腹心だった段を牽
制する措置をとった。

　日本は黎擁立のために、南方の岑春煊・唐継尭と南京の馮国
璋にも黎政府を支持して時局を収拾する方針を表明した。七日
に石井外相は南京の高尾領事に至急この旨を馮国璋に伝えると
同時に、馮が「黎元洪ヲ援助シ時局ノ収拾ニ努力セラレムコト
ヲ望ム」③という意向を示すように指示した。翌日高尾は馮に
この旨を伝えた。馮は「自分ニ於テハ飽迄黎元洪氏ヲ援助シ万
難ヲ排シテ秩序ノ回復ト大局ノ維持ニ努ムル決心ナル」④と回
答した。石井外相は七日に肇慶の太田領事と雲南の堀領事にも
同様の訓令を発していた⑤。八日に太田領事は岑春煊にこの旨
を伝えた。岑は「黎大総統ノ組織スル新政府ニシテ誠意時局収
拾ニ努ムルニ於テハ自分モ之ニ賛成ス」⑥と答えた。堀領事も
唐継尭にこの旨を伝えた。唐は「黎元洪大総統就任ハ素ヨリ南
方側ノ希望スル所ナリ」⑦と回答し、黎を支持する意向を表明
した。

　日本が黎を大総統に擁立したのは、中国のためではなく日本
のためであった。日本は黎に親日政策をとるよう強要した。七
日、石井外相は日置公使に至急黎に彼が「時局艱難ノ秋ニ当リ
此重任ニ就カルヽハ帝国政府ニ於テ最モ深甚ナル同情ヲ表ス」
と伝え、黎と彼が自ら任命した新政府が「誠意国内秩序ノ回復
ト日支親交ノ確立トニ力ムルニ於テハ帝国政府ハ出来得ル限リ

①　外務省編『日本外交文書』大正5年第2冊、163頁。
②　外務省編『日本外交文書』大正5年第2冊、169頁。
③　外務省編『日本外交文書』大正5年第2冊、138頁。
④　外務省編『日本外交文書』大正5年第2冊、153頁。
⑤　外務省編『日本外交文書』大正5年第2冊、138-39頁。
⑥　外務省編『日本外交文書』大正5年第2冊、147頁。
⑦　外務省編『日本外交文書』大正5年第2冊、162頁。

直接間接ニ援助ヲ与フヘキ」①ように申入れることを訓令し、
「日支親交」を黎支援の条件として提出した。黎も日本が自分を
擁立する目的を知っていた。八日、黎は密かに秘書劉鍾秀（日
本の商船学校卒業生)を個人的代理として日本公使館に派遣し、
日置公使にこれまで日本「政府ヨリ蒙リタル同情及ヒ今回黎総
統就任前後ニ於テ暗然ノ間ニ与ヘラレタル多大ナル御援助ヲ感
謝シ併セテ将来ニ於テモ一層ノ御助力ヲ得度」②と述べた。こ
れに対して日置公使は七日に石井外相が訓令した意を伝え、「黎
閣下ノ政府ニシテ誠意誠心日支ノ親善ヲ計リ我ニ信頼シテ庶事
打解ケ相談セラルヽニ於テハ帝国政府ハ喜ンテ援助ヲ与フヘク
本使モ其趣旨ヲ体シ努力スヘキハ勿論ナルコトヲ承知セラレタ
シ」③と付言した。劉は「黎総統ハ嘗テ日本ニ留学シタルコト
アリ日本ノ事情模様等承知シ又東洋ニ於ケル日支ノ関係カ如何
ナル状態ナルヤモ充分心得居ルコト故今後日支ノ親善提携ニ関
シテハ極力尽瘁スル所存ナル旨ヲ特ニ閣下（本使）ニ伝フル様
申付ケラレタリ」④と黎の日本への好意を伝えた。九日、日置
公使は船津書記官に黎を訪問させ、黎に石井外相の七日の訓令
の趣旨を伝えて「此際黎総統ヲシテ十分日支両国ノ関係ヲ了解
シ袁政府ノ失敗セシ所以ニ鑑ミ今後支那政府ノ対日方針ヲ一変
シ衷心ヨリ日本ニ信頼セシムルコト必要ナリト思惟シ此ノ点ニ
関シ御訓電ノ趣旨ニ基キ反覆丁寧ニ黎ノ注意ヲ喚起シ日常ニ之
ヲ念頭ニ置クコト緊要ナルヲ説示」⑤させた。これに対し黎は
「日支両国ハ東洋ニ於ケルニ独立国ニテ唇歯輔車ノ関係アレハ
相互提携扶助セサルヘカラス支那人ハ動モスレハ日本カ支那ヲ

① 外務省編『日本外交文書』大正5年第2冊、136頁。
② 外務省編『日本外交文書』大正5年第2冊、145-46頁。
③ 外務省編『日本外交文書』大正5年第2冊、146頁。
④ 外務省編『日本外交文書』大正5年第2冊、146頁。
⑤ 外務省編『日本外交文書』大正5年第2冊、160頁。

第二ノ朝鮮トナサントノ野心アル如ク疑惧シ其ノ他種々ノ原因
ニテ日支ノ関係兎角面白カラサルヲ以テ今後ハ成ルヘク支那
ヲシテ右ノ如キ誤解ヲ起サシメサル様貴国政府ノ御尽力ヲ希
望ス」①と逆に日本に要望を提出した。船津はこれを「陳腐ナ
ル支那式ノ挨拶ヲ為シタル」ものだと見て、「支那ハ東洋ニ於ケ
ル日本ノ実力ト支那自身ノ国情ヲ能ク了解シ万事日本ノ指導ヲ
仰ク心掛アルコト肝要ナル」②旨を露骨に述べ、日本の命令に
服従して日本の要求通りに行動することを強く要求し、日本が
黎を擁立する目的を明確に示した。

　しかしこの時期、黎はそれほど親日的立場をとっていたとは
いえない。船津が述べた「万事日本ノ指導ヲ仰ク心掛アルコト
肝要ナル」という点に関し、船津自身が黎が「痛切ニ徹底了解
シ居ルヤ稍疑ハシク又仮ニ之ヲ了解シ居ルトスルモ彼ハ果シテ
衆論ヲ排シテ之ヲ断行スルノ勇気ト胆力アルヤ頗ル疑問ナルカ
如シ」③と考えていたことがこれを示すであろう。

　この時期、黎元洪が日本に求めていたのは新政権を維持する
ための財政的支援であった。黎は七日に大総統に就任した直後、
側近を通じて坂西利八郎に五〇〇〇万元の借款を要請した④。
これに対し石井外相は八日に「黎ニシテ当方ニ依頼スルノ意嚮
明ラカナルニ至ラハ帝国政府ハ黎の任命スヘキ政府ニ対シ約二
千万円迄ハ資金ヲ貸与シ差支ナキ内意ニテ其用意モ為シ居ル次
第」だと考え、翌九日に駐中国の総領事館・領事館に「帝国政
府ニ於テハ黎ヲ援助スルノ意向ヲ有シ尚其組織スル新政府ニシ
テ国内秩序ノ回復並日支親交ノ確立ヲ期図スルノ誠意有リト認

① 外務省編『日本外交文書』大正5年第2冊、160頁。
② 外務省編『日本外交文書』大正5年第2冊、160頁。
③ 外務省編『日本外交文書』大正5年第2冊、160頁。
④ 外務省編『日本外交文書』大正5年第2冊、143頁。

メラル、ニ於テハ直接間接之レヲ支持援助スルノ方針ナル」[1]と内密に通告した。十五日に黎の秘書劉鍾秀が大総統の命により船津を訪れ、日本の資本家よりの五〇〇万ドル借入について日本政府に尽力を申入れた[2]。しかし日本は黎の対日姿勢を疑い、当分中国の政局を傍観する方針をとってこれに積極的に応じようとしなかった。これは日本の対黎政策が転換し始めたことを示している。しかし日置公使は黎に対し「此際漫然誠意ヲ示サズトカ若クハ我真意ヲ諒解セズトカノ理由ノ下ニ今回ノ借款ヲ不成立ニ帰セシムルハ甚ダ面白カラズト感ゼラルル」と考え、この際「電話借款ヲ成立セシメ前渡金トシテ三百万乃至五百万ヲ融通シ以テ黎ヲシテ当面ノ急ニ応ゼシムルコト、シテハ如何カ」[3]と石井外相に上申した。その理由は借款要求を拒否した場合、「黎自身ノ地位ヲ危殆ナラシメ折角収拾ノ緒ニ付キ掛ケタル situation ヲ破壊シ再ビ時局ヲ紛糾セシムルノ虞アルノミナラス……自然米国筋ニ走ルノ機会トナルモ保シ難」[4]いというものであった。こうした実情から見れば、黎は日本と一定の距離を保っていたのであり、日本から借款を得るために一時的に日本に対して表面的な好意を表したのである。

　この借款と共に提出された問題は、塩税剰余金の引渡についてであった。中国政府の財源は(一)は海関の関税収入であり、(二)は塩税収入であった。塩税剰余金五〇〇万元は法的には中国政府に引渡されるべきであったが[5]、五月下旬の日本の反対によって袁政府に引渡されなかった[6]。袁が死去した日の午後、

① 外務省編『日本外交文書』大正5年第2冊、150頁。
② 外務省編『日本外交文書』大正5年第2冊、175頁。
③ 外務省編『日本外交文書』大正5年第2冊、175-76頁。
④ 外務省編『日本外交文書』大正5年第2冊、175頁。
⑤ 駱恵敏『清末民初政情内幕』下、知識出版社、1986年、575頁。
⑥ 外務省編『日本外交文書』大正5年第2冊、75-77頁。

曹汝霖外交総長は日置公使に明朝中国政府より正式に外国銀行団に塩税剰余金の引渡を請求するが、「日本ニ於テモ各国同様是非支那政府ノ申出ニ同意セラルル様懇望ニ堪ヘズ」①と申入れた。北京の各国公使は全員塩税剰余金を中国政府に引渡すべきだと主張したが、日本だけがこれに反対していたため、曹外交総長は特別に日本の同意・協力を求めたのであった。イギリス外相グレーも引渡に同意し、駐ロンドンの井上大使にこの意見を伝えて日本側の意向を尋ねた②。これに対し石井外相は「三条件ニ関シ支那当局ニ於テ納得スルニ於テハ剰余金払渡ノ申出ニ応シ差支無キ意響ナル」③と回答した。この三条件が何のことか不明であるが、十三日夜に黎の秘書が密かに船津の私邸を訪れ、袁の帝政運動を率先した梁士詒・周自斉らを免官するという黎の決心を伝え、塩税剰余金の引渡に対する日置公使の尽力を懇請した④。しかし二十二日に石井外相はこの件は「暫ク成行ニ任セ傍観スル積ナ」⑤りと日置公使に通告した。この問題に対して日本がこのように消極的であったのは黎の対日姿勢と関係があったのだろう。

　日本が当時重視したのは、黎が「袁氏時代ニ於ケルカ如キ日支ノ乖離ヲ来ス如キ政策ヲ繰返ヘスノ懸念ナキ新政府ヲ任命セラル」⑥、ことであった。日本は黎総統に「日支親交ノ確立」に努める閣僚を任命するよう強要しようとし、黎も「自分ハ日支親善ヲ重要ナル信条トナシ居ルヨリ内閣ハ当分ノ間現状維持ノ外ナキモ将来改造ノ場合ニハ決シテ日本ニ不利ナル人物ヲ用

①　外務省編『日本外交文書』大正 5 年第 2 冊、134、149−50 頁。
②　外務省編『日本外交文書』大正 5 年第 2 冊、155−56 頁。
③　外務省編『日本外交文書』大正 5 年第 2 冊、165 頁。
④　外務省編『日本外交文書』大正 5 年第 2 冊、171 頁。
⑤　外務省編『日本外交文書』大正 5 年第 2 冊、234−35 頁。
⑥　外務省編『日本外交文書』大正 5 年第 2 冊、136 頁。

ヒサルコトハ予メ保障スル所ナリ」①という意向を表明した。
新内閣を組織する上で重要な問題は元総理の段祺瑞をどう処遇
するかであった。南方の唐継堯は「段内閣ハ大総統ノ資格無キ
袁ノ下ニ成リタルモノナレハ之ヲ承認セス」②と公然と段に反
対した。上海の唐紹儀・張継・孫文らも袁の死後段が北京の実
権を掌握し、黎がそのかいらいになることを恐れていた。張継
はこのため「今暫ク段ノ態度ノ見留付ク迄」塩税剰余金を引渡
さないよう、有吉総領事に要望した③。それは、段は袁の重要
な腹心だったから、袁の死後その軍事力をバックに大総統の要
職を奪い、袁の政策を引継ぐ可能性があったからである。だが
段はこの時期には立場を転換し、日本と南方各派の要望に沿っ
て黎を大総統に擁立し、黎を助けて時局に当る意向を示して日
本と南方からの信頼を得ようとした。日置公使は段のこのよう
な変化を認め、「袁臨終前後ニ亘リ段総理ノ払ヒタル細心ノ注意
ト機宜ニ適シタル措置振万端布置極メテ宜シキヲ得タルモノ」④
だと評価した。六月十三日に日置公使は段と一時間半会談した
後、「段ハ従来袁及其ノ一派トノ関係深カリシ事情モアリ南方側
ニ対シ此際成ルヘク無益ノ誤解ト嫌疑ヲ惹起サザル様注意シ同
時ニ四囲ノ状況ニ適応シテ此ノ難局ヲ無事ニ斬リ抜ケント極力
腐心シ居ルモノ丶如ク……黎総統トノ間モ今日迄ノ処未タ扞格
ヲ生シタル模様ナキモノ丶如シ併シ段ノ政治的手腕ニ至テハ支
那現下ノ難局ヲ按排スルニハ或ハ聊カ心許ナキヤニ感ゼラル」⑤
と石井外相に報告した。当時、唐紹儀を国務総理に推薦する動
きもあったが、参謀本部と公使館付斉藤少将らの反対もあって

① 外務省編『日本外交文書』大正5年第2冊、159頁。
② 外務省編『日本外交文書』大正5年第2冊、162頁。
③ 外務省編『日本外交文書』大正5年第2冊、155頁。
④ 外務省編『日本外交文書』大正5年第2冊、135頁。
⑤ 外務省編『日本外交文書』大正5年第2冊、171－72頁。

　最後には段があらためて国務総理に任命された。この裏には日本の賛同・支持があったと思われる。これはその後段と日本が結託する原点であった。

　また日本は南北の妥協・融和についても重視した。上述のように日本の計画通り黎元洪が大総統に擁立され、段祺瑞も黎に協力する姿勢を示したため、南方を支持して北方に反対してきた日本は、今度は北方派を中心に南北両者を妥協・融和させようとした。このため日本は南北双方に働きかけた。六月七日に石井外相は日置公使に、至急黎に「先ツ国中ノ異分子ヲ融和統一スルニ努メ南方側ノ主張ノ如キニ対シテハ慎直ノ考慮ヲ加ヘテ之ト妥協ヲ遂ケ全国動乱ノ原因タリシ禍根ヲ除キ以テ平和恢復ノ事業ニ尽瘁セラルヘキヲ信ス」①という要求を伝えるように訓令し、十一日には段に、この際「南北妥協時局収拾ノ方途ヲ策セラルヽコト最急務ト認メラレ、処右ニ就テは南方側ノ主張ヲモ充分尊重シ速カニ融和ノ途ヲ講スルコト最モ必要ナル」②旨を伝えるように訓令した。これに対し黎は九日に日本の要望通り「南方ノ有力者ニ打電シテ其ノ来京ヲ求メ」③ると返答し、段も十三日に「現下ノ時局ヲ収拾スルニハ南北ノ妥協ヲ図ルコト御説ノ通急務中ノ急務トシ……南北ノ妥協ヲ図ル第一著トシテ南方ノ意見ヲ徴スルコト必要ナリト考ヘ南方領袖連ノ来京ヲ求メタ」④と語った。このように南北妥協・融和の問題において日本と黎・段はほぼ一致した。

　南方の反袁勢力は黎が大総統に就任することには賛同したものの、段らに対しては不信感を抱き、相当の警戒心を有していた。上海の張継らは「護国軍ノ有力ナル部隊ヲ北京ニ入ルルカ

---

① 外務省編『日本外交文書』大正5年第2冊、136頁。
② 外務省編『日本外交文書』大正5年第2冊、163頁。
③ 外務省編『日本外交文書』大正5年第2冊、159頁。
④ 外務省編『日本外交文書』大正5年第2冊、169頁。

乃至黎元洪ヲ南方ニ迎ヒテ軍務院ヲ改メテ内閣トスルヲ可トスル」①と主張し、唐継堯は上海或いは武昌で国会を召集し、軍務院を同地に移すように主張し、北方と対立する姿勢を示した②。李烈鈞の護国軍第三軍は江西省出兵計画を中止せず、江西に向って進軍した。南方の反袁勢力は袁の死去だけに満足せず、北方を制圧して全国の統一を実現しようとした。しかし反袁の時には南方を支持して北方に反対した日本はその政策を転換させ、逆に黎を中心とした北方を支持して南北の妥協・融和を図ろうとして、南方に北方との対立を避け、北京に代表を派遣して黎らと話合うように勧告した。石井外相は元参議院議長張継を北上させるように上海の有吉総領事に指示し、八日に有吉は張に北上を勧告した③。上海の唐紹儀も南方代表の北上を主張した。日本のこのような勧告と南北の力関係により、進歩党の梁啓超・孫洪伊らの代表が北上して段祺瑞ら北洋軍閥と妥協を始めた。これは日本の要求に合致していた。

　南北の妥協・融和における最大の対立点は新旧約法と新旧国会の問題であった。即ち袁の新約法・新国会を廃棄して旧約法・旧国会を回復するか否かの問題であった。孫文の革命党を含む南方の諸勢力は袁の独裁体制を根底から打破するために袁が制定した新約法と新国会の廃棄を主張し、南京臨時政府が制定した旧約法と旧国会の復活を強く要求した④。黎元洪は曖昧な態度をとり、「成ルヘク中央政府ニ於テ initiative　step ヲ執ルコトヲ避ケ先ツ馮〔国璋〕ヲシテ南方有力者ヲ勧誘シ上海若ハ南京ニテ会合決議セシメ之レニ依リテ初メテ旧約法復活等ノ申

---

① 外務省編『日本外交文書』大正 5 年第 2 冊、142 頁。
② 外務省編『日本外交文書』大正 5 年第 2 冊、162−63 頁。
③ 外務省編『日本外交文書』大正 5 年第 2 冊、151−52 頁。
④ 李新・李宗一編『中華民国史』第 2 編第 1 巻下、中華書局、1987 年、834−35 頁参照。

令ヲ発布スルノ形式ヲ執ラン」①とした。これは段の意向を考慮したからであった。十三日、段は日置公使に「自分ノ見ル所ニテハ一片ノ申令ヲ以テ約法ノ変更ヲ行フハ法理上不可能ナルノミナラス仮リニ権宜ノ措置トシテ之ヲ実行スルモ後日之ニ反対スルモノ生シタル場合再ヒ之ヲ変更セサルヲ得サル羽目ニ陥ルヤモ計リ難」いので、「此際各省ヨリ代表各三人宛ヲ選挙シテ北京ニ派遣セシメ臨時参議院的ノモノヲ組織シテ旧約法復活問題ヲ討議決定セシムルノ案」②を提起した。このような黎・段の旧約法・旧国会に対する方策に南方側が賛成するはずがなかった。南北妥協・融和を急ぐ日本は原則よりも現実を重視した。日置公使は段に、この際「旧約法及参衆両院ヲ復活セシメ以テ南北ノ妥協ヲ一日モ速ニ実現セシムル方却テ国家ノ為得策ナラス」③やと説得した。日本は一九一二年一月に成立した南京臨時政府を承認していなかったので、同政府と孫文が制定した旧約法と旧国会も認めていなかった。しかしこの時、旧約法と旧国会を復活するように勧告したのは、日本が南北の妥協・融和を急ぎ、原則よりも現実を重視したことを示している。これは日本外交の現実主義を端的に表明していた。

　当時李鼎新を総司令官とする海軍は北京政権から独立して護国軍に加入しようとしていた。これは段に対する強力な軍事的・政治的圧力となった。段は日本の要求、南方派の要望、海軍の圧力によって六月二十九日に旧約法を復活し、八月一日には旧国会を再開するという申令を発布した。これによって帝政を否定し共和制を保障する旧約法と旧国会が復活し、南方の護国軍と反袁勢力は一定の勝利を獲得した。この過程において、

---

　①　外務省編『日本外交文書』大正5年第2冊、165頁。
　②　外務省編『日本外交文書』大正5年第2冊、169頁。
　③　外務省編『日本外交文書』大正5年第2冊、169－70頁。

日本の中国時局収拾の主張は日本のための要求ではあったが、客観的には中国にとって有利だったのは事実である。歴史の進展過程において、一定の歴史条件の下では動機と目的が一致しないこともあり得ることが再度立証されたのである。

　最後にこの時期の日本の対欧米列強外交を考究する。日本は帝政実施延期の勧告の時には、対袁外交のイニシアチブを握っていながら欧米列強に協調と介入を要望したが、袁の死後の中国時局を収拾する過程の大半においては簡単に政策を内報するにとどまった。六月十二日に石井外相は駐欧洲の日本大使を通じて日本が中国南北双方を慰撫して融和させるという方針を各国政府に内報したが、これに対する意見と協力は要望しなかった。欧米列強はこれに反駁もせず、介入しようともせず、時局の収拾を日本に任せざるを得なかった。イギリス外相グレーは「支那ノ事態ノ一日モ速ニ収拾セラレンコトハ英国政府モ斉シク切望スル所ニ有之幸ニ日本政府ノ執ラレタル措置ノ結果トシテ右時局収拾ノ時機ヲ早ムルヲ得ハ最仕合ナリ」[1]と述べた。一九一六年はヨーロッパで激戦が展開し、五月末・六月初めに英独の海戦が、七月初めからは英仏軍の総反撃等があってイギリスには中国問題に関与する余裕がなかった。袁の死去によって袁排除の日本の外交が成功すると、従来袁を支持してきたイギリスは袁をめぐる日英外交戦において大敗北を蒙ったのである。これとは対照的に、日本は一時的に完全に列強の対中国外交のイニシアチブを握ることになり、中国に関してイギリスは日本の外務大臣の鼻息を窺う受動的な立場に陥らざるを得なかった[2]。これは中国における日英の地位の一時的大逆転であった。

---

① 外務省編『日本外交文書』大正5年第2冊、168頁。
② 外務省編『日本外交文書』大正5年第2冊、167頁参照。

　この後、日本の対中国政策は黎の擁立から段の支援へと転換した。一九一七年以降、日本は段祺瑞を支援して中国における日本の覇権的地位を確立しようとした。アメリカ公使ラインシュは袁世凱政権の崩壊が日本が中国において支配的地位を確立する計画の実現に有利であるのは疑いないと述べた[①]。それこそ正に日本の袁打倒の目的とその成果であった。

---

　① 保羅・S・芮恩施『一個美国外交官使華記』商務印書館、1982 年、149 頁。

附录：书评

中国人研究者が日本語資料を活用した先駆的な中日関係史

久保田文次

　南開大学教授兪辛焞氏が『辛亥革命期の中日外交史研究』を出版された。兪辛焞氏には『満洲事変期の中日外交史研究』（東方書店、一九八六年）、『孫文の革命運動と日本』（六興出版、一九八九年）や『孫中山宋慶齢与梅屋庄吉夫婦』（中華書局、一九九一年）、『孫中山与日本関係研究』（人民出版社、一九九六年）等の著作があり、本書のテーマに関しては、最適の執筆者である。実は兪氏は近年、健康を害されて、正常な研究活動に従事するのは不可能な状態にあつた。このたび、以前の研究をもとに本書を出版されたことは、本格的研究活動再開の予兆として、衷心より慶賀する次第である。なお、『辛亥革命時期中日外交史』（天津人民出版社、二〇〇〇年）は本書の中訳版である。

　本書の一貫した理論体系は当時の中国・日本・欧米列強の外交関係を「二重外交論」で把握することにある。「日本と欧米列強は中国における既得権益の維持では共同一致の外交政策をとり、新たな権益の拡大をめぐっては互いに争奪し互いに牽制する二重的関係にあった」。中国（袁世凱政権を含む）は日本と欧米列強の協調・対立を「巧妙に利用して双方を牽制したのである」（はしがき）。また、「日本の対中国政策の主体は対袁政策であり、対孫政策は対袁政策如何によって決定された」（はしがき）ととらえる。この理論により『日本外交文書』はもとより、外

務省外交史料館・防衛庁防衛研究所・三井文庫等の未公刊史料
も利用されて分析を進められたのである。

　第一章「辛亥革命の勃発と中日外交」では西園寺公望内閣が
中国における権益の確保・拡大をめざし、出兵干渉の準備もな
されたが、清朝援助から立憲君主制への固執を経過して、結局
は袁世凱を臨時大統領とするイギリスの時局収拾策に追随して
いった過程を詳細に跡付けた。日本の「外交方針は中国の政体
と社会秩序の変革に対する認識がいささかもなく、この革命の
舞台に登場した諸政治勢力に対する分析も見通しもなかった」
（二十三頁）と評するのは至言であろう。「大陸浪人」について
も、「肯定すべきことは評価し否定すべきことは批判すべきであ
る」（八十三頁）と柔軟な解釈を主張する。また、革命政権が列
強の既得権益を認めたことは、従来は限界として指摘されてい
たが、「当時の力関係から、革命の勝利のため必要なことであっ
た」（十一頁）とまた、柔軟な見解を示している。

　第二章「南京臨時政府と中日外交」では対日不信感を示して
いた孫文が、帰国後は黄興の影響もあって対日接近策をとるよ
うになったという。伊集院公使が最後まで共和制に反対したの
は、革命派との妥協により成立すべき新政権が利権回収などを
唱えて「排外的殊に反日的」になると予測したからであると指
摘した。

　第三章「日本の満蒙政策と閩浙沿岸浸透」は日本の政策が静
観から出兵・独立・租借の「企み」・第三回日露協約へと発展し
ていった過程等を跡付けた。三井の森恪や益田孝が画策した孫
文との「満洲」租借の密約交渉が存在したことはほぼ確実とし、
密約締結後の借款供与を主張した日本側と契約前の即時供与を
要求した孫文との相違が、不成立の原因となったという首肯す
べき見解である。孫文が国家主権の一時的喪失と共和革命の最

終的目標達成との間で後者を優先させたという趣旨の説明にも
同意したい。ただし、この問題は、藤井昇三氏はじめ多くの研
究者の論議の的となっており、筆者自身も近いうちに、私見を
『中国研究月報』に発表する予定であるので、詳細はそちらを
参照されたい。

　第四章「北京政府と中日外交」では袁世凱に不満があった日
本が袁政権を早期に承認しようとし、袁を支持してきたイギリ
スが早期承認に消極的であつたのも、権益の確保・拡大のため
であったと指摘する。また、「善後借款」、「露蒙協約」や三井の
進出、各地方への借款についても考察している。

　第五章「孫文の訪日と中日外交」は一九一三年の孫の訪日が
第二次桂太郎内閣の決断によつて実現したと指摘した。これは、
櫻井良樹「立憲同志会創設と辛亥革命後の対中政策」（『史学雑
誌』一〇三編二号、一九九四年）によっても確認される。ただ
し、連独反英政策実施の点で孫と桂が大いに意気投合したとい
う理解には、疑問が残る。櫻井氏によると、日英同盟中心論者
の加藤高明を外相にしたように、桂内閣・立憲同志会の積極的
中国政策も対英対露協調の枠組内で想定されていたのである。

　第六章「第二革命期の中日外交」では中立不偏を標榜して、
袁世凱政権を支持した山本権兵衛内閣が、孫文等の亡命を認め
ざるを得なかった経緯を述べる。第二革命後の孫文・黄興の意
見対立は一九一三年五月ごろから顕著となったと重要な指摘が
ある。列強が袁政権承認条件として、既得権益尊重の意思表示
に固執したこと、兗州・漢口・南京各事件に対して、軍部・右
翼と国内世論に押されて、日本政府が強圧的な交渉態度をとっ
た経緯も詳細に説明されている。

　第七章「第一次世界大戦の勃発と中日外交」は青島作戦や山
東鉄道占領をめぐる日本の武断的外交を明らかにする。二十一

箇条要求に対しては袁世凱・孫文は「対立を一時的に緩和して共に日本に当たるべきであった」と批判する。孫文が外務省政務局長小池張造に提出したとされる「日中盟約案」についても、署名等の筆跡や印章などに疑問が多いので、本物と断定するには時期尚早とされた。綿密な史料吟味作業には敬服するが、藤井昇三氏等の反論もあり、前述の別稿でも論じたい。

　第八章「洪憲帝制と中日外交」は袁世凱の帝制に対する日本の政策が傍観・延期・中止・承認から袁の打倒へと変転する過程を考察する。日本による反袁勢力の利用策を歴史の後退を阻止したという点で、「中国には客観的には有利な結果をもたらした」と評する。一方で中国の反日的潮流に対して「孫文と革命党はある意味においてはこれに逆行していた」（第八章、七三〇頁）と、孫の対日依存策をも批判する。なお、本書中にしばしば見られる孫文批判の位置づけについては、俞氏の「孫日関係研究方法論」（『孫中山与日本関係研究』）が参考になる。

　私は本書全体を通じて、後の全面武力侵略時代にくらべれば、はるかに「穏健」であった当時の日本の対中国外交も中国の歴史的趨勢を見通すことができず、強圧的・侵略的な態度を続けてきたことについて、理解を深めることができた。袁世凱等中国の為政者が日本への屈従を強いられた状況についても同様である。孫文ら革命派の弱点とともに、その苦心についても了解を深めた。中国が苦境を脱出するためにはやはり革命が必要であったということも、あらためて勉強した。

　以上の他にも、紹介すべき論点や、教示を仰ぎたい問題はまだまだたくさんあるが、若干の疑問点を以下に指摘してみたい。第一には、伝統的な見方に影響されてか、当時の日本の政策決定過程における元老・軍部の役割を過大評価しているように思われる。武昌蜂起直後における清朝への武器供与の決定と、よ

り慎重な態度への「転換」をそれぞれ陸軍・海軍の強い「力」
による（二十四頁）ものとしたなどはその例である。一九一二
年十二月二十四日の閣議で立憲君主制の原則を放棄することを
決定しながら、元老会議で否決され、ついで元老会議でこの原
則放棄が決定されたあと、二十六日に閣議がそれに追随したと
説明されている（六十七頁・七十頁）。実際は二十四の閣議が立
憲君主制勧告をもう一度試みるが、イギリスがそれを放棄すれ
ばそれに従うことを決め、元老会議を経て二十六日の閣議でそ
のことが確認されたのである。山県有朋等元老・軍部・一部外
交官の出兵論・分割論が、西園寺内閣に抑制されたことは、日
本側の研究や本書自体が共通に認めることである。

　これとは対照的に、議会の討論は政府の政策に特別な影響を
与えず、「日本の議会政治の弱さを示した」（九十四頁）と説明
される。しかし、本書も犬養毅が質問によって山県有朋らの出
兵の企凶を牽制したとも述べているし（九十二頁）、引用されて
いる石本新六陸相の書簡は、出兵挫折の一因に議会における議
論を挙げている（二一三頁）。山県等も政府の消極的態度は、議
会や総選挙を顧慮したものと見ていた。この点についても、櫻
井良樹「辛亥革命時における日本陸軍の北清・満洲出兵計画」
（黒沢文貴・斎藤聖二・櫻井良樹編『国際環境のなかの近代日
本』芙蓉書房出版、二〇〇一年）が参考になる。

　第二に、日本がイギリスに「挑戦状」をつきつけたとか、日
英同盟が空洞化しているような表現が多いことである。本書の
いうとおり、日本は中国においてイギリスと「争奪」したけれ
ども、対英対露協調はまだ持続するのであつて、日本の官僚・
軍人の強硬論。積極論も多くはこの枠組内のものであつた。こ
のように表現するのは時期過早の感がする。

　日本が本書の対象とする時期において、侵略的外交を続けて

きたのは事実であるが、手段・方法には異なる段階がある。昭和期の全面武力侵略の像をこの時期に投影するのは、やはり慎重でなければならないであろう。

　本書の主題については、日本の学界では多くの蓄積があり、近年も前記の櫻井氏や小林道彦氏・斎藤聖二氏・李廷江氏等によってさらに進展がみられる。しかし、中国人研究者としてこの時期の日中両国外交史に関する重要問題をこれだけ網羅的に分析した著作は、本書が最初である。未公刊文書を含む多くの日本語史料を駆使して、日本語で書かれたことが本書の第一の特徴であり、魅力である。日本語原史料を活用して中日関係史研究を進めることにおいて俞氏が中国学界における先駆者であり、第一人者であることは、本書が証明している。本書が「外交史」研究にとどまるものではなく、中国近代史・中国革命史と日中関係史を綜合的・統一的に把握しようと努力している点も高く評価したい。しばしば紹介したように、従来の「教条主義的」解釈から脱して、より客観的で、柔軟で新鮮な見解が示されている。このように本書は中国近代史・中国革命史・日中関係史研究の重要な著作であるとともに、また、日中間の学術交流の記念碑的出版物であるといえる。

　私は多年、俞辛焞氏から多くの示教を蒙ってきており、書評担当者としては必ずしも適任者とはいえない。それにもかかわらず執筆したのは、俞氏の病状好転を祝したい気持ちからである。文中、蕪辞・妄言も多いと思われるが、著者・読者のご海容をお願いする。末筆ながら俞氏が完全に健康を回復されて、本書で展開された諸問題について示教を与えられる日が一日も早からんことを祈る。

　　　　　　　　　　『東方』2003 年 4 月（日本女子大学）

兪辛焞著『辛亥革命期の中日外交史研究』

松下佐知子

　本書は、辛亥革命に焦点をあて、日中外交史・国際関係史の視角から検討することを目的として時系列に沿って書かれている。辛亥革命研究の近年の傾向として、辛亥革命そのものを扱うというよりは当時の社会や地域の構造や政治研究が中心になってきている。その中で本書は、外交史という政治史を取り扱っており、現在の出版状況から考えるとやや異色となっているのは研究の関心が変容した結果とはいうものの、かつての主流の研究の一つに位置づけられると言えよう。以下目次に従って、内容を紹介していく。本書は大作であるため、特筆すべきと考えた内容紹介が幾分長めになることをお断りする。

　第一章「辛亥革命の勃発と中日外交」では、武昌蜂起を一地域の事件とする清朝政府の対応と、蜂起軍・清朝双方に対する日本および列強の中国における反応を比較するとともに、日本の軍部・政府・外務省の革命勃発時期における対清政策の形成過程を解明し、日本の民間人・ジャーナリズム・帝国議会の反応、それらと政府・軍部との関係、そして以上のことが日本社会に与えた影響が検討されている。その中で、武昌蜂起における湖北軍政府が列強に中立的態度をとらせたということは、その後各地においての先駆的な意義があると評価した。その後日本の対応は静観から干渉に転換しただけでなく、清朝全面支援から立憲君主制樹立へと変化する。南北和議に直面した際日本

は、袁世凱の真意を把握できない上イギリスの牽制にも会い、目的を果たせなかったと結論づける。

　第二章「南京臨時政府と中日外交」では、「革命党」の日本に対する警戒・牽制が期待に転換する過程と孫文・南京臨時政府の日本に対する期待を孫文の外交活動などの問題を通じて解明するとともに、これらへの日本の対応の変遷過程を西欧列強と対比し、南北妥協という事態収拾と日本の対応を明らかにする。

　第三章「日本の満蒙政策と閩浙沿岸浸透」では、日本による出兵の企図から第一次満蒙独立運動とその失敗、孫文との間の満洲租借、第三回日露協約とこの時期の満洲をめぐる問題と、これをめぐる列強の反応を検討するとともに、福建・浙江省沿岸に対する日本の利権浸透について述べる。特に第三回日露協約締結交渉について、常に日本が主導権を握り、ロシアの権益である地域に日本の利権を浸透させ、南満洲と東部蒙古を合体させ、その後の満蒙政策の規範を作ったと位置づける。陸軍・外務省中心の満蒙を中心とする北方政策と比較して閩浙地域への日本利権浸透は、海軍が中心となっており、浸透の方法や国際関係についても対照的であったと結論づけた。

　第四章「北京政府と中日外交」は、外国からの承認と借款という問題をめぐる北京政府と日本・列強の「二重外交」の交渉を考究し、辛亥革命が中日貿易や三井物産に与えた影響および中露の外蒙古についての外交交渉に対する中日両国の対応を検討する。北京政府承認問題では、日本を含め列国が自国権益擁護のために一律に行動したのは「二重外交」を示すもので、既得権益と新権益に対する欲望が各国の承認に対する態度に影響したと評価した。また、善後借款に対する各国の態度は、辛亥革命の進行状況と南北の各政権の国際上の地位と、この借款をめぐる日本と欧米の協調と争奪という「二重外交」によって変

化すると規定する。

　第五章「孫文の訪日と中日外交」では、孫文の訪日が一度挫折したにもかかわらず、なぜ一九一三年二月に実現したかの原因を探るとともに、孫文の訪日中の活動と孫文・桂太郎会談の内容を究明し、この時期の日本政府の対袁、対孫政策について分析している。そして、孫文の対日意識の変化の原因および性格を併せて実証する。孫文の第一回目の訪日の中止は日本の対露・対袁政策と訪日に対するロシア・袁世凱の牽制の結果であり、その後改めて行われた孫文訪日、特に桂太郎との会談は孫文に一時的ながら大きな影響を与えたと述べる。そして、この時期の孫文の対日意識は、中国侵略についての恐怖であったとした。

　第六章「第二革命期の中日外交」では、袁・孫の対日姿勢を考究し、日本政府・外務省・軍部がどのように両者のバランスをとり日中外交を推進したかを通して分析し、このような反応に対する日本と列強の「二重外交」を検討する。その後孫文・黄興の渡日をめぐる段階に入ると、孫・袁双方のバランスをとることとなった。それには、当時の中国の政治状況および列強との協調が影響していた。また、兗州・漢口・南京事件についても列強の対応は、一面では日本の中国への要求に同情を示し、その一方で日本の権益拡大については牽制するという「二重外交」であった。その中で、日本は一定程度の目的を達成し、北京政府の承認については日本が主導権を掌握しようとしたが、結局受動的な日中外交を転換できなかったと評価する。

　第七章「第一次世界大戦の勃発と中日外交」では、第一次世界大戦への日本の参戦・開戦と膠州湾・山東占拠および二十一ヵ条交渉に関する中日外交を検証するとともに、これらを巡る列強の態度と激しくなる袁・孫の対立および両者と日本との相互

の対応について検討する。第一次世界大戦への日本参戦から、北京政府の強硬な「革命党」排除要求と、孫文らの活動についての黙認との間でバランスをとっていたと位置づける。二十一ヵ条要求は、多方面から出された意見書などをもとに作られ、この条約および交換文書は国際公法に違反し無効であるが、袁と孫は一致して日本に対抗することがなかったとの見解を示した。

　第八章「洪憲帝制と中日外交」は、日本の帝制復活に対する態度とそれに対する袁政権および列強の対応を分析し、日本が袁世凱打倒のためにいかに反袁勢力を支援したか、袁死後の日本の対中国政策について検討する。袁の帝制運動では、袁政権は日本と列強との矛盾点を利用して帝制実施の承諾を得ようとしたがうまくいかず、日本は帝制運動について常に攻撃的であったが、北京政府側は受動的であったと評価する。第二次満蒙独立運動と張作霖工作では、この時期日本は対張工作の目標を果たせず、また張作霖も完全に日本を信頼せず時局の推移を見守っていたと述べる。その後の山東蜂起については政局への影響を高く評価するが、蜂起に対して援助を行った日本は権益拡大のために援助を行い、その後自国の権益拡大と他国への牽制のなか、袁世凱死後誰が政治の中心となるかを考慮しつつ、南北妥協を図り日本が主導権を握る形で一致を見たと位置づける。

　次に本書の問題点について述べる。特に、第一章にみられるように日本の民間人の反応として取り上げられているのが大陸浪人や対外硬派と認識されている人物が多いことである。これらの人物を取り上げるのであれば、彼らが日本の中でどのような位置にあるかを示すべきである。民間人にとって辛亥革命とは何であったかは、大陸浪人の分析のみで計ることはできない

であろう。

　また、第四章以降に出てくる「二重外交」という言葉である。日本と列強が「二重外交」を行ったということが述べられている。評者の読み方が悪いのかもしれないが、この中で述べられている「二重外交」は、権益保護のための協調および新たな権益の争奪という二つの異なった政策の対立関係を指すと思われる。しかし、第四章冒頭から何の説明もなく使われているように、箇所によっては具体的に何を意味するか分かりづらくなっている。この「二重外交」という言葉は後半のキーワードの一つである。本書で述べられている「二重外交」とは、おおむね列強が示した対中国外交の二面性を指していると思われる。これまでの研究では、特に一九三〇年代日本の外交を分析するにあたり、軍部と外務省による分裂外交に対して「二重外交」という用語を使用しており、それとの関係から紛らわしく適当ではないのではないか。

　本書全体の構成に関しては、冒頭に述べた目的を八章に分けて分析された結果、今までの日中関係史においてどのような位置づけとなっているのか、その総括がなされていないことである。これについては、各章ごとの総括もされておらず、多量の史料を用いて詳細に分析しているにもかかわらずそれのみに終わっており、内容を分かりづらいものにしているように感じられる。

　しかし、『日本外交文書』および外交史料館所蔵文書をはじめとした一次史料をもとに、辛亥革命勃発から袁世凱死後までをやや南方派に中心を置いて綿密に分析し、中日外交史と題されながら諸列強の動きをも視野に入れて検討された大作であることは間違いない。中国と日本・列強を比較しながら分析されて

いることにより、当時の日中関係を構造的に把握することがで
きる著書である。

『日本历史』　2003 年 11 月号
（まつした・さちこ　　京都市市政史編さん助）

兪辛焞『辛亥革命期の中日外交史研究』

王亜鵬

辛亥革命と近代日中関係とを論じる研究が数多く行われてきているなか、「中日外交史・国際関係史の視角から」（はしがき、Ⅰ）辛亥革命期の中日外交史を考究する専門書はさほど多くない。この意味において、本書は研究史上の空白を埋めた画期的な成果と言えよう。

紙幅の関係で、本書の概略の紹介を省き、各章のテーマだけを以下のとおり記する。

第一章「辛亥革命の勃発と中日外交」

第二章「南京臨時政府と中日外交」

第三章「日本の満蒙政策と閩浙沿岸浸透」

第四章「北京政府と中日外交」

第五章「孫文の訪日と中日外交」

第六章「第二革命の中日外交」

第七章「第一次世界対戦の勃発と中日外交」

第八章「洪憲帝制と中日外交」

以上の章の立て方からも分かるように、著者は一九一一年十月の武昌蜂起から一九一六年夏に袁世凱が急死し、黎元洪が大統領となるまでの時期を辛亥革命期として捉えている。著者はこの約五年の間の中国をめぐる錯綜した外交関係を「二重外交論」という枠組みで把握しようとした。日本と欧米列強が「中国における既得権益の維持では共同一致の外交政策をとり、新

たな権益の拡大をめぐっては互いに争奪し互いに牽制」する一方、中国側も「時には欧米列強を利用して日本に抵抗し、時には日本を利用して欧米列強を牽制する」（はしがき、V）という三者間の重層的な関係が「二重外交」と解釈されている。

　本書の特徴として、まず挙げられるのは未公刊史料を含む日本語史料の広範な利用である。外務省外交史料館、防衛庁防衛研究所など所蔵の未公開文書をこれほど大量かつ全面的に利用した中国人学者による辛亥革命の中日外交研究はおそらく初めてであろう。

　なお、従来の研究では、革命派、特に孫文の果たした役割をあまりに重視する一方、当時の外交を実質的に掌握していた袁世凱を中心とする北京政府の役割を正面から取り上げることが少なかった。本書は劈頭で「日本の対中国政策の主体は対袁政策であり、対孫政策は対袁如何によって決定された。その意味では、日本の対孫政策は対袁政策に従属する二次的なものであり、対袁政策を抜きにした純粋な対孫政策はありえなかったと言える」（はしがき、IV）という立場を明確に表明し、一貫して孫文と袁世凱を二つの柱として、日本の対袁・対孫政策と袁・孫の対日姿勢を対照的に比較しながら当時期の中日外交を検討している。著者が従来の革命史研究でよく見られるイデオロギッシュな言説を意識的に排除しようとしていることが窺われる。

　以上のほかにも評価すべき点が多々あるが、以下では気づいた問題点を数点挙げたい。一つ目は先行研究に対するレビューが足りないことである。この時期の日中関係についての研究の蓄積は厚く、日中両国は勿論、欧米にも高水準の研究が多数ある。本書は一次史料や史料集などを広範に使用しているが、先行研究に対する評価と批判はやや不足していると思われる。

　もう一つは史料の問題である。本書では日本側の史料を大量に用いているが、中国側の史料を含め、日本語以外の史料の探査はやや不十分に思える。例えば本書で引用した関係人物の発言の中国語或いは英語の原文は入手できるにもかかわらず、それを日本語史料から引用している例がしばしば見られる。

　なお、本書の最後に人名索引はあるが、参考文献・史料の一覧が付けられていない。なお、外交史料館所蔵の未公刊史料が多数引用されているが、注の中でこれらの史料は、題目が記されているだけで、文書番号が付けられていない。

　とはいえ、本書は近代日中外交史という分野だけでなく、広い意味において中国近代史、日中関係史領域における重要な貢献であることは疑いない。

『史学雑誌』第 113 編　第 4 号

孫文と「満洲租借交渉」・「日中盟約案」再考
―俞辛焞氏『辛亥革命期の中日外交史研究』によせて―

久保田文次

一　はじめに

　南開大学教授俞辛焞氏が、『辛亥革命期の中日外交史研究』(東方書店、2002 年) を出版された。この大作について私は『東方』2002 年 4 月号に書評を発表した。ただ表記のテーマについては、多くの研究者が論議の対象としているので、より立ち入った紹介や検討が必要であったが、紙数の制約や雑誌の性格上差し控えねばならなかった。本誌からも書評の依頼を受けたので、この機会に、かねてからの私見を俞氏の大著への立ち入った書評を兼ねて展開してみたい。

　なお本稿は研究史整理の意味があり、書評論文でもあるので、原文書の出典は一部を除き、先行研究からの再引用の形式として、煩瑣を避けた。同一文献の再引用も、注にある文献の番号と頁数を本文中に示したことをお断りしておきたい。

　1912 年 1 月から 2 月上旬にかけて、三井物産社員の森恪が発案して、革命政権援助の代償として、臨時大総統孫文に日本の「満洲租借」を認めさせようとしたことがある。これに関する史料に最初言及されたのは山本四郎氏であった (①)。筆者は類似の交渉が 1913 年にあったという『森恪』の叙述を否定し、交渉があったとすれば、1912 年のことであろうと述べた (②)。

この交渉について本格的に研究された藤井昇三氏は、黄興から井上馨への援助要請を契機に益田孝の示唆で森恪が「満洲租借」を発案し、1912年2月3日、南京で孫文・森会談が行われた経緯を明らかにされた。孫は援助後に租借交渉に応ずることに同意したが、革命政権が要求した2月9日までの1000万円の援助は実現せず、計画は流産に終わった。藤井氏はさらに、孫の日本に対する幻想を指摘するとともに、また租借実現のために必要なロシアとの調整は難航しただろうし、アメリカ・ドイツなどの列強も日本の「単独行動をそのまま黙認するとはとても考えられず」、日本は列強の批判にさらされたであろうと指摘された（③145－146頁）。藤井氏のこの指摘の重要性を考えるのが本稿の目的である。

　その後、楊天石氏は「孫中山与『租譲満洲』問題」でこの「租借」交渉と孫の同意はたしかであると認められ、2月11日付で南京の森から益田に宛てて「十日以内ニ一千万円ヲ供給セラレンコトヲ請フ」と打電したこと、その後に黄興が日本へ行く予定であったことを井上馨文書から発見された（④）。楊氏はまた1915年の二十一箇条交渉期に日本留学中の高崇民が袁世凱打倒援助の代償として、東三省を日本に譲渡すると言う孫文の主張を直接聴いて、断固反対の意志を表明したことを紹介された。楊氏はさらに「孫中山与民国初年的輪船招商局借款」において、招商局借款と革命政権の財政難や租借交渉との関連を分析されている（④『従帝政走向共和』）。

　李吉奎氏は領土・主権を提供して帝国主義の援助を要求するのは動機の如何を問わず、正しい方法ではない、と孫文を批判された（⑤）。また、「井上は……退任した首相あるいは三井物産が革命党と密約を結んでも、もし政府の承認が得られなければ、法律的効力はなく、たとえ締結したとしても、国際的反対

にあう可能性がある。いったん日露間の均衡を破壊すれば東北アジアの形勢が大きく動揺する可能性がある」ことは判っていただろうと述べ、日本政府の支持がなかったことを、借款・租借が実現しなかった理由に挙げている（⑤325－326頁）。首肯すべき見 解である。

　俞辛焞氏の本書はこの問題についてどのようにあつかっているだろうか。俞氏は国立国会図書館・三井文庫等の原史料をきわめて慎重に吟味され、この交渉があったことはほぼ確実とみる。ただ孫文に租借承諾の明言があったかどうかについては判断を保留された。森恪から益田孝宛の電報に「孫は満洲租借ヲ承知セリ」（①49頁、③139頁）とある「承知」は知ったということであって「承諾」の意ではないともいわれる（233頁、以下頁数のみの場合は俞氏の本書のそれを示す）。慎重な姿勢には敬服するが、この解釈では文意が通じない。森の電報をもとにした2月4日の益田より山県有朋宛書簡にあるように、「承諾せり」（①48頁）の意に解すべきであろう。ただ、交渉経過を詳細に伝えた森の書簡（③）は孫文が交渉には応じたが、租借を承諾したとは明示してはいないから俞氏の疑問は成立の余地もある。俞氏は孫が応諾した可能性は認め、この提案が日本側からなされたことをまずあばくべきであるといわれる。密約締結を先行させようとした日本側に対して、孫は借款の即時供与を主張して対立したことが、不成立の根本的原因であるとされた。さらに「数日内に日本がこのように巨額の借款を契約なしという条件下で提供するのは非現実的であったし」、交渉のために数日内に孫文・黄興が渡日するのも不可能であったと指摘する（235頁）。妥当な見解であろう。また当時、「日本はイギリスとの協調政策をとっていたため、イギリスとの協議とその承認或いは黙認を経ずに、列強に重大なショックを与えるこのよう

な行動を単独におこなうことには無理があった」とも指摘する。

　藤井昇三・兪辛焞・李吉奎の諸氏が共通して挙げられた日本
の列強との協調政策を危うくするという難点は、交渉の途中か
ら発生・判明したりしたのではなく、当初から存在し、認識さ
れていたはずである。とすれば、一民間人である森恪はともか
くとして、この交渉を推進したといわれる山県有朋・井上馨・
桂太郎の元老はこの重要問題を当初は認識しなかったのかとい
う疑問が生ずる。交渉不成立は山県が「満洲は日本の勢力範囲
だから金をやって買い取る必要はない」と反対したからだとい
われている（⑥402－403 頁）。井上の反対で借款不成立となっ
たとの説明もある。推進者とされた元老が反対者となったこと
になるが、これら反対の論拠も当初から存在したはずであり、
諸元老が、発案し推進したという理解に大きな疑問が生ずる。
元老らは途中から反対にまわったと言うより、実は当初から熟
議はなされず、本気で推進されなかったのではないか。筆者は
かねてから疑問をもっていたが、兪氏がこの交渉の非現実性を
指摘されたことによって、問題の再検討が必要と考えるにい
たった。

二

　租借・借款交渉の内容がどんなものであったか検討しないと、
交渉結果が日本にとってどのくらい有利なのか、中国にとって
どれほどの損失になるのかわからないし、実現可能性の程度を
考えることはできない。原敬は 1912 年 1 月 9 日・10 日に井上
馨・益田孝の話を聞き、森等が「此機会に於いて東三省を我物
となす事」、「革命党志を得ば東三省は我に割譲すべし」と発案
したのであり、「彼より右様に申越したるにはあらず」と記して
いる（⑦210－211 頁）。しかし、1912 年 2 月 4 日の益田より山

県有朋宛書簡には「南満洲租借之件」（①48頁）とあるので、「南満洲」における租借に関するものである。「南満洲」における権益の拡大強化は日本の強い念願であったが、藤井・李・俞各氏の指摘されるように、最大の難点は日本が革命政権を支援すること、中国の革命政権とだけ交渉して満洲に関する重大問題を単独で決定しようとしたことにある。

1911年10月24日の西園寺公望内閣の閣議決定「対清政策に関する件」は好機を捕捉して「満洲問題の根本的解決」をするためには、「露国トノ歩調ヲ一ニシテ……出来ウル限リ清国ノ感情ヲ融和シ……英国ニ対シテハ飽迄同盟条約/精神ヲ徹底スルコトニ努メ」、さらにはアメリカ・ドイツの了解を得ることをめざしていた。そして、「根本的解決ハ一ニ我ニ最モ有利ナル時機ノ到来ヲ待ツ」、「漸次我目的ヲ達セン」と（⑧356－357頁）、決定・実行の時期については慎重を期していた。11月2日、内田康哉外相は北京の伊集院彦吉公使に満洲への出兵案に関して「少ナクトモ英国政府トノ間ニ十分打合ヲ了シ、万一如何ナル重大ナル結果ヲ生ズルモ、日英同盟之ニ当ル、ノ決心ヲ定ムルヲ要ス」との訓電を発していた（⑨759頁）。

列強とくにイギリス・ロシアとの協調を重視したのは、出兵論を主張した元老も同様である。山県有朋は「露国ト胸襟ヲ開キ誠意ヲ以慎重ニ協商ヲ遂ゲ」るとの意見であり、1912年1月14日の出兵意見書も「露国ト協商ノ主義ニ基キ目下ノ状態ヲ明晰ニ商会シ……共働一致之政策ヲ採リ彼ヲシテ寸毫モ疑惑ヲ抱カシメザル方法ヲ講スル事尤モ緊要トス。英国ハ大体ニ於イテ既ニ同意シアレバ……別段異議ナカルヘシ」とロシアとの協調に細心に配慮すべきことを主張していた（⑨762頁）。桂太郎は1911年11・12月に西園寺首相や内田外相に対して「日英日露の間に充分意思之交換且歩調を同ふすること必要なる旨」や「英

国との意見交換は目下之情況にては最も必要」なことを助言し、その旨を山県に報じている（⑩7－8頁）。桂は1912年9月にもロシアのサゾーノフ外相や加藤高明駐英大使に対して満洲についても「東洋平和の基礎たる日英同盟の儀として存する事は寸刻も忘却を許さざるは申迄も無之次第」と述べていた（⑨498－499頁、⑩17頁）。井上馨はイギリス勢力範囲の華中で漢冶萍公司の利権獲得に尽力した。しかし、それも対欧米協調の枠内のことであって、「日英同盟ガアルカラ、更ニ露国ト親密提携シテ、露仏ノ関係ヨリ見テ日英露仏ト云フコトデ、支那ノ保全ヲナス」、「英・仏・露ト誠実ナル聯合団結ヲナシ、此基礎ヲ以テ、日本ハ支那ノ統一者ヲ懐柔セザルベカラズ」と主張していた。井上はフランス資本の導入に熱心であったから、第一次大戦期には日英同盟に加えてロシア・フランスとも同盟すべきだという意見であった（⑪354・368・377頁）。これらの主張が外交辞令ではなく、彼等の本心であったことは、これ等の内容がいわば同志に宛てて書かれていることからも明らかである。これほど強く対英露協調を主張する元老が、持論とまったく反対の冒険的な租借案を本気で推進するとは考え難い。

　なお、俞辛焞氏は「山県・内田らにはこの時期に既にこのような〔「満洲国」のような〕かいらい国家を建てようとする狙いがあったといえよう」（207頁）と述べるが、これは書き過ぎであろう。

　満洲についてロシアとの協議の重要性はいうまでもないが、第二次桂内閣の外相小村寿太郎の閣議案「満洲に関する対清諸問題解決方針決定の件」が言う「殊ニ今後帝国内外ノ経営ヲ遂行スルニ当リ外資ヲ得ルノ必要ハ益々トナリ右供給ヲ得ルニ付テハ英国ヲ以テ其ノ首位ニ置カサルヘカラサルノ事実」（⑧310頁）があった。「実際、イギリスは満鉄社債を独占的に引受ける

ことを通じて日本の満洲経営を資金面で支えていた」（⑫260
頁）。「漢冶萍公司借款契約調印ニ付参百萬円相当英貨倫敦ニテ
融通サレタキ件」が横浜正金銀行頭取代理山川勇木より、蔵相
山本達雄・外相内田に要請された（⑬222頁）ことは、イギリ
スの勢力範囲へ進出するにもロンドン金融市場に依存しなけれ
ばならなかった実情を示している。井上馨はフランス資本導入
のために奔走していた（上述）。

　対英協調維持とは言っても、俞氏も強調するようにイギリス
の勢力範囲たる華中における利権獲得は、政府の奨励・承認を
得ていた。招商局や漢冶萍公司の合弁・借款はその例である。
これらは資金の一部を革命政権への財政援助に充てるもので
あって、租借案と共通の面がある。しかし、良く見ると、形式
上も事実上も企業家の当事者間交渉が先行し、それを政府が奨
励し承認する経緯を辿っている（④の坂本論文80頁参照）。と
ころが、租借交渉は革命政権への財政援助ばかりではなく、領
土・主権が関わる問題であるから、民間の「冒険的企画ハ抑止
シ難シ」（⑬193頁）と言うような政府の弁解は形式的にも通用
しない。かならず政府が責任をもって決定し列強の了解を得な
ければならない問題であった。この点において租借交渉は普通
の利権問題と決定的に異なる。

　上述のように、当時の政府も元老も「満洲問題の根本解決」
にはとくにロシア・イギリスとの協調が不可欠であるという認
識では完全に一致しており、内閣はもちろん、元老も森の冒険
的計画を本気で推進したとは考えにくい。日英同盟を基軸とし
た対列強協調路線は「国是」であって、その転換には時間をか
けて論議し、閣議はもちろん、元老会議・御前会議等を経て決
定されなければならないはずである。そうした手順・手続きを
踏んでいるうちには、革命政権が資金を必要としていた時期に

は間に合わない。革命勃発以来の政府の外交政策も全面的に否
定されることになる。当時、元老が内閣に政策転換を強要した
とすれば、内閣総辞職・政変は必至であろう。

　なお、「満洲」租借期限の延長については、山県の「第二対清
政策」は「南満洲一帯」に「大々的経営」を実施して、その実
績・実力によって中国の返還論に対抗することを主張していた
（⑨432―433 頁）。1911 年 lO 月 24 日の閣議決定は「租借期限
延長問題ハ」日本が要求の条約上の根拠をもっているので「満
洲ニ関シテハ暫ク現状ヲ維持」すると決めていた(⑧356 頁)。
のち 1913 年、山本権兵衛内閣の時の「支那に関する外交政策の
綱領」は領土獲得を意味する「満蒙解決論」を斥け、租借の「期
限問題ノ如キ之ヲ意ニ介シテ必ズシモ強テ予メ其延長ノ為齷齪
スルコトナク、適当ナ機会ニ他ニ何等故障ヲ及ホサスシテ、永
遠ニ我地位ニ付キ支那ノ明諾ヲ領シ得ル場合ハ兎モ角、然ラス
ンバ特ニ代償ヲ払ツテ之ヲ試ムル迄ノ要ヲ見ズ」（⑧370 頁）と
している。外務省政務局長阿部守太郎起草のこの綱領が山県の
買収不要論と論拠を共通にしていることが注目される。期限延
長は実力を背景とした強圧的外交によって実現できると考えら
れていたのである。山県の出兵論も「帝国政府の威力により内
外人を安堵」させ（①44 頁、⑨762 頁）、自国の実力展開によっ
て利権拡大のために列強から了解を得やすい条件を形成するの
が主眼であり、「他人」の革命政権を援助してまで買い取る口約
束は重要ではなかったと思われる。桂太郎は 1912 年にロシアの
サゾーノフ外相に「清国事変以来日本ハ其ノ利害保護ノ為、満
洲ノ行政権ヲ引受クル事ナクシテ満洲ニ於ケル重要点ノ軍事的
占領ヲ必要」と予想したことを述べ、「支那政府ニ代リテ満蒙一
般行政ニ任ズルハ策ノ得タルモノニ非ズ。目下ノ処其必要毫モ
之無ク」（⑨498 頁）と租借地拡大にも否定的であった。

　俞辛焞氏が詳細に論じているように日本は 1915 年の二十一箇条要求によって、関東州租借期限の延長を含む南満東蒙の利権を獲得した。この時は、イギリス・ロシアはヨーロッパの大戦に忙殺され、中国を顧みる余裕がなかったばかりか、東アジアの秩序維持を日本に依存していた。また、満洲ばかりでなく、山東半島にも日本軍が展開していた。さらに袁世凱も革命派取締りの代償として、日本に利権を与えることを提起していた。これらの要因は時の外相加藤高明にとって「サイコロジカルモーメント」の到来となった。辛亥革命期にはそのような要因は存在していなかったと考えられる。山県等の積極論もそうした要因形成の前提条件としての実力・実績の蓄積をめざしたものであろう。

三

　この租借交渉の難点は、立案者が一民間人の森恪であつて政府当局者でなかったことにもある。予備交渉にも政府からの授権のない森が「無責任者として」あたった（①48 頁）。民間人の私的交渉を政府の政策に採用させるためには、そのための協議や時間が必要である。満洲租借案は領土・主権にかかわる重要な問題であり、元老が関与しているから、提起されたとしたら、政府としても検討しなければなるまい。森の計画では孫文の交渉応諾後は、第一、2 月 9 日までに三井や元老が送金を約束し、実行する、第二、革命政権が軍隊を安定させる、第三、孫文・黄興のうちいずれかが来日し、桂太郎と租借問題を協議決定する、という手順となっていた（③）。常識的には上記の第一段階以前に政府と協議すべきであろう。また第三段階でも、政府当局に政策として正式に決定させ、政府が交渉するか、政府が桂に授権するのが妥当である。国際協調を維持するために

は、イギリス・ロシア駐在の大使にそれぞれの任国政府と交渉してそれぞれ了解を得なければならない。さらには、アメリカ・フランス・ドイツの了解も得ることが望ましい。原則的には相互に了解があっても、具体的な「懸案」解決までには、多くの時間が必要であった当時の外交交渉の実態からみれば、原則的にも具体的にも重大なこの問題を2月4日から9日までの期限内に解決するのはほとんど不可能であったと思われる。

　1912年1月9日に計画を知らされた政府（内相原敬・外相内田康哉）の以後の対応を検討してみよう。「如此事は内閣の決議に依らざるべからざる」問題であり、三井が画策した大冶鉄山を「彼我共同の事業」とすることも「内閣の同意なくしては賛否何とも言難き」事であった（⑦210頁）。大冶を含む「漢冶萍公司ノ合弁案」は1月12日の閣議で承認され決定された。しかしこの交渉はすでに革命前から、企業の当事者間の協議が行われていた。閣議前に製鉄所長官・農商務大臣・外務省政務局長との事前協議があり、さらに外相・蔵相との協議を経ていた（⑬186頁）。ところが政治的・外交的にははるかに重要な「満洲租借」案は、閣議で検討された証拠・形跡はまったくない。

　兪辛焞氏は1月12日・16日の閣議で満蒙に関して「相当の解決」をすることが決定されたことは、「租借問題を先に提起したのは日本側であったことを立証する」（227頁）とされた。しかし12日には「東三省に対して相当の処置をなすべき時機と思ふに付き篤と廟議を尽くすべし」という原内相の発言に法相・海相が同意しただけで（⑦212頁）、具体的なことは決定していない。孫文が租借交渉を応諾するのは2月3日であって、そのことは当然わかっていない。このころ孫は小川平吉に満蒙保全論を説いていたし、小川は政府にその状況を報告していた（後述）。満洲における権益の拡大自体は内閣の基本方針であったが、

その権益の中に、租借案が含まれていたという証拠はない。しかも「篤と廟議を尽くす」というように具体的問題はいわば先送りとなったのである。

　1月16日の閣議はロシアと協商して満蒙の勢力範囲分割をしたいという駐露大使本野一郎の具申を審議した。本野の本心は武力を行使しても実行するというものであった（⑨751頁）。しかし、閣議決定「第三回日露協約締結に関する件」は「帝国政府ガ適当ノ時機ニ至リ満洲問題ノ相当解決ヲナスコトニ対シ敢テ異存ナキ旨内密ニ説示セシメ」、「解決ノ方法及ビ其ノ実行ノ時期ハ最モ周密ナル考慮ヲ要スル事項ナルヲ以テ……両国政府間ニ於テ篤ト協議ヲ遂グルノ必要」というものであった（⑧359-360頁）。即時断行案に対比して、時期・方法についてはきわめて慎重である。原は本野の強硬論を「満蒙地方問題を解決すべき問題を惹起する虞れあり」と理解し、「本野露政府と交渉中根本的解決即ち分割を意味する語を使用するは時機にあらざるに因り、相当の解決なる文字を使用せしむる事可と云ひ其事に決せり」（⑦212-213頁）と記している。原が西園寺・内田にくらべて、革命派に対しても柔軟で、利権獲得にも積極的であったことは、よく知られている。本野の主張も対露協調の枠組内の発想ではあったが、原や政府の方針は方法・時機・表現の各面においてすべて慎重なものとなった。俞辛焞氏は「日本はこの時期既に満洲出兵・満洲租借・満蒙独立運動等の対満政策を単独で推進していたために、ロシアとの交渉において満洲問題を積極的に提起しようとせず」（241頁）と説明しているが、これらはいずれも日本政府によって抑制されていた。元老・陸軍当局・一部外交官が列強協調の枠内で提起した、より現実的な積極論が抑制されたのであるから、非当局者のより冒険的提案が閣議で真剣に検討されたとは考え難い。

　森恪は2月3日発電で、「漢冶萍公司ト五百万円借款成立シタル故招商局ヲ担保トシテ日本郵船会社英独米ト一千万円交渉中ナリ、若シ五日以内ニ此借款成立ノ見込ナケレバ万事休ス……満洲ノ件断行スル気ナレバ、四日以内ニ一千万円貸スト電信セヨ」と要求した。6日に森は益田から「貴意満足……極力金策中」、「今日総理大臣と面会予定」との返電を受け取った（③139－140頁）。ところが、2月8日発の益田の電報は孫文らに対する同情を示してはいるが、租借実現の条件である一千万円供与の件にはなんら応答していない。それどころか、孫に対して袁世凱との妥協を勧告し、「井上侯ハ直接ニ返事スルヲ難シトス」（③140頁）と伝えた。革命政権の財政総長陳錦涛は9日に上海から、孫文・黄興に対し、井上が漢冶萍公司・招商局借款に援助することを希望するが、「惟不便直接」だと森から伝えられた旨を報じている（⑭193頁）。

　2月11日に森は益田に「支那新年前ニ一千万円ヲ手ニ入ルルコト絶対的ニ必要ナリ、……彼等ハ満洲租借ヲ承諾セルガ故ニ十日以内ニ一千万円ヲ供給セラレンコトヲ請フ。若シ之ヲ承諾セラルレバ黄興直ニ日本ニ赴キ秘密契約ヲ訂結スベシ」と打電している（④272頁）。旧暦正月前とあるので、「二月十一日」という書き込みは誤記であろう。これに対する返事は不明であるが、租借計画が失敗したことは明らかである。

　森恪はとにかく使命を果たしたのであるから、あとはかねての計画どおり、三井の本社と井上が資金面の確認をし、元老から政府に正式な政策として採用させるだけになっていたはずである。このころ、国内情勢には政策の大転換を要するような大きな変化はなかった。中国では清朝滅亡が決定的となり、南北講和が進展していたが、これはすでに予想されていたことである。西園寺内閣は利権獲得への姿勢を強めながらも、実績を得

られないでいた。元老・陸軍は出兵案が採用されず、内閣・海軍に対する憤慨を募らせていた。これらもいまさらのことではない。この計画が既定方針だったなら、それを挫折させるほどの情勢の変化や政策の転換は何一つ起こっていないのである。

　俞辛焞・楊天石両氏が指摘するように、2月2日には三井物産が求めた漢冶萍合弁案が成立し、6日には1000万円の招商局借款も孫文・黄興と日本郵船との間に仮契約が結ばれていた。これらの交渉は密約ではなく、世間にも知られていた。合弁交渉が成立した翌日、借款本契約成立の見込みが強まったこの時期に、同じ金額・同じ担保で、しかも三井が関係する借款がより冒険的な租借案とセットで、別に発議されるとは不思議である。2月11日発とされる電報で、森は「孫黄ノ見ル所ニヨレバ招商局借款ハ結着迄尚難関アリテ多クノ時日ヲ要スベク以テ頼ミトスル能ワズ」として「十日以内ニ一千万円供給セラレンコト」を要求した（④272頁）。これからみると、仮契約の借款が正式に成立するまでに、時間がかかるということが、原因のようである。しかし、このような問題を1週間や10日くらいで解決するのは、同じくきわめて困難である。当時、株主間に売却案さえでていた招商局の借款も、国家的会社を担保にするというので、反対論が唱えられていた。租借案が世間に漏洩したら、借款仮契約自体も不成立となるのが決定的になるであろうに。

　注目すべきことは、1月末から2月上旬にかけて日本が獲得した利権や日本の単独行動に対する反対が中国の清朝政府・当該会社の株主ばかりでなく、革命派内部やイギリス・アメリカ・ドイツ等の列強から提起されてくるようになったことである。俞辛焞氏も指摘するように、1月26日、イギリス駐日大使マクドナルドは大倉組の蘇省鉄路公司借款は日本が採ってきた「厳正不干渉ノ方針并ニ官革何レヘノ借款ヲモセサルノ方針ニ違背

スル所ナキヤ」と質問し、31 日にも同大使から異議があった。
同じ時期にアメリカ・ロシアからも同様な質疑・抗議があった
（164－166 頁）。漢冶萍公司・招商局についてもイギリスは 2
月 5 日「該借款金額ノ一部ハ革命軍ノ用ニ供セラルルコト疑ナ
キ次第」なので「阻止」するように要求してきた（170 頁）。2
月 8 日に、伊集院公使は漢冶萍・招商局の「借款談近来ノ如ク
世上ニ流布スルニ於テハ、表面ノ弁疎如何ニ拘ハラス、其ノ実
帝国ヵ清国動乱ヲ機トシ駆抜ノ利権獲得ヲ試ミツツアル事実ハ
掩フヘカラス」であるので、「大借款必至ニ備ヘ小規模借款抑制
方」を進言した（⑬245－246 頁）。後の善後借款への日本の参
加のためには、列強の反感を買う借款は成立させないほうが良
いと考えたのである。伊集院は 7 日にも曹汝霖の招商局借款へ
の抗議を報告し、「支那人外国人ノ視聴ヲ惹キ若ハ神経ヲ刺激ス
ル如キ行動ハ……成ルヘキタケ之ヲ避ケラルル方可然」と進言
していたが（⑬562 頁）、櫻井良樹氏はこれが内閣の判断に大き
く影響を与えたと推測されている（⑮185 頁）。

　『東京朝日新聞』は 2 月 6 日に西園寺邸で井上・桂の長時間
の会談があり、7 日には「井上侯を始めとし、内田外相原内相
牧野農相山本蔵相相会して、密議数刻に渉りたるが、其の内容
は大倉組の借款引受、招商局借款契約、漢陽製鉄所、大冶鉄山
に関する日清合弁計画を中心として、満洲に於ける騒乱問題も
亦話題に上りたる由、昨日は内田外相より清国形勢に関する諸
般の報告あり、結局清国に関する諸借款は諸外国の関係もあり
て、当分慎重なる態度を取ることに決したるやに聞く」と伝え
ている（2 月 9 日付）。俞辛焞氏は 2 月 8 日発の伊集院および山
座円次郎駐英臨時代理大使宛電報（防衛研究所文書）中から、
内田外相がイギリス駐日大使に手交した「覚書」を発見された
（170－171 頁）。内容は「日本ノ招商局、漢冶萍借款ニ対スル

英大使ノ抗議ニ回答ノ件」（⑬211－213 頁）の「別電」と同趣
旨で、政府は日本郵船・日清汽船の主張を「諭止」するのは困
難であると述べている。俞氏はこの「覚書」を「日本がイギリ
スと対抗・競争する固い決意を示した対英挑戦状でもある」(171
頁）と理解する。しかし、この「覚書」には「帝国政府ハ本計
画ヲ幇助セサルコトニ決シタルモ」との重要な語句が含まれて
いる。同じ趣旨は「帝国官憲ニ於テ表面上何等奨励ヲ与ヘサル
コトト相成居ル次第」、「帝国政府ニ於テハ当初ヨリ本件借款ヲ
奨励セサル方針ヲ執リ来リタルモノナルモ」（⑬223・228 頁）
とくりかえされている。

　俞氏も指摘されるように、招商局借款交渉はその後も進行し、
政府の援助があった。しかし、その援助は「内密ニ」、「援助ア
リタキ」、「成ルヘク成立サセタキ」という程度のものであり、
イギリスへの「挑戦状」とは程遠いものである。そして 2 月 28
日、上海総領事有吉明が借款中止を進言し、3 月 2 日には内田
外相は伊集院公使に借款中止を通告した（171－172 頁）。伊集
院・有吉の慎重論にもかかわらず、尽力してきた内田がこのよ
うに短期間で中止を決定したのは、実はこの件については、で
きるだけ努力はするが、イギリスとの正面衝突は避けるという
方針が内定していたからではないか。外国外交官に対する「表
面ノ弁疎」としてではなく、自国の外交官に「本計画ヲ幇助セ
サルコトニ決シ」との趣旨をくりかえし伝えたことは、この交
渉に対する援助を慎重にする方向に働くであろう。とすれば、
日本の行動に対する抗議が強まり、日本外交官も慎重論を具申
した 2 月上旬に、朝日新聞の伝えたような、井上や外相・蔵相・
農相の参加した相談が何らかの形で開かれ、借款についての論
議が慎重で消極的な方向に向いた可能性は強いと思われる。と
すれば、1000 万円供与要請を無視した 8 日の益田電報はこのよ

うな政府・元老の論議の方向を踏まえて発せられたものであろう。なかば公然と進行中の借款問題に短時間で消極的方針が出されたことと、いずれにせよ森の要望が採用されなかったことは、租借案自体を議論する時間的・心理的余裕がほとんどなかったことを示唆する。

櫻井良樹氏は山県・陸軍の出兵案が内閣に「最終的に否定された」のは「二月四日から八日にかけてのことと」と推測される（⑮185頁）。2月8日、桂太郎が山県有朋への書簡で紹介したように、石本新六陸相は、「此際外国ヨリノ質疑モ有之、旁出兵困難ナルコト、一方議院ノ方モ此際費用ノ請求ヲナサバ議論百出……」との危惧が出兵断念の理由であると弁解している。9日、石本は山県にも「外国之関係并ニ支那人とノ折合ニ鑑ミ、……且議会之関係モ有之、……好時機ト見認難候間」（①45－46頁、⑨763頁）と同じ趣旨を伝えている。ここでも、外国・中国と「時機」に関する顧慮が大きな要素となっている。桂は山県に宛てて「政府自ラ動カザル次第如何ニモ致方無之候」と、寺内正毅に宛てて「如何トモ致方無之」（①46頁、⑨763－764頁）と憤慨するより他はなかった。出兵断念の時期と借款に慎重になった時期とは一致し、外国への顧慮も共通している。

1月に森恪が満洲租借を発案したころ、孫文は、日本の不干渉政策を説く小川平吉に対して、中国による満蒙保全論を説いていた。2月初めに孫が借款供与実行後の租借交渉応諾の意を表明した時には、仮契約が成立していた借款さえも、日本政府が実行させる可能性は減退していた。対英露協調の枠組内の出兵論さえ抑制した西園寺内閣の政策からみても、租借案は正式の政策として採択される公算はもともと非常に少なかった。また政府当局がこの問題を論議した史料は残されていない。当時の駐中国公使伊集院彦吉の日記にもこの問題についてはまった

く言及がない。伊集院は2月7日、曹汝霖が招商局借款に抗議した時、「右様のこと成立すべきとも思はれず」（⑯223頁）と答えている。外相が努力中の借款にさえ冷淡な伊集院が、租借案を上手に説明できたとは思えない。駐北京公使といえば、租借案が公然化した場合には、清朝政府や列強公使に日本の立場を説明しなければならない役職である。そこに租借案に関する情報がなんら届いていなかったということは、政府内部でこの問題が真剣に論議されたことがないことを示唆する。

　1月9日の日記に、原敬は「内田にも種々の内談は他より持込ありといふ」と記し、益田孝から実情を聞いた10日には中国革命派が功を焦つているという感想とともに「此機会に我商人及び浪人等種々の利益獲得を企て居るは事実にて、而して此企てには革命党の代表として在京するものも支那人根性を出して利益問題に奔り居るものの如し」と記している（⑦210−211頁）。森は「天下国家」のために考案したつもりだろうが、原は「此企て」を、普通一般の利権問題とみなして軽蔑感を隠さない。利権獲得をもっと積極的にという原、井上と親しい原がこのように記したことは、この問題を国家の政策としては真剣に考慮しようとしなかったことを示唆する。

　山県も1月15日、桂に対して、「猶孫逸仙より之陳情ニ付而ハ益田等関係致候由、併シ此策按ニハ何等関係ヲ生候事無之」（①44頁）と、満洲出兵案と租借案との関係を全面否定している。益田等の画策を「由」と伝聞のように記していることは、租借案に対して山県が冷淡であったことを物語る。井上にも言及しないことは、元老間で熟議されていないことを示唆する。また、桂が租借案の発案者だとしたら、自分の主張への賛同を求めたこの書簡で、山県がこのように書くのは非礼である。当時山県は出兵という自らの政策をもち、政府に圧力をかけてい

たが、実現しなかった。元老の筆頭・陸軍の大御所が陸軍当局
と、一致して出した提案が実現しなかったのである。対英露協
調の枠内でより「現実的」な自分の政策さえ実現できなかった
山県に、他人が立案した、より冒険的な政策を、2月上旬の短
時間内に実現させるのは無理である。

　井上馨はこの交渉の契機となった人物であり、また三井と元
老・政府との結節点となるべき人物である。1月9日に原に西
園寺への伝言と黄興の書簡を託した以後の租借案に関する井上
の言動は記録に見当たらない。井上は元老でもあるから、重要
外交文書の回覧もしていたはずであり、政府当局に進言する資
格はあったはずであるが、政府に圧力をかけた記録はみつかっ
ていない。そして「吉報」到来の絶好機に計画を挫折させた。
この点について宮崎滔天は、招商局借款が日本資本家との間に
成立しようとしたが「井上馨侯によって打ち壊され、涙を呑ん
で袁世凱との妥協となり」と回想している。その理由として、
「実業家仲間」が相談して話を進め、井上に事後承諾をさせる
計画だったが、井上が「己に云はぬ」と言ったので破談となっ
たという（②619頁）。資金面を担当した三井系の実業家が井上
と熟議することなく、途中まで準備を進めたことが井上の逆鱗
に触れたというのである。これが大体の真相であろう。井上は
元老であり、対英露協調の重要性や政府の政策をよく承知して
いたから深入りを避けたのかもしれない。ともあれ、井上の外
見上の「豹変」は益田等三井の現場首脳と元老等との協議・連
絡がきわめて不充分であったことを物語る。このことは、森が
孫文に語った内容に誇張や「掛け値」があったことを示す。と
もあれ、井上を同意させることのできない計画に、他の元老や
政府を同意させることは無理であっただろう。

　森恪は計画を桂の内意を受けたものと称したが、桂は一貫し

て対英露協調を主張して政府にも注意を与えていたから、冒険的な租借案の積極的推進者と考えるのに困難がある。桂の内閣に対する不満も対英露協調の枠内で可能な積極策を実行しなかったことに向けられているのであって、租借案の不実行に対する不満は、一言も記録に残されていない。

　益田孝は2月3日の孫文応諾の電報を受け取つた後、山県に対して「右之事態最も大切にして御採否は篤と御協議、尚政府とも御商量被下速ヵニ彼ニ決答ヲ出候様に願上度と奉存候」（①49頁）と書いている。「吉報が来たので手筈どおりに政府に実行させて下さい」の趣旨ではなく、これから、「採否」を熟議してもらいたいと言う内容である。そして、実際はいまさら「篤と御協議」も、「政府とも御商量」もどうにもならない状況であつた。

　南京で森恪は孫文か黄興のうち一人が日本に来て桂と会見することを勧めた。その時には「軍艦ヲ廻航シ三池港ニ直航シ特別列車ニテ京都ニ至リ」、桂と会見するというのである（③134頁）。しかし、常識的には、租借のような重大交渉は政府当局が直接行うべきものである。政府が桂に授権・委任することも考えられるが、当時そんなことができる状況であれば、山県も桂もあれほど憤慨することはなかった。軍艦が佐世保・呉の軍港か神戸・横浜のような大きな港へ着くのならともかく、三池に行くというのも不思議である。三井の施設があって便宜が得られると考えたのであろうが、軍艦の寄港・要人の警護等によって新聞記者や世人の注意をひきやすい。さらに三池は宮崎滔天の故郷荒尾に接してもいる。より大きな問題は、政府の正式な政策として論議されていない冒険的計画のために、元老が軍艦を派遣させることができるかという問題である。当時の海軍は中国南方における利権獲得は希望していたが、海相斎藤実や実

力者山本権兵衛は日英同盟堅持論者であり、「陸軍の満洲出兵論
は日英同盟を重視する山本や薩派の元老松方正義の支援を受け
た、西園寺首相と内田康哉外相の反対の前にその実現を阻まれ
た」のであった（⑫268頁）。このような状況下で、非当局者の
発案した租借交渉のための軍艦派遣を政府・海軍が認めるとは
考えられない。

　実は筆者が森書簡の内容に疑問をもったのは、自己の政策さ
え実現させることができずに、ただ当局者でなかったので「致
し方なし」と憤慨しているだけの元老が、職掌外の軍艦の手配
ができるのか、ということから始まった。いずれにせよ、森の
計画には「掛値」・「はったり」の要素がかなり多いことは容易
に考えられる。

　以上検討したように、満洲租借計画は、孫文が交渉応諾した
という「吉報」をもたらされた2月はじめには、関与したと伝
えられる元老でさえも、この計画を推進できる状況にはなかっ
た。政府はもとよりこの計画を論議した形跡はなく、たとえ論
議したとしても、より現実的な出兵論を抑制した政府がこの冒
険的計画を是認する可能性はほとんどなかった。日本の行動に
対する欧米や中国の不安も強くなっていた。桂が「『満洲』出兵
計画の挫折に引き続いて、『満洲』権益拡張のための次善の方策
として」租借交渉に着手したと言う見解もある（③126頁）。し
かし、主体的条件も客観的条件も不利になりつつある時、はる
かに冒険的な租借交渉に着手するのが、はたして「次善の方策」
だろうか。民間人の発案で突然提起され、政府の熟議を経ない
冒険的計画をきわめて短期間に実現するのは、もともと無理で
あり、それに元老の反対があっては挫折するのも当然であった。

　山県有朋の租借案反対の理由は当初から存在したのであるが、
森恪は山県の革命反対の態度が一貫していたことに感心したと

いう（⑥406頁）。山県が森の計画に冷淡であったのは明らかである。その山県が革命政権援助のための、借款・租借交渉計画に同意したと伝えられたのはなぜであろうか。万事に周到な注意を働かせた山県が、「革命党志を得ば」という場合にそなえて革命派の満洲政策を打診する意味で交渉を試みることに同意したものであって、現実的な政策としては賛成したのではないと推測したい。

　以上、満洲租借案は当時の日本の国是ともいうべき対英露協調を破壊し、西園寺内閣の政策にも諸元老の持論にも反するものであった。政府がこの案を本気で検討した形跡はない。元老も同様であるばかりか、元老の反対によって、租借案は実現しなかったとすれば、森恪が孫文に語ったという元老の内意・協議には事実とは異なった誇張や虚偽が多く含まれていると考えられる。

四

　満洲租借・借款交渉当時の中国革命政権の状況について、もう少し仔細に検討してみよう。

　1911年12月29日、衆議院議員で西園寺内閣の与党立憲政友会所属の小川平古は東京を出発して上海に向った。小川は孫文とは多年の友人であり、東亜同文会の幹事であった。1905年7月28日の「日記」には「内田良平・宮崎寅蔵・孫逸仙来訪す。孫は……革命成るに非ずんば日本決して満洲を取る能はじ、漢人の革命を助くるは、日本の利なりと説く。之を青木子に紹介することを諾す」と記している（⑰245頁、⑱194頁）。孫が革命援助の代償としての満洲における日本支配容認発言をしたことは、多くの日本人の回想に書かれている。この日記の記載は孫の発言の内容・時日を明記した直接の史料として重要である。

小川は後には、大陸侵略の積極派として知られるようになるが、当時は革命に同情を表し、「邦人の生命、財産及び帝国利権の保護」の場合を除いては、「理由なき干渉……無謀の出兵」や「火事場泥棒的態度」に反対していた。そうした行為が「支那分割の問題を誘致し……清国領土保全の主義も……覆り」、日本の存立にも危険となるからである（⑲）。

　小川は「我が党内閣の外務大臣であった」内田康哉とも親交があり、「毎日の如くに会見」して情報・意見を交換していた（「支那革命」⑱583頁）。そして、首相が元老の出兵論を退けたことや、12月下旬の閣議・元老会議の決定と非出兵・不干渉政策を首相・外相から聞いてから訪中した。この経過は「日本政府の支那革命不干渉に関する方針決定顛末と予の関係概要」に記されている。小川はこの文章について南京で「明治四十五年一月七日夜……深更まで談義したる際漢訳を孫文・黄興二氏に交付す。二氏大いに喜ぶ」と注記している（⑱577頁）。中国中山市の孫中山故居所蔵の史料集には1912年1月の「某日人函」が収められ、「東亜同文書院用紙」に書き込まれていること、漢文の用法が中国語の語法と合致していないと説明している（⑭454頁）が、その内容は小川の前記文章とまったく同じである。1912年1月上旬に小川が上海もしくは南京にいたことは、宮崎滔天が友人と連名で小川に宛てた書簡（⑳331頁）でもわかる。この記録によると、小川は革命への強い同情の意を表明し、政府の立憲君主制支持策も武力干渉までには至らないと説明した。そして西園寺が元老らの「干渉論者に対して干渉の極は国を賭して戦はざるべからざるの危険」を「反復説示」して退けた旨を述べた（⑱578頁）。こうして、小川は12月に発表した自己の論文の趣旨をも援用して、元老に屈しない西園寺内閣の「不干渉主義」を力説強調したのであった。

　満洲を日本に任せても良いという孫文の意見を聞いていた小
川は、その件について孫の意見を聞いてみようとしたが、彼ら
の「其の考へが変って居ると云うことがありありと看取され
た。」（「支那問題」⑱584頁）と回想する。1912年3月の論文で
は孫文・黄興と会見の際、「彼等は露国に蒙古占領の意思ある事、
並びに日本の力を藉りて露国の野心を抑へんと欲するの希望を
繰返し、且つ満蒙回蔵の四族とも共和政府の力を以て充分完全
に統一することを得る旨を縷述し、暗に満洲保全の意を漏らし
たることあり」（㉑15頁）と述べる。この会談で孫文は日本の
力を利用しようとは述べたが、満蒙を保全する意を示して、小
川に質問の余地を与えなかったのである。小川は1月中旬ころ
帰国したが、訪中の結果は「政府にも委細伝達」した（「支那革
命」⑱585頁）。

　当時、革命派の有力者宋教仁が臨時政府の「遣日全権代表」
として訪日することが内定していた。これについて、2月3日
の北輝次郎（一輝）の内田良平宛電報は「宋教仁、既に大総統
の委任、参議院の決議に由りて遣日全権代表たり、事苟しくも
日本に関するものは全然宋教仁に聞き、孫逸仙深く傾倒して全
権を委す」（㉑201頁）と述べている。孫文嫌いの北の言であ
るが、虚言とは思えない。宋は2月19日、日本の一部軍人や浪
人が画策した満洲における蒙古王公の「独立」騒動に関して、
「貴国政府の責任者より満洲独立の宣言が貴国の好む所に非ざ
る事を弊国の輿論に普及するが如き方法を以て言明せられんこ
とを希望す」と内田に打電した（㉑204頁）。小川平古はこれ
を「南京政府の苦境」と題して雑誌『日本及び日本人』（1912
年3月12日号）に紹介している。小川や北・宋教仁等の言動か
ら見ても、当時の孫文・黄興が満洲の領土保全を考えていたこ

とが判明する。

　それでは、孫文は当時の日本の政治情勢についてどの程度の判断をしていたのだろうか。日本には憲法・議会があり、内閣が政治を担当しているが、元老・軍部の権勢が強くて、内閣の存立や政策にも影響を与えることもあるという程度は理解していただろう。また、「民党」の勢力が次第に伸長してきたことにも期待していた。革命に対しては、元老・官僚・軍部は反対であり、「民党」は同情的であるとも、理解していた。1911 年 9月 27 日、宮崎滔天は孫文への書簡で、桂内閣から西園寺内閣への交代に関する犬養毅・古賀廉造（内務省警保局長）の所感を伝えている。犬養は内閣交代による対革命派政策の転換については「悲観的」であったが、「西侯の頭脳は桂に比べれば文明的だ」と語った。古賀は孫文に同情的で、その趣旨の意見を西園寺に提出したが「西侯の意見も鄙見とあまり遠くはないと思われる」と「楽観的」だったという（⑭452 頁）。滔天はもちろん、新内閣の革命派政策改善のため努力すると誓つている。この通信は孫に新内閣への期待感を抱かせたであろう。

　革命勃発後に孫文は、小川平吉から内閣が元老に抗して不干渉政策を継続していることを聞いた。革命政権はすでに何天烔を代表として日本に派遣しており、小川は訪中前から、何を通じて不干渉政策を黄興に知らせていた（⑱579 頁）。しかし、友人である与党議員が首相・外相と熟談してからの話にはかなりの説得力を感じたと思われる。1 月 21 日には犬養毅が孫文に日本政府が不干渉政策に決定したから、袁世凱と妥協しないようにと勧告する電報を発している（⑭453 頁）。このように、孫文と以前から親しい日本の友人はみな、西園寺内閣の不干渉政策を強調していた。森恪は交渉の際、政府当局者についてはまったく言及せず、山県・井上の好意と「桂公の内意」を伝えただ

けである。したがって、孫文はこの計画が西園寺内閣本来の政策ではないことを理解できたはずである。孫文は内閣と元老との矛盾や租借案実現の困難さを知っていた上で、当面の借款獲得の方を優先した可能性は充分に考えられるのである。

　注目すべきことは益田孝が一面では、孫文より民族主義的だといわれる宋教仁と内田良平・元老との連絡役となっていた（㉒334−335 頁）ことである。内田はまた三井と革命政権との借款の媒介役もしていた。宋教仁の満蒙独立騒動に対する抗議もこうした回路や小川平吉の努力によって日本人に伝えられた。益田や彼を使用した井上等も多面的な情報を集め多面的な活動を展開していたと考えられるので、孫文方面についてもそうした側面を検討すべきであろう。益田孝・森恪が「駆け引き」・誇張や「掛値」をもって孫文との交渉にあたったのは明らかである。孫文の方でも、「駆引き」的対応をしたことは充分に考えられる。

五　終わりに

　満洲租借交渉は当初から不成立に終わるべき事情があった。日本政府がこれを推進したとは考えられない。では日本人も中国の孫文側も、もともと無理な交渉をなぜ行ったのであろうか。またこの交渉は双方にとって無意義であっただろうか。もともとこの計画は、イギリスの勢力範囲内の華中での利権獲得に奔走していた三井物産の森が、益田の示唆で租借案を追加したことに始まる。三井にとって本来の、また当面の目的は華中にあったはずで、革命派の権力の弱い満洲・将来の満洲における利権ではなかったはずである。そして、租借案と抱き合わせではあるけれど、途中までは話を進行させたことは無意義ではないだ

ろう。革命派の成功はすでに危ぶまれてはいたが、将来復活する可能性があり、革命派の勢力が南方に強いことを考えると、革命派の最高首脳と面識を得、三井の好印象を与えたことは今後の活動にも有利と思われたであろう。民族主義を鼓吹し民族主義の波に乗って政権を樹立した革命派も、条件・状況によっては中国の主権・領土の一部を犠牲とする交渉に応ずることがあるということも認識したであろう。

　中国革命派にとっては、政権・軍隊を維持するためには、資金が必要であった。すでに、袁世凱との妥協は大勢となっていたが、袁の独裁を牽制するためにも革命派の影響力を保持して新体制へ移行しようとしていた。借款の獲得も宋教仁の日本派遣策もそのためであり、できるだけ日本の好意を得ようと努力していた。もちろん、借款による北伐再興への起死回生の策もあったかも知れない。こうした中で、従来、革命に冷淡であった日本の政府・元老・財閥も、条件と状況によっては利用する意味で革命派を援助する可能性があることをより強く認識しただろう。

　1913年の孫文来日は桂内閣が決定したものであり（⑩30頁）、俞辛焞氏が本書で述べるように、この時桂と会談した孫は桂を高く評価するようになった。租借交渉時に森が語った桂の「内意」も、桂に対する好印象形成の一因となったことも考えられる（⑩15頁）。また俞辛焞氏は1913年の日本亡命後の孫文が三井の益田孝・山本条太郎・森恪と何回か会談したことを明らかにしている（471・473頁等）。孫も三井側もそれぞれ利用できる対象としての意識を共有していたからであろう。この意識も1912年の双方の接触の中で形成されたものであろう。

　孫文は日本利用策をとり、対日幻想を抱いていた時、革命援助の代償として満洲を日本に任せても良いとの発言を繰り返し

ていた。そうである以上、日本人からの租借交渉要求を応諾す
るのは、不思議ではない。そうした孫文の構想や実際行動の限
界が批判されるのは当然である。一方ではまた、そうした構想・
行動の現実的な意義についても、さらに多面的な分析がなされ
ねばならない。本稿はそうした分析のための試論として、1912
年の満洲租借交渉―実際には俞氏の言うような借款交渉―は、
現実的には当初から実現可能性のきわめて少ないものであった
と論じた。

　ところで孫文が 1915 年 2 月に日本人との間に結んだ「日中盟
約」（日文）・「中日盟約」（中文）と 3 月の外務省政務局長小池
張造宛書簡が二十一箇条要求の内容と大差のない中国の主権・
領土を犠牲にする条項を含んでいることから、学界でも大きな
論議の的となっている。この史料を最初に発見・分析され、そ
の真実性を認めたのも藤井昇三氏であった（㉓）。その後、松
本英紀氏も真実性を認めたが、台湾の陳在俊氏は日本人による
偽造説を唱えている。詳細は俞氏の本書や黄彦氏等の文を参照
されたい（㉔）。俞辛焞氏はこれら文書の署名・印章・用語等
について吟味を行い、また外交史料館所蔵「孫文の動静」によっ
て関連人物の状況を分析した結果、偽造説にはたたないが、本
物説にも与せず、態度を保留された（629－647 頁）。俞氏や陳
在俊氏の丹念な作業と慎重な態度は敬服に値するが、署名・印
章等だけで状況証拠を完全に否定することは困難であり、藤井
氏も反論している。

　この状況において黄彦氏等広東の孫文研究者が 2000 年に座
談会を開き、出版準備中の『孫文全集』にこれら文書を収録す
るかどうかという問題を討論した。張磊・李吉奎・林家有・桑
兵・段雲章・邱捷等の諸氏が発言したが、偽造説の方に説得力
があるという余斉昭氏を除けば、大半は本物説か本物の可能性

が高いと言う説であった。まだ未解明の点が残されており、論議も続いているので、『孫文全集』には付録として収録するのが適当だというのが大勢である。小池局長宛の署名には疑問を呈する発言もあり、この点については筆者自身も同感ではあるが、書簡の本体は孫文の当時の戦略・戦術と思考方法と大体において合致している。盟約案とともに本物としてとりあつかう方が良いというのが、筆者の考えであるので、座談会の方向は妥当なものであると思う。

　座談会のなかでは、孫文の対目姿勢を錯誤・限界として批判する見解から、戦略・戦術的見地からの一選択として把握すべきだと言う見解まで、多様な意見が発陳された。孫文はヨッフェとの共同宣言においても、中国の主権を犠牲にする内容を認めているという趣旨の指摘もあった。また、偉大な革命家としてのイメージをそこなうものではないという趣旨の発言も多い。多様で柔軟な意見がだされたことに筆者は感銘している。筆者は孫文の日本利用策・対日依存策を彼の「アキレス腱」として位置づけつつも、現実的な戦略・戦術としても理解すべきであると考えてきたので、この座談会での発言には同感したり、示唆を受けたことが多い。

　カブールがイタリア統一のため、サヴォイ王家発祥の地ニースをフランスに割譲したこと、レーニンが革命の利益のためにウクライナなど広大な国土をドイツに譲ったブレストリトフスク条約を一結んだことは有名である。レーニンは1920年、アメリカの資本家の提案を受けて、アルハンゲリスクの森林、バクーやカムチャツカの油田の利権を外国企業に「賃貸」つまり租借させる構想を披露し、法令を定めた。レーニンは利権供与によって、政治的には日本・アメリカ等帝国主義国の矛盾を拡大させることをめざしたが、「経済的にもっとも弱い国の……発展をは

やめる」ためには「ブルジョア資本の助けによるほかはない」とも考えたからである。利権地帯は「将棋盤状」に、つまり縞模様風に区画・配置され、隣接地域のロシア人は外国企業の「技術をまなぶ」、「模範企業の組織の仕方を彼らから学びとる」ことが期待された（㉕436－437・463 頁等）。旧ソ連がカムチャツカ・サハリン（北樺太）の漁業・石油の利権を 1945 年まで日本に与えていたことも知られている。

　毛沢東が結んだ中ソ友好相互援助条約に付随した協定では、東北・新疆におけるソ連の特権を認めていた。中華人民共和国が長期にわたってイギリス・ポルトガルの香港・澳門の支配継続を事実上容認し、それによって利益も得ていたことは、現在では明らかである。「改革開放」政策による経済特区の創設の効果などをあわせ考えると、孫文の日本利用戦略・戦術も「アキレス腱」＝欠点・弱点としてばかりではなく、もっと現実的な政策、あるいは理想主義的な経済思想として検討しても良いと思われる。俞辛焞氏が本書中で孫文の考えを対外経済開放の点で評価しているのもうなずける。

　筆者は俞辛焞氏の本書によって満洲租借・借款交渉の問題点を立ち入って検討する機縁を与えられた。今後は孫文の国際経済関係の構想についても考えていきたいと考えるようになった。そして、孫文・宮崎滔天・萱野長知あるいは辛亥革命期の北一輝が構想した「日中同盟」・「日中提携」とはなんであったのか考えても見たい。俞氏の学恩に深く感謝するとともに、俞氏の健康が全面的に回復され、我々に教示を与えられる日の近からんことを祈る。

［参考文献］
　①山本四郎「辛亥革命と日本の動向」（『史林』49 巻 1 号、

1966 年）。

　②久保田文次「孫文のいわゆる『満蒙譲与論』について」
（中嶋敏先生古希記念事業会『中嶋敏先生古希記念論集』下巻、
汲古書院発売、1981 年）。

　③藤井昇三「孫文の対日態度：辛亥革命期『満洲』租借問
題を中心に」（石川忠雄教授還暦記念論文集編集委員会『現代中
国と世界：その政治的展開』慶応通信、1982 年）。

　④楊天石「孫中山与『租譲満洲』問題」（楊『尋求歴史的
謎底：近代中国的政治与人物』首都師範大学出版社、1993 年。
楊『従帝政走向共和：辛亥革命前後史事』社会科学文献出版社、
2002 年、にも収録）。なお、坂本雅子「明治末期対中国借款と
三井物産」（原朗編『近代日本の経済と政治』山川出版社、1986
年）参照。

　⑤李吉奎『孫中山与日本』広東人民出版社、1996 年。

　⑥山浦貫一『森恪』高山書院、1941 年。

　⑦原敬著、原奎一郎編『原敬日記』第 3 巻、福村出版、1965
年、17・19 頁。

　⑧外務省編纂『日本外交年表竝主要文書　1840－1945』上
巻、原書房、1965 年。

　⑨角田順『満洲問題と国防方針』原書房、1967 年。

　⑩櫻井良樹「立憲同志会の創設と辛亥革命後の対中政策」
『史学雑誌』103 編 2 号、1994 年。

　⑪井上馨侯伝記編纂会編『世外井上公伝』第五巻、原書房
復刻、1968 年。

　⑫小林道彦『日本の大陸政策　1895－1914：桂太郎と後藤
新平』南窓社、1996 年。

　⑬外務省編『日本外交文書　第四十四巻第四十五巻別冊・
清国事変』日本国際連合協会、1961 年。

⑭黄彦・李伯新選編『孫中山蔵档選編：辛亥革命前後』新華書店、1986 年。

⑮櫻井良樹「辛亥革命時における日本陸軍の北清・満洲出兵計画」（黒沢文貴・斎藤聖二・櫻井良樹編『国際環境のなかの近代日本』芙蓉書房、2001 年）。

⑯尚友倶楽部他編『伊集院彦吉関係文書：第一巻辛亥革命期』尚友倶楽部、1996 年。

⑰崎村義郎著、久保田文次編『萱野長知研究』高知市民図書館、1996 年。

⑱小川平吉文書研究会編『小川平吉関係文書 1』みすず書房、1973 年。

⑲小川平吉「対清政策」（『政友』136 号、1911 年 12 月 20 日）。

⑳宮崎龍介・小野川秀美編『宮崎滔天全集』第五巻、平凡社、1976 年。

㉑小川平吉「外交と言論」（『政友』139 号、1912 年 3 月 20 日）。

㉒「辛亥革命に関する来電」（内田良平文書研究会編『内田良平関係文書：第 1 巻書簡・電報・関係文書』芙蓉書房、1994 年）。

㉓藤井昇三『孫文の研究：とくに民族主義理論の発展を中心として』勁草書房、1966 年、同「二十一ヵ条要求時期の孫文と『中日盟約』」（市古教授退官記念論叢編集委員会編『論集近代中国研究』山川出版社、1981 年）。

㉔黄彦等「広東学者討論『中日盟約』真偽問題座談会紀要」林家有・高橋強編『理想・道徳・大同：孫中山与世界和平国際学術討論会論文集』中山大学出版社、2001 年。

㉕レーニン「ロシア共産党（ボ）モスクワ党組織細胞書記

会議での演説」・「ロシア共産党（ボ）モスクワ組織の活動分子の会合での演説」（マルクス＝レーニン主義研究所レーニン全集刊行委員会訳『レーニン全集』第31巻、大月書店、1959年）。

　以上の文献の他、臼井勝美『日本と中国：大正時代』原書房、1972年、北岡伸一『日本陸軍と大陸政策』東京大学出版会、1978年、からは多くの教示を得た。

（日本女子大学）

开拓与创新的外交史研究

——《辛亥革命期の中日外交史研究》读后

周启乾

在东北亚研究领域中，南开大学俞辛焞教授长期从事日本史和中日关系史研究，曾在国内外出版专著多部，发表论文百余篇。仅就在日本出版的专著而言，此前已有《满洲事变期的中日外交史研究》[*]（450页，东方书店，1986年）和《孙中山的革命运动与日本》（398页，六兴出版，1989年），近年又推出《辛亥革命期的中日外交史研究》（768页，东方书店，2002年），为中日学术文化交流作出新的贡献。它是著者焚膏继晷、殚精竭虑的心血之作，在尚未付梓之际，著者即以积劳而成疾，为学术忘我献身的精神令人感动。笔者于阅读后，深感此著体大思精，把这一领域的研究提高到了一个新的水平，故亟愿就本书主要内容与特色略作介绍，以飨同好。

一

本书除前言外共有 8 章，分别叙述"辛亥革命的爆发与中日外交""南京临时政府与中日外交""日本的满蒙政策与对闽浙地区的渗透""北京政府与中日外交""孙中山访日与中日外交""二次革命时期的中日外交""第一次世界大战爆发与中日外交"和"洪宪帝制与中日外交"，可见其时间起于 1911 年 10 月武昌起义，止

---

[*]本篇及以下各篇中文书评对俞著日文著作书名、章名的翻译略有不同，为保留文献原貌，此次收入本书未加统一。

于1916年夏袁世凯死去。这正是中国由长期封建社会向近代社会转变的过渡时期，也是西方列强向东亚侵略扩张的重要时期，国内外的各种矛盾错综纷繁，复杂多变，本书则运用辩证的与实证的研究方法，以"双重外交"论概括中国、日本和欧美列强这三者之间的关系，从而形成自己的理论体系。

所谓"双重外交"，是指日本与欧美列强为了维持在中国的既得权益，采取共同一致的外交政策，而围绕扩大新的权益，又相互争夺和牵制这样一种双重关系。中国与列强之间虽然是被侵略与侵略的关系，但由于日本与欧美列强在侵略中国的争夺中产生矛盾与对立，中国则有时利用欧美列强牵制日本，有时又利用日本牵制欧美列强。相反，日本则有时乘中国与欧美列强对立激化之机，利用中国牵制欧美列强，而欧美列强也曾乘中国与日本对立激化之机，利用中国对抗和牵制日本。中国和日本之间的外交正是在这种双重关系的框架内展开的。

本书进一步以第一次世界大战的爆发为界，划分为前后两个时期，指出日本在战前系以对孙中山、袁世凯的借款及其满蒙政策为中心，虽然运用多种手段和方法推进对华外交，但并无显著进展。大战的爆发则极大地改变了围绕中国的国际关系，英国等欧美列强无暇东顾，使日本得以乘机掌握了对华外交的主导权。

本书著者曾经多次赴日访学，广泛搜集有关资料。除了卷帙浩繁的《日本外交文书》外，本书还大量使用了日本外务省外交史料馆、防卫厅防卫研究所、三井文库等处所藏未曾公开发表过的原始资料。著者所追求的是所述无一字无根据。然而，本书又不是资料的简单罗列，而是着力于对其加以分析，注意其相互间的联系，从而使读者得以透过众多迷离纷乱的现象抓住事物的本质。如此厚重的历史学专著读来毫无枯燥之感，却如推理小说引人入胜，把一幕幕惊心动魄的历史话剧展现于读者面前。

二

辛亥革命爆发后，清政府迫切希望日本与欧美列强进行武装干涉，并提供财政与军事援助。革命军方面为了实现打倒清朝的目标，则把阻止列强的武装干涉作为革命外交的最大课题之一。本书在分析列强能够采取中立态度的诸多原因的同时，又指出了日本尤其是其陆军积极主张出兵干涉的企图，由此看出，日本政府、外务省与军部在维持与扩大在华权益的最终目标上虽然一致，但其实现目标的手段又未必相同。这样，关于其参谋本部秘密向革命军提供军需品，而海军则对出兵干涉持慎重态度等问题，就都迎刃而解了。

孙中山于就任南京临时政府总统后不久，即与袁世凯妥协，并让出总统职位。在几经周折之后，至第三次桂太郎内阁时，日本才同意孙访日，并于1913年2月成行。桂太郎是日本帝国的军阀首领，孙中山则是建立民国的革命领袖，原本处在对立立场上的两人，为何能在政治会谈中推心置腹地交换意见并取得一致呢？本书认为，在国际政治中，最终目标并不相同的两国或两个集团，完全可以因一时的共同目标而联合。桂太郎作为具有敏锐洞察力的军人政治家，根据日俄战争后欧洲与东亚形势的变化，转向希望以日德间的联合取代日英同盟，即从日英协调转为日英对立。鉴于英国暗中支持袁，桂在对华政策上遂转向联孙，把具有内在联系的反英和反袁当成一项长期的任务。这样，一项看似不易理解的问题就得到了透彻说明。

本书关于孙中山对日言论与认识发生"变化"的分析，同样细致入微，富有说服力。此前孙对日本的认识是"二元的"，既赞赏其明治维新以来建设近代国家的成就，又揭露其作为帝国主义国家对邻国的侵略，但此次访日期间，则"变化"为高度评价日本的国际地位与对中国革命的影响，并显示出对日本的亲近感，

视之为有力量维持东亚和平的唯一国家。本书认为，此时正值孙日关系的顶点，是孙唯一一次作为贵宾正式访日，自然要按照外交礼仪的要求发言。同时，孙对于同日本实现政治上的联合与经济上的合作抱有极大的期待。政治家虽然有其理想和原则，但随着环境的变化，也会随机应变，采取某些与理想和原则相矛盾的政策，不应将其绝对化。孙对日认识上表现出的"变化"，正是外交上的一时策略。其实，他并未放弃对事物本质的认识，依然明确指出日本将是侵略中国的最大威胁。

反袁的二次革命失败后，孙中山、黄兴等希望东渡日本重组革命力量。日本方面从本国利益考虑，几经权衡利弊，始由拒绝接纳转为准其入境和居留。本书指出，日本在孙、袁之间，在同欧美列强间的协调与争夺中，都尽量避免二者择一的绝对选择，而是寻求取得某种平衡，分析可谓入木三分。日本对孙、黄既予以"保护"，又加以监视，这种一箭双雕的手法，在此后对中国及对欧美列强的外交中发挥了作用。

三

在日本外交史研究中最为困难之处，是对外交政策的形成与决定过程的探讨。第一次世界大战爆发后，日本积极对德开战，企图夺取其在华权益，并向以袁世凯为首的北京政府提出臭名昭著的"二十一条"要求。关于"二十一条"的形成与决定过程，本书认为它是与日本参战及占领胶州湾和山东铁路同时形成的。后者虽是局部的目的，但又是实现前者的手段，两者是整体与局部的关系。"二十一条"要求是这时日本各个方面对华方案的集大成，外务省与陆军相互协调，对它的形成共同发挥了核心作用。其内容包括，确保与扩大既得权益，进一步要求新的权益，排除欧美列强以确立日本在华霸权。本书认为，在袁、孙不具备联合对抗日本的条件下，双方都对日本有所期待，没有把反对"二十

一条"放在第一位，却把打倒自己的政敌当作最为优先的战略。日本方面则以高压和怀柔的两手进行"二十一条"交涉，虽以高压手段为主，但尚未达到公开反袁。北京政府是在弱势被动条件下尽其可能进行抵抗，并被迫作出让步。本书进而分析了欧美列强与"二十一条"交涉的关系，既可看到欧美与日本相互支持合作又争夺牵制的双重外交，又可看到中国利用欧美阻止日本独占在华霸权，欧美又在一定程度上牺牲中国支持日本，避免了中日战争爆发的双重外交。

在围绕袁世凯复辟帝制而形成的三角双重外交关系中，日本始终占据着主导的地位。本书揭示了日本适应环境变化，从观望与赞赏转向要求暂时中止、再度劝告延期、为妥协而承认、又劝告中止，进而转向倒袁的全过程。日本五次改变态度，但其借口始终未变，即所谓要避免中国的动乱。然而，日本的借口恰恰为其自身行动所否定，促进了反袁活动的展开。欧美列强则与日本不同，希望稳定袁政权以维护其在华权益。本书揭露了日本的虚伪性，又指出了它与欧美列强都要维护和扩大在华权益的共同之处。

对于袁恢复帝制的活动，日本作为君主立宪国家为何并不支持，而欧美列强作为共和制国家又为何不仅不反对，而且予以默认呢？本书分析称，政体问题确是辛亥革命及二次革命与护国战争要解决的带根本性的问题，但日本与欧美列强虽然也关心中国的政体，却更重视中国政体变化将给其自身在华权益带来怎样的影响。日本并非反对帝制，而是反袁。日本支持中国的反袁势力，也并非要维护中国的共和制。可见，双方的政治目的虽然不同，却能为某些共同利益而一致行动。本书指出其结果是客观上阻止了帝制的复活，形式上维持了共和制的国家体制，亦即阻止了历史的倒退，应予肯定，但作为其代价，则是日本又拥立了亲日的段祺瑞，从而暂时确立了左右中国政局的独占性地位，加速了对

中国的侵略，又可见其负面影响。书中的精辟分析，可谓所在多有，不胜枚举，为读者提供了思考的空间。

　　本书所讨论的虽然是近百年前的往事，但历史的经验对于观察纵横捭阖、风云变幻的当今世界，依然不乏启发与借鉴意义。日本学术界高度评价本书是中日学术交流纪念碑式的出版物，赞扬著者是中国学术界运用日语原始资料进行中日关系史研究的先驱，笔者以为这并非过誉，正道出了著者蜚声学界的缘由。

　　　　　　　（作者为天津社会科学院日本研究所原所长、研究员）

中国学者用日文史料而作的先驱性的中日关系史

久保田文次

南开大学俞辛焞教授的著作《辛亥革命时期中日外交史研究》出版了。俞教授此前已有《"九·一八"事变时期的中日外交史研究》（东方书店，1986 年）、《孙中山的革命运动与日本》（六兴出版，1989 年）、《孙中山宋庆龄与梅屋庄吉夫妇》（中华书局，1991 年）、《孙中山与日本关系研究》（人民出版社，1996 年）等著作问世，因此是撰写该专著的最佳人选。俞教授近年来健康状况不佳，基本上无法从事正常的研究活动。此次在既有研究的基础上出版该书，乃正式重新进行研究活动的预兆，笔者由衷地表示祝贺。此外，该书的中译本《辛亥革命时期中日外交史》（天津人民出版社，2000 年）业已出版发行。

全书的理论体系是以"二重外交论"来把握当时的中国、日本及欧美列强之间的外交关系。认为"日本和欧美列强在维护在华既得权益上采取协同一致的外交政策，而围绕着扩大新权益又相互争夺、相互牵制，处于一种双重关系"，中国（包括袁世凯政权）对于日本和欧美列强的这种协调与对立进行了"巧妙的利用并牵制了对方"（前言）；"日本对华政策的主体是对袁政策，根据对袁政策的如何来决定对孙政策"（前言）。书中根据上述理论，以《日本外交文书》为基础，同时也利用了外务省外交史料馆、防卫厅防卫研究所、三井文库等处尚未公开的史料，展开分析。

第一章"辛亥革命的爆发与中日外交"中，详细地追溯了西园寺公望内阁为了维护和扩大在华权益而曾经准备出兵干涉，后

经历了由支持清政府到坚持君主立宪制的转变，最终追随英国支持袁世凯任临时大总统的过程。指出日本的"外交方针对中国的政体和社会秩序的变革毫无认识，对登上革命政治舞台的各派政治势力的分析也无所预见"（第23页），这一评价可谓切中要害。对于"大陆浪人"也给予灵活的评价，认为"应肯定者，给予评价；应否定者，加以批判"（第83页）。另外，革命军政府承认列强的既得权益，这一点以往被认为是革命的不彻底性，但该著却提出了又一灵活的观点，即"从当时的实力对比出发，为取得革命胜利所必需"（第11页）。

第二章"南京临时政府与中日外交"中，论述了不信任日本的孙中山在回国后受到黄兴的影响，转而采取了接近日本的政策。指出伊集院公使之所以始终反对共和制，是因为其预见到，与革命派妥协后建立的新政权，将会提出收回利权的要求，成为"排外的、尤其是反日的"政府。

第三章"日本的满蒙政策及对闽浙地区的渗透"中，论述了日本的政策由静观到"阴谋"出兵满洲、策动满蒙独立、租借满洲，再到第三次日俄密约的发展过程。论证了三井的森恪与益田孝等策划并的确与孙中山就租借满洲进行过秘密交涉，只是由于日方主张在签订密约后提供贷款，而孙中山要求在签订密约之前提供，双方意见相左才导致没有最后签订密约。这一观点值得肯定，笔者也赞同该著作对此作出的解释，即孙中山在一时丧失国家主权与实现共和革命的最终目标之间优先选择了后者。

第四章"北京政府与中日外交"中，指出不满袁世凯的日本希望尽早承认袁政权，而历来支持袁的英国则不积极主张尽早承认，都是为了维护和扩大其权益。此外，对"善后借款""俄蒙协约"、三井的介入、地方各省借款等均有论述。

第五章"孙中山访日与中日外交"中，指出孙中山1913年访问日本是在桂太郎内阁的决断下实现的。这一点也被英井良树的

《立宪同志会创设与辛亥革命后的对华政策》(《史学杂志》103
编第 2 号，1994 年) 一文所证实。但书中称孙中山与桂太郎在实
施联德反英政策上甚为意气相投，笔者认为这一理解尚值得商榷。

　　第六章 "二次革命时期的中日外交" 中，论述了标榜中立、
支持袁世凯政权的山本权兵卫内阁不得不批准孙中山等人流亡日
本的经过。并揭示了一个重要的事实，即二次革命后孙中山与黄
兴之间明显的意见对立始于 1913 年 5 月前后。书中还详细论述了
列强要求袁表示尊重其既得权益以作为承认袁政权的条件，日本
政府在军部、右翼、国内舆论压力下，在兖州、汉口、南京等事
件上采取强硬态度等问题。

　　第七章 "第一次世界大战与中日外交" 中，阐明了日本在出
兵青岛、占领山东铁路上的强硬外交，指出袁世凯和孙中山在对
待 "二十一条" 问题上，"应该暂时缓和矛盾，共同抵抗日本"。
关于孙中山交给外务省政务局长小池张造的《中日盟约案》，书中
认为其在署名的笔迹、印章上疑点颇多，因此尚不能断定其真实
性。著者在论证过程中斟酌慎重地运用详细的史料，这一点实令
人佩服。

　　第八章 "洪宪帝制与中日外交" 中，考察了日本对袁世凯的
帝制由旁观、延期、中止、承认，到打倒袁政权的政策转变过程；
指出日本对反袁势力的利用阻止了历史的倒退，"客观上导致了有
利于中国的结果"。另一方面，针对中国的排日高潮，也批评了孙
中山依附日本的政策，称 "孙中山与革命党在某种意义上是反其
道而行之"(第 730 页)。该书屡次表示出批判孙中山的立场，详
细可参见俞先生的《孙中山与日本关系研究》一书。

　　笔者通读全书，更深刻地了解到，日本当时的对华外交虽比
后来全面军事侵略的时代远为 "稳健"，但仍无法预见中国历史的
发展趋势，从而一直采取了强硬、侵略的态度。进一步了解了袁
世凯等中国当政者被迫日益屈从于日本的状况，以及孙中山等革

命派的弱点与苦衷。也重新认识到，中国欲摆脱困境，革命还是必需的。

除此之外，仍有许多观点应该加以介绍，同时也有诸多问题想进一步请教。以下试提出几点疑问。第一，或许是受传统观点的影响，夸大了元老、军部在当时日本政策决定过程中的作用。例如，认为日本在武昌起义后不久决定向清朝提供武器，以及此后态度"转向"慎重等，分别是由陆军、海军的强"力"所致（第24页）。根据是，1912年12月24日的内阁会议决定放弃主张中国应采君主立宪制的原则，但遭到元老会议的否决；随后，元老会议决定放弃该原则后，26日的内阁会议遂追随之（第67、70页）。事实上，24日的内阁会议决定，再次奉劝中国实行君主立宪制，但如果英国放弃的话则随之放弃；该决定经元老会议后在26日的内阁会议上再次被予以确认。山县有朋等元老、军部以及部分外交官的出兵论、分割论等，均被西园寺公望内阁压制下去，这一点为日本方面的研究及该书所共识。

与此对照，该书指出议会的讨论并没有给政府的政策以特别的影响，"显示了日本议会政治的软弱无力"（第94页）。但该书同时又提到，犬养毅通过在议会上的质问而牵制了山县有朋等的出兵企图（第92页）；所引用的石本新六陆相的书函中也列举出未能出兵的原因之一是议会中存在争议（第213页），认为山县等及政府的消极态度都是顾虑到议会及总选举。

第二，该书多处表述日本向英国下挑战书、日英同盟空洞化等。正如该书自身说言，日本虽然与英国"争夺"中国，但仍然采取对英俄协调政策，日本官僚、军人的强硬论和积极论也大多是在这一框架下提出的。因此，下这种结论似为时过早。

在该书的研究时限——辛亥革命时期中，日本一直采取了侵略性的外交，这是事实，但在手段与方法上存在着不同的阶段。认为在这一时期便投下了昭和时期全面军事侵略的阴影，这一判

断亦仍须慎重。

日本学界对该书的主题研究颇多，然而，由中国学者如此详细地分析有关该时期中日两国外交史之重要问题者，该著作尚属首例。该书的最大特点，也是其最具魅力之处便在于，它引用了众多的日文资料（包括未公开的史料）而且是用日文撰写。该书证明，在运用日文原始资料研究中日关系史方面，俞先生是中国学界的先驱、第一人。该书不仅停留在"外交史"研究上，而且试图整体地把握中国近代史、中国革命史与中日关系史，这一点也应该给予高度评价。正如上文所述，该书抛开了以往"教条主义式"的解释，阐述了更为客观、灵活而新颖的观点。因此，可以说该书是一部研究中国近代史、中国革命史、中日关系史的重要著作，同时也是一部在中日学术交流过程中具有里程碑意义的著作。

我数年来多蒙俞先生指教，因此本不适合为该书撰写书评。尽管如此，基于一种对俞先生病情好转的祝贺之情而写下此文。文中多有不妥与妄言，敬请著者、读者海涵。最后，预祝俞先生早日彻底康复，以便就该书所涉及的诸多问题赐教于笔者。

（原载《东方》2003 年 4 月第 266 期）

近代中日关系史研究的又一硕果

——俞辛焞教授新著《辛亥革命期の中日外交史研究》评介

胡德坤　李少军

　　1911 年 10 月武昌起义爆发至 1916 年 6 月袁世凯复辟帝制的梦想破灭这一时期，在近代中日关系史上，是一个重要阶段。正是在这一阶段中，通过甲午战争、八国联军侵华战争和日俄战争，挤进压迫中国的列强之中并与俄国展开激烈争夺的日本，利用中国社会剧烈动荡，将第一次世界大战爆发后欧美列强东顾乏力视为天赐良机，施展外交、武力、渗透等多种手段，扩大对华影响，图谋取得列强在华的优先地位，直至独霸中国，强化了日本在华势力，大有操纵中国政局之势，打破了列强共同支配中国的对华关系整体格局，引起西方列强的不满，促使萌生于日俄战争后的日本与美英争夺在华权益的矛盾激化起来。显然，对这一阶段中日关系的研究，不仅对于近代中日关系史本身，而且对于辛亥革命时期的中国社会、乃至近代中外关系史的研究来说，都具有重要的意义。对此，国内史学界虽然也有一些著述程度不同地有所涉及，但尚未见到有深入细致探讨的学术专著问世，同时还存在着一些并无可靠的史料依据但却颇为流行的说法。2000 年和 2002 年，天津人民出版社和日本东方书店分别出版了南开大学俞辛焞教授撰写的《辛亥革命时期中日外交史研究》的中、日文版，有力地改变了上述状况，将我国相关研究的学术水平提升到一个新的高度，是我国近代中外关系史研究的又一硕果。

　　俞辛焞教授是我国著名的日本史专家，长期耕耘于近现代中

日关系史研究领域，早在 1986 年，就在日本东方书店出版了力作《九一八事变时期的中日外交史》，并以此享誉中日两国学术界。而在此前，他对辛亥革命前后中日关系的研究也已开始，其成果先后在《历史研究》《近代史研究》《世界历史》等重要学术刊物上发表，并出版了相关专著和资料汇编；围绕这一课题，他还曾专程赴日本早稻田大学进行了近一年的研究。《辛亥革命时期中日外交史研究》（以下简称俞著）一书，可以说是俞辛焞教授在多年深厚积累的基础上，厚积薄发，作为 20 年辛勤探索的总结而推出的又一佳作。

俞著由八章构成，以外交活动为主线，考察了从武昌起义爆发到南北和议之间的中日交涉，南京临时政府与日本的关系，日本在辛亥革命浪潮中的满蒙政策和对闽浙沿海地区的渗透，孙中山等革命派在向袁世凯妥协及进行"二次革命"、投入"护国战争"过程中与日本的关系，北洋政府从成立一直到袁世凯复辟帝制失败、黎元洪继任总统期间，围绕一系列问题与日本的交涉，日本对袁世凯、北洋政府政策的变化过程，等等。

较之于以往的相关著述，俞著最突出的特色在于：作者在搜集日方第一手资料方面下了很大的功夫，除了充分利用日本外务省编纂的《日本外交文书》之外，还从日本防卫研究所和外交史料馆、国会图书馆宪政资料室、三井文库等处，查阅到大量的原始资料，对于卷帙浩繁而国内又不易见到的《涩泽荣一传记资料》等，辛亥革命时期日本国内的报刊如《东京日日新闻》《东京朝日新闻》《国民新闻》《大阪每日新闻》《大阪朝日新闻》《福冈日日新闻》《中央公论》等，也进行了深入的发掘。这些重要资料的搜集和作者对其所作的细致解析，为全书的撰著奠定了坚实基础。此外，作者对于间接资料、中外学术界的已有研究成果也给予了高度的重视，参阅的书目多达百余种。

正是在坚实的史料基础上，加上充分吸收已有的研究成果，

俞著较其他的相关著述揭示了更多的历史真实。最典型的事例，就是关于日本在第一次世界大战期间形成并提出的臭名昭著的对华"二十一条"的叙述。作者追溯了一战爆发后日本驻华外交官、陆军参谋本部、山县有朋等元老、民间对华扩张团体（东亚同志会、对支联合会、黑龙会等），竞相策划乘机扩大侵华权益方案的经过，指出："二十一条"是当时日本外务省综合各方面要求而拟定的，它是"外务省、军部、民间各方面对华政策之集大成"。看到书中列出的日本军国主义侵略势力拟出的若干方案，即使不加任何说明，读者也能强烈感受到其中弥漫的嚣张气焰、不加掩饰的狼子野心。至于书中对日本强逼袁世凯和北洋政府接受"二十一条"并为此与西方列强周旋的具体叙述，也淋漓尽致地揭露了日本军国主义侵华势力的肆无忌惮，并展示出列强为维护各自侵华权益而相互明争暗斗的精彩画面。

作者对近代中日关系史乃至整个近代中外关系史具有精深素养，功底深厚，因此对所涉及的复杂多变的中日关系能从总体上加以准确把握，而不被局部现象扰乱视线。书中对于日本与袁世凯、北洋政府关系变化过程的阐述，就很能说明这一点。

俞著认为，从武昌起义爆发后袁世凯重新上台，到袁复辟帝制失败后死去，日本一直是中国对外关系的重要国家，袁世凯及其政权采取的每一个重大步骤，都没能避开日本这样那样的影响。由于日俄战争以后袁世凯推行靠拢英美、对抗日本的外交政策，英美在武昌起义爆发后，竭力将袁世凯作为维护自身权益的工具等原因，日本对袁篡夺辛亥革命果实、北洋政权取代清王朝不仅没有提供有力支持，反而采取了不少旨在削弱的行动；在列强承认北洋政府问题上，日本先是多方阻挠，继而又提出以北洋政府严守一切不平等条约、确保列强所有侵华权益，并且允让新权益作为列强承认的先决条件；但随着袁世凯专制独裁统治的形成，日本政府从自身利益出发，又致力于改善与袁的关系，在二次革

命中倾向于加强袁的力量，并在袁镇压二次革命、就任总统之后承认北洋政府；一战爆发后，以往制约日本在华势力、同时也被袁和北洋政府倚为靠山的英美在华势力大为削弱，日本乘机采取军事、外交双管齐下的手段，借口对德宣战占领胶州湾与山东铁路，逼迫北洋政府接受丧权辱国的"二十一条"，并利用中国社会内部的政争削弱北洋政府，以使其完全屈服于日本的意志；在袁复辟帝制的过程中，日本根据自身的判断与利益需要，由观望而劝袁延期、而要求袁中止复辟，在袁依恃欧美支持悍然加快复辟步伐的形势下，日本又转而打算承认，但护国战争的爆发又促使日本采取推翻袁世凯、寻求顺其心意的新代理人的政策。《辛亥革命时期中日外交史研究》清楚地告诉读者，日本与袁世凯执掌的北洋政府之间的关系，固然也有相互接近的侧面，但主要是前者对后者不断施压的关系。从根本上说，这是由日本政府图谋在华取得优于欧美列强的地位、充当中国统治者之太上皇的国策所决定的。此外，作者根据历史事实，对以袁世凯为首的北洋政府为巩固自身统治、镇压革命派等反抗力量而寻求包括日本在内的列强的支持，在对日交涉中不惜一再妥协退让、牺牲国家权益的举措，逐一予以揭露，但同时也指出其利用欧美列强与日本的矛盾而有限抵制日本的一面。读者会注意到，对于从 1915 年就流传开来的袁世凯以接受"二十一条"作为换取日本支持复辟帝制代价的说法，该书指出其"在现有史料中得不到证实"，并且明言：当时日本政府、军部中枢与民间不少人对于袁世凯绝无好感，不喜欢他这样的人当皇帝。由此，该书实际上否定了袁复辟帝制这件事与其勾结日本势力的关联。应该说，这有助于还原历史的真实。

　　孙中山等革命派与日本多方面的关系，是辛亥革命时期中日外交史的重要组成部分，俞辛焞教授对这一问题进行了长期而深入的研究，并将其成果充分吸收到《辛亥革命时期中日外交史研

究》中。他围绕武昌起义爆发后革命派的对外方针、南京临时政府与日本交涉的过程、二次革命失败后革命派与日本的关系等，写过若干很有分量的论文，弄清了不少重要史实，在近代中日关系、辛亥革命史研究者中早已引起高度重视。而现在重读收入书中的相关部分，我们依然不能不为作者忠于事实、不虚美、不掩恶的治学态度所折服。

我们看到：对于革命派在武昌起义后实行遵守不平等条约、保护列强在华享有的权益的方针，作者没有像有些著述那样简单地批评为革命派对外软弱性的表现，而是根据史实，指出这一方针具有策略性质，在当时也确实有助于避免列强的武装干涉；对于南京临时政府为借款与日本进行的交涉，作者一方面充分说明了孙中山等为巩固政权而寻求摆脱财政困难的苦衷，另一方面也并不回避他们为取得借款而在汉冶萍问题上对日出让权益的实情；对于孙中山 1913 年 2 月至 3 月访日期间所发表的一系列言论，作者既不像有些相关著述那样，对其中涉及近代中日关系的明显不当甚至荒谬的部分视而不见，也没有轻易地对此加以片面评断，而是联系孙中山整体对日观和他作为政治家的特定角色，分析其言论的"实相"与"虚相"；对于二次革命失败后孙中山等为东山再起而寻求日本政、军、财界支持的努力，作者作了相当具体的叙述，涉及护国战争中革命派在山东发动的反袁斗争，也如实地指明了日本势力插手其中的问题，等等。总之，俞辛焞教授不是按照某种预设的框架，而是根据历史事实本身来反映孙中山等革命派与日本的关系，这对于我们形成准确的历史认识是大有裨益的。

重视实证、持论谨严，是俞辛焞教授治学的一贯风格，这在《辛亥革命时期中日外交史研究》中也得到充分体现。举例来说，孙中山与陈其美在1915年2月是否与犬冢信太郎等日本人订立过"中日盟约"的问题，长期以来一直是一个疑案，在我国学界，

俞辛焞教授最先对此进行实证研究，1997 年即在《近代史研究》上发表了相关论文，而在《辛亥革命时期中日外交史研究》中涉及这一问题时，他虽然已经充分掌握了日本和中国台湾学者的观点与论据，并根据自己所掌握的原始资料作了多方面的考证与独到的分析，但还是认为：现有证据不充分，因而对"中日盟约"及相关联的文件之真伪作出确切判断还为时尚早。

综上所述，俞辛焞教授的《辛亥革命时期中日外交史研究》的确是近代中日关系史、辛亥革命史研究的重要收获，展现给读者的新观点、新史料，令人耳目一新，无论是业内人士，还是一般读者，都可以从该书中得到很多教益。

上述可见，俞著可谓难得的学术精品，可喜可贺。但俞著亦有可修订、完善之处，如作者若能专门就学术界相关研究的状况作一番简要综述，在此基础上，指明该书的研究着力点之所在，或许更便于读者、特别是后学者得窥门径，在体例上也显得更严整一些。另外，该书的日文版附有人名索引，为读者提供了查阅之便，但不知何故，没有相应附上参考文献索引，这似乎也是出版时不应出现的疏漏。

国内第一部系统研究辛亥革命时期
中日关系的学术专著

——读俞辛焞教授著《辛亥革命期の中日外交史研究》

安成日

　　由俞辛焞教授执笔，日本东方书店出版发行的《辛亥革命时期中日外交史研究》一书，于 2002 年 9 月 11 日正式与大家见面了。该书是俞辛焞教授近年推出的又一部有关近现代中国对外关系史及中日关系史研究方面的力著，是国内第一部主要利用中日两国的档案资料，系统地、高密度地研究有关辛亥革命时期中国对外关系及中日关系的学术专著，值得相关领域的专家、学者及有志于进一步研究相关问题的博士生、硕士生进一步关注和阅读。

　　学界同仁都知道，俞辛焞教授长期从事日本史、近现代中国对外关系史、近现代中日关系史方面的研究，是国内在上述研究领域非常有建树的为数不多的专家、学者之一。在出版本书之前，俞辛焞教授业已相继出版了《九一八事变时期中日外交史研究》（日本东方书店，1986 年）、《孙中山的革命运动与日本》（日本六兴出版，1989 年）、《孙中山在日活动密录》（南开大学出版社，1990 年）、《孙中山宋庆龄与梅屋庄吉夫妇》（中华书局，1991 年）、《孙中山与日本关系研究》（人民出版社，1996 年）、《黄兴在日活动密录》（天津人民出版社，1998 年）等专著和资料集。

此外，据笔者的不完全统计，俞辛焞教授还在国内外学术刊物上相继发表了与本书相关的《辛亥革命时期日本的对华政策》《辛亥革命时期中日外交史论》《南京临时政府时期中日外交》《二次革命时期孙中山的反袁策略与日本的关系》《第二次革命与护国战争时期中日外交史论》《孙中山对日态度再认识》《日本决定对孙中山政策诸因素探析》《孙日关系与矛盾论》等学术论文30余篇。因此，撰写《辛亥革命时期中日外交史研究》这样一部专著，俞辛焞教授可以说是再合适不过的人选了。

《辛亥革命时期中日外交史研究》一书，本是俞辛焞教授根据"南开大学和日本早稻田大学的学术交流协定在早稻田大学进行为期11个月研究工作"的结晶（俞著日文版"前言"第Ⅵ—Ⅶ页）。据笔者的了解，该书实际脱稿时间已久。早在1997年前后作者就已经把书稿交到了日本东方书店。但此后由于东亚金融危机的影响，东方书店的经营遇到诸多的困难，因此不得不一再推迟出版计划，这样在不知不觉中该书的出版竟推迟了五年多的时间。在正常的情况下学术著作出版就有诸多困难，何况在东亚金融危机这样的特殊情况下，出版计划的推延虽然也是可以理解的，但从学术发展的角度看，推延五年出版研究成果不能不说是一大遗憾。

在日文版的《辛亥革命时期中日外交史研究》出版被搁浅、1998年俞辛焞教授又因中风严重损害健康，几乎不可能再进行学术研究的情况下，同年俞辛焞教授委托天津编译局的诸位先生把《辛亥革命时期中日外交史研究》译成中文，并于2000年7月1日在天津人民出版社以"辛亥革命时期中日外交史"的书名，出版了中译本，这样多少弥补了上述遗憾。

俞辛焞教授的新著《辛亥革命时期中日外交史研究》一书，由"前言"和八章内容及人名索引组成。该书第一章为"辛亥革命的爆发与中日外交"，第二章为"南京临时政府与中日外

交"，第三章为"日本的满蒙政策及对闽浙地区的渗透"，第四章为"北京政府与中日外交"，第五章为"孙中山访日与中日外交"，第六章为"第二次革命时期的中日外交"，第七章为"第一次世界大战爆发和中日关系"，第八章为"洪宪帝制与中日外交"，书的最后附有7页的人名索引。该书共计768页，日文洋洋70余万言（中文约60万字）。这本书不是单纯的中日外交史著作，它所涉及的国家、人物众多，事件纷繁复杂，内容极为丰富。纵观全书，视野开阔，整篇著作的叙述条理极为清晰，且不时有颇为精彩、恰当的分析和评论，反映出作者极高的史学理论修养和史料驾驭能力。全书概括起来有以下几个方面的特点和突破。

第一，从资料方面突破了国内以往辛亥革命史研究方面的局限。长期以来，国内的辛亥革命史研究，主要依赖于《孙中山全集》，革命党人的回忆录，早期革命参加者的史著，编译的部分英、俄外交档案，中国第一、第二历史档案馆的档案，辛亥革命时期的部分国内报刊等资料。由于辛亥革命是中国近代史上划时代的重大历史事件，国内研究者众多，能够挖掘和利用的新资料已经微乎其微，研究处于高水平下"停滞"状态。要想打破这种状态，首先必须在资料方面有所突破。

众所周知，近代中国是半殖民地半封建社会。日本和欧美列强，在中国各地拥有众多的"租界""附属地""势力范围"等，拥有星罗棋布的"公使馆""总领事馆""领事馆"等外交机构和其他谍报网。

由于列强的"租界""附属地"在半殖民地半封建的中国社会拥有特殊地位，在辛亥革命时期，革命党人往往把"租界"或"附属地"作为其活动基地，进行各种革命活动。日本和欧美列强的外交机构和谍报网，从维护和扩大本国的殖民利益的角度出发，对革命党人的反清活动给予了极大的"关心"，甚至给予了"帮助"。

革命党人也同各列强的派出机构及代理人结下了各种各样的关系。

上述列强外交机构和谍报网，对中国革命和革命党人的"关心"和"帮助"及革命党人同上述机构、人员交往的情况，都历历体现在列强与其派出机构之间往来的各种文件中。这些文件成为我们今天研究辛亥革命及研究辛亥革命时期中国对外关系的重要资料。因此，有人戏称："近代中国历史舞台上发生的许多事件，虽然事件发生在中国，但资料却在国外。"也许这也是中国近代半殖民地半封建社会历史的一大特征！

俞辛焞教授作为外交史专家，较早就注意到了这一点。因此，随着我国的改革开放不断深入，俞辛焞教授利用到日本参观、访问和学习的一切机会，充分利用自己擅长日文的特点，广交日本学界的朋友，走访日本外交史料馆、防卫研究所、三井文库、各大学图书馆，甚至同革命党人过从甚密的日本人的后裔等，广泛收集资料。结果大有收获！不仅收集到了已经公开的报刊、档案资料和学者们的研究著作，而且，更可贵的是还收集到了从未公开的档案资料及个人珍藏的资料和手稿。这些资料为俞辛焞教授在辛亥革命时期中国对外关系史及中日关系史研究方面的新突破，奠定了坚实的资料基础。

第二，在研究角度上有新的突破。众所周知，以往国内的辛亥革命史研究多集中在辛亥革命时期中国政治史、思想史、人物史方面。有关辛亥革命时期中国社会史、经济史、对外关系史等方面的研究相对薄弱。特别是对辛亥革命时期中国对外关系史的研究，因受客观条件的限制和研究者外语能力限制，长期处于空白状态。作为长期从事日本问题研究和外交史研究的专家学者，俞辛焞教授敏锐地意识到了这一点，把辛亥革命时期中日关系纳入了其研究视野。

在《辛亥革命时期中日外交史研究》一书中，俞辛焞教授指

出：辛亥革命"本来是中国的内政问题，是中国人民和革命势力自发地进行的问题，但是由于当时的中国是日本及欧美列强的半殖民地，所以才成了国际问题"。因此，俞辛焞教授从"中日外交史、国际关系史的角度出发"（"前言"第 I 页），考察和研究了"辛亥革命时期"的中国政治、经济和对外关系。

俞辛焞教授认为，外交史和国际关系史意义上的"辛亥革命时期"，应为 1911 年 10 月武昌起义到 1916 年 6 月袁世凯猝死、黎元洪当选大总统为止的这一段历史时期。这是因为，"历史事件发生的历史背景到事件的发生对社会产生直接的影响的过程需要一个较长时间"。从外交史、国际关系史的角度考察就会发现，"同盟会成立到武昌起义为止的 6 年间，围绕这次革命的外交或国际关系尚未公然展开。上述关系开始集中显现出来则是从武昌起义开始到 1916 年夏天。从政治史的角度一般都认为，通过 1913 年的第二次革命，作为历史事件的辛亥革命业已告一段落，但是从中日外交及国际关系史的角度看，辛亥革命时期发生的外交上的、国际关系上的诸问题，未能在第二次革命中获得解决，一直延续到 1916 年 6 月袁世凯死去为止。也就是说，从中日外交与国际关系的角度看，辛亥革命爆发到袁世凯死去为止形成一个连续性的历史时期"（"前言"第 II 页）。

俞辛焞教授又把上述"辛亥革命时期"，以第一次世界大战的爆发为界标分为前后两个时期，认为：第一次世界大战爆发以前"日本以对孙、对袁借款与满蒙政策为中心采取多种手段和方法推进对中国的外交，但未能取得令人注目的进展。可是大战的爆发大大改变了围绕中国的国际关系，给日本创造了大肆推进对中国外交的机会。由于在这之前一直掌握对中国政策主导权的英国等欧美列强，卷入大战而无暇东顾中国，所以不得不把对中国政策的主导权转让给了日本。从而使一直大力牵制日本对中国政策的欧美列强的势力遭到削弱。这给日本的对中国政策带来了一大

转机"("前言"第Ⅳ页)。

俞辛焞教授还认为,"日本是军国主义国家。其外交的本质在于战争外交。通过对德开战,占领胶州湾和山东铁路(胶济铁路)的日本,以上述军事占领为背景掌握了对中国政策的主导权,积极展开辛亥革命或日俄战争以后停滞不前的对中国外交,对中国提出'二十一条'要求,打倒、排除了日本侵略中国的障碍袁世凯;通过拥立黎元洪,与北洋军阀的三杰之一段祺瑞相勾结,通过控制北京中央政权,为最大限度地扩大日本在中国的权益做准备"("前言"第Ⅳ—Ⅴ页)。

第三,在理论和研究方法上也有创新。在辛亥革命研究中,俞辛焞教授从国际关系的角度出发,运用"矛盾论""国家利益论"和其特有的"双重外交关系"理论,阐释和把握了当时的日本、欧美列强与中国之间的关系。

俞辛焞教授认为,辛亥革命时期是"中国历史上的大转折时期,是中国社会的封建王朝政治开始向共和政治转变时期",也是"帝政与共和制的对立和斗争不断反复的过渡时期"("前言"第Ⅱ页)。这时期中国的政治体制从清王朝的"帝政"向共和政体转变,接着共和政体又向袁世凯的独裁转变,进而袁世凯的独裁又转变成了袁世凯的帝制。辛亥革命以后,中国的政体问题一直成为中国内政及"中日外交与国际关系的焦点"。"政体问题对中国来说是根本性的原则问题","对日本与欧美列强来说是和国家利益直接相关的问题"。从意识形态的角度而言,"日本支持立宪君主制,欧美列强则同情共和制",但是在实际对中国外交中,它们都超越意识形态采取了相反的态度和政策。即,"日本支援主张共和制的孙中山,欧美列强则支持主张帝政或立宪君主制的袁世凯"。出现这样矛盾现象的原因,在于"日本与欧美列强围绕如何维持和扩大各自在中国的国家利益而展开相互争夺"。

在论及第二次革命时期孙、袁与日本、欧美列强的关系时,

俞辛焞教授又指出："围绕第二次革命，日本与袁、孙以及英国之间的外交关系复杂多样，但其核心皆是各国各自的利益，各国皆以其利益得失决定了相应的对应之策。例如，当袁世凯的军队要求在上海登陆，驻扎闸北，企图从背后攻击革命势力掌握的吴淞要塞时，支援袁世凯的英国也好，正在倾向袁世凯的日本也好，均为保持自己权益集中之上海的稳定，拒绝了袁世凯军队的要求。这说明日本、英国的对袁政策，本质上都是为了各自的国家利益，日本、英国的对孙政策也是如此"（第 452 页）。

在谈到围绕袁世凯"洪宪帝制"问题展开的列强对华外交时，俞辛焞教授还指出："在人类历史上，动机与结果相一致的情况很多，但同时动机与结果南辕北辙的情况也不少。这些现象的出现，都是那个时期的客观环境造成的。日本和欧美列强为了维护本国在中国的利益，都围绕帝制问题展开了各种外交活动。然而，列强的帝制外交最终却打碎了袁世凯复辟帝制的梦想，阻止了中国历史的倒退。尽管只是在形式上，但无论如何保留了共和制。列强企图利用帝制问题侵略中国的初衷，最终导致了客观上对中国有利的相反的结果。可以说，这是在历史长河中发生的一种特殊现象"（第 682 页）。类似的分析和结论，也散见于对其他一些问题的论述中。俞辛焞教授的以上观点和结论，可以说充满了矛盾的普遍性和特殊性、矛盾对立统一的思想，是相当精辟的。

俞辛焞教授认为，"辛亥革命时期"中国社会围绕政体问题形成南北分裂、对峙的局面。从一开始的清政府与包括南方立宪派在内的革命势力的对立到第二次革命中的袁世凯一派与孙中山革命党一派的对立，再到护国战争中的袁世凯帝政与孙中山革命党及西南诸省的反帝制、反袁势力的对立等，对立与分裂的不断反复是这一时期的一大特征。这一特征又使这一时期的中日外交和围绕中国问题的国际关系更加复杂化。孙中山与袁世凯是辛亥革命时期中国政治舞台上的两个相对照的代表性人物。在孙、袁

两者的对立、妥协与斗争中，中国政局向前发展和变化。孙、袁对日本、欧美列强的姿态和外交政策与日本和欧美列强的对孙、对袁政策是相对应的。这四者之间的相互关系基本上是以"双重外交关系"的形式展开的。

那么，什么是"双重外交关系"呢？俞辛焞教授认为，"日本和欧美列强维护在中国的既得权益时，则采取协同一致的外交政策，而围绕扩大新的权益，则采取了相互争夺、相互牵制的政策。中国与列强的关系虽然处于被侵略和侵略的关系，但是由于围绕侵略中国的问题，日本与欧美列强之间存在竞争与对立，所以中国时而利用欧美列强抵制日本，时而又利用日本牵制欧美列强。另一方面，日本利用中国与欧美列强的对立激化的机会，利用中国牵制欧美列强；欧美列强则利用中国与日本的对立激化的机会利用中国牵制了日本。围绕侵略中国问题的日本与欧美列强之间的协调与争夺，是二者的侵略本性所决定的。但是中国却巧妙地利用列强之间的协调与争夺关系牵制了双方。这时期的中日外交正是在这样的双重关系的框架内展开的"（"前言"第Ⅴ—Ⅵ页）。在《辛亥革命时期中日外交史研究》中，自始至终贯穿着上述"双重外交关系"理论。

俞辛焞教授还认为，辛亥革命时期日本与袁世凯、日本与孙中山的关系，正好是反比例关系。日孙关系的发展即意味着日袁关系的倒退，反之也亦然。"日本的对中国政策的主体是对袁政策，对孙政策则取决于对袁政策的如何。在这个意义上，日本的对孙政策从属于对袁政策"（"前言"第Ⅳ页）。

第四，不拘泥于以往的"通说"和"定论"，在掌握大量的第一手资料，并对其进行绵密分析的基础上大胆提出了令人信服的新观点。在以往的辛亥革命史研究中，"帝国主义联合绞杀辛亥革命"的结论几乎是人所共知的"通说"和"定论"。但是，在研究辛亥革命时期中日关系的过程中，俞辛焞教授并不拘泥于"通说"

和"定论"，而是在以实事求是的态度对大量史料进行细致入微的
分析和研究的基础上认为：辛亥革命时期，日本与欧美列强之间
的关系并非铁板一块。日本和欧美列强在维护在华既得权益时，
采取协同一致的外交政策，而围绕扩大新的权益，则采取了相互
争夺、相互牵制的政策。日本与欧美列强之间存在竞争与对立关
系，围绕侵略中国问题展开的日本与欧美列强之间的协调与争夺，
是二者的侵略本性所决定的。

　　俞辛焞教授还指出，即便是在同一个日本，日本政府外交方
针与军部、特别是陆军的态度相比较，两者之间虽然有共同点，
但也存在较大的差异。比如，两者虽然均强调扩张权益，但在规
模和狂热性上军部远比政府强烈。在达到目的的手段上，陆军主
张出兵干涉，海军主张出动部分军舰，保持中立，政府和外务省
则回避这个问题。陆、海军均强调对欧美列强采取先发制人的措
施，主张同欧美列强争夺权益，但政府和外务省则主张协调外交。
陆军主张先制定政略，然后据此制定相应的战略，但是政府制定
的外交方针显然不是陆军所要求与期望的东西等。"日本的对清外
交是在政府、外务省和陆海军之间调整和摸索中推行的"（第
23—24页）。

　　俞辛焞教授认为，辛亥革命时期，"英国虽然对革命与革命军
的评价较好，且对革命的性质和意义，在理论上有一定的理解，
但是在行动上，仍对袁世凯抱有期待，和革命军和军政府少有接
触。相反，日本对革命的性质和意义，并无深刻的理解，评价也
不高，但是因与中国在地理上接近，民间人士介入革命，打算在
中国南方扩大权益的欲望等诸因素，相对于英国与革命军和军政
府保持着直接或间接的联系"（第119页）。

　　在谈到日本参谋本部通过三井物产向南京临时政府提供武器
问题时，俞辛焞教授指出："日本政府和军部以支援革命为名，实
际上想扩大日本在中国南方的势力范围和权益"，而且日本所提供

的武器和武器交易中也存在种种问题。日本的行为"与革命军及其政府为革命战争的胜利希望提供新式武器的要求大相径庭。然而，在其他列强拒绝提供武器与借款的情况下，即便是这样的旧枪、旧炮也并非全属无用，在客观上也不能不称其为'援助'"。"提供武器的要求与武器的提供在革命军和日本之间以不同的目的为前提得到了实现。不同的目的能达到暂时的调和与统一，证明了对立的事物在一定的条件下可以达到统一的历史发展规律。同时也说明，对立的双方均能在调和与统一中获得好处"（第133—135 页）。这种分析，可以说是相当精辟的。类似的论述，在有关第二次革命时期的中日关系的分析（第 452 页）及第三次革命和护国战争时期的中日关系的分析中也同样看得到（第680—683 页）。

　　另外，辛亥革命时期日本大陆浪人的作用问题以及湖北军政府承认列强的既得权益等敏感问题和有争议的问题，俞辛焞教授主张具体问题具体分析，并提出对日本浪人应该具体分析："该肯定的部分应给予积极评价，该否定的部分也应给予批判"（第 83 页）。对湖北军政府承认列强的既得权益（即"不平等条约"）问题，俞辛焞教授一反多数学者认为这是民族资产阶级的软弱性和局限性的一种表现的观点，在具体分析当时革命政权所处的历史环境和各种政治势力之间的力量关系以后认为：革命政权一时承认列强的既得权益的措施，从当时的力量关系来看，是为取得革命的胜利而采取的必要措施。该措施换来了"日本和列强对湖北军政府的存在与权威的承认，排除了列强的武力干涉，使列强保持了中立。这是对外政策上的成功"（第 11 页）。这种分析是新颖的，也是基本符合历史实际的。

　　第五，对辛亥革命史研究界长期争论的问题提出了自己的独到见解。南京临时政府和孙中山以汉冶萍公司、江苏铁路公司为抵押向日本借款问题及招商局借款问题等，在辛亥革命史研究中

争论比较大。对此，俞辛焞教授在详细分析和阐述事情的来龙去脉以后指出："辛亥革命是打倒清朝统治的革命运动的同时，也是反对列强侵略中国的反帝运动。武昌起义的导火线是反对引进外国资本，对铁路实行国有化的保路运动。在这个意义上辛亥革命首先是反对向外国借款的运动。然而，南京临时政府为解决财政困难，维持革命军队和新政府，却不得不向日本借款。这是一种与革命的性质相矛盾的现象。所以，当秘密进行的借款谈判泄漏于外时，自然引起了人们的反对"（第153页），上述借款自然也都遭到了失败。

对中外学术界争论比较多的孙中山与满洲租借问题，俞辛焞教授认为：在南京临时政府财政陷入极端困境的情况下，为新政权的生存和发展，孙中山想尽一切办法筹措资金，"其主观动机是好的也是可以理解的。但是日本利用南京临时政府的财政危机趁火打劫，胁迫孙中山租借或割让满洲。于是孙中山便陷入了是防止革命政府崩溃还是租借、割让满洲，二者择其一的非常状态。孙中山打算选择前者。孙中山希望，在日本胁迫租借、割让满洲的情况下，能够把一时丧失国家部分主权与达成共和革命的最终目的这一相互矛盾的两者最终统一起来。为此，孙中山采取了优先取得国内革命的胜利，待革命获得成功以后逐步废除不平等条约的战略。这种战略并非孙中山独创，这种战略不仅在其他政治家身上可以看到，而且在明治维新以后的日本外交中也可以看得到。然而，后来孙中山虽没有得到借款，但并未发生革命军队离散、政府崩溃的最坏的事态。这也许与孙、袁在南北议和中达成妥协有关。不过不能说这与孙中山对当时的形势的错误判断毫无关系"（第201页）。这种分析和结论应当说相当新鲜，但也是中肯的。

对国内学术界争论比较大的1913年孙中山访日期间对日言论问题，俞辛焞教授指出："孙中山的对日认识是二元性的。孙中

山在各地呼吁振兴产业和建设铁路时赞扬日本的对外开放、引进外资等政策带来的产业的近代化，号召向日本学习。但是在另一方面也谴责了日本侵略中国的野心"。特别是，"孙中山对日本对中国、特别是对东三省的侵略本质有明确的认识。孙中山的这种二元性的对日认识，似乎相互矛盾，但是这正是日本社会结构自相矛盾的产物。日本具有在对内引进欧美各国的文明与资金，建成近代化国家，但是在对外则作为军国主义国家侵略中国、朝鲜的双重性。因此，孙中山的日本认识也是双重性的，矛盾的。这是对日本的正确认识"（第408—409页）。

俞辛焞教授认为，孙中山访日期间对日言论变化的关键是对"侵略中国"的认识问题。在访日期间孙中山在各种场合确实对日多有赞美之词，甚至有了"否定日本侵略中国的言论"（第414页）。对此，俞辛焞教授从国际关系和对外交往礼节的角度解释了孙中山访日期间的言行。认为："孙中山是代表中国正式访问日本的。这属于国与国之间的国际关系。国与国之间，为达到当前一时的目的而超越对对方本质的认识，以相互间一时的共同利益为纽带实行联合是国际关系中常见的现象"。认为，孙中山访日的38天期间言论的变化是特定时期、在特定环境下发表的外交策略性的言论，"是孙中山对日认识的权宜表现"，是出于外交礼貌的"外交辞令"，是外交策略，"是其对日态度的虚的、应酬的一面"（第415—416页）。可以说这种分析是基本符合实际的。

第六，对辛亥革命时期鲜为人知的历史事实进行了详实的论述，填补了辛亥革命史研究的一些空白。比如第四章中的"中日贸易与三井物产"一节，详细阐述了鲜为人知的辛亥革命时期的中日经济关系（第321—341页）；"围绕俄蒙协约问题的日本的对应"一节，则详细阐述了日后对中国版图的改变产生了重大影响的"俄蒙协约"问题，以及日本所采取的外交对应。俞辛焞教授指出：日本利用中俄关系的紧张状态利用中国牵制沙俄，并与沙

俄争夺对蒙古权益。围绕"俄蒙协约"问题，"日本外交的最大目标是将俄国的权益限制在外蒙，维护日本在内蒙的势力范围和权益"。"日本达到了自己的目的"（第376页），但是中国的领土主权却遭到了严重侵害。

第七章"'二十一条'的形成与交涉"一节和"围绕'二十一条'之袁、孙与日本的对应"一节，详细阐述了国内鲜为人知的日本对华"二十一条"侵略要求的形成过程（第572—584页）和孙中山与《中日盟约》的关系问题等（第629—647页）。

俞辛焞教授指出：日本对华提出的"二十一条"侵略要求的"原案是由外务省政务局长小池张造制定"的，是以日本外务省为核心，汇总和整理日本军部、驻华使领馆、政界元老、民间团体（东亚同志会、对华联合会、黑龙会）及大陆浪人提出的草案而最终形成的。

对孙中山与《中日盟约》的关系问题，俞辛焞教授指出：该文件事关近代中日关系和孙中山同日本的关系及对孙中山的评价等重大问题，因此必须慎重对待。经过周密的考证以后俞辛焞教授认为，该文件存在诸多疑点，其真伪有待进一步考证，现在下结论为时过早（第647页）。与此同时，俞辛焞教授还认为：假使该文件确系出自孙中山之手，就其结果而言，孙中山并没有最终签订该盟约，这一点应该给予肯定。再说《中日盟约》是递交给日本外务省政务局长小池张造的。以当时孙中山在日本的社会关系以及孙中山的政治地位和影响考量，递交给外务省小池政务局长的盟约实际上也没有多大的现实意义。

除以上几个方面以外，俞辛焞教授的《辛亥革命时期中日外交史研究》一书的闪光点还有很多很多。但限于篇幅的关系在此从略。如果仔细阅读该书，相信各位读者都会有各自的体会与收获。

《辛亥革命时期中日外交史研究》的出版，正如俞辛焞教授

自己所说的那样，虽然它"并不意味着业已到达了这一研究领域的终点"（中文版"前言"）。但是，该书的出版发行，必将大大提高近现代中国对外关系史和中日关系史的研究水平，必将大大推进我国近现代对外关系史研究和中日关系史研究。

　　注：本文中标注的页码，除特别注明以外，均出自日文版俞辛焞著《辛亥革命时期中日外交史研究》（东方书店，2002 年）一书。